イラストによる
建築物の仮設計算

改訂4版

アーキテクノ研究会［著］

井上書院

はじめに

　近年，科学技術の革新に伴い，建築物が高層化・大型化・複雑化するにつれ，ますます仮設構造物の重要性が認識されるようになってきた。

　仮設構造物は建築物を完成させるために必要なものであるが，その適否は建築物の品質，工期，工事費などに直接関係してくる。

　適切な仮設構造物は安全で経済的で実用的な仮設計画によって初めて可能になるが，そのためには構造計算による検討が必要になってくる。

　仮設構造物の構造計算はその性格上，本来，施工技術者自身が行うべきものであるが，とかく敬遠されがちで，その理由としては「現場作業が多忙である」「計算することが面倒である，不安である」ということなどが挙げられると思うが，それにもまして，具体的にどのように計算したらよいのかその計算方法がわからないというのが実情ではないだろうか。

　本書は，このような施工技術者や設計技術者を対象に，できるだけわかりやすくということを主眼においてまとめたものである。

　本書では，数ある建築仮設物の中でも，特に重要と思われる「型枠」「足場」「乗入れ構台」「山留め」をとりあげ，これらの建築仮設物の計算方法をイラストや図表を用いて詳しく記述している。また，巻末には計算にすぐ役立つように計算用基本データとして，各種の資料を豊富に掲載したのでおおいに活用していただきたい。

　本書はなるべく平易にという意図のもとに記述しているので，随所に偏狭な見解や略算式を用いている部分があることと思われる。読者諸賢の御叱正と御意見を得て，内容をさらに充実させていきたいと思う。

　本書によって計算アレルギーが少しでも解消され，本書が最適な仮設計画・施工計画を行うためにいささかなりともお役に立てば幸いである。

　おわりに，各種の資料や文献の引用をお許しいただいた各位に対しお礼を申し上げるとともに，本書をまとめるにあたってご尽力いただいた㈱井上書院の関谷勉，佐藤寛両氏に深く感謝する。

　　　1984年1月

　　　　　　　　　　　　　　　　　　　　　　　　　　　　　著　者

改訂にあたり

　本書は，施工技術者が手軽に仮設構造物の検討を行え，最適な仮設・施工計画を立てるための一助になることを願い，1984年に刊行された。爾来，本書は，読者からの厚い信頼に支えられて約13年が経過したが，この間，法改正や各基準・規格などの変更があり，本書をより実情に即したものにするため，ここに全面改訂を行うことになった。

　改訂にあたり，本書では，読者からの貴重なご意見やご要望を参考に，本書のモットーである「できるだけわかりやすく」ということをつねに念頭におきながら，加筆訂正を行った。

　内容的には，法改正に伴う「型枠・支保工の水平力の検討」や読者からの要望が多かった「梁型枠・支保工」「一側足場」などの項目を新たに追加し，本文中の式や図表類，巻末の計算用基本データも最新のものに改め，より使いやすいように訂正を行っている。

　また，本書では単位に関しては従来のままであり，新計量法による国際単位系（SI）を使用していない。巻頭に「SI単位の換算率表」と「SI単位への換算例」を掲載したので，SI移行後は，この換算例をぜひ参考にしていただきたい。

　今後とも，本書が読者のご要望に応えられるよう，内容をさらに充実させていきたいと考えている。読者諸賢からの忌憚のないご意見を賜りたいと思う。

　最後に，本書を改訂するにあたり，貴重な資料の提供と文献の引用を賜った各位に対し深く感謝の意を表するとともに，終始献身的にご尽力戴いた井上書院社長関谷勉氏をはじめ，鈴木泰彦氏や編集部諸氏に厚くお礼申し上げる。

　1997年7月

著　者

改訂2版に向けて

　本書は，1984年に刊行され1997年の改訂を経て，約21年間読者に愛され親しまれてきた。この間，法改正や各規準・基準類等の変更，国際単位系（SI）への移行などがあり，この度，あらためて改訂を行うことになった。

　今回の改訂は，前著者から研究会が引き継いで実施することになったが，前著者の「できるだけ平易でわかりやすく」という基本方針を踏襲し，最新の知見も取り入れて，加筆訂正を行った。

　主な変更・訂正内容は，以下の通りである。

　1．読者から最も要望の多かったSI単位系への変換，これは次の方針に基づいて行っている。

　　①変換単位は，仮設分野で通常使われているkN，cmを基本とする。

　　②換算係数は9.80665を用い，有効数字は原則として3桁になるように換算する。

　2．「3　足場」では，㈳仮設工業会発行の『改訂　風荷重に対する足場の安全技術指針〈SI単位対応版〉』により，風荷重の見直しを行っている。

　3．「5　山留め」では，㈳日本建築学会発行の『山留め設計施工指針』に準拠して，設計方法などの大幅な見直しを行っている。

　本書では，仮設構造物ということで実用性を重視し，略算式を随所で用いている。これは，精算値を追求するよりも計算間違いをなくしたいという意図からで，いささか偏狭的な部分もあると思うが，読者諸賢からご意見をいただき，内容をさらに充実させていきたいと考えている。今後とも仮設構造物の計算に本書をご活用いただければ幸いである。

　おわりに，本書の改訂にあたり，各種資料・文献等の提供，引用をいただいた各位に対しお礼を申し上げるとともに，終始激励をいただいた井上書院社長関谷勉氏をはじめ，編集部諸氏に深く感謝する。

　　2005年11月

　　　　　　　　　　　　　　　　　　　　　　　　アーキテクノ研究会

改訂3版に向けて

　本書は，1984年に初版刊行から30余年の長きに渡って，読者に愛され親しまれてきた。これは，本書が「できるだけ平易でわかりやすく」というコンセプトのもとで，仮設構造物を順序立てて検討できるように構成されており，イラストや図表によってわかりやすく記述している点が読者に支持されているのだと思う。また，最新の知見やデータ等を採り入れて重版や改訂を重ねてきたという点も評価されてきた。

　本書は，前回の改訂から9年が経過し，この間に法改正や各基準・規準類の改訂もあり，見直しを行うことになった。改訂に際しては，従来の略算式からコンピュータの使用を前提とした詳細式に変更している基準・規準もあるが，本書の特徴である「手計算で簡単に検討できるように」という基本方針を踏襲して，できる限り実用的な略算式を採用している。

　主な改訂・変更点は，以下の通りである。

　2．型枠・支保工
　　・型枠設計用コンクリートの側圧を求める表（式）の変更。
　　・メカニカルアンカーの設計方法の変更。
　3．足場
　　・労働安全衛生規則の改正による墜落防止措置等の義務化に伴う変更。
　　・読者から要望の多かった「くさび緊結式足場」の追加。
　4．乗入れ構台
　　・規準類や各メーカー等のデータを最新のものに変更（「付．計算用基本データ」）。
　5．山留め
　　・現場の実情に即した変更（火打ち接合部等）。

　本書は，読者からの貴重なご意見やご要望に応じて内容を充実させてきた。今後とも，読者諸賢からの忌憚のないご意見を賜わりたい。

　最後に，本書の改訂にあたり，資料・文献等のご提供，引用を賜わった各位に対しお礼を申し上げるとともに，終始ご尽力いただいた井上書院の関谷氏をはじめ編集部諸氏に深く感謝する。

　2015年2月

アーキテクノ研究会

改訂4版に向けて

　前回の改訂から9年が経過し，読者から現場の実情に即した内容にしてほしいとのご意見が寄せられ，法改正や各種基・規準の改定に対応した改訂4版をこの度刊行することとした。とかく敬遠されがちな仮設構造物の構造計算に対し，「親しみやすく」，そして「わかりやすく」は，本書の発刊当初からの編集方針であり，その基本姿勢は変わらず踏襲している。

　以上を踏まえ，今回の改訂にあたっては，

1. 型枠・支保工では，型枠側圧の計算方法の変更（2022年版『JASS 5』対応），単管・アルミバタ角のスペックの変更，フラットデッキに施工割増係数を導入

2. 足場では，くさび緊結式足場建地の支持力の変更，上層2層部分の風荷重算定方法を修正

3. 乗入れ構台では，衝撃荷重を積載荷重の20%に変更，衝撃荷重の割増を考慮しないたわみの検討

4. 山留めでは，日本建築学会編『山留めの設計指針』（2017年版）に準拠し，側圧係数，ボルトの許容応力度，水平地盤反力係数の推奨範囲等を修正

さらに，巻末の計算用基本データについても全面的な見直しを行った。

　本書は，1984年の初版刊行以来，実に40年という長きにわたり，重版，改訂版への取組みを重ね，その間には，大きな地震の被害にも見舞われ，また，巨大化する台風など，幾度となく私たちは危険な状況に遭遇してきた。BCP（事業継続計画）の策定とともに，人命に関わる仮設構造物をいかに安全で経済的に構築するかが，私たち建設に携わる者の使命である。本書が最適な仮設計画，施工計画の一助となることを願っている。

　おわりに，本書の記述の中には，偏狭的な見解や略算式を用いている箇所があるが，読者諸賢からの忌憚のないご意見を賜り，さらなる内容の充実をはかりたいと思う。本書の改訂にあたり，各種資料・文献等の提供，引用をいただいた各位に対し深く感謝の意を表する。

　2024年12月

アーキテクノ研究会

目　次

はじめに──3
改訂にあたり──4
改訂2版に向けて──5
改訂3版に向けて──6
改訂4版に向けて──7

1. 構造計算の概要

構造計算のすすめ方──13
荷重計画──13
応力・変形計算──14
断面計算──14
接合部の計算──15
許容応力度──16
構造計算書の作り方──16
まとめ──17

2. 型枠・支保工

型枠・支保工の構造計算──20

2-1 壁型枠──21

1．荷重計算──22
2．型枠構成材の割付け──24
3．各部材の検討──25
　A　せき板の検討──25
　●豆知識 2-1　せき板の転用と湿潤による
　　強度低下を考慮した計算方法──28
　B　締付け金物の検討──30
　C　縦端太の検討──32
　D　横端太の検討──34
　●豆知識 2-2　集中荷重が作用する横端太
　　の検討──36

2-2 柱型枠──38

　●計算書
1．せき板の検討──39
2．締付け金物の検討──40
3．縦端太の検討──41
4．横端太の検討──42
5．柱型枠の構成──43

2-3 床板型枠・支保工──44

1．荷重計算──45
2．各部材の検討──46
　A　せき板の検討──46
　B　根太の検討──48
　C　大引きの検討──51
　D　パイプサポートの検討──55
　E　水平力に対する検討──57
　●豆知識 2-3　床型枠用鋼製デッキプレー
　　ト（フラットデッキ）の留意点──64

2-4 梁型枠・支保工──69

　A　事前検討──71
　B　構造計算書──77
　●計算書
梁型枠支保工の計算──77
［梁側］
1．せき板の検討──78
2．横端太の検討──79
3．セパレータの検討──80
［梁底］
1．せき板の検討──81
2．根太の検討──82
3．大引きの検討──83
4．パイプサポートの検討──84

2-5 まとめ──85

3. 足場

足場の構造計算──88

3-1 枠組足場──89

1．風荷重の計算──91
　A　設計風速 V_z の計算──91
　B　設計用速度圧 q_z の計算──91
　C　風力係数 C の計算──92
　D　風圧力の計算──94
2．壁つなぎの検討──95
　A　一般部分の壁つなぎの検討──95
　B　最上端部分の壁つなぎの検討──95

C　最上端部分の壁つなぎの控え材による
　　　　検討――97
　3．足場構成材の検討――99
　　A　建枠の検討――99
　　B　梁枠部分の検討――100
　4．風荷重の計算――103
　　A　設計風速V_zの計算――103
　　B　設計用速度圧q_zの計算――104
　　C　風力係数Cの計算――105
　　D　風圧力の計算――105
　5．最上端壁つなぎの検討――106
　6．脚柱ジョイントの検討――107
3-2　単管足場――108
　1．足場構成材の検討――110
　　A　荷重計算――110
　　B　各部材の検討――112
3-3　張出し足場――117
　1．荷重計算――118
　　A　最下層の建枠に作用する荷重――118
　　B　足場の脚部，足場板の建枠1スパン当
　　　　たりの荷重――118
　　C　大引き（ペコビーム）の自重――118
　2．各部材の検討――119
　　A　大引きの検討――119
　　B　張出し材の検討――121
　　C　張出し材の仕口部の検討――125
　　●豆知識3-1　H形鋼の溶接接合部の検討
　　　　――127
3-4　ブラケット一側足場――139
　1．荷重計算――140
　　A　固定荷重――140
　2．各部材の検討――141
　　A　足場板の検討――141
　　B　ブラケットの検討――142
　　C　建地の検討――142
　　D　壁つなぎの検討――146
3-5　くさび緊結式足場――147
　1．壁つなぎの検討――149

　　A　風荷重の計算――149
　　B　一般部分の壁つなぎの検討――149
　　C　最上端部分の壁つなぎの検討――150
　　D　風荷重による支柱の検討――151
　2．最下層の支柱の検討――152
　　A　荷重計算――152
　　B　支柱の検討――153
　3．梁枠の検討――154
　　A　荷重計算――154
　　B　梁枠の検討――155
　4．梁枠端部支柱の検討――155
　　A　荷重計算――155
　　B　支柱の検討――156
3-6　まとめ――157

4. 乗入れ構台
　乗入れ構台の構造計算――162
4-1　乗入れ構台――163
　1．荷重計算――164
　　A　固定荷重――164
　　B　積載荷重――164
　　C　衝撃荷重――166
　　D　水平荷重――166
　2．各部材の検討――167
　　A　覆工板の検討――167
　　B　上桁材の検討――172
　　C　下桁材の検討――175
　　D　ブレース，水平つなぎの検討――182
　　●豆知識4-1　水平荷重による応力解析――
　　　　186
　　E　支柱の検討――188
4-2　まとめ――193

5. 山留め
　山留めの構造計算――196
5-1　自立山留め工法――197

1．荷重計算——198
　A　側圧分布——198
　B　側圧合力 P_a——198
　C　側圧合力位置 h_1——198
　●豆知識 5-1　上載荷重およびのり面付き
　　山留めによる側圧——199
2．山留め壁の検討——200
　A　親杭の根入れ長さの検討——200
　B　親杭の検討——203
　C　横矢板の検討——208
　D　ヒービングに対する検討——210
　●豆知識 5-2　斜面の安定計算——211

5-2 水平切ばり工法——213
1．荷重計算——214
　A　ランキン・レザール法による側圧——
　　214
　B　側圧係数法による側圧——214
　C　設計用側圧分布——215
2．山留め壁の検討——216
　A　親杭の根入れ長さの検討——216
　B　仮想支点の計算——219
　C　親杭の応力の計算——222
　D　親杭の断面検討——230
　E　横矢板の検討——231
3．各支保工の検討——233
　A　腹起しの検討——233
　B　切ばりの検討——235
　●豆知識 5-3　切ばりの温度応力　　238
　C　火打ちの検討——239
　D　切ばり支柱の検討——241

5-3 地盤アンカー工法——245
1．荷重計算——246
　A　ランキン・レザール法による側圧——
　　246
　B　側圧係数法による側圧——246
　C　設計用側圧分布——247
2．山留め壁の検討——248
　A　鋼矢板の根入れ長さの検討——248

　B　鋼矢板の応力とたわみの計算——250
　C　鋼矢板の断面検討——256
3．腹起しの検討——258
　A　荷重——258
　B　水平方向の応力に対する検討——258
　C　鉛直方向の応力に対する検討——259
4．地盤アンカーの検討——261
　A　アンカー体定着長 L_a——261
　B　アンカー自由長 L_f——262
　C　アンカー全長 L_A——262
　D　アンカー引張材付着長 L_{ba}——262

5-4 まとめ——264

付. 計算用基本データ
　●型枠・支保工——270
　●足場——288
　●乗入れ構台——307
　●山留め——310
　●共通データ——321
　●鋼材データ——330
　●計算用基本データ索引——339

引用文献・参考文献——343

［1］構造計算の概要

型枠・支保工

乗入れ構台

足場

山留め

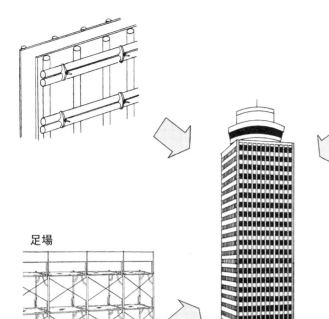
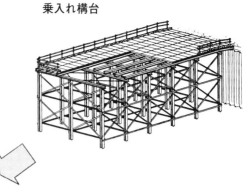
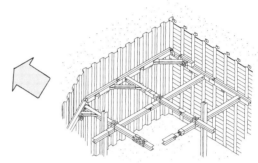

　仮設構造物は各工事段階に応じて架設されるが，その種類も多く，また条件や役割，重要度も異なる。

　しかしながら，仮設構造物は各工事が終了すれば，不要となるものであるから，安全性はもとより，経済性も同時に要求される。

　仮設計画を安全で経済的なものにするためには，構造計算による検討が必要になる。

構造計算は，安全で経済的な仮設計画を立てるために必要となります。

構造計算のすすめ方

　構造計算は，仮設構造物に作用する種々の荷重に対して安全であるように，部材の配置や断面・材料を検討することであるが，具体的には荷重計算，応力・変形計算，断面計算の手順に従って行う。ただし，概略計画もやみくもに行うのではなく，従来の経験値や巻末のグラフなどを用いて，なるべく変更が生じないように計画する。

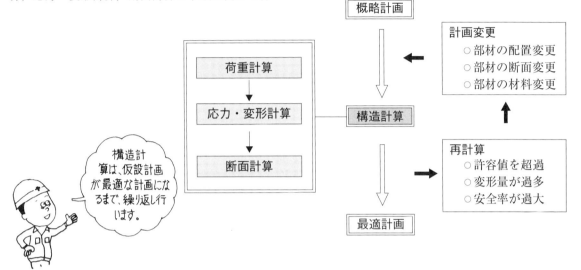

荷重計画

　仮設構造物に作用する荷重は，図表やカタログ，法規，規準などから求め，あるいは想定するが，一般に下記のように鉛直方向と水平方向に作用する荷重に分類される。

鉛直方向に作用する荷重

○固定荷重

　固定荷重は，仮設構造物自体の重量（自重）やコンクリートの重量で，図表やカタログ，比重などから算定する。

○積載荷重

　積載荷重は，人や物品，重機，車両などの重量で，法規，規準，カタログなどから想定する。

○衝撃荷重

　衝撃荷重は，重機の作業時などに生じる力で，通常，積載荷重の10～50％の値を用いる。

○積雪荷重

　積雪荷重は，積雪の単位重量にその地方における垂直最深積雪量を乗じたもので，施工時期や地域によって考慮する。

積雪の単位重量（積雪量1cmにつき）

　$0.02 kN/m^2$以上とする。

水平方向に作用する荷重

○側圧

　側圧としては，柱や壁型枠に作用するコンクリート側圧，山留め壁に作用する土圧や水圧などが考えられるが，これらの側圧は，現場の状況や施

1　構造計算の概要　13

工条件などによっても異なるが，各規準・基準等に準拠して適切に設定する。

○風荷重

　風圧力 P は，速度圧 q に風力係数 C を乗じて求めるが，次式によって算定する。

$$P = C \cdot q \cdot A$$

ただし，P：風圧力（kN）
　　　　C：風力係数
　　　　q：設計用速度圧（kN/m^2）
　　　　A：作用面積（m^2）

速度圧 q は，仮設構造物では一般に次式によって算定する。

$$q = \frac{5}{8} V_z^2$$

ただし，V_z：地上高さ Z での設計風速（m/s）

$$V_z = V_O \cdot K_e \cdot S \cdot E_B$$

　　　　V_O：基準風速（m/s）
　　　　K_e：台風時割増係数
　　　　S：地上 Z における瞬間風速分布係数
　　　　E_B：近接高層建築物による割増係数

○衝撃荷重

　衝撃荷重は，コンクリート打設時や重機・車両・ホイストなどの発進・制動時に生じる力で，通常，固定荷重や積載荷重，あるいはこれらを組み合わせた荷重の2.5～40％の値を用いる。

○地震荷重

　地震荷重は，仮設構造物の設置期間や重要度にもよるが，仮設構造物の計算では通常考慮しない。

応力・変形計算

　仮設構造物の各部材の応力と変形の計算は，力の流れに沿って行うが，以下の点に留意する。

○架構および部材のモデル化

　架構および部材のモデル化は，計算が容易なように実用の範囲内でできるだけ単純なものにする。

○計算式

　応力・変形の計算は，計算間違いを少なくするため，多少厳密さに欠けても安全側であれば略算式をおおいに利用する。

断面計算

　断面計算は，応力計算で求めた曲げモーメント，せん断力，軸方向力等の応力に対して部材の安全性を検討することであるが，具体的には，応力によって部材に生じる応力度（単位面積当たりに生じる応力）と部材の許容応力度とを比較する。

　各応力に対する検討式を以下に記す。

○曲げモーメント

$$\sigma_b = \frac{M}{Z_e} \leq f_b$$

ただし，M：曲げモーメント（kN・cm）

Z_e：有効断面係数（cm³）

σ_b：曲げ応力度（kN/cm²）

f_b：許容曲げ応力度（kN/cm²）

○せん断力

$$\tau = \frac{\alpha Q}{A} \leq f_s$$

ただし，Q：せん断力（kN）

A：断面積（cm²）

τ：せん断応力度（kN/cm²）

f_s：許容せん断応力度（kN/cm²）

α：形状係数（矩形断面… $\alpha = 1.5$，鋼管… $\alpha = 2.0$）

○引張力

$$\sigma_t = \frac{T}{A_t} \leq f_t$$

ただし，T：引張力（kN）

A_t：引張用有効断面積（cm²）

σ_t：引張応力度（kN/cm²）

f_t：許容引張応力度（kN/cm²）

○圧縮力

$$\sigma_c = \frac{N}{A_c} \leq f_c$$

ただし，N：圧縮力（kN）

A_c：圧縮用有効断面積（cm²）

σ_c：圧縮応力度（kN/cm²）

f_c：許容圧縮応力度（kN/cm²）

○曲げモーメントと圧縮力の組合せ応力

$$\frac{\sigma_b}{f_b} + \frac{\sigma_c}{f_c} \leq 1 \quad \text{かつ} \quad \frac{\sigma_b - \sigma_c}{f_t} \leq 1$$

ただし，σ_b：曲げ応力度（kN/cm²）

σ_c：圧縮応力度（kN/cm²）

f_b：許容曲げ応力度（kN/cm²）

f_c：許容圧縮応力度（kN/cm²）

f_t：許容引張応力度（kN/cm²）

○曲げモーメントと引張力の組合せ応力

$$\frac{\sigma_b + \sigma_t}{f_t} \leq 1 \quad \text{かつ} \quad \frac{\sigma_b - \sigma_t}{f_b} \leq 1$$

ただし，σ_b：曲げ応力度（kN/cm²）

σ_t：引張応力度（kN/cm²）

f_b：許容曲げ応力度（kN/cm²）

f_t：許容引張応力度（kN/cm²）

接合部の計算

　仮設構造物の接合には，ボルト，溶接，釘，金物などによる接合方法が一般的に用いられているが，接合部は曲げモーメントやせん断力，軸方向力などの応力を安全に，円滑に伝達できるものでなければならない。

　接合部は応力集中が生じやすいので，以下の点に注意して計画や計算を行う。

○接合部はできるだけ単純で，信頼性のある接合方法（ボルト接合など）とする。

○接合部は応力の小さい箇所に設ける。

○接合部には高い安全率をもたせる。

許容応力度

許容応力度は，安全性を確保するために定められた限界応力度で，使用材料の種類によって異なる。

一般に，長期許容応力度（f）は下図のように，脆性材料（コンクリートなど）では，破壊時の応力度（σ_{max}）を，延性材料（鋼材など）では降伏点応力度（σ_y）を安全率（F）で割った値としている。

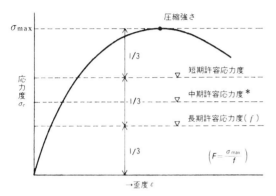

コンクリートの圧縮応力度 σ_c と歪度 ε との関係曲線

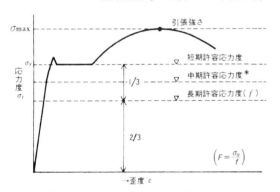

鋼材の引張応力度 σ_t と歪度 ε との関係曲線

＊本書では，長期許容応力度と短期許容応力度との平均値を便宜上，中期許容応力度と表示する。

仮設構造物の場合，鋼材やコンクリートのように材料強度から許容応力度を求めるものについては，長期許容応力度と短期許容応力度の平均値（中期許容応力度）を原則として計算に用いることとする。ただし，仮設構造物の施工条件や設置期間，重要性，使用材料などによってどの許容応力度が適切か判断することが重要である。また，木材や仮設部材については日本建築学会や仮設工業会等が定めた許容応力度を用いることとする。

なお，法規や規準，指針などによって定められている場合には，これに従わなければならない。

構造計算書の作り方

仮設構造物の構造計算書は，施工図を描くために必要なだけでなく，施工方法や仮設計画の考え方が盛り込まれた重要な書類であるから，以下の点に留意して作成する。

○設計方針や仮定条件を明記する

仮設構造物をいかなる主旨のもとに，どのような仮定に基づいて設計するのか，できるだけ具体的にわかりやすく明記する。

○概略図を描く

架構や平面，立面などの概略図を描き，計算しやすいように各部材に記号や番号をつける。

○順序よく計算する

計算は，手戻りのないように，力の流れる順に行う。

〔例〕 壁型枠の場合

　　　せき板→締付け金物→縦端太→横端太

○数値には，必ず単位をつける

　計算間違いのないように単位は統一し，数値には必ず単位をつける習慣を身に付ける。

○桁数をそろえる

　有効桁数は3～4桁程度にとどめ，数字をむやみに羅列しない。本書では，基本的に有効数字を3桁としている。

○計算式や定数の出典を明記する

　わかりにくい計算式や定数は，後でみてもわかるように出典を明記する。

まとめ

　仮設構造物の構造計算は，計算すること自体が本来の目的ではありません。あくまでも安全で経済的な仮設計画を立てるための一手段です。

　部材の配置や組合せが適切なのか，使用部材をもっと節約できないのか，あるいは他の仮設構造物に転用することができないのかなどの具体的な検討を行うために構造計算は必要になります。仮設構造物の構造計算には，特に定められた計算方法や規準というものがありませんが，仮設構造物で扱う計算式や考え方はいずれも単純なので，一度，実際に計算を行えば理解できるものばかりです。

　構造計算は，「習うより慣れろ」で，とにかく手を動かすことが第一です。構造計算を行う習慣を身に付け，仮設計画を安全性，経済性の両面から，つねに検討できるようになることが必要です。

/ [2]
型枠・支保工

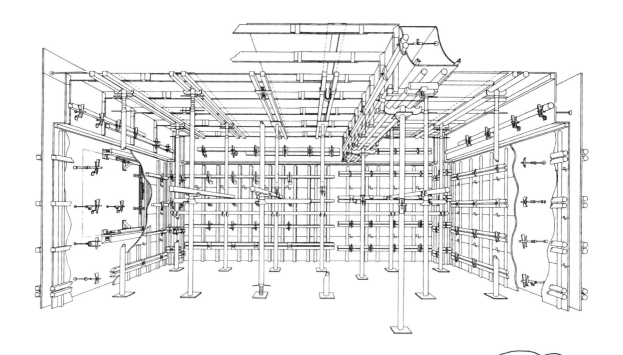

型枠・支保工の構造計算

　型枠・支保工は，コンクリートが所要強度を発現するまでの仮設構造物であるから，安全性と同時に経済性・施工性も要求される。

　一般に，型枠・支保工の配置は，型枠大工の経験や勘に頼る場合が往々にしてあるが，特殊な材料や複雑な形状の型枠，大型型枠，仕上げ精度が特に要求されるような建物の場合には，構造計算により，安全性を確かめ，バランスのとれた合理的な配置になるように計画しなければならない。

これは、一般的な型枠支保工の図じゃが、一見複雑そうに見えても力の流れに沿ってひとつひとつ計算を進めて行けばなんとかなるもんじゃ。心配御無用！

2022年に『JASS 5』が改定され、型枠設計用の側圧は打込み速さや部位に関わらずフレッシュコンクリートの単位体積重量とフレッシュコンクリートのヘッド(側圧を求める位置から上のコンクリートの打込み高さ)を乗じた値とすることになりました！

- 特殊な材料や複雑な形状の型枠
- 大型型枠
- 仕上げ精度が要求される建物

⇒

カンにたよらず構造計算を！！

2-1 壁型枠

ポイント 2-1　壁型枠の計算は，下記の順序に従って行う。

1. 荷重は，コンクリートによる側圧のみ考慮し，JASS 5の「型枠設計用コンクリートの側圧」の式から求める。
2. 仮設部材の検討に用いる側圧は，検討対象の仮設材が負担する平均側圧とする。
3. 型枠の許容たわみ量は0.3cm以下とする（ただし，仕上げ精度が要求される場合は0.1cm以下とする）。
4. せき板，縦端太，横端太は，等分布荷重が作用する単純梁として検討する。
5. 支保工の許容応力度は，労働安全衛生規則に従う。

例題 2-1

図2-1のような壁の型枠について検討する。

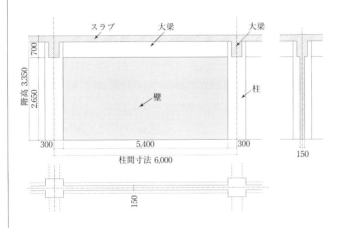

図2-1　壁施工図

〔設計条件〕
- 階　　　高……………3.35m
- 壁　高　さ……………2.65m
- 壁　　　厚……………15cm
- 壁　長　さ……………5.4m
- 打込み速さ……………15m/h

〔使用部材〕
- せ　き　板………合板厚さ15mm
  （繊維方向使い）
- 縦　端　太……単管φ48.6×2.4
  （STK500）*
- 横　端　太………同上2丁使い
- セパレータ……………2分5厘

*同じφ48.6の単管でも，肉厚や材質により許容曲げ応力度や断面性能が異なるので，使用する単管がどの種類なのか十分気を付けること。

2　型枠・支保工　21

1. 荷重計算

コンクリートの側圧は，『JASS 5』（建築工事標準仕様書・同解説 鉄筋コンクリート工事 2022）より，コンクリートの打込み速さや部位にかかわらず，フレッシュコンクリートの単位体積重量（W_0）×フレッシュコンクリートのヘッド（H）となる。ただし，適切な方法により側圧を予測できる場合は，工事管理者の承認を受ければ，この限りでない。

$P_S = W_0 \times H$

a. フレッシュコンクリートの単位体積重量 (kN/m³) ……………………………………… W_0
b. フレッシュコンクリートのヘッド (m) ………………………………………………… H

コンクリートの単位体積重量 (kN/m³)

コンクリートの種類		コンクリートの単位体積重量 (kN/m³)
普通コンクリート		23
軽量コンクリート	軽量1種	19
	軽量2種	17

a. フレッシュコンクリートの単位体積重量 (kN/m³)

使用コンクリートは，普通コンクリートとする。したがって，コンクリートの単位体積重量 W_0 は 23 kN/m³ となる。

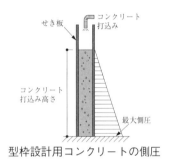

型枠設計用コンクリートの側圧

b. フレッシュコンクリートのヘッド（側圧を求める位置から上のコンクリートの打込み高さ）(m)

最大側圧を求めるためのコンクリートヘッド H は，壁の高さ（梁下までの高さ）とする。

したがって，この例題では，$H = 2.65\,\mathrm{m}$ である。

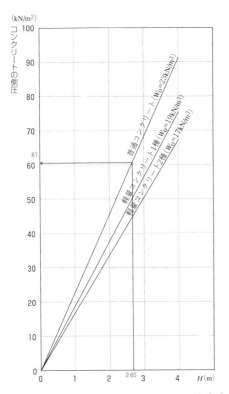

図2-2 フレッシュコンクリートのヘッド（m）から
コンクリート側圧を求めるグラフ

以上で，型枠に作用するコンクリートの最大側圧 P_S を求める要素の値がそれぞれ決定したので，さっそく最大側圧を求めてみよう。

$$P_S = W_0 \times H = 23 \text{ kN/m}^3 \times 2.65 \text{ m}$$
$$= 61 \text{ kN/m}^2$$

と求まる。

以上の計算も図2-2を利用すると，打込み高さからコンクリートの側圧が簡単に求められます。

2. 型枠構成材の割付け

型枠構成材（せき板，縦端太，横端太，セパレータ等）の割付けは，従来の経験値などを基に，安全性，経済性の両面から検討していく必要がある。そのため最適な計画になるまで，計算を繰り返す場合も生じる。しかし，何度も計算を繰り返すのは大変であるから，なるべく手戻りのないよう初めから適切な数値で検討することが大切である。そのため巻末に型枠支保工の間隔が簡単に求められるグラフを掲載してある。下の図は，これらのグラフを用いて計画した例題の場合の割付け例である。ここでは，この割付け例を用いて，計算方法や考え方，グラフの使い方などについて説明する。

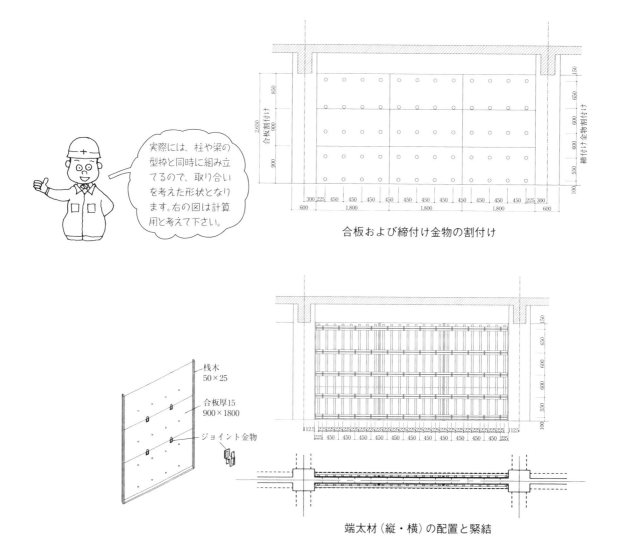

合板および締付け金物の割付け

端太材（縦・横）の配置と緊結

3. 各部材の検討

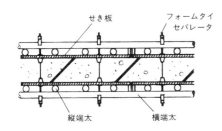

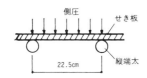

型枠に作用するコンクリートの最大側圧が決まり，型枠支保工の割付け案もできたので，これから各部材の応力計算と断面検討を行うわけであるが，ポイント2-1の手順に従って行う。

A　せき板の検討

せき板には，型枠用合板（厚さ15mm，900×1,800mm）を繊維方向に使用する。

> 許容曲げ応力度　$f_b = 1.37 \text{kN/cm}^2$
> ヤング係数　　　$E = 510 \text{kN/cm}^2$（厚さ15mm，湿潤状態での値）

せき板は，縦端太によりおさえられているので，せき板を検討するということは，縦端太間隔が設定した間隔でよいかどうかを検討することである。

せき板は，等分布荷重が作用する単純梁（幅 $b = 1$ cm，高さ $h = 1.5$ cmの梁）として応力計算を行う。スパン ℓ は縦端太間隔で，例題では22.5cm*である。

＊合板の幅1,800mmを均等に分割でき，しかもグラフから求められたせき板の許容スパンを満足する数値として，22.5cmに設定した。

型枠用合板は，繊維方向により許容曲げ応力度やヤング係数に大きな違いがあるので，使用に際しては十分注意する必要があります。この例題では，型枠用合板を横使いとして計画しているので，せき板の許容曲げ応力度は $f_b=1.37$ kN/cm²，ヤング係数は $E=510$ kN/cm² となります。

（メモ）

型枠用合板の許容曲げ応力度とヤング係数

厚さ15ミリの型枠用合板は，図のように5枚以上の板を重ね合わせたもので

繊維方向により許容曲げ応力度やヤング係数が異なり，通常下表の値が用いられている。

	許容曲げ応力度 f_b (kN/cm²)	ヤング係数 E (kN/cm²) 湿潤状態
繊維方向	1.37	510
繊維と直角方向	0.78	200

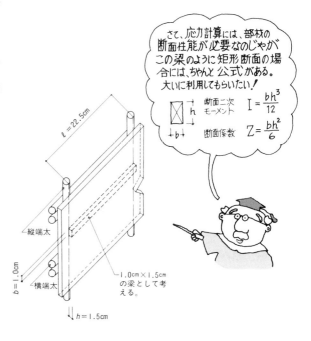

さて，応力計算には，部材の断面性能が必要なのじゃが，この梁のように矩形断面の場合にはちゃんと公式がある。大いに利用してもらいたい！

断面二次モーメント　$I = \dfrac{bh^3}{12}$

断面係数　$Z = \dfrac{bh^2}{6}$

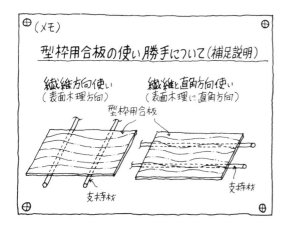

合板は単位幅当たりの断面性能を用いる。例題の場合は単位幅を1cmとしており、断面性能はそれぞれ

$I = 0.281 \text{ cm}^4/\text{cm}$
$Z = 0.375 \text{ cm}^3/\text{cm}$

を意味する。

せき板を梁と考えた場合の断面性能は公式から、

$$\begin{cases} \text{断面二次モーメント} \\ \quad I = \dfrac{bh^3}{12} = \dfrac{1.0 \times 1.5^3}{12} = 0.281 \text{ cm}^4 \\ \text{断面係数} \quad Z = \dfrac{bh^2}{6} = \dfrac{1.0 \times 1.5^2}{6} = 0.375 \text{ cm}^3 \end{cases}$$

となる。

1) 荷重計算

せき板に作用する単位幅（1cm）当たりの荷重 w は、コンクリートの最大側圧が 61 kN/m^2 であったから、

$w = 61 \text{ kN/m}^2 \times 1.0 \text{ cm} = 0.0061 \text{ kN/cm}$

となる。

2) 曲げに対する検討

最大曲げモーメント $M_{\max}$ は、次式から求める。

$M_{\max} = \dfrac{1}{8} w \ell^2 = \dfrac{1}{8} \times 0.0061 \text{ kN/cm} \times (22.5 \text{ cm})^2$

$\fallingdotseq 0.386 \text{ kN·cm}$

この最大曲げモーメントから、梁に生じる曲げ応力度 σ_b を次式から算出する。

$\sigma_b = \dfrac{M_{\max}}{Z} = \dfrac{0.386 \text{ kN·cm}}{0.375 \text{ cm}^3} \fallingdotseq 1.029 \text{ kN/cm}^2$

これで、コンクリートの側圧から、せき板に生じる曲げ応力度 σ_b が求まったので、強度的に安全かどうか、せき板の許容曲げ応力度 f_b と比較する。

$\dfrac{\sigma_b}{f_b} = \dfrac{1.029 \text{ kN/cm}^2}{1.37 \text{ kN/cm}^2} \fallingdotseq 0.75 \leq 1.0$ **OK!!**

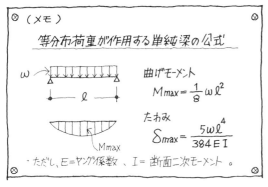

3) たわみに対する検討

許容たわみ量をどの程度におさえるかということは、建物の部位、仕上げの種類により異なるが、一般に0.3cm程度を標準としているので、本例題では、許容たわみ量0.3cmとして計算を行う。

許容される
たわみ量は、ど
のように決めた
らよいのでしょ
うか？

う〜ん、まあー、通常
の場合なら3mm程度に抑え
ておけば問題ないだろう。
ただし、仕上げ精度が要求され
るような場合には、1mm程度に
抑える必要がある。
仕上げ精度については、監理
者とよく相談したり、JASS5*
を参考にして、決定するの
がよいと思う。

＊JASS 5：構造体および部材の位置および断面寸法の許容差の標準値

等分布荷重 $w = 0.0061\mathrm{kN/cm}$
スパン $\ell = 22.5\mathrm{cm}$

たわみを，等分布荷重が作用する単純梁の公式から求めると，

$$\delta_{\max} = \frac{5w\ell^4}{384EI}$$

$$= \frac{5 \times 0.0061\mathrm{kN/cm} \times (22.5\mathrm{cm})^4}{384 \times 510\mathrm{kN/cm^2} \times 0.281\mathrm{cm^4}}$$

$\fallingdotseq 0.14\mathrm{cm} \leq 0.3\mathrm{cm}$　　**OK!!**

$\left(\dfrac{\delta_{\max}}{\ell} = \dfrac{0.14\mathrm{cm}}{22.5\mathrm{cm}} \fallingdotseq \dfrac{1}{160}\right)$

となり、たわみに対しても縦端太間隔を22.5cmとすれば、せき板は、なんとかOK!!であるということが確かめられたわけである。

以上で、せき板の検討は
一応終了したわけですが、いま
までの検討は、せき板が
新品であると仮定した
場合の結果です。
もし、せき板が転用
を重ねたもので傷んでいる
場合だったら、どうだろ
うか？

この場合には当
然せき板の強度は
低下し、たわみやすく
なるだろう、ということが
容易に予想される
ことと思う。

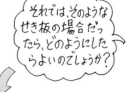

あ〜☆
今度で3度目
のお勤めだ
渡れたなア〜

それでは、そのような
せき板の場合だっ
たら、どのようにした
らよいのでしょうか？

豆知識 2-1 で掘り下げてみよう！

豆知識 2-1

せき板の転用と湿潤による強度低下を考慮した計算方法

せき板を検討する際に，注意すべきことは，せき板の強度とヤング係数は湿潤状態にもよるが，通常，気乾状態に比べ2割程度低下することである。

そこで本書では，せき板の強度とヤング係数は湿潤状態での値を用いることとしている。しかし，転用による強度低下については，どの程度考慮したらよいのか見当がつかない。

ところで，例題では，せき板を単純梁と仮定して検討を行ったが，1枚のせき板は通常，数本の縦端太により押さえられているので，単純梁よりも連続梁と仮定したほうが，実状に近い。

そこで単純梁と連続梁とでは，応力とたわみがどの程度違うのかを比較してみよう。

● 曲げモーメントの比較

$$\begin{cases} 単純梁……M_単=\dfrac{1}{8}w\ell^2 \\ 連続梁……M_連=\dfrac{1}{10}w\ell^2 \end{cases}$$

$$M_単/M_連 = \dfrac{w\ell^2}{8} \Big/ \dfrac{w\ell^2}{10} = 1.25$$

● たわみの比較

$$\begin{cases} 単純梁……\delta_単=\dfrac{5w\ell^4}{384EI} \\ 連続梁……\delta_連=\dfrac{w\ell^4}{128EI} \end{cases}$$

$$\delta_単/\delta_連 = \dfrac{5w\ell^4}{384EI} \Big/ \dfrac{w\ell^4}{128EI} ≒ 1.67$$

このように，連続梁に対して単純梁と仮定した場合には，曲げモーメントは1.25倍，たわみは1.67倍も大きくなる。

したがって，せき板を単純梁と仮定して検討すれば，転用による強度低下にはあまり注意を払う必要がなく，実用的には，<u>せき板は等分布荷重が作用する単純梁として検討すればよいことになる</u>。

単純梁とした場合

$M_{\max}=\dfrac{1}{8}w\ell^2$

$\delta_{\max}=\dfrac{5w\ell^4}{384EI}$

連続梁とした場合

$M_{\max}=\dfrac{1}{10}w\ell^2$

$\delta_{\max}=\dfrac{w\ell^4}{128EI}$

注）端太材や根太などの支持状態を考慮して，連続梁の曲げモーメントは3スパン連続梁の公式を また，たわみは安全を見込んで単純梁と両端固定梁の平均としている。

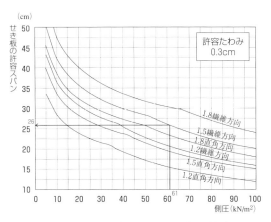

図2-3 コンクリート側圧からせき板の許容スパン
　　　（縦端太間隔）を求めるグラフ

以上の検討結果も，図2-3を利用すると，コンクリートの側圧から縦端太間隔が簡単に求められる。

● グラフの見方

側圧61 kN/m²，単純梁として計算し，許容たわみ量0.3 cm，許容曲げ応力度1.37 kN/m²とすると，せき板の許容スパン，すなわち縦端太間隔は約26 cm以下と求まる。

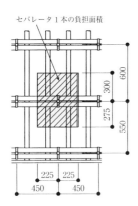

B 締付け金物の検討

セパレータは，$W5/16$（2分5厘）を使用する。

引張許容強度	$F_t = 13.7\,\text{kN}/本$
ヤング係数	$E = 2.05 \times 10^4\,\text{kN}/\text{cm}^2$

締付け金物には，コンクリート側圧により引張力が生じるが，この引張力が，セパレータの引張許容強度F_t以下であるかどうかを検討するわけである。通常，セパレータには2分5厘が用いられることが多く，セパレータの引張許容強度で横端太間隔が決まることが多い。

1) 引張力に対する検討

セパレータ1本に生じる引張力Tは，セパレータ1本が荷重負担する面積にコンクリートの平均側圧を乗じて求める。ここでは，側圧の大きい下から2段目のセパレータで検討する。

平均側圧はセパレータの上下それぞれの中央の側圧となる。

$$P_a = 23\,\text{kN}/\text{m}^3 \times 1{,}850\,\text{mm} = 23\,\text{kN}/\text{m}^3 \times 1.85\,\text{m}$$
$$= 42.55\,\text{kN}/\text{m}^2 \to 0.0043\,\text{kN}/\text{cm}^2$$
$$P_b = 23\,\text{kN}/\text{m}^3 \times 2{,}137.5\,\text{mm} = 23\,\text{kN}/\text{m}^3 \times 2.1375\,\text{m}$$
$$= 49.2\,\text{kN}/\text{m}^2 \to 0.0049\,\text{kN}/\text{cm}^2$$

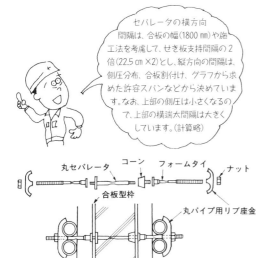

よって，セパレータ1本に生じる引張力Tは，

$T = \underset{\text{横方向のセパレータ間隔}}{(22.5\,\text{cm}+22.5\,\text{cm})} \times \underset{\text{縦方向のセパレータ間隔の1/2}}{30\,\text{cm}} \times \underset{\text{コンクリート平均側圧}}{0.0043\,\text{kN}/\text{cm}^2}$

$\quad + (22.5\,\text{cm}+22.5\,\text{cm}) \times 27.5\,\text{cm} \times 0.0049\,\text{kN}/\text{cm}^2$

$= 11.88\,\text{kN}/本$

となる。なお，仮設なので簡易的に大きいほうのP_b（$49\,\text{kN}/\text{m}^2$）で検討してもよい。

$W5/16$（2分5厘）のセパレータの引張許容強度は，$F_t = 13.7\,\text{kN}/本$であるから，

$$\frac{T}{F_t} = \frac{11.88\,\text{kN}/本}{13.7\,\text{kN}/本} \fallingdotseq 0.87 \leq 1.0 \qquad \textbf{OK!!}$$

となり，コンクリート側圧に対して現在のセパレータ間隔でOK!!である。

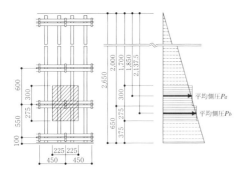

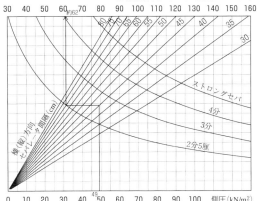

図2-4 コンクリート側圧からセパレータの許容間隔を求めるグラフ

> ● グラフの見方
>
> 側圧 $49kN/m^2$,横方向のセパレータ間隔 $45cm$ であるから,縦方向のセパレータの許容間隔は約 $62cm$ と求まるので,縦方向のセパレータの間隔,つまり最下段の横端太間隔を $62cm$ 以下とすればよいことがわかる。

2) 伸びに対する検討

セパレータの有効断面積は $0.34cm^2$ であるから,片側の仕上げ面に影響するセパレータの伸びは,壁厚の半分の長さを用いて,

$$\delta_{max} = \frac{T \times d \times 0.5}{EA_s} = \frac{11.88kN \times 15cm \times 0.5}{2.05 \times 10^4 kN/cm^2 \times 0.34cm^2}$$

↑セパレータの有効断面積

$\fallingdotseq 0.013cm \leq 0.3cm$ **OK!!**

$$\left(\frac{\delta_{max}}{d \times 0.5} = \frac{0.013cm}{7.5cm} = \frac{1}{577} \right)$$

セパレータは $0.013cm$ くらい伸びるだろうという結果が得られ,現在のセパレータ間隔で **OK!!** ということが確かめられたわけである。

以上の検討結果も図2-4を利用すると,コンクリート側圧と横方向のセパレータ間隔から,簡単に縦方向のセパレータの許容間隔(横端太間隔)が求められる。本例では,大きいほうの P_b を用いて検討している。

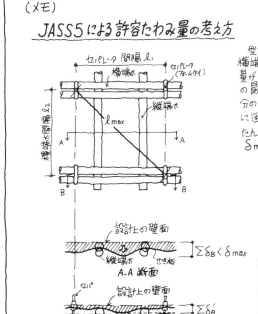

C 縦端太の検討

縦端太材には，単管 $\phi 48.6 \times 2.4$（STK500）を使用する。

断面二次モーメント	$I = 9.32 \mathrm{cm}^4$
断面係数	$Z = 3.83 \mathrm{cm}^3$
許容曲げ応力度	$f_b = 23.7 \mathrm{kN/cm}^2$
ヤング係数	$E = 2.05 \times 10^4 \mathrm{kN/cm}^2$

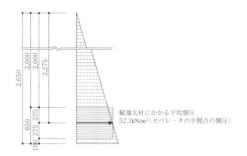

横端太の間隔は，締付け金物の項で62cm以下とすればよいので，本例では55cmとしている。縦端太材の検討は，この横端太間隔で縦端太がOKかどうかを検討することである。

縦端太は，等分布荷重が作用する連続梁として計算してもよいが，本書では単純梁として側圧の大きい最下段の縦端太で応力計算を行う。

スパン ℓ は横端太間隔で，例題では $\ell = 55\mathrm{cm}$，平均側圧はセパレータの中間点の $52.3 \mathrm{kN/m}^2$（$0.0052 \mathrm{kN/cm}^2$）となる。

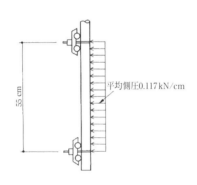

1）荷重計算

縦端太材に作用する荷重 w は，

$$w = 0.0052 \mathrm{kN/cm}^2 \times 22.5 \mathrm{cm} \fallingdotseq 0.117 \mathrm{kN/cm}$$

　　　コンクリート平均側圧　　縦端太間隔

である。

2）曲げに対する検討

最大曲げモーメント $M_{\max}$ は，単純梁の等分布荷重の場合の公式から求める。

$$M_{\max} = \frac{1}{8} w \ell^2 = \frac{1}{8} \times 0.117 \mathrm{kN/cm} \times (55 \mathrm{cm})^2$$

$$= 44.2 \mathrm{kN \cdot cm}$$

$$\sigma_b = \frac{M_{\max}}{Z} = \frac{44.2 \mathrm{kN \cdot cm}}{3.83 \mathrm{cm}^3} \fallingdotseq 11.5 \mathrm{kN/cm}^2$$

$$\frac{\sigma_b}{f_b} = \frac{11.5 \mathrm{kN/cm}^2}{23.7 \mathrm{kN/cm}^2} \fallingdotseq 0.49 \leq 1.0 \qquad \textbf{OK!!}$$

この計算結果から，曲げに対しては，OK!! である。

3) たわみに対する検討

単純梁の等分布荷重の場合のたわみ公式から求める。

$$\delta_{max} = \frac{5w\ell^4}{384EI}$$

$$= \frac{5 \times 0.117\,\text{kN/cm} \times (55\,\text{cm})^4}{384 \times 2.05 \times 10^4\,\text{kN/cm}^2 \times 9.32\,\text{cm}^4}$$

$$\fallingdotseq 0.07\,\text{cm} \leqq 0.3\,\text{cm} \quad \textbf{OK!!}$$

$$\left(\frac{\delta_{max}}{\ell} = \frac{0.07\,\text{cm}}{55\,\text{cm}} = \frac{1}{786}\right)$$

縦端太材は、横端太間隔55 cmの間で0.07 cmぐらいたわむだろうという結果が得られ、横端太間隔は55 cmでOK!! ということが確かめられたわけである。

以上の検討結果も図2-5を利用すると、コンクリート側圧と縦端太間隔から簡単に横端太間隔が求められる。

> ●グラフの見方
>
> 側圧52.3 kN/m², 縦端太間隔22.5 cm, 単純梁として計算し、許容たわみ量0.3 cm, 許容曲げ応力度 $f_b = 23.7\,\text{kN/cm}^2$ とすると、縦端太の許容スパン、すなわち横端太間隔を約78 cm以下とすればよいことがわかる。

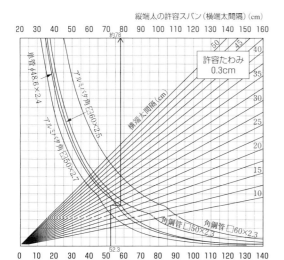

図2-5 コンクリートの側圧から縦端太材の許容スパン（横端太間隔）を求めるグラフ

この図は巻末の計算用基本データを縮小したものです。

D 横端太の検討

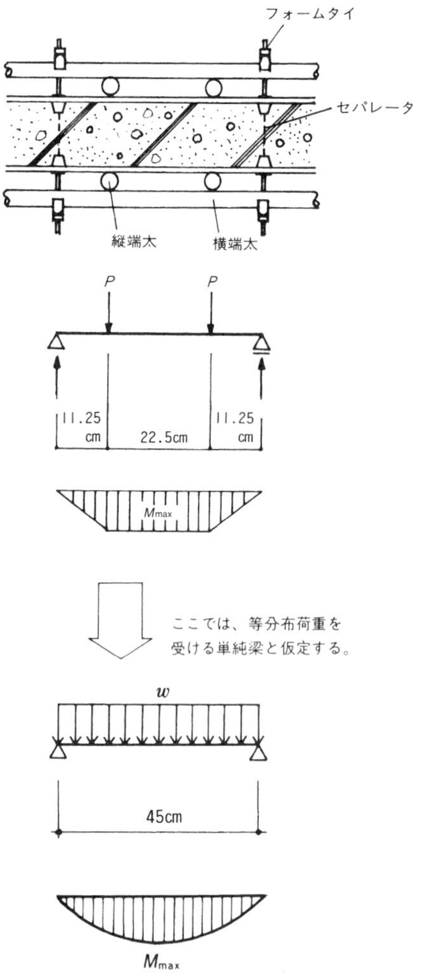

横端太材には，単管$\phi 48.6 \times 2.4$（STK500）2本を使用する。

断面二次モーメント	$I = 9.32\,\mathrm{cm}^4$
断面係数	$Z = 3.83\,\mathrm{cm}^3$
許容曲げ応力度	$f_b = 23.7\,\mathrm{kN/cm}^2$
ヤング係数	$E = 2.05 \times 10^4\,\mathrm{kN/cm}^2$

コンクリート側圧は，縦端太材を介して横端太材に伝達されるので，横端太材は，縦端太材との交点で集中荷重を受ける梁として検討するのが，実状に近いと思われるが，ここでは，等分布荷重を受ける単純梁と仮定して検討を行う。

スパンℓは，セパレータ間隔で，例題では$\ell = 45\,\mathrm{cm}$である。ここでは，セパレータの検討と同様，側圧の大きい下から2段目の横端太で検討する。

側圧はセパレータに生じる引張力Tを総受圧面積で割ればよいが，ここでは簡略化のため，大きいほうのP_bを用いる。

横端太材に作用する荷重wを求めると，

$w = 0.0049\,\mathrm{kN/cm}^2 \times 57.5\,\mathrm{cm} \fallingdotseq 0.28\,\mathrm{kN/cm}$

コンクリート平均側圧　　横端太が受けもつ間隔

となる。

せき板，縦端太の検討の場合と同様に，曲げとたわみについて，それぞれ検討を行う。

$$M_{\max} = \frac{1}{8} w \ell^2 = \frac{1}{8} \times 0.28\,\mathrm{kN/cm} \times (45\,\mathrm{cm})^2$$

$$\fallingdotseq 70.9\,\mathrm{kN \cdot cm}$$

$$\sigma_b = \frac{M_{\max}}{Z} = \frac{70.9\,\mathrm{kN \cdot cm}}{2 \times 3.83\,\mathrm{cm}^3} \fallingdotseq 9.26\,\mathrm{kN/cm}^2$$

単管2本使用

$$\frac{\sigma_b}{f_b} = \frac{9.26\,\mathrm{kN/cm}^2}{23.7\,\mathrm{kN/cm}^2} \fallingdotseq 0.39 \leqq 1.0 \qquad \textbf{OK!!}$$

図2-6　横端太の検討

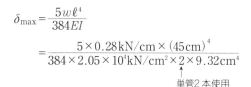

$$\delta_{max} = \frac{5w\ell^4}{384EI}$$

$$= \frac{5 \times 0.28 \text{kN/cm} \times (45\text{cm})^4}{384 \times 2.05 \times 10^4 \text{kN/cm}^2 \times 2 \times 9.32 \text{cm}^4}$$

単管2本使用

$$\fallingdotseq 0.04\text{cm} \leq 0.3\text{cm} \quad \textbf{OK!!}$$

$$\left(\frac{\delta_{max}}{\ell} = \frac{0.04\text{cm}}{45\text{cm}} = \frac{1}{1,125}\right)$$

以上の検討結果も図2-7を利用すると，コンクリート側圧と横端太間隔から簡単にセパレータ間隔が求められる。

●グラフの見方

側圧49kN/m²，横端太間隔57.5cm，単純梁として計算し，許容たわみ量0.3cm，許容曲げ応力度 $f_b = 23.7\text{kN/cm}^2$ とすると，横端太の許容スパン，すなわちセパレータ間隔は約71cmと求まる。

型枠の総たわみ量は、本例題の場合、せき板が 0.14cm、縦端太が 0.07cm、横端太が 0.04cm、セパレータが 0.013cm で、合計 0.26cm となっています。平たんさの目標値を 1m につき 10mm 以下とすると、JASS5 による許容たわみ量は、0.71cm であるから、たわみに対しては、十分 OK!! という結果になっています。
（メモ「JASS5 による許容たわみ量の考え方」参照）

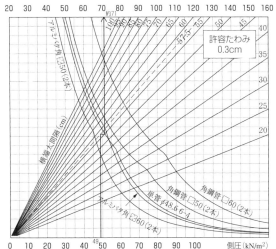

図2-7 コンクリート側圧から横端太材の許容スパン（セパレータ間隔）を求めるグラフ

このグラフは、巻末の計算用基本データを縮小したものです。

以上で、横端太の検討は一応終了し、OK ということが確かめられたわけですが、ここでちょっと思い出してもらいたいのは、いままでの検討は横端太材を等分布荷重が作用する単純梁と仮定した場合の結果であるということです。

では、横端太材を集中荷重が作用する梁と仮定した場合には、どのように検討したらよいのでしょうか。また、等分布荷重が作用した場合とでは、どの程度の違いがあるのでしょうか。

集中荷重が作用する横端太の検討

例題では，横端太は等分布荷重が作用する単純梁と仮定したが，ここでは，縦端太材との交点で集中荷重を受ける単純梁と仮定してみよう。

縦端太材は，図2-6のようにセパレータ間で2本配置されるが，施工上，寸法通りにはなかなか納まらない。

そこで，縦端太材のずれも考慮に入れて，横端太の曲げとたわみについて検討してみよう。

スパンℓは，セパレータ間隔で，$\ell = 45$ cmである。

単純梁・2点集中荷重の公式（間隔aを一定とした移動荷重の公式）

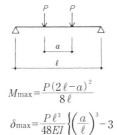

$$M_{max} = \frac{P(2\ell-a)^2}{8\ell}$$

$$\delta_{max} = \frac{P\ell^3}{48EI}\left\{\left(\frac{a}{\ell}\right)^3 - 3 \times \left(\frac{a}{\ell}\right)^2 + 2\right\}$$

1）荷重計算

横端太材には，2点集中荷重が作用する。集中荷重Pは，縦端太材1本当たりが負担する荷重であるから，

$P = 0.0049$ kN/cm^2 × 22.5 cm × 57.5 cm = 6.34 kN
　　　↑　　　　　　　↑　　　　　↑
　コンクリート側圧　縦端太間隔　横端太間隔

となる。

2）曲げに対する検討

最大曲げモーメントM_{max}は，縦端太材のずれを考慮した2点集中荷重の場合の公式から求める。

$$M_{max} = \frac{P(2\ell-a)^2}{8\ell}$$

$$= \frac{6.34\text{kN} \times (2 \times 45\text{cm} - 22.5\text{cm})^2}{8 \times 45\text{cm}}$$

$$\fallingdotseq 80.2 \text{ kN·cm}$$

$$\sigma_b = \frac{M_{max}}{Z} = \frac{80.2 \text{ kN·cm}}{2 \times 3.83 \text{ cm}^3} \fallingdotseq 10.47 \text{ kN/cm}^2$$
　　　　　　　　　　　　↑
　　　　　　　　　単管2本使用

$$\frac{\sigma_b}{f_b} = \frac{10.47 \text{ kN/cm}^2}{23.7 \text{ kN/cm}^2} \fallingdotseq 0.44 \leq 1.0 \quad \textbf{OK!!}$$

3) たわみに対する検討

たわみは，縦端太材のずれを考慮した2点集中荷重の場合の公式から求める。

$$\delta_{max} = \frac{P\ell^3}{48EI}\left\{\left(\frac{a}{\ell}\right)^3 - 3\times\left(\frac{a}{\ell}\right)^2 + 2\right\}$$

$$= \frac{6.34\text{kN} \times (45\text{cm})^3}{48 \times 2.05 \times 10^4 \text{kN/cm}^2 \times 2 \times 9.32\text{cm}^4}$$

↑ 単管2本使用

$$\times\left\{\left(\frac{22.5\text{cm}}{45\text{cm}}\right)^3 - 3\times\left(\frac{22.5\text{cm}}{45\text{cm}}\right)^2 + 2\right\}$$

$\fallingdotseq 0.04\text{cm} \leq 0.3\text{cm}$ **OK!!**

$$\left(\frac{\delta_{max}}{\ell} = \frac{0.04\text{cm}}{45\text{cm}} = \frac{1}{1,125}\right)$$

以上で，縦端太材のずれを考慮した横端太の検討は一応終了したわけであるが，等分布荷重の場合に比べ，曲げモーメントが多少大きくなる程度である。

したがって，横端太材は，単純梁として検討すれば，作用荷重が等分布荷重の場合でも，2点集中荷重の場合でも実用的には問題ない。

2-2 柱型枠

ポイント 2-2 柱型枠の計算は，下記の順序に従って行う。

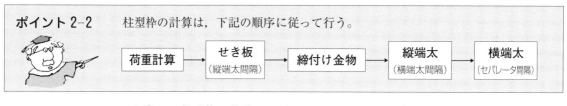

柱型枠の設計は，ポイント2-2に示すように，部材相互の取り合いなどを考慮しながら行うが，もちろん，壁型枠と同様に型枠構成材の割付けを行ってから各部材の検討を行ってもよい。この項目では，実際の構造計算書の書式に従って設計した柱型枠の計算例を示す。

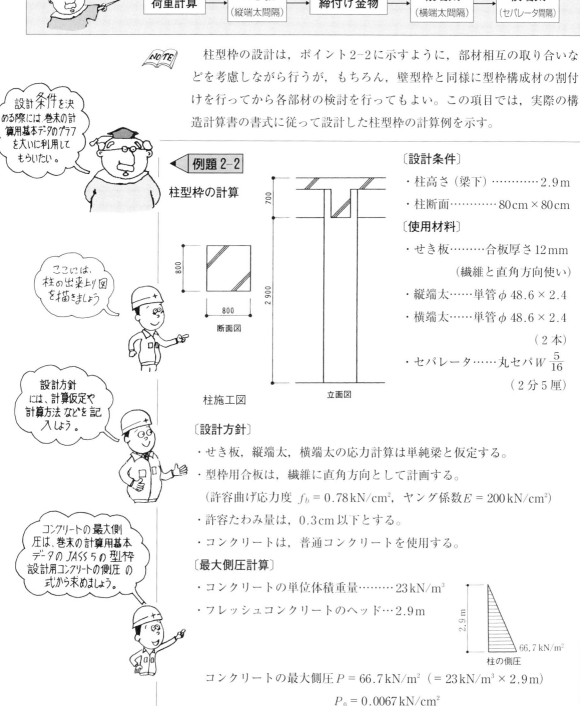

◀ 例題 2-2

柱型枠の計算

〔設計条件〕
・柱高さ（梁下）‥‥‥‥‥ 2.9 m
・柱断面‥‥‥‥‥ 80 cm × 80 cm

〔使用材料〕
・せき板‥‥‥‥合板厚さ 12 mm
　（繊維と直角方向使い）
・縦端太‥‥‥‥単管 $\phi 48.6 \times 2.4$
・横端太‥‥‥‥単管 $\phi 48.6 \times 2.4$
　（2本）
・セパレータ‥‥‥丸セパ $W\frac{5}{16}$
　（2分5厘）

〔設計方針〕
・せき板，縦端太，横端太の応力計算は単純梁と仮定する。
・型枠用合板は，繊維に直角方向として計画する。
　（許容曲げ応力度 $f_b = 0.78 \, \text{kN/cm}^2$，ヤング係数 $E = 200 \, \text{kN/cm}^2$）
・許容たわみ量は，0.3 cm 以下とする。
・コンクリートは，普通コンクリートを使用する。

〔最大側圧計算〕
・コンクリートの単位体積重量‥‥‥‥ 23 kN/m³
・フレッシュコンクリートのヘッド‥ 2.9 m

コンクリートの最大側圧 $P = 66.7 \, \text{kN/m}^2$ （$= 23 \, \text{kN/m}^3 \times 2.9 \, \text{m}$）
$$P_0 = 0.0067 \, \text{kN/cm}^2$$

> せき板の検討を行うということは縦端太間隔を決定することである。

1. せき板の検討

せき板の仕様

- 型枠用合板厚さ　　$t = 1.2\,\text{cm}$
- 断面二次モーメント　$I = \dfrac{b \cdot t^3}{12} = \dfrac{1\,\text{cm} \times (1.2\,\text{cm})^3}{12}$
  $= 0.144\,\text{cm}^4$
- 断面係数　$Z = \dfrac{b \cdot t^2}{6} = \dfrac{1\,\text{cm} \times (1.2\,\text{cm})^2}{6}$
  $= 0.24\,\text{cm}^3$
- 許容曲げ応力度　$f_b = 0.78\,\text{kN/cm}^2$
- ヤング係数　$E = 200\,\text{kN/cm}^2$

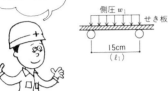

> せき板の許容スパン、すなわち縦端太間隔は計算用基本データのグラフから予め15cmとしました。

> 型枠用合板の場合には、合板を縦に使うか、横に使うかによって許容曲げ応力度 f_b やヤング係数 E が異なります。巻末の計算用基本データの表を参考にして間違いのないようにしよう。

a. 荷重計算

せき板に作用する単位幅 1 cm 当たりの荷重 w_1 は、

$$w_1 = P_0 \times 1\,\text{cm} = 0.0067\,\text{kN/cm}$$

b. 最大曲げモーメント $M_{\max}$ に対する検討

せき板の設計スパン ℓ_1 は、縦端太間隔で、$\ell_1 = 15\,\text{cm}$ とする。

$$M_{\max} = \frac{w_1 \ell_1^2}{8} = \frac{0.0067\,\text{kN/cm} \times (15\,\text{cm})^2}{8} \fallingdotseq 0.188\,\text{kN·cm}$$

曲げ応力度 σ_b の計算

$$\sigma_b = \frac{M_{\max}}{Z} = \frac{0.188\,\text{kN·cm}}{0.24\,\text{cm}^3} \fallingdotseq 0.78\,\text{kN/cm}^2$$

$$\frac{\sigma_b}{f_b} = \frac{0.78\,\text{kN/cm}^2}{0.78\,\text{kN/cm}^2} = 1.0 \leqq 1.0 \quad \textbf{OK!!}$$

> せき板の曲げモーメントやたわみは、等分布荷重が作用する単純梁として計算しよう。

c. 最大たわみ $\delta_{\max}$ に対する検討

中央部の最大たわみ $\delta_{\max}$ を $0.3\,\text{cm}$ 以下にする。

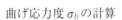

$$\delta_{\max} = \frac{5 w_1 \ell_1^4}{384 EI} = \frac{5 \times 0.0067\,\text{kN/cm} \times (15\,\text{cm})^4}{384 \times 200\,\text{kN/cm}^2 \times 0.144\,\text{cm}^4}$$

$$\fallingdotseq 0.15\,\text{cm} \leqq 0.3\,\text{cm} \quad \textbf{OK!!}$$

$$\left(\frac{\delta_{\max}}{\ell_1} = \frac{0.15\,\text{cm}}{15\,\text{cm}} = \frac{1}{100} \right)$$

> 荷重 w や断面係数 Z、断面二次モーメント I は、単位幅 1 cm 当たりについて考えましょう。

2. 締付け金物の検討

締付け金物の仕様

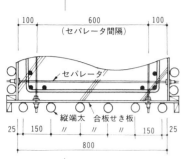

- 使用セパレータ：丸セパ $W\dfrac{5}{16}$ （2分5厘）
- 引張許容強度　$F_t = 13.7\,\text{kN/本}$
- ヤング係数　　$E = 2.05 \times 10^4\,\text{kN/cm}^2$

セパレータの横方向間隔は60cm（1本当たりの荷重負担幅は40cm），縦方向間隔（横端太間隔）は50cmとする。また，最下段のセパレータを床から15cmと25cmの位置とする。セパレータにかかる荷重は，受圧面積の大きい床から25cmのほうが大きいので，こちらで検討を行う。

a. 負担面積の計算

セパレータ1本当たりの負担面積 A は，

$A = 40\,\text{cm} \times 50\,\text{cm} = 2{,}000\,\text{cm}^2$

　↑　　　　↑
荷重負担幅　横端太間隔

セパレータの機械的性質

丸セパ種類	呼称	有効断面積 (mm²)	引張破断強度 (kN/本)	引張許容強度 (kN/本)	破断箇所
W5/16	2分5厘	34.0	19.6	13.7	丸セパネジ部
W3/8	3分	50.3	29.4	20.6	▲
W1/2	4分	89.4	39.2	27.4	▲
ストロングセパ (W3/8)	ストロングセパ	50.3	44.1	34.3	ストロングセパネジ部

▲印は，本体頭部，コン軸，セパネジ部など。

* 有効断面積は，有効径とオネジの谷の径との平均の直径で計算されるオネジの面積（JIS参照）

b. 引張力 T に対する検討

セパレータに生じる平均側圧 P_1 は，セパレータ位置の側圧となり，$60.95\,\text{kN/m}^2$（$0.0061\,\text{kN/cm}^2$）となる。したがって，セパレータ1本に生じる引張力 T は，

$T = P_1 \times A = 0.0061\,\text{kN/cm}^2 \times 2{,}000\,\text{cm}^2 = 12.2\,\text{kN}$

引張力 T とセパレータの引張許容強度 F_t を比較する。

$\dfrac{T}{F_t} = \dfrac{12.2\,\text{kN}}{13.7\,\text{kN}} \fallingdotseq 0.89 \leq 1.0$　　**OK!!**

c. 最大伸び $\delta_{\max}$ に対する検討

伸びの最大値 $\delta_{\max}$ を0.3cm以下にする。

$\delta_{\max} = \dfrac{T \times d \times 0.5}{EA_s} = \dfrac{12.2\,\text{kN} \times 80\,\text{cm} \times 0.5}{2.05 \times 10^4\,\text{kN/cm}^2 \times 0.34\,\text{cm}^2}$

$\fallingdotseq 0.07\,\text{cm} \leq 0.3\,\text{cm}$　　**OK!!**

$\left(\dfrac{\delta_{\max}}{d \times 0.5} = \dfrac{0.07}{40} = \dfrac{1}{571}\right)$

3. 縦端太の検討

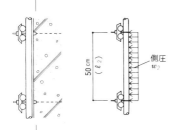

縦端太材の仕様

- 使用材料：単管 $\phi 48.6 \times 2.4$ （STK500）
- 断面二次モーメント　$I = 9.32 \text{cm}^4$
- 断面係数　$Z = 3.83 \text{cm}^3$
- 許容曲げ応力度　$f_b = 23.7 \text{kN/cm}^2$
- ヤング係数　$E = 2.05 \times 10^4 \text{kN/cm}^2$

a. 荷重計算

縦端太に作用する平均側圧 P_2 は、セパレータの検討をした面と直交方向の縦端太に作用する側圧のほうが大きく、

$$P_2 = 57.5 \text{kN/m}^2 \ (0.0058 \text{kN/cm}^2)$$

となる。したがって、荷重 w_2 は、縦端太間隔 ℓ_1 より、

$$w_2 = P_2 \times \ell_1 = 0.0058 \text{kN/cm}^2 \times 15 \text{cm} = 0.09 \text{kN/cm}$$

b. 最大曲げモーメント $M_{\max}$ に対する検討

縦端太の設計スパン ℓ_2 は、横端太間隔で、$\ell_2 = 50 \text{cm}$ である。

$$M_{\max} = \frac{w_2 \ell_2^2}{8} = \frac{0.09 \text{kN/cm} \times (50 \text{cm})^2}{8} \fallingdotseq 28.1 \text{kN} \cdot \text{cm}$$

曲げ応力度 σ_b の計算

$$\sigma_b = \frac{M_{\max}}{Z} = \frac{28.1 \text{kN} \cdot \text{cm}}{3.83 \text{cm}^3} \fallingdotseq 7.34 \text{kN/cm}^2$$

$$\frac{\sigma_b}{f_b} = \frac{7.34 \text{kN/cm}^2}{23.7 \text{kN/cm}^2} \fallingdotseq 0.31 \leqq 1.0 \quad \textbf{OK!!}$$

c. 最大たわみ $\delta_{\max}$ に対する検討

中央部の最大たわみ $\delta_{\max}$ を 0.3 cm 以下にする。

$$\delta_{\max} = \frac{5 w_2 \ell_2^4}{384 EI} = \frac{5 \times 0.09 \text{kN/cm} \times (50 \text{cm})^4}{384 \times 2.05 \times 10^4 \text{kN/cm}^2 \times 9.32 \text{cm}^4}$$

$$\fallingdotseq 0.04 \text{cm} \leqq 0.3 \text{cm} \quad \textbf{OK!!}$$

$$\left(\frac{\delta_{\max}}{\ell_2} = \frac{0.04 \text{cm}}{50 \text{cm}} = \frac{1}{1,250} \right)$$

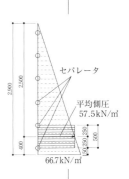

2 型枠・支保工

4. 横端太の検討

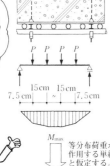

横端太材の仕様

- 使用材料：単管 $\phi\,48.6 \times 2.4$（STK500）
  2本使用
- 断面二次モーメント　$I = 9.32 \times 2\,\text{cm}^4$
- 断面係数　　　　　　$Z = 3.83 \times 2\,\text{cm}^3$
- 許容曲げ応力度　　　$f_b = 23.7\,\text{kN/cm}^2$
- ヤング係数　　　　　$E = 2.05 \times 10^4\,\text{kN/cm}^2$

横端太の検討は，作用する荷重が大きい下から25cmに位置する横端太で行う。

a. 荷重計算

横端太に作用する荷重 w_3 は，横端太間隔 ℓ_2 より

$$w_3 = P_1 \times \ell_2 = 0.0061\,\text{kN/cm}^2 \times 50\,\text{cm}$$
$$\fallingdotseq 0.31\,\text{kN/cm}$$

b. 最大曲げモーメント $M_{\max}$ に対する検討

横端太の設計スパン ℓ_3 は，セパレータ間隔で，$\ell_3 = 60\,\text{cm}$ である。

$$M_{\max} = \frac{w_3 \ell_3^2}{8} = \frac{0.31\,\text{kN/cm} \times (60\,\text{cm})^2}{8} = 139.5\,\text{kN·cm}$$

曲げ応力度 σ_b の計算

$$\sigma_b = \frac{M_{\max}}{Z} = \frac{139.5\,\text{kN·cm}}{3.83 \times 2\,\text{cm}^3} \fallingdotseq 18.2\,\text{kN/cm}^2$$

$$\frac{\sigma_b}{f_b} = \frac{18.2\,\text{kN/cm}^2}{23.7\,\text{kN/cm}^2} \fallingdotseq 0.77 \leq 1.0 \qquad \text{OK!!}$$

c. 最大たわみ $\delta_{\max}$ に対する検討

中央部の最大たわみ $\delta_{\max}$ を 0.3cm 以下にする。

$$\delta_{\max} = \frac{5 w_3 \ell_3^4}{384 EI} = \frac{5 \times 0.31\,\text{kN/cm} \times (60\,\text{cm})^4}{384 \times 2.05 \times 10^4\,\text{kN/cm}^2 \times 9.32 \times 2\,\text{cm}^4}$$

$$\fallingdotseq 0.13\,\text{cm} \leq 0.3\,\text{cm} \qquad \text{OK!!}$$

$$\left(\frac{\delta_{\max}}{\ell_3} = \frac{0.13\,\text{cm}}{60\,\text{cm}} = \frac{1}{462} \right)$$

5. 柱型枠の構成

以上の結果より、柱型枠の構成を下図に示す。

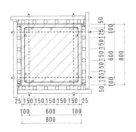

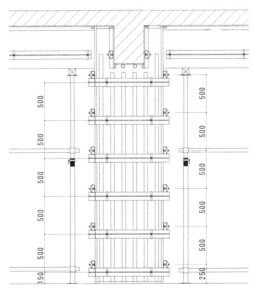

最小かぶり厚さ

(mm)

部位・部材の種類		一般劣化環境[3] (非腐食環境)	一般劣化環境[3]（腐食環境） 計画供用期間の級		
			短 期	標準・長期[2]	超長期[2]
構造部材	柱・梁・耐力壁	30	30	40	40
	床スラブ・屋根スラブ	20	20	30	40
非構造部材	構造部材と同等の耐久性を要求する部材	20	20	30	40
	計画供用期間中に保全を行う部材[1]	20	20	30	30
直接土に接する柱・梁・壁・床および布基礎の立上り部		40			
基　礎		60			

注1）計画供用期間の級が超長期で、供用期間中に保全を行う部材では、保全の周期に応じて定める。
　2）計画供用期間の級が標準、長期および超長期で、耐久性上有効な仕上げが施されている場合は、一般劣化環境（腐食環境）では、最小かぶり厚さを10mm減じた値とすることができる（ただし、基礎、直接土に接する柱・梁・壁・床および布基礎の立り部を除く）。
　3）一般的な劣化環境とは、構造体コンクリートの温度および含水状態に影響を及ぼす環境ならびに空気中の二酸化炭素が作用する環境で、非腐食環境（屋内など）と腐食環境（屋外など）のことをいう。

> 鉄筋のかぶり厚さ不足によるトラブルが続発しています。実際の施工に当たっては構造計画やスペーサー計画、打設計画などを綿密に検討し、表に示すかぶり厚さを確実に確保しましょう。

2-3 床板型枠・支保工

ポイント 2-3 床板型枠・支保工の計算は，下記の順序に従って行う。

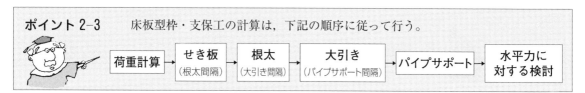

1. 型枠に作用する鉛直荷重としては，打込み時の鉄筋，コンクリートの重量，型枠の自重など固定荷重に相当する荷重と打込み機具，作業員などの作業荷重や，打込みに伴う衝撃荷重など積載荷重に相当する荷重を考慮する。
2. 型枠に作用する水平荷重としては，打込み時に水平方向に作用する荷重として鉛直荷重の5％（パイプサポート，単管支持）または2.5％（枠組支柱）を考慮する。
3. 型枠が傾斜している場合の水平荷重は，$a = \sin\theta \cdot \cos\theta (1 - \mu/\tan\theta)$
   θは水平に対する型枠の傾斜角，μは通常の場合0.2とし，状況により低減する。なお，2.の数値より小さい場合は，2.の値とする。
4. 型枠重量は0.4 kN/m²，積載荷重は通常のコンクリートポンプによる打込み工法の場合1.5 kN/m²を考慮する。
5. 型枠の許容たわみ量は0.3 cm以下とする（ただし，仕上げ精度が要求される場合には，0.1 cm以下とする）。
6. せき板，根太，大引きは，等分布荷重が作用する単純梁として検討する。
7. 支保工の水平つなぎ，根がらみ等は労働安全衛生規則に従う。

例題 2-3

図2-8のような床板型枠・支保工について計算する。

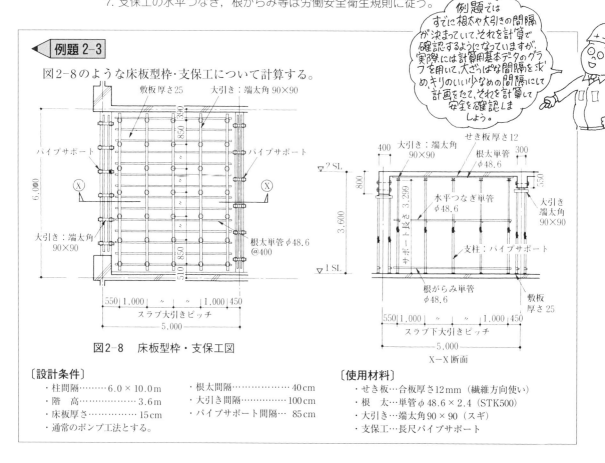

図2-8 床板型枠・支保工図

〔設計条件〕
- 柱間隔……………6.0×10.0 m
- 階 高……………3.6 m
- 床板厚さ…………15 cm
- 通常のポンプ工法とする。
- 根太間隔…………40 cm
- 大引き間隔………100 cm
- パイプサポート間隔…85 cm

〔使用材料〕
- せき板…合板厚さ12mm（繊維方向使い）
- 根 太…単管 φ48.6×2.4（STK500）
- 大引き…端太角 90×90（スギ）
- 支保工…長尺パイプサポート

（例題ではすでに根太や大引の間隔が決まっていて，それを計算で確認するようになっていますが，実際には計算用基本データのグラフを用いて，大ざっぱな間隔を求め，キリのいい少なめの間隔にして計画をたて，それを計算して安全を確認しましょう。）

1. 荷重計算

表2-2 型枠設計用の鉛直荷重

荷重の種類		荷重	備考
固定荷重	鉄筋コンクリート 普通	$24\,\mathrm{kN/m^3} \times d$	d：部材（床版）の厚さ
	軽量1種	$20\,\mathrm{kN/m^3} \times d$	
	軽量2種	$18\,\mathrm{kN/m^3} \times d$	
	型枠重量	$0.4\,\mathrm{kN/m^2}$	
積載荷重	通常のポンプ工法	$1.5\,\mathrm{kN/m^2}$	作業荷重＋衝撃荷重
	特殊な打込み工法	$1.5\,\mathrm{kN/m^2}$ 以上	実状による

型枠設計用の鉛直荷重は，鉄筋コンクリート重量，型枠重量，作業荷重と衝撃荷重から求めるが，次式によって算定する。

$$W = \gamma \cdot d + 0.4\,\mathrm{kN/m^2} + 1.5\,\mathrm{kN/m^2}$$

鉄筋コンクリート重量　型枠重量　　作業荷重＋衝撃荷重
　　　　固定荷重　　　　　　積載荷重

$\left[\begin{array}{l}\gamma：鉄筋コンクリートの単位体積重量\\ \quad (\mathrm{kN/m^3})\\ d：床板厚さ（\mathrm{m}）\end{array}\right]$

使用コンクリートを普通コンクリート（$\gamma = 24\,\mathrm{kN/m^3}$）とすると，床板厚さは15cmであるから，設計荷重Wは，

$$W = 24\,\mathrm{kN/m^3} \times 0.15\,\mathrm{m} + 0.4\,\mathrm{kN/m^2} + 1.5\,\mathrm{kN/m^2}$$

鉄筋コンクリートの単位重量　床板厚さ

$$= 5.5\,\mathrm{kN/m^2}$$

となる。

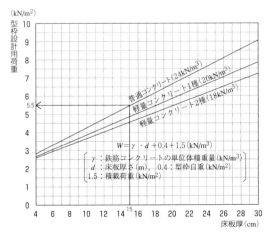

図2-9 床板厚さから型枠設計用荷重を求めるグラフ

2 型枠・支保工

2. 各部材の検討

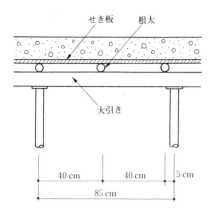

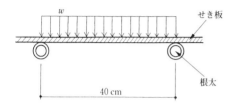

A　せき板の検討

せき板には，合板（厚さ12 mm，900 × 1,800 mm）を使用する。

断面二次モーメント　$I = 0.144 \text{cm}^4$	ただし，単位
断面係数　$Z = 0.24 \text{cm}^3$	幅1cm当たり
許容曲げ応力度　$f_b = 1.37 \text{kN/cm}^2$	
ヤング係数　$E = 550 \text{kN/cm}^2$	
（厚さ12mmの場合）	

1）荷重計算

せき板に作用する単位幅（1cm）当たりの荷重 w は，型枠設計用荷重が $W = 5.5 \text{kN/m}^2$ であるから，

$w = 5.5 \text{kN/m}^2 \times 1\text{cm} = 0.00055 \text{kN/cm}^2 \times 1\text{cm}$
　$= 0.00055 \text{kN/cm}$

となる。

次に曲げとたわみに対する検討であるが，壁型枠の場合には縦端太間隔を仮定し，それを計算で確かめる方法をとったが，この床板型枠の場合には，逆に許容値から限界の根太間隔を求め，仮定値との比較を行う。

2）曲げに対する検討

等分布荷重が作用する単純梁の最大曲げモーメントを求める公式は，$M_{max} = 1/8 w\ell^2$ であるから，

$$M_{max} = \frac{1}{8}w\ell^2 \leq f_b \cdot Z$$

（せき板の断面係数(0.24cm³)，せき板の許容曲げ応力度(1.37kN/cm²)）

として，根太の限界間隔 ℓ を求める。

$$\ell = \sqrt{\frac{8 \times f_b \cdot Z}{w}} = \sqrt{\frac{8 \times 1.37 \text{kN/cm}^2 \times 0.24 \text{cm}^3}{0.00055 \text{kN/cm}}}$$

　$\fallingdotseq 69.2 \text{cm} \geq 40 \text{cm}$　**OK!!**
（根太間隔の仮定値）

根太間隔の仮定値は40cmであるから，曲げに対しては十分安全であることが確かめられたわけである。

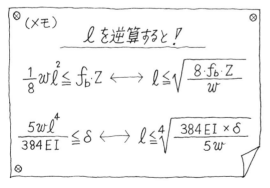

(メモ) ℓ を逆算すると！

$$\frac{1}{8}w\ell^2 \leq f_b \cdot Z \longleftrightarrow \ell \leq \sqrt{\frac{8 \cdot f_b \cdot Z}{w}}$$

$$\frac{5w\ell^4}{384EI} \leq \delta \longleftrightarrow \ell \leq \sqrt[4]{\frac{384EI \times \delta}{5w}}$$

3) たわみに対する検討

「曲げに対する検討」の場合と同様に，許容たわみ量 0.3 cm から根太の限界間隔 ℓ を求める。

$$\delta_{\max}=\frac{5w\ell^4}{384EI}\leq 0.3\,\text{cm}$$

$$\ell=\sqrt[4]{\frac{384EI\times 0.3\,\text{cm}}{5w}}$$

$$=\sqrt[4]{\frac{384\times 550\,\text{kN/cm}^2\times 0.144\,\text{cm}^4\times 0.3\,\text{cm}}{5\times 0.00055\,\text{kN/cm}}}$$

$$\fallingdotseq 42.7\,\text{cm}\geq 40\,\text{cm}\qquad \textbf{OK!!}$$
　　　　↑
　　根太間隔の仮定値

根太間隔の仮定値は 40 cm であるから，せき板の許容たわみ量を 0.3 cm とした場合には，根太間隔 40 cm で，なんとか OK!! ということが確かめられたわけである。

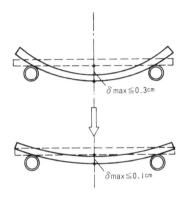

仕上げ精度が要求される床板の場合には "NOTE" で記したように，許容たわみ量を 0.1 cm 以下にする。

さっそく，根太の限界間隔 ℓ を求めてみる。

$$\delta_{\max}=\frac{5w\ell^4}{384EI}\leq 0.1\,\text{cm}$$

$$\ell=\sqrt[4]{\frac{384EI\times 0.1\,\text{cm}}{5w}}$$

$$=\sqrt[4]{\frac{384\times 550\,\text{kN/cm}^2\times 0.144\,\text{cm}^4\times 0.1\,\text{cm}}{5\times 0.00055\,\text{kN/cm}}}$$

$$\fallingdotseq 32.4\,\text{cm}$$

せき板の許容たわみ量を 0.1 cm 以下にするためには，根太間隔は 32 cm 以下にしなければならない。

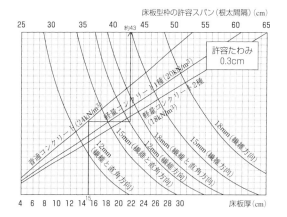

図2-10 床板厚さからせき板の許容スパン（根太間隔）を求めるグラフ
この図は、巻末の計算用基本データを縮小したものです。

図2-10を利用すると、床板厚さから根太間隔が簡単に求められる。

> ●グラフの見方
>
> 床板厚さ15cm、普通コンクリート、許容たわみ量0.3cm、許容曲げ応力度 $f_b = 1.37\,\text{kN/cm}^2$ とすると、せき板の許容スパン、すなわち根太間隔は約43cmと求まる。

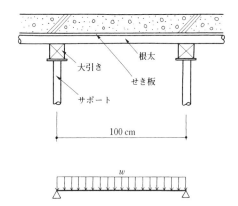

B 根太の検討

根太材には、単管 $\phi 48.6 \times 2.4$（STK500）を使用する。

断面二次モーメント	$I = 9.32\,\text{cm}^4$
断面係数	$Z = 3.83\,\text{cm}^3$
許容曲げ応力度	$f_b = 23.7\,\text{kN/cm}^2$
ヤング係数	$E = 2.05 \times 10^4\,\text{kN/cm}^2$

根太材を検討するということは、大引き間隔を決めることである。ただし、根太の先端が大引きから突出する部分は、メモを参考に等分布荷重の作用する片持ち梁として検討する。

根太材をスパン $\ell = 100\,\text{cm}$（大引き間隔）の単純梁として検討すると、根太材1本にかかる荷重 w は、

$$w = 0.00055\,\text{kN/cm}^2 \times 40\,\text{cm} \fallingdotseq 0.022\,\text{kN/cm}$$

　　　　鉛直荷重　　　　　　根太間隔

となる。

次に，曲げとたわみに対する検討を行うと，

$$M_{\max} = \frac{1}{8}w\ell^2 = \frac{1}{8} \times 0.022\,\text{kN/cm} \times (100\,\text{cm})^2$$

$$= 27.5\,\text{kN·cm}$$

$$\sigma_b = \frac{M_{\max}}{Z} = \frac{27.5\,\text{kN·cm}}{3.83\,\text{cm}^3} \fallingdotseq 7.18\,\text{kN/cm}^2$$

$$\frac{\sigma_b}{f_b} = \frac{7.18\,\text{kN/cm}^2}{23.7\,\text{kN/cm}^2} \fallingdotseq 0.30 \leq 1.0 \quad \textbf{OK!!}$$

$$\delta_{\max} = \frac{5w\ell^4}{384EI}$$

$$= \frac{5 \times 0.022\,\text{kN/cm} \times (100\,\text{cm})^4}{384 \times 2.05 \times 10^4\,\text{kN/cm}^2 \times 9.32\,\text{cm}^4}$$

$$\fallingdotseq 0.14\,\text{cm} \leq 0.3\,\text{cm} \quad \textbf{OK!!}$$

$$\left(\frac{\delta_{\max}}{\ell} = \frac{0.14\,\text{cm}}{100\,\text{cm}} \fallingdotseq \frac{1}{714} \right)$$

となり，大引き間隔を100cmとすれば，根太材は曲げおよびたわみに対して十分OK!! であるということが確かめられたわけである。

以上の検討結果も図2-11を利用すると，床板厚さから大引き間隔が簡単に求められる。

> ●グラフの見方
>
> 床板厚さ15cm，普通コンクリート，根太間隔40cm，許容たわみ量0.3cm，許容曲げ応力度 $f_b = 23.7\,\text{kN/cm}^2$ とすると，根太の許容スパン，すなわち大引き間隔は約119cmと求まる。

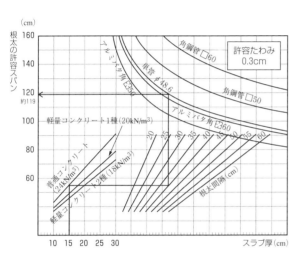

図2-11　床板厚さから根太の許容スパン（大引き間隔）を求めるグラフ

2　型枠・支保工　49

［アルミバタ角を使用した根太の検討］

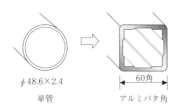

根太材として，アルミバタ角 60mm×60mm×2.6mm を使用する。
（↑高さ ↑幅 ↑肉厚）

断面二次モーメント	$I = 24.7 \text{cm}^4$
断面係数	$Z = 8.3 \text{cm}^3$
許容曲げ応力度	$f_b = 11.5 \text{kN/cm}^2$
ヤング係数	$E = 6.86 \times 10^3 \text{kN/cm}^2$

荷重は，$w = 0.022 \text{kN/cm}$ であったから，曲げとたわみについて検討する。

$$M_{max} = \frac{1}{8}w\ell^2 = \frac{1}{8} \times 0.022 \text{kN/cm} \times (100\text{cm})^2$$
$$= 27.5 \text{kN·cm}$$

$$\sigma_b = \frac{M_{max}}{Z} = \frac{27.5 \text{kN·cm}}{8.3 \text{cm}^3} \fallingdotseq 3.31 \text{kN/cm}^2$$

$$\frac{\sigma_b}{f_b} = \frac{3.31 \text{kN/cm}^2}{11.5 \text{kN/cm}^2} \fallingdotseq 0.29 \leq 1.0 \quad \text{OK!!}$$

$$\delta_{max} = \frac{5w\ell^4}{384EI}$$
$$= \frac{5 \times 0.022 \text{kN/cm} \times (100\text{cm})^4}{384 \times 6.86 \times 10^3 \text{kN/cm}^2 \times 24.7 \text{cm}^4}$$
$$\fallingdotseq 0.17 \text{cm} \leq 0.3 \text{cm} \quad \text{OK!!}$$

$$\left(\frac{\delta_{max}}{\ell} = \frac{0.17 \text{cm}}{100 \text{cm}} \fallingdotseq \frac{1}{588} \right)$$

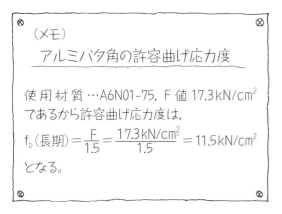

(メモ) アルミバタ角の許容曲げ応力度

使用材質…A6N01-75，F値 17.3kN/cm²
であるから許容曲げ応力度は，
$f_b(長期) = \frac{F}{1.5} = \frac{17.3 \text{kN/cm}^2}{1.5} = 11.5 \text{kN/cm}^2$
となる。

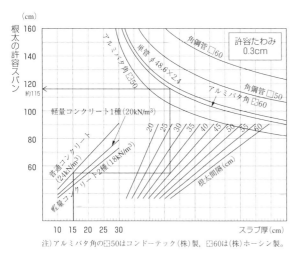

図2-12 床板厚さから根太の許容スパン（大引き間隔）を求めるグラフ（アルミバタ角）

根太材として，単管とアルミバタ角を使用した場合について検討したわけであるが，両者を比較してみると，60角のアルミバタ角を使えば，曲げもたわみもほとんど同じであることがわかった。どちらの材を使用すべきかは，施工性，コストなど，種々の面から検討し，総合的に判断して決定するのがよい。

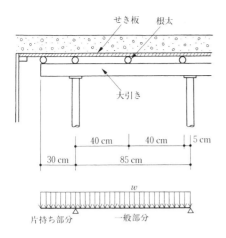

C 大引きの検討

大引きには，スギ材（断面9cm×9cm）を使用する。

断面積	$A = 81\,\mathrm{cm}^2$
断面二次モーメント	$I = 546.8\,\mathrm{cm}^4$
断面係数	$Z = 121.5\,\mathrm{cm}^3$
許容曲げ応力度	$f_b = 1.03\,\mathrm{kN/cm}^2$
許容せん断応力度	$f_s = 0.074\,\mathrm{kN/cm}^2$
ヤング係数	$E = 700\,\mathrm{kN/cm}^2$

鉛直荷重は，根太材を通して大引き材に伝達されるので，大引き材は，根太材との交点で集中荷重を受ける梁として検討するのが実状に近いと思われるが，"壁型枠の横端太の検討"の場合と同様に，等分布荷重が作用する梁として検討する。一般部分については単純梁，サポートから突出する部分については片持ち梁として検討する。

一般部分のスパンℓはパイプサポート間隔で，例題では85cmである。

1）一般部分の検討

ⅰ）荷重計算

大引き材に作用する荷重wは，

$w = 0.00055\,\mathrm{kN/cm}^2 \times 100\,\mathrm{cm} = 0.055\,\mathrm{kN/cm}$

である。

ⅱ）曲げに対する検討

$M_{\max} = \dfrac{1}{8}w\ell^2 = \dfrac{1}{8} \times 0.055\,\mathrm{kN/cm} \times (85\,\mathrm{cm})^2$

$\qquad \fallingdotseq 49.7\,\mathrm{kN\cdot cm}$

$\sigma_b = \dfrac{M_{\max}}{Z} = \dfrac{49.7\,\mathrm{kN\cdot cm}}{121.5\,\mathrm{cm}^3} \fallingdotseq 0.41\,\mathrm{kN/cm}^2$

$\dfrac{\sigma_b}{f_b} = \dfrac{0.41\,\mathrm{kN/cm}^2}{1.03\,\mathrm{kN/cm}^2} \fallingdotseq 0.40 \leq 1.0$ **OK!!**

この計算結果から，曲げに対してはOKである。

いままでの計算手順からすると、次は「たわみに対する検討」となるが、ここでは「せん断に対する検討」も行う。

iii）せん断に対する検討

$$Q_{max} = \frac{1}{2}w\ell$$

$$Q_{max} = \frac{1}{2} \times 0.055\,\text{kN/cm} \times 85\,\text{cm} \fallingdotseq 2.34\,\text{kN}$$

$$\tau = \frac{\alpha Q_{max}}{A} = \frac{1.5 \times 2.34\,\text{kN}}{81\,\text{cm}^2} \fallingdotseq 0.04\,\text{kN/cm}^2$$

$$\frac{\tau}{f_s} = \frac{0.04\,\text{kN/cm}^2}{0.074\,\text{kN/cm}^2} \fallingdotseq 0.54 \leq 1.0 \qquad \text{OK!!}$$

これで、せん断に対する検討もOK!!となったので、次にたわみについて検討する。

iv）たわみに対する検討

$$\delta_{max} = \frac{5w\ell^4}{384EI}$$

$$= \frac{5 \times 0.055\,\text{kN/cm} \times (85\,\text{cm})^4}{384 \times 700\,\text{kN/cm}^2 \times 546.8\,\text{cm}^4}$$

$$\fallingdotseq 0.1\,\text{cm} \leq 0.3\,\text{cm} \qquad \text{OK!!}$$

$$\left(\frac{\delta_{max}}{\ell} = \frac{0.1\,\text{cm}}{85\,\text{cm}} = \frac{1}{850}\right)$$

たわみに対してもOK!!となったが、通常の型枠支保工配置の場合には、例題のように、たわみ量が微小なので、計算は省略してもさしつかえない。

以上の検討結果も図2-13を利用すると、床板厚さから大引きの許容スパンが簡単に求められる。

● グラフの見方

床板厚さ15cm、普通コンクリート、大引き間隔100cm、単純梁として計算し、許容たわみ量を0.3cm、許容曲げ応力度 $f_b = 1.03\,\text{kN/cm}^2$ とすると、大引きの許容スパンすなわちパイプサポート間隔は約113cmと求まる。

図2-13　床板厚さから大引きの許容スパン（パイプサポート間隔）を求めるグラフ

2）片持ち部分の検討

片持ち部分の検討は，"せき板の検討"の場合と同様に，許容値から片持ち梁の限界長さを求め，仮定値との比較を行う。

ⅰ）曲げに対する検討

等分布荷重が作用する片持ち梁の最大曲げモーメントを求める式は，$M_{max} = 1/2 w\ell^2$であるから，

$$M_{max} = \frac{1}{2}w\ell_1^2 \leqq f_b \cdot Z$$

として，片持ち梁の限界長さℓ_1を求める。

$$\ell_1 = \sqrt{\frac{2 \times f_b \cdot Z}{w}} = \sqrt{\frac{2 \times 1.03 \text{kN/cm}^2 \times 121.5 \text{cm}^3}{0.055 \text{kN/cm}}}$$

$$\fallingdotseq 67.5 \text{cm}$$

ⅱ）せん断に対する検討

等分布荷重が作用する片持ち梁の最大せん断力を求める式は，$Q_{max} = w\ell$であるから，

$$Q_{max} = w\ell_2 \leqq \frac{f_s \cdot A}{\alpha}$$

として，片持ち梁の限界長さℓ_2を求める。

$$\ell_2 = \frac{f_s \cdot A}{\alpha \cdot w} = \frac{0.074 \text{kN/cm}^2 \times 81 \text{cm}^2}{1.5 \times 0.055 \text{kN/cm}}$$

$$\fallingdotseq 72.7 \text{cm}$$

ⅲ）たわみに対する検討

許容たわみ量0.3cmから片持ち梁の限界長さℓ_3を求める。

$$\delta_{max} = \frac{w\ell_3^4}{8EI}$$

$$\ell_3 = \sqrt[4]{\frac{8EI \times \delta_{max}}{w}}$$

$$= \sqrt[4]{\frac{8 \times 700 \text{kN/cm}^2 \times 546.8 \text{cm}^4 \times 0.3 \text{cm}}{0.055 \text{kN/cm}}}$$

$$\fallingdotseq 63.9 \text{cm}$$

ⅳ）片持ち部分の限界長さ

$\ell = \min(\ell_1, \ell_2, \ell_3)$

　$= 63.9 \text{cm} \geqq 30 \text{cm}$　　**OK!!**

　　　　　　　↑
　　片持ち部分の長さの仮定値

(メモ)

片持ち梁の曲げモーメント、せん断力、たわみ

根太や大引きの先端が下図のように突出している場合は、等分布荷重または集中荷重の作用する片持ち梁として検討する。

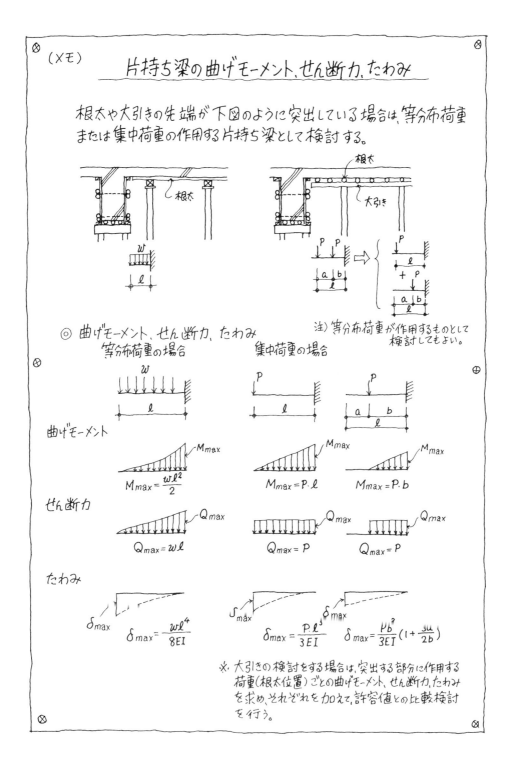

◎ 曲げモーメント、せん断力、たわみ

等分布荷重の場合：
- $M_{max} = \dfrac{w l^2}{2}$
- $Q_{max} = w l$
- $\delta_{max} = \dfrac{w l^4}{8EI}$

集中荷重の場合：
- $M_{max} = P \cdot l$
- $Q_{max} = P$
- $\delta_{max} = \dfrac{P \cdot l^3}{3EI}$

- $M_{max} = P \cdot b$
- $Q_{max} = P$
- $\delta_{max} = \dfrac{Pb^3}{3EI}\left(1 + \dfrac{3a}{2b}\right)$

注）等分布荷重が作用するものとして検討してもよい。

※ 大引きの検討をする場合は、突出する部分に作用する荷重（根太位置）ごとの曲げモーメント、せん断力、たわみを求め、それぞれを加えて、許容値との比較検討を行う。

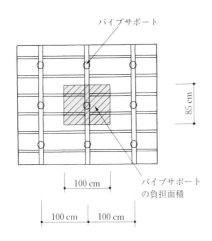

D　パイプサポートの検討

パイプサポートは，$h = 3.3\,\mathrm{m}$として使用する。高さが3.5m以下であるが，水平つなぎを設けるものとして検討する（パイプサポートの長さが3mを超える場合は，なるべく水平つなぎを設けたほうがよい）。

> 許容支持力　$F_c = 19.6\,\mathrm{kN/本}$

パイプサポートには，鉛直荷重により圧縮力が作用するが，この圧縮力が，パイプサポートの許容支持力F_c以下であるかどうかを検討するわけである。

パイプサポート1本に作用する圧縮力Nは，パイプサポート1本が負担する面積Aに鉛直荷重を乗じて求める。

$$A = 100\,\mathrm{cm} \times 85\,\mathrm{cm} = 8{,}500\,\mathrm{cm}^2$$

　　　大引き間隔　　パイプサポート間隔

$$N = 0.00055\,\mathrm{kN/cm^2} \times 8{,}500\,\mathrm{cm}^2 \fallingdotseq 4.68\,\mathrm{kN/本}$$

　　鉛直荷重　　　パイプサポート1本が負担する面積

パイプサポート（$h = 3.3\,\mathrm{m}$）の許容支持力は，$F_c = 19.6\,\mathrm{kN/本}$であるから，

$$\frac{N}{F_c} = \frac{4.68\,\mathrm{kN/本}}{19.6\,\mathrm{kN/本}} \fallingdotseq 0.24 \leqq 1.0 \quad \textbf{OK!!}$$

となり，鉛直荷重に対して現在のパイプサポート間隔で十分OK!!である。

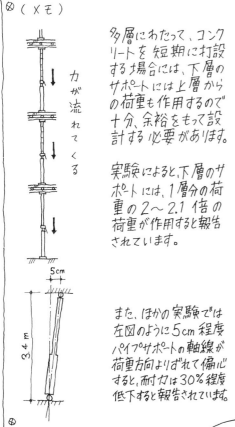

(メモ)

パイプサポートの許容支持力

(kN)

材端条件	連係あり	連係なし 使用高さ (m)			
		2以下	2～2.5	2.5～3	3～3.4
上下端　木材	19.6	19.6	17.6	13.7	9.8
上　端　木材 下　端　仕上げコンクリート	19.5	19.5	18.6	16.6	14.7

注）上表中、「連係あり」とは、パイプサポートについて高さ2m以内ごとに水平つなぎを二方向に設け、かつ、水平つなぎの変位を防止することをいう。

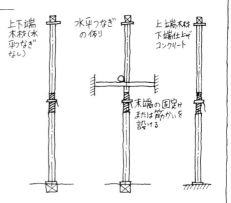

(1) パイプサポートの許容支持力は、水平つなぎの有無および材端条件により、上表のとおりとする。
(2) 水平つなぎを設け、有効な拘束が行われている場合の許容支持力は、パイプサポートの使用高さに関係なく、19.6kNとすることができる。
(3) 有効な拘束とは高さ2m以内ごとに水平つなぎを二方向に設け、かつ、水平つなぎの変位を防止することをいう。

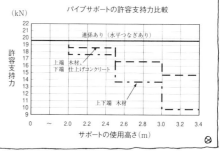

パイプサポートの許容支持力比較

(メモ)

補助サポート等の許容支持力

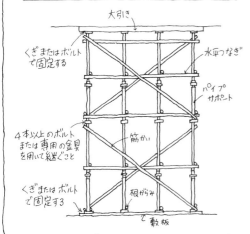

(1) 補助サポート等を継ぎ足して使用する場合は、高さが3.5mを超えるため、水平つなぎを設けることになることから、その許容支持力は、19.6kNとすることができる。
(2) パイプサポート等の継ぎ足しは2本までとし、3本以上継いではならない。
(3) パイプサポート等を継いで用いるときは、4本以上のボルトまたは専用の金具を用いて継ぐこと。

水平荷重の推奨値

照査水平荷重=α×(基本鉛直荷重+作業荷重)	α (水平荷重係数)	例
型枠が水平な場合	工場製作精度で支保工を組み立てる場合 0.025	組立て支柱
	現場合わせで支保工を組み立てる場合 0.05	パイプサポート 単管支柱, 組立て支柱 支保梁
型枠が傾斜している場合	$a = \sin\theta \cdot \cos\theta(1 - \mu/\tan\theta)$ ただし, 上記の値より小さい場合は, 上記の値とする。 θ：水平に対する型枠の傾斜角 μ：型枠と型枠支保工上端の接触状態による係数。通常の場合0.2とし, 状況に応じて低減する。	

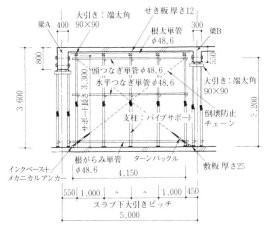

図2-14　チェーンの設置

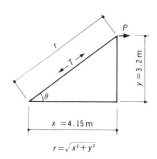

チェーンに生じる引張力

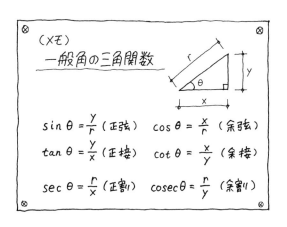

E　水平力に対する検討

　型枠に作用する水平荷重は通常，コンクリート打込み時に水平方向に作用する荷重として，パイプサポートの場合は，鉛直荷重の5％を考慮する。

　本例題では，水平荷重をチェーン（床への固定はインクベースとメカニカルアンカーを使用）で負担する場合と，筋かい（単管）で負担する場合の2通りの方法について検討を行う。

1）チェーンを用いる場合

　図2-14のようにチェーンを設け，水平荷重を負担するものとして検討を行う。チェーンは例題のように，パイプサポートで床を支持する場合や，デッキ，仮設トラスなどで床を支持する場合にも有効である。

チェーンの許容荷重　$F_t = 3.92\,\text{kN}$

　チェーンの取付け角度によって，チェーンに作用する引張力は変化するが，この引張力がチェーンの許容荷重F_t以下になるように，1スパン当たりの本数を決定する。

　i）荷重計算

　対象とする床は，梁に囲まれた部分とするが，監督署によっては梁の重量も考慮するように指導を受ける場合があるので，ここでは梁の重量も考慮する。なお，梁の重量は，隣接する床の支保工でも水平力を負担する場合は，負担割合を調整する（梁の重量計算は略）。

$$W = 0.00055\,\text{kN/cm}^2 \times 600\,\text{cm} \times 500\,\text{cm}$$
　　　鉛直荷重　　　　長辺スパン　　　短辺スパン

$$+ 54.1\,\text{kN} + 19.9\,\text{kN} \times \frac{1}{2} = 229.1\,\text{kN}$$
　　梁A　　　　梁B　本例では梁Bの
　　　　　　　　　　負担割合を1/2とする

水平荷重Pは，鉛直荷重の5％であるから，
$$P = W \times 0.05 = 229.1\,\text{kN} \times 0.05 = 11.5\,\text{kN}$$
　　　　　5％

> (メモ)
> **チェーンの許容荷重**
>
> 認定基準に合格した吊りチェーンは、破断強度が 17.64 kN 以上となっているが、中には不良品が混ざるおそれがあるので、その 2/3 の 11.76 kN を保証荷重と考えている。したがって、吊りチェーンの安全係数は 5 以上(労安則562条)であるから、チェーン1本当たりの許容荷重は1本吊りの場合
>
> 11.76 kN / 5 = 2.35 kN
>
> となる。
> 水平荷重を負担する控えチェーンとして使用する場合には、安全係数を3程度とすればよいと考えられるので、許容荷重は、
>
> 11.76 kN / 3 = 3.92 kN
>
> となる。
> ただし、これらの許容荷重については、メーカーの公表値を優先させ、監督署の意見を事前に確認しておく必要がある。

ii) チェーンの検討

水平荷重により、チェーンに作用する引張力 T を求める。

$$r = \sqrt{x^2 + y^2} = \sqrt{(4.15\text{m})^2 + (3.2\text{m})^2} \fallingdotseq 5.24\text{m}$$

（水平距離）　（鉛直距離）

$$\sec\theta = \frac{r}{x} = \frac{5.24\text{m}}{4.15\text{m}} \fallingdotseq 1.26$$

したがって、

$$T = P \times \sec\theta = 11.5\text{kN} \times 1.26 \fallingdotseq 14.5\text{kN}$$

チェーン1本当たりの許容荷重 F_t は 3.92 kN であるから、

$$n = \frac{P}{F_t} = \frac{14.5\text{kN}}{3.92\text{kN}} \fallingdotseq 3.7 \rightarrow 4$$

よって、床1方向当たり、4本のチェーンが必要となる。なお、チェーンは引張力にしかきかないので、図2-14のように設置する場合には、1方向当たり4箇所必要ということになる。

> 垂れ壁のように水平荷重として考慮する必要がある場合は、それらの重量も加えましょう。なお、支保工の水平変位に対して剛性を確保することを考えれば、チェーンの先端は支保工の上端にかけるようにしましょう。

[インクベースとメカニカルアンカーの検討]

控えチェーンは、床にメカニカルアンカーを打ち込み、インクベースを取り付けて固定する。

コンクリートの圧縮強度 F_c' は、コンクリート若齢時に上階のコンクリートが打設されることを考慮して、設計基準強度 F_c の 1/2 とする。また、メカニカルアンカーには金属系拡張アンカーを使用する。

インクベースの許容荷重… F_B = 4.9 kN/本
六角ボルト……………… W1/2（4分）
メカニカルアンカー…… W1/2（4分）
(金属系拡張アンカー) 外径1.75 cm、全長5 cm
アンカーボルトの降伏点強度… 235 N/mm²
コンクリートの設計基準強度… F_c = 24 N/mm²
　　　　　　　　　∴ F_c' = 12 N/mm² = 1.2 kN/cm²

> (メモ)
> **インクサポートとインクベース**
>
> 岡部(株)から PC板建込み調整用サポートと固定用のインクベースが販売されている（リースあり）。
>
> インクサポート
> 許容荷重 4,900 N/本
> （3140型が 3,920 N/本）
> インクサポート
> 0916型 L=900〜1690
> 1631型 L=1,650〜3,150
> 3140型 L=3,100〜4,000
> (mm)
>
> 六角ボルト W5/8 もしくは、六角ボルト W1/2 にて固定

> ここではチェーンの固定にサポートを固定するインクベースを使います。

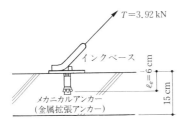

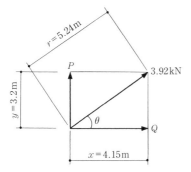

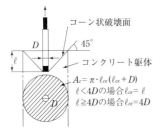

a. インクベースの検討

インクベースの許容荷重と引張力を比較する。

$F_B = 4.9\,\mathrm{kN} \geqq 3.92\,\mathrm{kN}$　　**OK!!**

b. 荷重計算

六角ボルトとメカニカルアンカー（金属系拡張アンカー）に作用する引張力Pおよびせん断力Qは，

$$P = T \times \sin\theta = T \times \frac{y}{r} = 3.92\,\mathrm{kN} \times \frac{3.2\,\mathrm{m}}{5.24\,\mathrm{m}}$$
$$\fallingdotseq 2.39\,\mathrm{kN}$$

$$Q = T \times \cos\theta = T \times \frac{x}{r} = 3.92\,\mathrm{kN} \times \frac{4.15\,\mathrm{m}}{5.24\,\mathrm{m}}$$
$$\fallingdotseq 3.10\,\mathrm{kN}$$

c. メカニカルアンカーの検討

①引張力の検討

アンカーボルトの降伏により決まる許容引張力P_{a1}は，

$P_{a1} = \phi_1 \cdot {}_s\sigma_{pa} \cdot {}_{sc}a = 1.0 \times 235\,\mathrm{N/mm^2} \times 89.4\,\mathrm{mm^2}$
　　　↑
　コンクリート打設時に作用するので短期とする

$= 21,009\,\mathrm{N} = 21\,\mathrm{kN}$

また，$\ell < 4D$なので，$\ell_{ce} = \ell = 60\,\mathrm{mm}$となり，コーン状破壊により決まる許容引張力$P_{a2}$は，

$$P_{a2} = \phi_2 \cdot \alpha_c \cdot \sigma_t \cdot A_c$$
$$= \frac{2}{3} \times 0.75 \times 0.31\sqrt{F_c'} \times \pi \cdot \ell_{ce}(\ell_{ce} + D)$$
$$= \frac{2}{3} \times 0.75 \times 0.31 \times \sqrt{12\,\mathrm{N/mm^2}} \times \pi \times 60\,\mathrm{mm}$$
$$\times (60\,\mathrm{mm} + 17.5\,\mathrm{mm}) = 7{,}843\,\mathrm{N} = 7.84\,\mathrm{kN}$$

したがって，P_aは

$P_a = P_{a2} = 7.84\,\mathrm{kN}$

となり，作用する引張力Pと比較すると，

$\dfrac{P}{P_a} = \dfrac{2.39\,\mathrm{kN}}{7.84\,\mathrm{kN}} = 0.30 \leqq 1.0$　　**OK!!**

②せん断力の検討

アンカーボルトのせん断強度により決まる許容せん断力q_{a1}は，

$q_{a1} = \phi_1 \cdot {}_s\sigma_{qa} \cdot {}_{sc}a = \phi_1 \times 0.7\,{}_s\sigma_y \times {}_{sc}a$
$= 1.0 \times 0.7 \times 235\,\mathrm{N/mm^2} \times 89.4\,\mathrm{mm^2}$
$= 14{,}706\,\mathrm{N} = 14.7\,\mathrm{kN}$

また，コンクリート躯体の支圧強度により決まる場合の許容せん断力 q_{a2} は，

$$\begin{aligned}
q_{a2} &= \phi_2 \cdot {}_c\alpha \cdot {}_c\sigma_{qa} \cdot {}_{sc}a \\
&= \frac{2}{3} \times 0.75 \times 0.5\sqrt{F_c' \cdot E_c'} \times 89.4\,\mathrm{mm^2} \\
&= \frac{2}{3} \times 0.75 \times 0.5\sqrt{12\,\mathrm{N/mm^2} \times 1.8 \times 10^4\,\mathrm{N/mm^2}} \\
&\quad \times 89.4\,\mathrm{mm^2}
\end{aligned}$$

$$\begin{aligned}
E_c' &= 3.35 \times 10^4 \times \left(\frac{r}{24}\right)^2 \times \left(\frac{F_c}{60}\right)^{\frac{1}{3}} \\
&= 3.35 \times 10^4 \times \left(\frac{23}{24}\right)^2 \times \left(\frac{12}{60}\right)^{\frac{1}{3}} = 1.8 \times 10^4\,\mathrm{N/mm^2}
\end{aligned}$$

$$= 10{,}387\,\mathrm{N} = 10.39\,\mathrm{kN}$$

段差のある床のへりにアンカーを打った場合は，q_{a3} の計算が必要になるが，本例のように平らな床に打つ場合は，q_{a3} の計算は省略する。したがって，許容せん断力 q_a は，

$$q_a = q_{a2} = 10.39\,\mathrm{kN}$$

となり，作用するせん断力 Q と比較すると，

$$\frac{Q}{q_a} = \frac{3.10\,\mathrm{kN}}{10.39\,\mathrm{kN}} = 0.30 \leq 1.0 \qquad \textbf{OK!!}$$

③複合応力の検討

$$\left(\frac{P}{p_a}\right)^2 + \left(\frac{Q}{q_a}\right)^2 = \left(\frac{2.39\,\mathrm{kN}}{7.84\,\mathrm{kN}}\right)^2 + \left(\frac{3.10\,\mathrm{kN}}{10.39\,\mathrm{kN}}\right)^2$$

$$= 0.09 + 0.09$$

$$= 0.18 \leq 1.0 \qquad \textbf{OK!!}$$

なお，1箇所のインクベースに複数のチェーンを取り付ける場合には，同時に生じる引張力を用いて，許容荷重と比較する。

埋込長さℓはDの3倍（構造用では5倍）以上とりましょう。なお、アンカーボルトの計算方法を勉強するため、計算例を載せましたが、インクベースに比べ許容荷重が大きいので、インクベースを使う場合は、アンカーボルトの計算は省略していいでしょう。

【メモ】アイボルトの許容荷重

アイボルトの規格は、機械器具類の吊り上げなど一般の荷役に用いる場合のもので、JIS（B1168）で次表のように定めている（材質SS400）。

垂直吊り　　　　　　（単位 kN）

ねじの呼び	M8	M10	M12	M16	M20
使用荷重	0.785	1.47	2.16	4.41	6.18
保証荷重	2.35	4.41	6.47	13.24	18.54

また、メーカーによっては材質をグレードアップし、1クラス小さいサイズで同等の使用荷重のものを販売している。

垂直吊り（材質S45C）　　（単位 kN）

ねじの呼び	M8	M10	M12	M16	M20
使用荷重	1.47	2.16	3.92	6.18	9.32
保証荷重	4.41	6.47	13.24	18.54	27.95

（静岡産業㈱）

チェーンやPCサポートを固定するのにアイボルトが使われる場合があるようですが、アイボルトはもともと吊り上げに用いるものなので、許容引張力は定められていますが、許容せん断力は定められていません。アイボルトの使用には十分注意しましょう。

より大きな支持力が必要な場合は、鉄筋アンカーを使いましょう。

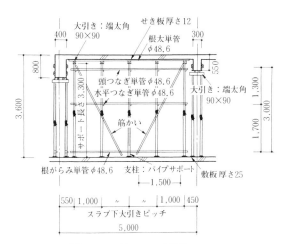

図2-15 筋かいの設置

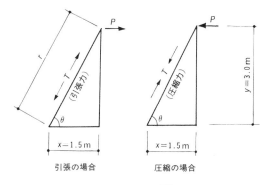

筋かいに働く荷重

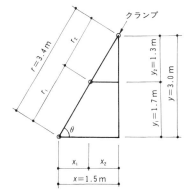

$x_1 : 1.5\,\mathrm{m} = 1.7\,\mathrm{m} : 3.0\,\mathrm{m}$ より

$x_1 = \dfrac{1.5 \times 1.7}{3.0} = 0.85\,\mathrm{m}$

$\therefore r_1 = \sqrt{x_1^2 + y_1^2} = \sqrt{0.85^2 + 1.7^2} \fallingdotseq 1.9\,\mathrm{m}$

2) 筋かいを用いる場合

次に水平荷重を筋かいで負担する場合について検討を行う。筋かいには単管を使用し,水平荷重を負担する。

> 自在クランプの許容荷重 $F_D = 3.43\,\mathrm{kN}$
> 単管($\phi 48.6 \times 2.4$, STK500)の許容引張応力度
> $$f_t = 23.7\,\mathrm{kN/cm^2}$$
> 単管($\phi 48.6 \times 2.4$, STK500)の断面積
> $$A = 3.483\,\mathrm{cm^2}$$

筋かいを設置する角度によって筋かいの軸方向に作用する荷重は変化するが,この荷重が自在クランプ,単管の許容荷重以下になるよう本数 n を決定する。

ⅰ)荷重計算

対象とする床は,1)のチェーンの場合と同様とする。

$P = 11.5\,\mathrm{kN}$

筋かいの軸方向に作用する荷重 T を求める。

$\sec\theta = \dfrac{r}{x} = \dfrac{3.4\,\mathrm{m}}{1.5\,\mathrm{m}} \fallingdotseq 2.27$

$T = P \times \sec\theta = 11.5\,\mathrm{kN} \times 2.27 \fallingdotseq 26.1\,\mathrm{kN}$

ⅱ)クランプの検討

通常,筋かいの本数は自在クランプの許容荷重 F_D により決まる場合が多いので,自在クランプの許容荷重から筋かいの必要数を求める。

$n = T/F_D = 26.1\,\mathrm{kN}/3.43\,\mathrm{kN} \fallingdotseq 7.6 \to 8\,\text{本}$

図2-15のように,一構面に2本の筋かいを設ければ,筋かいを設ける構面数は,床1方向当たり4面となる。

ⅲ)筋かい(単管 $\phi 48.6 \times 2.4$, STK500)の検討

筋かい1本当たりに作用する荷重(引張力または圧縮力)は,

$T_t = T_c = T/n = 26.1\,\mathrm{kN}/8 \fallingdotseq 3.26\,\mathrm{kN}$

となる。

まず,引張力に対する検討を行う。

単管の許容引張荷重 F_t は,

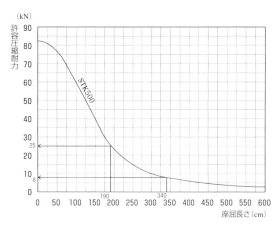

図2-16 単管の許容圧縮耐力（型枠支保工）

$$F_t = f_t \cdot A = 23.7\,\text{kN/cm}^2 \times 3.483\,\text{cm}^2$$
$$\fallingdotseq 82.5\,\text{kN} \geq 3.26\,\text{kN} \quad \textbf{OK!!}$$

次に、圧縮力に対する検討を行う。単管の許容圧縮耐力 F_c は、座屈を考慮した図2-16（型枠支保工用の単管の許容圧縮耐力）から求める。

座屈長さ ℓ_k は、クランプで緊結されている間隔のうち、最も長い長さとするが、ここでは、筋かいが頭つなぎ、水平つなぎ、根がらみの3箇所で緊結されているものとし、座屈長さ ℓ_k を水平つなぎと根がらみ間とすると、

$$\ell_k = r_1 = 1.9\,\text{m}$$

となり、図2-16より、許容圧縮耐力 F_c は、約25.0kNとなる。したがって、

$$F_c = 25.0\,\text{kN} \geq 3.26\,\text{kN} \quad \textbf{OK!!}$$

となる。

なお、中間を緊結しなかった場合には、座屈長さ ℓ_k は3.4mとなり、許容圧縮耐力 F_c は、

$$F_c \fallingdotseq 8.0\,\text{kN} \geq 3.26\,\text{kN} \quad \textbf{OK!!}$$

となる。

(メモ)

くさび式システム支保工

階高の高い場合やスラブの厚さが厚く鉛直荷重が大きい場合などは足場を兼ね，支持力も大きなくさび式システム支保工を使おう。

ここでは，支柱外径φ60.5mmのパワーフレーム（湘栄産業株式会社，株式会社トータル都市整備）を紹介する。

パワーフレームの最大の特徴は，梁やスラブの荷重を平面形状1,800×1,800で割付けても支持可能な支柱耐力を保有していることと，自在梁下枠を使用して，上部で自在に梁スラブの受けが可能となることである。加えて，大引きを支点間1,800mmを可能にする強力・軽量なアルミ大引き材も用意している。

パワーフレームの特徴をまとめると

① 鉛直荷重に対し大きな支柱耐力
　（座屈長さ1,800mmで65kN/本、同900mmで70kN/本）
② 安全な通路の確保が可能
③ 少ない部材で躯体に柔軟に対応
④ 剛性の高いくさび式接続金具
⑤ 軽量で強力なアルミ大引き材
⑥ 天井工事に便利なステージ機能
⑦ 自在梁下枠で躯体形状に関わらず梁，スラブの支持が可能

などで，仮設工業会の承認制度取得のシステム支保工である。

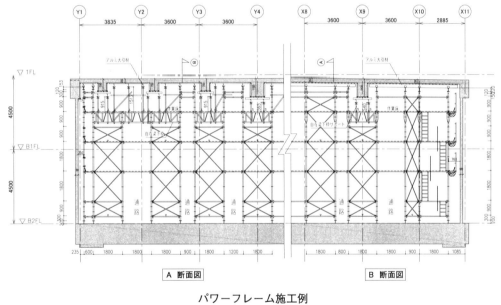

パワーフレーム施工例

床型枠用鋼製デッキプレート (フラットデッキ)の留意点

型枠工事の省力化，熱帯木材の消費の削減といった社会的背景から，フラットデッキを利用した施工例が増加している。そこで，このフラットデッキについて，ここで掘り下げてみよう。

計算方法は，在来型枠と基本的に同じやり方でよいが，実際にフラットデッキを採用する場合は，フラットデッキ業界の方針にしたがって施工しよう。なお，現状での使用可能スパンは1.5mから4.9mまでの10mmピッチとなっている。また，原則として支保工を設けないが，仕様によっては中間支保工を使用することができる。

1) フラットデッキの納め方

フラットデッキは，捨て型枠であるため，最終的に構造スラブとともに残存することになり，落下を防止するため，下図に示すいずれかの処置をとる。

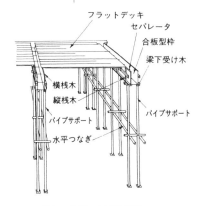

フラットデッキ型枠工法

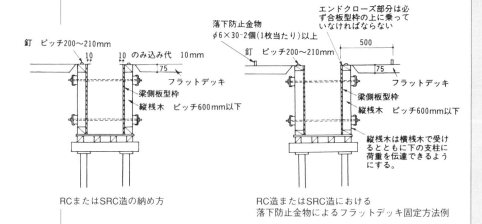

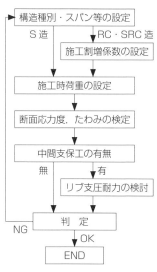

フラットデッキの設計手順

2) フラットデッキの設計手順

フラットデッキは，左記のフローに従って設計を行う。

3) スパンの取り方

最大スパンは4.9mとする。

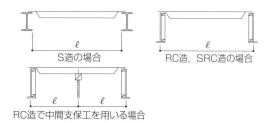

4) 施工割増係数の設定

支持梁がRC造またはSRC造の場合は，安全性を確保するため施工割増係数aを考慮する。S造の場合は$a=1.0$とする。

施工状況の種類	施工割増係数(a)	施工条件など
Ⅰ類	1.0	荷重条件，施工条件等の適切な設定管理により，施工上の安全性が確保される場合（デッキの板厚0.7mm～1.6mm）
Ⅱ類	1.25	Ⅰ類以外のRC造またはSRC造の場合で，板厚1.0mmまたは1.2mmのフラットデッキを使用する場合
Ⅲ類	1.5	Ⅰ類以外のRC造またはSRC造の場合で，板厚0.8mmのフラットデッキを使用する場合

注）Ⅱ類，Ⅲ類を採用する場合の施工条件としては，
・勾配スラブ等，現場での施工精度の確保が困難な場合
・コンクリート打込み時の作業荷重にばらつきがある場合
・下階の状況により，支保工の設置位置にばらつきがある場合
など，現場の状況に応じて判断すること。

5) 施工時荷重の設定

ⅰ) 鉛直荷重

コンクリートの重量にフラットデッキの自重と作業荷重$1.47kN/m^2$（フラットデッキ業界の方針）を加えたものとする。

なお，ホッパー，バケットでコンクリートを打ち込む場合は$2.45kN/m^2$を加える。

ⅱ) 水平荷重

在来型枠と同じ。

6）断面応力度，たわみの算定

ⅰ）短期許容応力度・断面性能・許容支圧荷重

板厚 (mm)	質量[1]		短期許容 応力度 f_b (kN/cm²)	断面二次 モーメント I (cm⁴/m)	断面係数 Z (cm³/m)	許容支圧 荷重[2] P_a (kN/m)
	(kg/m)	(kg/m²)				
0.8	7.9	12.5		120	18.7	9.8
1.0	9.8	15.6		150	24.4	14.7
1.2	11.7	18.6	20.5	180	29.4	19.6
1.4	13.6	21.6		206	34.4	19.6
1.6	15.4	24.4		232	39.3	19.6

＊1　質量は Z12 の場合。
＊2　スパン中間に支保工を設ける場合には，デッキリブに作用する荷重が許容支圧荷重以下となるように支保工の間隔を決める。

ⅱ）断面応力とたわみ，支圧荷重の算定

断面応力およびたわみは単純支持として求める。

断面応力（σ）は(1)式に示すように曲げモーメントを断面係数で除して求め，施工割増係数を考慮した許容応力度 $f_a = \dfrac{f_b}{\alpha}$ (kN/cm²) 以下とする。

$$\sigma = \frac{M}{Z} = \frac{w\ell^2}{8z} \quad\cdots\cdots\cdots\cdots\cdots\cdots\cdots (1)$$

たわみ（δ_{max}）は(2)式で算定し，許容たわみ $\delta_a = \dfrac{\ell}{180} + 0.5$cm 以下とする。

$$\delta_{max} = C \cdot \frac{5w\ell^4}{384EI} \quad\cdots\cdots\cdots\cdots\cdots (2)$$

中間支保工を用いる場合はデッキリブ（デッキ幅 1m 当たり）に作用する荷重 P が許容支圧荷重 P_a 以下となるように支保工の間隔を決める。

$$P = w \cdot \ell \quad\cdots\cdots\cdots\cdots\cdots\cdots\cdots (3)$$

f_b：短期許容応力度（kN/cm²）

α：施工割増係数

Z：断面係数（cm³/m）

C：たわみ算定用係数（$C = 1.6$）

ℓ：スパン長さ（cm）

E：鋼材のヤング係数（$E = 2.05 \times 10^4$kN/cm²）

I：断面二次モーメント（全断面有効）(cm⁴/m)

ⅲ）許容支圧荷重

スパン中間に支保工を設ける場合，デッキリブ（デッキ幅 1 m 当たり）に作用する荷重は上表に示す許容支圧荷重以下となるように，支保工の間隔を決める。

例題 2-3′

〔設計条件〕

例題2-3の床板型枠を，下図に示すように，中間に支保工がある場合のフラットデッキ型枠とする（本例では水平力に対する検討は省略する）。

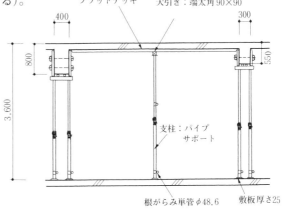

〔使用材料〕

- フラットデッキ……Fデッキ板厚1.0 mm

  自重　　　　　　　　0.156kN/m^2

  短期許容応力度　　　$f_b = 20.5 \text{kN/cm}^2$

  断面二次モーメント　$I = 150 \text{cm}^4/\text{m}$

  断面係数　　　　　　$Z_t = 24.4 \text{cm}^3/\text{m}$

  許容支圧荷重　　　　$P_a = 14.7 \text{kN/m}$

  施工割増係数　　　　Ⅰ類（$a = 1.0$）

  材料種類　　　　　　SGCC

1. 荷重計算

$$W = 24 \text{kN/m}^3 \times 0.15\text{m} + 0.156 \text{kN/m}^2 + 1.47 \text{kN/m}^2$$

　　↑　　　　　　　　　　　↑　　　　　↑　　　　　　↑
鉄筋コンクリートの単位重量　床厚　フラットデッキ自重　作業荷重

$$= 5.23 \text{kN/m}^2$$

ゆえに，フラットデッキに作用する単位幅（1 m）当たりの荷重 w は，

$$w = 5.23 \text{kN/m}^2 \times 1\text{m} = 5.23 \text{kN/m}$$

となる。これは，5.23 kN/m/m ということを示す。

　　　　　　　　　　　↑
　　　　　　　　幅1m当たりを示す

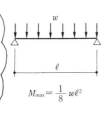

2. 曲げに対する検討

単位幅 1m 当たりの最大曲げモーメント M_{max} は，単純支持の公式から求める。

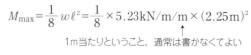

$$M_{max} = \frac{1}{8}w\ell^2 = \frac{1}{8} \times 5.23 \text{kN/m/m} \times (2.25\text{m})^2$$

↑ 1m当たりということ，通常は書かなくてよい

$$\fallingdotseq 3.31 \text{kN·m/m} \rightarrow 331 \text{kN·cm/m}$$

この最大曲げモーメントから，フラットデッキに生じる曲げ応力度 σ_b を次式から求める。

$$\sigma_b = \frac{M_{max}}{Z_t} = \frac{331 \text{kN·cm/m}}{24.4 \text{cm}^3/\text{m}} \fallingdotseq 13.6 \text{kN/cm}^2$$

↑ 幅1m当たりの断面係数

$$\leq \frac{f_b}{a} = \frac{20.5 \text{kN/cm}^2}{1.0} = 20.5 \text{kN/cm}^2 \quad \textbf{OK!!}$$

3. たわみの検討

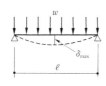

$$\delta_{max} = C \cdot \frac{5w\ell^4}{384EI}$$

$$= 1.6 \times \frac{5 \times 0.0523 \text{kN/cm/m} \times (225 \text{cm})^4}{384 \times 2.05 \times 10^4 \text{kN/cm}^2 \times 150 \text{cm}^4/\text{m}}$$

↑ たわみ算定用係数

$$\fallingdotseq 0.91 \text{cm} \leq \delta_a = \frac{\ell}{180} + 0.5 = 1.75 \text{cm} \quad \textbf{OK!!}$$

4. 支圧荷重の検討

$$P = 5.23 \text{kN/m/m} \times 2.25 \text{m}$$

$$\fallingdotseq 11.8 \text{kN/m} \leq P_u = 14.7 \text{kN/m} \quad \textbf{OK!!}$$

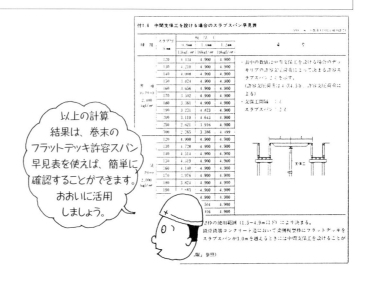

2-4 梁型枠・支保工

ポイント 2-4　梁型枠・支保工の計算は，下記の順序に従って行う。

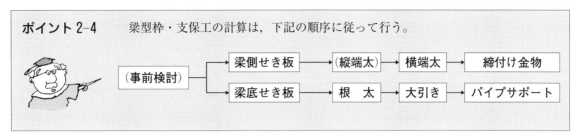

1. 型枠支保工の許容たわみ量は0.3cm以下とする（ただし，仕上げ精度が要求される場合には0.1cm以下とする）。

　梁側のせき板は，通常，型枠用合板の長手方向が梁に平行になるように使用する。このせき板を横端太で支持することになるので，繊維と直角方向の許容曲げ応力度とヤング係数を用いることになり，応力やたわみに対して大変不利となる。したがって，梁せいが高く，許容たわみ量や許容応力度を満足できない場合には，合板を厚くしたり，縦端太を設ける。

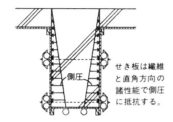 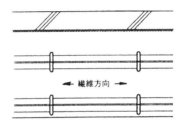

2. せき板，横端太，根太は単純梁として検討する。
3. セパレータ位置
   (1) 下部のセパレータ位置
   　下部のセパレータは，梁鉄筋設置後には施工困難であるから，梁鉄筋の下に配置する。したがって，下部のセパレータは梁底から30～60mmの位置とする（梁せいが低い場合は，主筋の内側でもよい）。
   (2) 上部のセパレータ位置
   　梁の上部には，床型枠の根太や大引き，桟木などがくるため，作業性を考慮すると，床底部から200～300mmの位置に上部のセパレータを配置する。

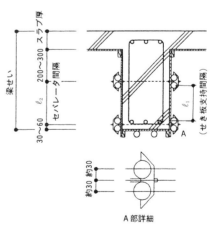

　(3) セパレータ間隔
　　せき板支持間隔は，上下の内側の横端太間の距離とし，この間の平均側圧によるたわみが許容たわみを超えないようにセパレータ間隔を決定する。
4. 荷重は，梁側と梁底の場合に分けて考える。

【梁側の場合】側圧は，$P=W_0 \cdot H$から求める（W_0：コンクリートの単位体積重量，$H=$フレッシュコンクリートのヘッド）。

(1) せき板用側圧

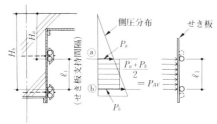

せき板に作用する側圧は，上下の内側の横端太位置での側圧の平均値とする。

$$\begin{cases} P_a = W_0 \cdot H_a \\ P_b = W_0 \cdot H_b \\ P_{AV} = \dfrac{P_a + P_b}{2} = \dfrac{W_0(H_a + H_b)}{2} \end{cases}$$

各段横端太の負担側圧は，左図のように，各段セパレータの中点位置間の範囲とし，側圧は分割点での側圧の平均値とする。

(2) 横端太用側圧

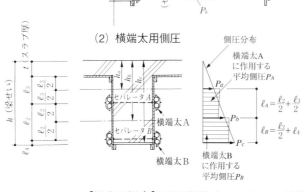

横端太Aに作用する側圧

$$P_A = \dfrac{P_a + P_b}{2}$$

横端太Bに作用する平均側圧

$$P_B = \dfrac{P_b + P_c}{2}$$

【梁底の場合】固定荷重（$=\gamma \cdot h$，γ：鉄筋コンクリートの単位容積重量，h：梁せい），型枠自重，積載荷重を考慮する（ただし，型枠自重は$0.4 kN/m^2$，積載荷重は通常のポンプ打ちの場合$1.5 kN/m^2$とする）。

なお，根太の荷重負担割合は，以下のように考える。

(1) 根太が異種類の部材で構成されている場合

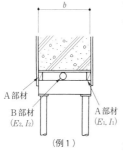

E：ヤング係数
I：断面二次モーメント

各部材のたわみ量が，同一になるような荷重負担割合とする。
各部材1本当たりの荷重負担割合は，

$$\begin{cases} \text{A部材……幅}\left(\dfrac{bE_1I_1}{2E_1I_1 + nE_2I_2}\right)\text{分の荷重} \\ \text{B部材……幅}\left(\dfrac{bE_2I_2}{2E_1I_1 + nE_2I_2}\right)\text{分の荷重} \end{cases}$$

nはA部材を2本使用しているためB部材の本数となる。
左図，例1の場合には，$n=1$である。

(2) 根太が同種類の部材で構成されている場合

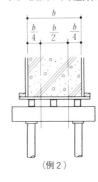

各部材の荷重負担割合は，支配面積分の割合とする。
各部材1本当たりの荷重負担割合は，

$$\begin{cases} \text{両端の部材………幅}\dfrac{b}{2(n-1)}\text{分の荷重} \quad \text{ただし，}n\text{は部材数} \\ \text{両端以外の部材…幅}\dfrac{b}{(n-1)}\text{分の荷重} \end{cases}$$

となる。

ただし，例2の場合には$n=3$であるから，両端の部材にはそれぞれ$\dfrac{b}{4}$分の荷重が，中央の部材には$\dfrac{b}{2}$分の荷重が作用する。

例題 2-4

図2-17の梁の型枠支保工について検討する。

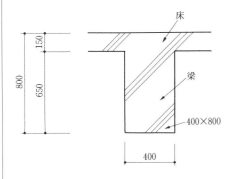

図2-17　梁断面図

〔設計条件〕
- 梁断面………400×800 mm

〔使用材料〕
- せき板………合板厚さ12 mm（繊維と直角方向使い）
- セパレータ……丸セパ（2分5厘）
- 横端太………単管 $\phi 48.6 \times 2.4$（STK500）2丁使い
- 根太…………単管 $\phi 48.6 \times 2.4$（STK500）
　　　　　　　桟木 48×24（アカマツ）
- 大引き………端太角 90×90（スギ）
- 支柱…………パイプサポート（水平つなぎ有り）

〔設計方針〕
- せき板，横端太，根太は単純梁とする。
- 型枠用合板は，繊維と直角方向使いとして計画する。
- 許容たわみ量は0.3 cm以下とする。
- コンクリートは，普通コンクリートを使用する。

A　事前検討

巻末のグラフなどを用いて，型枠支保工の配置を決定する。

【梁側の検討】

1）せき板の検討

梁側の側圧は，$P = W_0 H$（W_0：コンクリート単位体積重量，H：フレッシュコンクリートのヘッド（打込み高さ））より求めるが，横端太間の距離と，平均側圧によるたわみが許容たわみを超えないように，横端太位置での側圧とせき板の許容スパンを交互に繰り返し求め，セパレータを合理的に配置する。

なお，下部のセパレータは梁鉄筋の下にあらかじめ設置するものとし，梁底より40 mmの位置と仮定する。

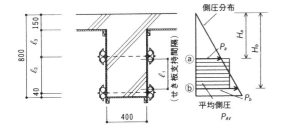

ⅰ）ケース1（$\ell_2=350\,\mathrm{mm}$, $\ell_3=260\,\mathrm{mm}$の場合）

打込み高さは，

$H_a = 150\,\mathrm{mm} + 260\,\mathrm{mm} + 30\,\mathrm{mm} = 440\,\mathrm{mm} = 0.44\,\mathrm{m}$
　　　　↑　　　　　↑　　　　　↑
　　　床厚　　　ℓ_3　　セパ芯と横端太芯の距離

$H_b = 800\,\mathrm{mm} - 40\,\mathrm{mm} - 30\,\mathrm{mm} = 730\,\mathrm{mm} = 0.73\,\mathrm{m}$
　　　　↑　　　　　↑　　　　　↑
　　　梁せい　梁底から下部セパまでの距離　　セパ芯と横端太芯の距離

ⓐ位置での側圧は，

$P_a = W_0 H_a = 23\,\mathrm{kN/m^3} \times 0.44\,\mathrm{m} \fallingdotseq 10.1\,\mathrm{kN/m^2}$

ⓑ位置での側圧は，

$P_b = W_0 H_b = 23\,\mathrm{kN/m^3} \times 0.73\,\mathrm{m} \fallingdotseq 16.8\,\mathrm{kN/m^2}$

せき板に働く平均側圧 P_{AV} は，

$P_{AV} = \dfrac{P_a + P_b}{2} = \dfrac{10.1\,\mathrm{kN/m^2} + 16.8\,\mathrm{kN/m^2}}{2}$

$\fallingdotseq 13.5\,\mathrm{kN/m^2} \rightarrow 0.00135\,\mathrm{kN/cm^2}$

許容たわみを0.3cmとすると，せき板の許容スパンは，図2-18のグラフより約26cmとなる。

$\left[\ell = \sqrt[4]{\dfrac{384 EI\delta}{5 P_{AV}}} \right.$

$= \sqrt[4]{\dfrac{384 \times 200\,\mathrm{kN/cm^2} \times 0.144\,\mathrm{cm^4} \times 0.3\,\mathrm{cm}}{5 \times 0.00135\,\mathrm{kN/cm^2} \times 1\,\mathrm{cm}}}$

$\left. \fallingdotseq 26.5\,\mathrm{cm} \right]$

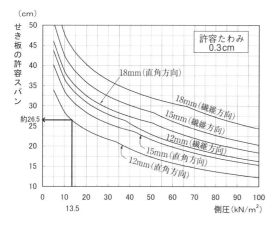

図2-18　コンクリート側圧からせき板の許容スパンを求めるグラフ（ケース1）

一方，横端太間隔 ℓ_1 は，

$\ell_1 = \ell_2 - 30 \times 2 = 350\,\mathrm{mm} - 60\,\mathrm{mm}$
　　　　　　　　$= 290\,\mathrm{mm} = 29\,\mathrm{cm} > 26\,\mathrm{cm}$　**NO!**

↓ 再検討

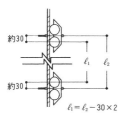

セパレータ間隔とせき板支持間隔の関係

ⅱ）ケース2（$\ell_2 = 310\,\mathrm{mm}$, $\ell_3 = 300\,\mathrm{mm}$の場合）

打込み高さは，

$\begin{cases} H_a = 150\,\mathrm{mm} + 300\,\mathrm{mm} + 30\,\mathrm{mm} = 480\,\mathrm{mm} = 0.48\,\mathrm{m} \\ H_b = 0.73\,\mathrm{m}（変更なし） \end{cases}$

ⓐ位置での側圧は，

$P_a = 23\,\mathrm{kN/m^3} \times 0.48\,\mathrm{m} \fallingdotseq 11.0\,\mathrm{kN/m^2}$

したがって，平均側圧 P_{AV} は，

$P_{AV} = \dfrac{11.0\,\mathrm{kN/m^2} + 16.8\,\mathrm{kN/m^2}}{2} = 13.9\,\mathrm{kN/m^2}$

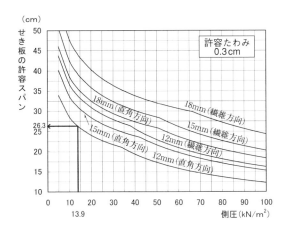

図2-19 コンクリート側圧からせき板の許容スパンを求めるグラフ（ケース2）

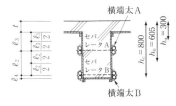

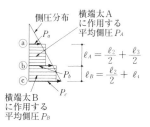

ケース1と同様に，せき板の許容スパンを求めると，図2-19のグラフより，約26cmとなる。

横端太間隔 ℓ_1 は，

$\ell_1 = \ell_2 - 60\,\text{mm} = 310\,\text{mm} - 60\,\text{mm}$
$= 250\,\text{mm} = 25\,\text{cm} \leq 26\,\text{cm}$ **OK!!**

セパレータ間隔 ℓ_2 を310mmとすることで，なんとかOKとなった。したがって，$\ell_2 = 310\,\text{mm}$，$\ell_3 = 300\,\text{mm}$ とする。

2）横端太の検討

セパレータの垂直方向の間隔が決まったので，次は水平方向の間隔を検討する。まず横端太の垂直方向の荷重負担幅を求める。

横端太Aの荷重負担幅は，

$\ell_A = \dfrac{\ell_2}{2} + \dfrac{\ell_3}{2} = \dfrac{310\,\text{mm} + 300\,\text{mm}}{2} = 305\,\text{mm}$

横端太Bの荷重負担幅は，

$\ell_B = \dfrac{\ell_2}{2} + \ell_4 = \dfrac{310\,\text{mm}}{2} + 40\,\text{mm} = 195\,\text{mm}$

次に平均側圧を求める。横端太Aに作用する平均側圧は，

$P_A = \dfrac{P_a + P_b}{2} = \dfrac{W_0 h_a + W_0 h_b}{2} = \dfrac{W_0 \times (h_a + h_b)}{2}$
$= \dfrac{23\,\text{kN/m}^3 \times (0.30\,\text{m} + 0.605\,\text{m})}{2}$
$\fallingdotseq 10.4\,\text{kN/m}^2$

横端太Bに作用する平均側圧は，

$P_B = \dfrac{P_b + P_c}{2} = \dfrac{W_0 \times (h_b + h_c)}{2}$
$= \dfrac{23\,\text{kN/m}^3 \times (0.605\,\text{m} + 0.8\,\text{m})}{2}$
$\fallingdotseq 16.2\,\text{kN/m}^2$

したがって，それぞれの負担荷重は，

横端太A：$W_A = P_A \cdot \ell_A = 10.4\,\text{kN/m}^2 \times 0.305\,\text{m}$
$\fallingdotseq 3.17\,\text{kN/m}$

横端太B：$W_B = P_B \cdot \ell_B = 16.2\,\text{kN/m}^2 \times 0.195\,\text{m}$
$\fallingdotseq 3.16\,\text{kN/m}$

横端太Aに作用する負担荷重のほうが大きいので，横端太Aの負担荷重を用いて，横端太の許容スパンを求める。

単管 $\phi 48.6 \times 2.4$（STK 500）の諸性能
断面二次モーメント　$I = 9.32 \, cm^4$
断面係数　　　　　　$Z = 3.83 \, cm^3$
許容曲げ応力度　　　$f_b = 23.7 \, kN/cm^2$
ヤング係数　　　　　$E = 2.05 \times 10^4 \, kN/cm^2$

許容応力度から許容スパン ℓ_1 を逆算すると，

$$\ell_1 \leq \sqrt{\frac{8 \times f_b \cdot Z}{W_A}}$$

$$= \sqrt{\frac{8 \times 23.7 \, kN/cm^2 \times 3.83 \, cm^3 \times 2本}{0.0317 \, kN/cm}}$$

$$\fallingdotseq 214 \, cm$$

また，許容たわみ0.3cmから許容スパン ℓ_2 を逆算すると，

$$\ell_2 \leq \sqrt[4]{\frac{384 EI \times \delta}{5 W_A}}$$

$$= \sqrt[4]{\frac{384 \times 2.05 \times 10^4 \, kN/cm^2 \times 9.32 \, cm^4 \times 2本 \times 0.3 \, cm}{5 \times 0.0317 \, kN/cm}}$$

$$\fallingdotseq 129 \, cm$$

以上より，横端太の水平方向の間隔（セパレータ間隔（ℓ_s））は129cm以下であるから，$\ell_s = 100 \, cm$ と仮定する。

3）セパレータの検討

横端太の水平方向の間隔を100cmと仮定したので，セパレータAに作用する引張力 T は，

$T = W_A \times \ell_s = 3.17 \, kN/m \times 1 \, m$
　$= 3.17 \, kN$

となる

セパレータ（2分5厘）の引張許容強度は，$F_t = 13.7 \, kN/本$ であるから，

$$\frac{T}{F_t} = \frac{3.17 \, kN/本}{13.7 \, kN/本} \fallingdotseq 0.23 \leq 1.0 \qquad \textbf{OK!!}$$

ゆえに，セパレータの水平方向の間隔は100cmで十分OKである。

74

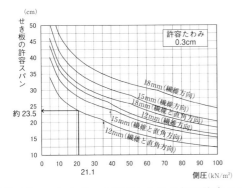

図2-20　コンクリート側圧からせき板の許容スパンを求めるグラフ

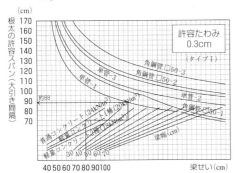

図2-21　梁せい－梁幅から根太の許容スパンを求めるグラフ

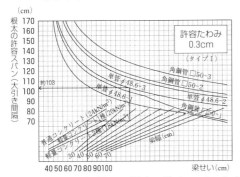

図2-22　梁せい－梁幅から根太の許容スパンを求めるグラフ

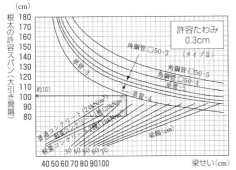

図2-23　梁せい－梁幅から根太の許容スパンを求めるグラフ

【梁底の検討】

4）根太の検討

ⅰ）荷重計算

梁底にかかる荷重は，固定荷重，型枠自重，積載荷重から求める。

$$W = \gamma \cdot h + 0.4\,\text{kN/m}^2 + 1.5\,\text{kN/m}^2$$

梁せい(m)
鉄筋コンクリート単位体積重量(kN/m³)

$$= 24\,\text{kN/m}^3 \times 0.8\,\text{m} + 1.9\,\text{kN/m}^2$$
$$= 19.2\,\text{kN/m}^2 + 1.9\,\text{kN/m}^2 = 21.1\,\text{kN/m}^2$$

ⅱ）根太本数の検討

梁底のせき板も繊維と直角方向使いとなる。許容たわみを0.3cmとすると，図2-20に示すグラフより，せき板の許容スパンは約23.5cmとなる。梁幅が40cmであるから，根太の本数Nは，

$$N = \frac{40\,\text{cm}}{23.5\,\text{cm}} + 1 \fallingdotseq 2.7 \rightarrow 3\,\text{本以上}$$

となる。

ⅲ）根太種類の検討（大引き間隔）

根太本数が3本以上と決まったので，次に根太の種類を検討する。"NOTE 4"に示したように，根太を同種類（タイプⅡ）とするか異種類（両端桟木）（タイプⅠ）とするかにより，各部材の荷重負担割合や大引き間隔が異なる。ここでは次の3ケースについてグラフから大引き間隔を求め，パイプサポートの許容耐力から求まる大引き間隔や施工性を考慮して，どのケースにするか選択する。

ケース1
：単管φ48.6×2.4（STK500）＋桟木（両端）
ケース2
：単管φ48.6×2.4（STK500）2本＋桟木（両端）
ケース3：単管φ48.6×2.4（STK500）3本

それぞれの場合の大引き間隔ℓは，図2-21～図2-23より，

ケース1（図2-20）：$\ell \fallingdotseq 88\,\text{cm}$
ケース2（図2-21）：$\ell \fallingdotseq 103\,\text{cm}$
ケース3（図2-22）：$\ell \fallingdotseq 101\,\text{cm}$

一方，パイプサポートの許容支持力（$F_c = 19.6$ kN/本）から求まる大引き間隔は，

$$\underset{\text{鉛直荷重}}{W} \times \underset{\text{梁幅}}{b} \times \ell \leqq 19.6 \text{kN（水平つなぎ有り）}$$

より，

$$\ell \leqq \frac{19.6 \text{kN}}{W \times b} = \frac{19.6 \text{kN}}{21.1 \text{kN/m}^2 \times 0.4 \text{m}} \fallingdotseq 2.32 \text{m}$$

したがって，どのケースを選定しても，パイプサポートの許容支持力を満足することがわかる。ここでは，施工性を考慮して，ケース2を採用することとし，大引き間隔（サポート間隔 ℓ_p）は余裕を見込んで90cmとする。

5) 型枠支保工の配置

以上の事前検討の結果，下図に示すように型枠支保工の配置を決定した。

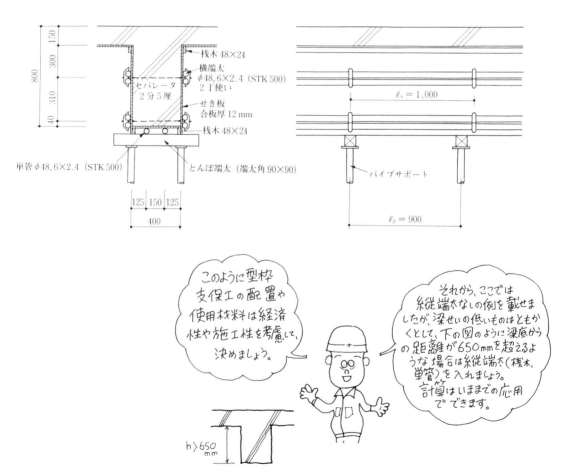

B 構造計算書

以上の事前検討により，型枠支保工の配置が決定したので，柱型枠の場合と同様に構造計算書の書式に従って，梁型枠の計算例を示す。

梁型枠支保工の計算

下図に示す梁型枠支保工の計算を行う。

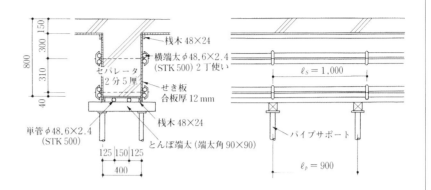

〔使用材料〕

種類と形状		断面係数 Z(cm³)	断面二次モーメント I(cm⁴)	許容曲げ応力度 f_b(kN/cm²)	ヤング係数 E(kN/cm²)	備考
せき板	合板厚12 mm	0.24	0.144	0.78	200	繊維と直角方向使い
横端太	φ48.6×2.4(STK500)2丁	7.66	18.64	23.7	2.05×10⁴	
根太	φ48.6×2.4(STK500)	3.83	9.32	23.7	2.05×10⁴	
	桟木48×24(アカマツ)	9.22	22.12	1.32	700	
大引き	端太角90×90(スギ)	121.5	546.8	1.03	700	
支柱	パイプサポート	許容支持力19.6 kN/本				水平つなぎ有り
緊結材	丸セパ（2分5厘）	引張許容強度13.7 kN/本，断面積$A_S=0.34$ cm²				

〔設計方針〕

・せき板，横端太，根太の応力計算は単純梁と仮定する。
・型枠用合板は，繊維に直角方向として計画する。
・許容たわみ量は，0.3 cm以下とする。
・コンクリートは，普通コンクリートを使用する。

2 型枠・支保工 77

［梁側］
1. せき板の検討

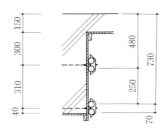
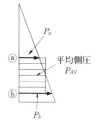

a. 荷重計算

ⓐ位置での側圧

$$P_a = 23\,\text{kN/m}^3 \times 0.48\,\text{m} \fallingdotseq 11.0\,\text{kN/m}^2$$

ⓑ位置での側圧

$$P_b = 23\,\text{kN/m}^3 \times 0.73\,\text{m} \fallingdotseq 16.8\,\text{kN/m}^2$$

平均側圧は

$$P_{AV} = \frac{P_a + P_b}{2} = 13.9\,\text{kN/m}^2 \rightarrow 0.00139\,\text{kN/cm}^2$$

せき板に作用する単位幅1cm当たりの荷重w_1は,

$$w_1 = P_{AV} \times 1\,\text{cm} = 0.00139\,\text{kN/cm}$$

b. 最大曲げモーメント M_{max} に対する検討

せき板の設計スパンℓ_1は, 上下内側の横端太間隔で, $\ell_1 = 25\,\text{cm}$とする。

$$M_{max} = \frac{w_1 \ell_1^2}{8} = \frac{0.00139\,\text{kN/cm} \times (25\,\text{cm})^2}{8} \fallingdotseq 0.11\,\text{kN}\cdot\text{cm}$$

曲げ応力度σ_bの計算

$$\sigma_b = \frac{M_{max}}{Z} = \frac{0.11\,\text{kN}\cdot\text{cm}}{0.24\,\text{cm}^3} \fallingdotseq 0.46\,\text{kN/cm}^2$$

$$\frac{\sigma_b}{f_b} = \frac{0.46\,\text{kN/cm}^2}{0.78\,\text{kN/cm}^2} \fallingdotseq 0.59 \leq 1.0 \quad \textbf{OK!!}$$

c. 最大たわみ δ_{max} に対する検討

中央部の最大たわみδ_{max}を, 0.3cm以下にする。

$$\delta_{max} = \frac{5 w_1 \ell_1^4}{384 EI} = \frac{5 \times 0.00139\,\text{kN/cm} \times (25\,\text{cm})^4}{384 \times 200\,\text{kN/cm}^2 \times 0.144\,\text{cm}^4}$$

$$\fallingdotseq 0.25\,\text{cm} \leq 0.3\,\text{cm} \quad \textbf{OK!!}$$

$$\left(\frac{\delta_{max}}{\ell_1} = \frac{0.25\,\text{cm}}{25\,\text{cm}} = \frac{1}{100}\right)$$

2. 横端太の検討

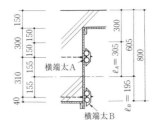
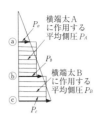

a. 荷重計算

ⓐ位置での側圧

$$P_a = 23\,\text{kN/m}^3 \times 0.30\,\text{m} = 6.90\,\text{kN/m}^2$$

ⓑ位置での側圧

$$P_b = 23\,\text{kN/m}^3 \times 0.605\,\text{m} ≒ 13.9\,\text{kN/m}^2$$

ⓒ位置での側圧

$$P_c = 23\,\text{kN/m}^3 \times 0.8\,\text{m} = 18.4\,\text{kN/m}^2$$

横端太Aに作用する平均側圧

$$P_A = \frac{6.90\,\text{kN/m}^2 + 13.9\,\text{kN/m}^2}{2} = 10.4\,\text{kN/m}^2 \rightarrow 0.00104\,\text{kN/cm}^2$$

横端太Bに作用する平均側圧

$$P_B = \frac{13.9\,\text{kN/m}^2 + 18.4\,\text{kN/m}^2}{2} ≒ 16.2\,\text{kN/m}^2 \rightarrow 0.00162\,\text{kN/cm}^2$$

したがって，各横端太に作用する荷重は，

$$W_A = P_A \times \ell_A = 0.00104\,\text{kN/cm}^2 \times 30.5\,\text{cm} ≒ 0.032\,\text{kN/cm}$$

$$W_B = P_B \times \ell_B = 0.00162\,\text{kN/cm}^2 \times 19.5\,\text{cm} ≒ 0.032\,\text{kN/cm}$$

$W_A = W_B$ なので，W_A を用いて検討する。

b. 最大曲げモーメント $M_{\max}$ に対する検討

横端太の設計スパン ℓ_S は，セパレータ間隔で，$\ell_S = 100\,\text{cm}$ とする。

$$M_{\max} = \frac{W_A \times \ell_S^2}{8} = \frac{0.032\,\text{kN/cm} \times (100\,\text{cm})^2}{8} = 40.0\,\text{kN·cm}$$

曲げ応力度 σ_b の計算

$$\sigma_b = \frac{M_{\max}}{Z} = \frac{40.0\,\text{kN·cm}}{3.83\,\text{cm}^3 \times 2} ≒ 5.22\,\text{kN/cm}^2$$

$$\frac{\sigma_b}{f_b} = \frac{5.22\,\text{kN/cm}^2}{23.7\,\text{kN/cm}^2} ≒ 0.22 \leqq 1.0 \qquad \textbf{OK!!}$$

c. 最大たわみ $\delta_{\max}$ に対する検討

中央部の最大たわみ $\delta_{\max}$ を 0.3 cm 以下にする。

$$\delta_{\max} = \frac{5 W_A \ell_S^4}{384 EI} = \frac{5 \times 0.032\,\text{kN/cm} \times (100\,\text{cm})^4}{384 \times 2.05 \times 10^4\,\text{kN/cm}^2 \times 9.32\,\text{cm}^4 \times 2}$$

$$≒ 0.11\,\text{cm} \leqq 0.3\,\text{cm} \qquad \textbf{OK!!}$$

$$\left(\frac{\delta_{\max}}{\ell_S} = \frac{0.11\,\text{cm}}{100\,\text{cm}} ≒ \frac{1}{909} \right)$$

3. セパレータの検討

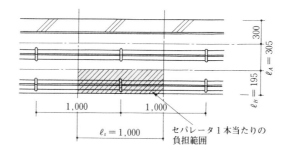

a. 荷重計算

　セパレータ1本当たりの負担面積 A は,

　　$A = \ell_S \times \ell_B = 100\,\text{cm} \times 19.5\,\text{cm} = 1,950\,\text{cm}^2$

b. 引張力 T に対する検討

　セパレータ1本に生じる引張力 T は,

　　$T = P_B \times A = 0.00162\,\text{kN/cm}^2 \times 1,950\,\text{cm}^2$

　　　$\fallingdotseq 3.16\,\text{kN}$

　引張力 T とセパレータの引張許容強度 F_t を比較する。

　　$\dfrac{T}{F_t} = \dfrac{3.16\,\text{kN}}{13.7\,\text{kN}} \fallingdotseq 0.23 \leq 1.0$　　　**OK!!**

c. 最大伸び $\delta_{\max}$ に対する検討

　伸びの最大値 $\delta_{\max}$ を 0.3 cm 以下にする。

　　$\delta_{\max} = \dfrac{T \times b \times 0.5}{EA_S} = \dfrac{3.16\,\text{kN} \times 40\,\text{cm} \times 0.5}{2.05 \times 10^4\,\text{kN/cm}^2 \times 0.34\,\text{cm}^2}$

　　　$\fallingdotseq 0.01\,\text{cm} \leq 0.3\,\text{cm}$　　　**OK!!**

　　$\left(\dfrac{\delta_{\max}}{b \times 0.5} = \dfrac{0.01}{20} = \dfrac{1}{2,000} \right)$

［梁底］
1. せき板の検討

桟木 48×24
単管 φ48.6×2.4（STK 500）

a. 荷重計算

梁底に作用する荷重は，固定荷重，型枠自重，積載荷重から求める。

$$W = 24\,\text{kN/m}^3 \times 0.8\,\text{m} + 0.4\,\text{kN/m}^2 + 1.5\,\text{kN/m}^2 = 21.1\,\text{kN/m}^2 \to 0.00211\,\text{kN/cm}^2$$

せき板に作用する単位幅（1cm）当たりの荷重 w は，

$$w = W \times 1\,\text{cm} = 0.00211\,\text{kN/cm}$$

b. 最大曲げモーメント $M_{\max}$ に対する検討

せき板の最大設計スパン ℓ_b は，根太間隔の最大値で $\ell_b = 15\,\text{cm}$ とする。

$$M_{\max} = \frac{w\ell_b^2}{8} = \frac{0.00211\,\text{kN/cm} \times (15\,\text{cm})^2}{8} \fallingdotseq 0.06\,\text{kN·cm}$$

曲げ応力度 σ_b の計算

$$\sigma_b = \frac{M_{\max}}{Z} = \frac{0.06\,\text{kN·cm}}{0.24\,\text{cm}^3} = 0.25\,\text{kN/cm}^2$$

$$\frac{\sigma_b}{f_b} = \frac{0.25\,\text{kN/cm}^2}{0.78\,\text{kN/cm}^2} \fallingdotseq 0.32 \leq 1.0 \quad \textbf{OK!!}$$

c. 最大たわみ $\delta_{\max}$ に対する検討

中央部の最大たわみ $\delta_{\max}$ を 0.3 cm 以下にする。

$$\delta_{\max} = \frac{5w\ell_b^4}{384EI} = \frac{5 \times 0.00211\,\text{kN/cm} \times (15\,\text{cm})^4}{384 \times 200\,\text{kN/cm}^2 \times 0.144\,\text{cm}^4}$$

$$\fallingdotseq 0.05\,\text{cm} \leq 0.3\,\text{cm} \quad \textbf{OK!!}$$

$$\left(\frac{\delta_{\max}}{\ell_b} = \frac{0.05\,\text{cm}}{15\,\text{cm}} = \frac{1}{300} \right)$$

2. 根太の検討

a. 荷重計算

桟木1本当たりの荷重負担幅b_1は，

$$b_1 = \frac{b \times E_1 I_1}{2E_1 I_1 + 2E_2 I_2}$$

$$= \frac{40\,\text{cm} \times 700\,\text{kN/cm}^2 \times 22.12\,\text{cm}^4}{2 \times 700\,\text{kN/cm}^2 \times 22.12\,\text{cm}^4 + 2 \times 2.05 \times 10^4\,\text{kN/cm}^2 \times 9.32\,\text{cm}^4}$$

$$\fallingdotseq 1.50\,\text{cm}$$

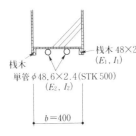

単管1本当たりの荷重負担幅b_2は，

$$b_2 = \frac{b}{2} - b_1 = 18.5\,\text{cm}^2$$

ゆえに，桟木に作用する荷重w_1は，

$$w_1 = W \times b_1 = 0.00211\,\text{kN/cm}^2 \times 1.50\,\text{cm}$$

$$\fallingdotseq 0.003\,\text{kN/cm}$$

単管に作用する荷重w_2は，

$$w_2 = W \times b_2 = 0.00211\,\text{kN/cm}^2 \times 18.5\,\text{cm}$$

$$\fallingdotseq 0.039\,\text{kN/cm}$$

b. 最大曲げモーメント M_max に対する検討

根太の設計スパンℓ_pは大引き間隔で，$\ell_p = 90\,\text{cm}$とする。

(1) 桟木（48×24）

$$M_{\text{max}1} = \frac{w_1 \ell_p^2}{8} = \frac{0.003\,\text{kN/cm} \times (90\,\text{cm})^2}{8} \fallingdotseq 3.04\,\text{kN}\cdot\text{cm}$$

$$\sigma_{b1} = \frac{M_{\text{max}1}}{Z_1} = \frac{3.04\,\text{kN}\cdot\text{cm}}{9.22\,\text{cm}^3} \fallingdotseq 0.33\,\text{kN/cm}^2 \leq 1.32\,\text{kN/cm}^2 \quad \textbf{OK!!}$$

(2) 単管（$\phi 48.6 \times 2.4$，STK500）

$$M_{\text{max}2} = \frac{w_2 \ell_p^2}{8} = \frac{0.039\,\text{kN/cm} \times (90\,\text{cm})^2}{8} \fallingdotseq 39.5\,\text{kN}\cdot\text{cm}$$

$$\sigma_{b2} = \frac{M_{\text{max}2}}{Z_2} = \frac{39.5\,\text{kN}\cdot\text{cm}}{3.83\,\text{cm}^3} \fallingdotseq 10.31\,\text{kN/cm}^2 \leq 23.7\,\text{kN/cm}^2 \quad \textbf{OK!!}$$

c. 最大たわみ δ_max に対する検討

中央部の最大たわみδ_maxを0.3cm以下にする。

(1) 桟木（48×24）

$$\delta_{\text{max}1} = \frac{5 w_1 \ell_p^4}{384 E_1 I_1} = \frac{5 \times 0.003\,\text{kN/cm} \times (90\,\text{cm})^4}{384 \times 700\,\text{kN/cm}^2 \times 22.12\,\text{cm}^4}$$

$$\fallingdotseq 0.17\,\text{cm} \leq 0.3\,\text{cm} \quad \textbf{OK!!}$$

(2) 単管（$\phi 48.6 \times 2.4$，STK500）

$$\delta_{\text{max}2} = \frac{5 w_2 \ell_p^4}{384 E_2 I_2} = \frac{5 \times 0.039\,\text{kN/cm} \times (90\,\text{cm})^4}{384 \times 2.05 \times 10^4\,\text{kN/cm}^2 \times 9.32\,\text{cm}^4}$$

$$\fallingdotseq 0.17\,\text{cm} \leq 0.3\,\text{cm} \quad \textbf{OK!!}$$

$$\left(\frac{\delta_\text{max}}{\ell_p} = \frac{0.17\,\text{cm}}{90\,\text{cm}} \fallingdotseq \frac{1}{529} \right)$$

3. 大引きの検討

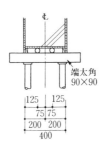

大引きは，等分布荷重が作用する単純梁として検討する。

a. 荷重計算

大引きに作用する荷重 w は，

$$w = W \times \ell_p$$
$$= 0.00211\,\text{kN/cm}^2 \times 90\,\text{cm}$$
$$\fallingdotseq 0.19\,\text{kN/cm}$$

b. 最大曲げモーメント $M_{\max}$ に対する検討

$$M_{\max} = \frac{w\ell^2}{8} = \frac{0.19\,\text{kN/cm} \times (40\,\text{cm})^2}{8} = 38\,\text{kN}\cdot\text{cm}$$

曲げ応力度 σ_b の計算

$$\sigma_b = \frac{M_{\max}}{Z} = \frac{38\,\text{kN}\cdot\text{cm}}{121.5\,\text{cm}^3} \fallingdotseq 0.31\,\text{kN/cm}^2$$

$$\frac{\sigma_b}{f_b} = \frac{0.31\,\text{kN/cm}^2}{1.03\,\text{kN/cm}^2} \fallingdotseq 0.30 \leq 1.0 \qquad \textbf{OK!!}$$

c. 最大せん断力 $Q_{\max}$ に対する検討

$$Q_{\max} = \frac{w\ell}{2} = \frac{0.19\,\text{kN/cm} \times 40\,\text{cm}}{2} = 3.8\,\text{kN}$$

せん断応力度 τ の計算

$$\tau = \frac{\alpha Q_{\max}}{A} = \frac{1.5 \times 3.8\,\text{kN}}{81\,\text{cm}^2} \fallingdotseq 0.07\,\text{kN/cm}^2$$

$$\frac{\tau}{f_s} = \frac{0.07\,\text{kN/cm}^2}{0.074\,\text{kN/cm}^2} \fallingdotseq 0.95 \leq 1.0 \qquad \textbf{OK!!}$$

d. 最大たわみ $\delta_{\max}$ に対する検討

中央部の最大たわみ $\delta_{\max}$ を 0.3 cm 以下にする。

$$\delta_{\max} = \frac{5w\ell^4}{384EI} = \frac{5 \times 0.19\,\text{kN/cm} \times (40\,\text{cm})^4}{384 \times 700\,\text{kN/cm}^2 \times 546.8\,\text{cm}^4}$$

$$\fallingdotseq 0.02\,\text{cm} \leq 0.3\,\text{cm} \qquad \textbf{OK!!}$$

$$\left(\frac{\delta_{\max}}{\ell} = \frac{0.02\,\text{cm}}{40\,\text{cm}} = \frac{1}{2,000} \right)$$

> 大梁の場合はなるべく2本のサポートで受けるようにしましょう。

4. パイプサポートの検討

a. 負担面積の計算

パイプサポート1本当たりの負担面積 A は,
$$A = \frac{b}{2} \times \ell_p = \frac{40\,\text{cm}}{2} \times 90\,\text{cm} = 1,800\,\text{cm}^2$$

b. 圧縮力 *N* に対する検討

パイプサポート1本に生じる圧縮力 N は,
$$N = W \times A = 0.00211\,\text{kN/cm}^2 \times 1,800\,\text{cm}^2 \fallingdotseq 3.8\,\text{kN}$$

パイプサポート1本の許容支持力 F_c は, 水平つなぎがあるので, $F_c = 19.6\,\text{kN/本}$ であるから,

$$\frac{N}{F_c} = \frac{3.8\,\text{kN}}{19.6\,\text{kN}} \fallingdotseq 0.19 \leq 1.0 \qquad \textbf{OK\textit{!!}}$$

以上の結果, 仮定した型枠支保工の配置でよいと判定する。

2-5 まとめ

以上で、型枠支保工の計算は終了したわけですが、いままでの事柄について、ここで整理してみましょう。

型枠の種類 項目	壁型枠 柱型枠	床板型枠・支保工	梁型枠・支保工	備考
検討項目	せき板 縦端太 横端太 締付け金物	せき板 根太 大引き パイプサポート チェーン 筋かい	せき板 横端太 根太 締付け金物 パイプサポート	柱型枠がコラムクランプ形式の場合には、桟木とコラムクランプの検討も行う。
荷　重	コンクリートによる側圧のみ考慮し、JASS 5 の「型枠設計用コンクリートの側圧」の式から求める。	固定荷重 型枠重量（$0.4\,\mathrm{kN/m^2}$） 積載荷重（$1.5\,\mathrm{kN/m^2}$）の鉛直荷重と水平荷重として鉛直荷重の 5 %（パイプサポート，単管支持），または 2.5 %（枠組支柱）を考慮する。	○梁側 「壁・柱型枠」の場合と同様 ○梁底 「床板型枠・支保工」の場合と同様	巻末の計算用基本データの図表参照 フラットデッキの積載荷重は $1.47\,\mathrm{kN/m^2}$ とする。
各検討項目の検討内容	○せき板，縦端太，横端太 $\begin{pmatrix}曲げモーメント\\たわみ\end{pmatrix}$ ○セパレータ 引張力	○せき板，根太，大引き $\begin{pmatrix}曲げモーメント\\たわみ\end{pmatrix}$ ○パイプサポート 圧縮力 ○チェーン 引張力 ○筋かい 引張力，圧縮力	○せき板，横端太，根太 $\begin{pmatrix}曲げモーメント\\たわみ\end{pmatrix}$ ○セパレータ 引張力 ○パイプサポート 圧縮力	縦端太，横端太，根太，大引きに木材を使用した場合には、せん断力に対する検討も行う。
応力とたわみの計算仮定 （荷重状態と支持状態のモデル化）	○せき板，縦端太，横端太 $\begin{pmatrix}等分布荷重\\単純梁\end{pmatrix}$	○せき板，大引き，根太 $\begin{pmatrix}等分布荷重\\単純梁\end{pmatrix}$	○せき板，横端太，根太 $\begin{pmatrix}等分布荷重\\単純梁\end{pmatrix}$	横端太，縦端太，根太については、鋼材を用いた場合、連続梁と仮定する場合もある。
応力とたわみの計算式	○最大曲げモーメント M_max $\begin{pmatrix}単純梁……M_\mathrm{max}=\dfrac{1}{8}w\ell^2\\ 連続梁……M_\mathrm{max}=\dfrac{1}{10}w\ell^2\end{pmatrix}$ ○最大たわみ δ_max $\begin{pmatrix}単純梁……\delta_\mathrm{max}=\dfrac{5w\ell^4}{384EI}\\ 連続梁……\delta_\mathrm{max}=\dfrac{w\ell^4}{128EI}\end{pmatrix}$ ○最大せん断力 Q_max $\begin{pmatrix}単純梁……Q_\mathrm{max}=\dfrac{1}{2}w\ell\\ 連続梁……Q_\mathrm{max}=\dfrac{1}{2}w\ell\end{pmatrix}$ ただし w：単位長さ当たりの荷重（kN/cm） 　　　 ℓ：スパン（cm） 　　　 I：断面二次モーメント（cm^4） 　　　 E：ヤング係数（kN/cm^2）			荷重状態が等分布荷重の場合
許容応力度	許容応力度 f は、労働安全衛生規則（第241条）に定められた値とする。ただし、型枠用合板の許容曲げ応力度 f_b は、下記の表の値を採用する。 （kN/cm^2） | | 型枠用合板 || |---|---|---| | | 繊維方向 | 繊維と直角方向 | | 許容曲げ応力度 | 1.37 | 0.78 |			

ヤング係数	ヤング係数 E は，木材の場合，繊維の方向により，値が異なるので注意を要する。通常，型枠用合板のヤング係数は，下表の値を採用する（湿潤状態での値）。

(kN/cm²)

合板の厚さ(mm)	12	15	18	21	24
繊 維 方 向	550	510	470	430	390
繊維と直角方向	200	200	200	200	200

許容たわみ量	許容たわみ量は0.3cm以下とする。なお，仕上げ精度が要求される場合には0.1cm以下とする。

判 定 式	○ 曲げモーメント $$\frac{\sigma_{\max}}{f_b} \leq 1.0 \quad ただし \begin{cases} f_b : 許容曲げ応力度 (kN/cm^2) \\ \sigma_{\max} : 最大曲げ応力度 (kN/cm^2) \end{cases}$$ $$\sigma_{\max} = \frac{M_{\max}}{Z} \quad \begin{pmatrix} M_{\max} : 最大曲げモーメント (kN \cdot cm) \\ Z : 断面係数 (cm^3) \end{pmatrix}$$ ○ せん断力 $$\frac{\tau_{\max}}{f_s} \leq 1.0 \quad ただし \begin{cases} f_s : 許容せん断応力度 (kN/cm^2) \\ \tau_{\max} : 最大せん断応力度 (kN/cm^2) \end{cases}$$ $$\tau_{\max} = \frac{\alpha Q_{\max}}{A} \quad \begin{pmatrix} Q_{\max} : 最大せん断力 (kN) \\ A : 断面積 (cm^2) \\ \alpha : 形状係数 \begin{bmatrix} 矩形断面 \ \alpha=1.5 \\ パイプ \ \alpha=2.0 \end{bmatrix} \end{pmatrix}$$ ○ 圧縮力 $$\frac{N_{\max}}{F_c} \leq 1.0 \quad ただし \begin{cases} F_c : 許容圧縮耐力 (kN) \\ N_{\max} : 最大圧縮力 (kN) \end{cases}$$ ○ 引張力 $$\frac{T_{\max}}{F_t} \leq 1.0 \quad ただし \begin{cases} F_t : 許容引張耐力 (kN) \\ T_{\max} : 最大引張力 (kN) \end{cases}$$ ○ たわみ $$\delta_{\max} \leq 0.3 cm \quad ただし \ \delta_{\max} : 最大たわみ (cm)$$ ＊仕上げ精度が要求される場合には，0.1cmとする。

仮設構造物の計算は，なんのために行うのかということをもう一度思いだしてみよう。
計算が終ったからと言ってすべての検討が終了したわけではありません。

計算により得られた答は何を意味しているのか。仮定条件は，実際に即したものになっているのか。使用部材は，もっと節約できないのか など，あらゆる面から検討を加え，バランスのとれた合理的な仮設計画にしなければ，計算を行った意味がありません。

仮設構造物の計算は，機会あるごとに行って，少しでも経験を積み重ねて行くことが最も大切なことです。これからは常に，計算を行う習慣を身につけるよう心掛けましょう！！

[3] 足場

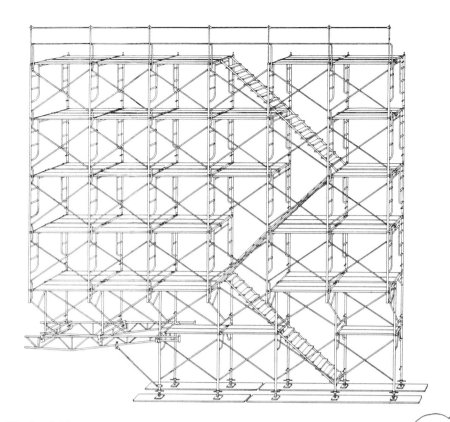

足場の構造計算

　足場は高所作業のために設けられる仮設構造物であるから，安全性に対しては特に注意する必要がある。

　足場には，枠組足場，単管足場，張出し足場，一側足場などがあるが，労働安全衛生規則やJIS，JASS，仮設工業会等の諸規定に準拠していれば，足場は特に構造計算をする必要はない。

　しかし，足場に過大な積載荷重を載せた場合の建枠や建地，メッシュシートや養生枠を取り付けた場合の壁つなぎ，張出し足場の張出し材などには大きな応力が生じるので，構造計算により安全性を確認しなければならない。

> ＊労働安全衛生規則（足場等関係）が改正（平成21年6月1日施行）され，墜落災害防止のため枠組足場については「下さん」や「幅木」，「手すり枠」の設置が必要になりました。また，枠組足場以外の足場（一側足場を除く）では，「中さん」等の設置が必要になりました。足場構成材の計算では，固定荷重にこれらの重量を加えて各部材の検討を行ってください。

○ 過大な積載荷重を載せたい場合
　　　　　　―――― 建枠や建地
○ メッシュシートや養生枠を取り付けた場合
　　　　　　―――― 壁つなぎ
○ 張出し足場 ―――― 張出し枝

◎ 構造計算により安全確認を！！

3-1 枠組足場

ポイント 3-1

枠組足場は，労働安全衛生規則やJIS，JASS，仮設工業会などの諸規定に基づいて組み立てることが基本となる。枠組足場にメッシュシートや養生枠を取り付けた場合には，風による影響を受けやすいので，壁つなぎや最上端の壁つなぎより突出した足場の検討が必要となる。また，枠組足場の高さが45m以上となる場合には，建枠の脚柱の検討も必要となる。

枠組足場の計算は，下記の順序に従って行う。

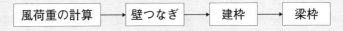

風荷重の計算 → 壁つなぎ → 建枠 → 梁枠

1. 枠組足場の高さは，原則として45m以下とする。
2. 最上層および5層以内ごとに布枠，鋼製布板などの水平材を設ける。
3. 壁つなぎは，垂直方向9m，水平方向8m以下の間隔で設ける。
4. 足場の最上端の壁つなぎから足場の立上り高さは，足場2層（約3.4m）以下とする。
5. 足場の最側端の壁つなぎから足場のはみ出し長さは，足場1スパン（約1.8m）以下とする。
6. 上端および側端部分の壁つなぎは，突出部分を張出し梁とみなし，風荷重による支点反力を当該壁つなぎの応力として検討を行う。
7. 主として風荷重を負担する部材（壁つなぎ，控え，筋かいおよびそれぞれの取付け部）の検討に際しては，その許容応力等を30％割増した値とする。
8. 建枠間の許容積載荷重は，標準枠組足場の建枠幅1,200の場合で500kg，幅900の場合で400kg，幅600の場合で250kgを限度とする。
9. 建枠の脚管1本当たりの許容支持力は，建枠が厚いコンクリート板などの丈夫な基礎上に設置される場合は21.3kN（高さ1,800mm以下の標準枠，ジャッキベース繰出し長さ200mm以下の場合）とするが，敷板のめり込みや沈下のおそれのあるとき，または特殊な構成の場合には，実状に応じてこの値を低減する。
10. 平成21年3月2日公布，同年6月1日施行の改正労働安全衛生規則により，足場の作業床からの墜落防止措置，物体の落下防止措置が必要である（巻末の計算用基本データ参照）。
11. 平成21年4月24日付で示された「手すり先行工法に関するガイドライン」に基づく「手すり先行工法」により組み立てる。
12. 朝顔，持送り枠，荷受け架台などを用いた場合は，各基準に従うとともに，建枠，壁つなぎ，吊り材等の検討を行う。
13. 平成27年3月5日公布，同年7月1日施行の改正労働安全衛生規則により，床材と建地との隙間を12cm未満とすること（一側足場，吊り足場を除く高さ2m以上の作業場所）と，安全帯取付け設備を設置し，作業者に安全帯を使用させる措置を講ずることが必要である。

◀ 例題 3-1

東京都下に建設する14階建マンションの枠組足場について検討する。図3-1に仮設計画図を，図3-2に枠組足場最上部と最下部の詳細図を示す。

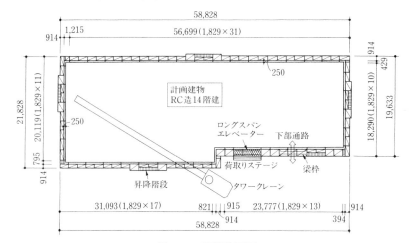

図3-1 仮設計画図

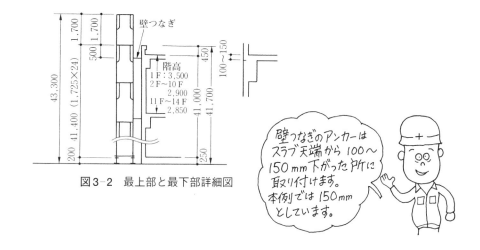

図3-2 最上部と最下部詳細図

壁つなぎのアンカーはスラブ天端から100〜150mm下がった所に取り付けます。本例では150mmとしています。

〔設計条件〕

・建設地……………東京都下（一般市街地）
・建物の高さ…………41.7m
・足場の高さ…………43.3m（層数25層）
　　最上端の壁つなぎから足場の立上りは足場1層とする。
・近接する高層建築物…なし
・壁つなぎの設置間隔…各階2スパンごと
・使用建枠……………A-4055B（幅1,219）
　　　　　　　　　　A-3055A（幅914）
・落下物防護材………足場外周は充実率0.9のメッシュシート貼りとする。
・ジョイント部………アームロック方式

1. 風荷重の計算

＊風荷重の計算は，仮設工業会の『改訂風荷重に対する足場の安全技術指針』に基づいています。詳細は，この指針を参照して下さい。

表3-1 基準風速 V_o

地方	基準風速 (m/s)	地　域
関東	16	東京都（20m/s並びに18m/s地域を除く全域）
	18	東京都（23区内）
	20	東京都（大島支庁，三宅支庁，八丈支庁，小笠原支庁）

表3-2 台風時割増係数 K_e

地方名	県　名	割増係数
中国	山口県	1.1
九州	福岡県，佐賀県，長崎県，熊本県，大分県，宮崎県	1.1
	鹿児島県	1.2
沖縄	沖縄県	1.2
その他の地域		1.0

足場構面に作用する風圧力 P は，次式から求める。

$$P = q_z \cdot C \cdot A$$

$\begin{cases} P：足場に作用する風圧力（N）\\ q_z：地上高さ Z（m）における設計用速度圧 \\ \quad （N/m^2）\\ C：足場の風力係数\\ A：作用面積（m^2） \end{cases}$

$$q_z = \frac{5}{8} V_z^2$$

V_z：地上 Z における設計風速（m/s）

$$V_z = V_o \cdot K_e \cdot S \cdot E_B$$

$\begin{cases} V_o：基準風速（m/s）で，巻末の表に示される\\ \quad 地域を除き，14m/s とする。\\ K_e：台風時の割増係数\\ S：地上 Z における瞬間風速分布係数\\ E_B：近接高層建築物（高さ50m以上）による\\ \quad 割増係数 \end{cases}$

A　設計風速 V_z の計算

建設地は東京都下であるから，設計風速 V_z は，

$\begin{cases} V_o = 16\,\mathrm{m/s}（表3-1 より）\\ K_e = 1.0（表3-2 より，その他の地域）\\ S = 1.46（表3-3 より，足場の高さ 43.3 m，\\ \quad 一般市街地の場合）\\ E_B = 1.0（近接高層建築物なしの場合） \end{cases}$

$V_z = V_o \cdot K_e \cdot S \cdot E_B$

$\quad = 16\,\mathrm{m/s} \times 1.0 \times 1.46 \times 1.0$

$\quad \fallingdotseq 23.4\,\mathrm{m/s}$

となる。

B　設計用速度圧 q_z の計算

$q_z = \dfrac{5}{8} V_z^2$

$\quad = \dfrac{5}{8} \times 23.4^2 \fallingdotseq 342\,\mathrm{N/m^2}$

表3-3 地上Zにおける瞬間風速分布係数 S

地上からの高さ $Z(m)$	地域区分 I 海岸・海上	II 草原・田園	III 郊外・森	IV 一般市街地	V 大都市市街地
0–5	1.65	1.50	1.35	1.19	1.07
5–10	1.65	1.50	1.35	1.19	1.07
10–15	1.74	1.62	1.47	1.25	1.07
15–20	1.74	1.62	1.47	1.25	1.07
20–25	1.84	1.74	1.59	1.36	1.13
25–30	1.84	1.74	1.59	1.36	1.13
30–35	1.84	1.74	1.59	1.36	1.13
35–40	1.84	1.74	1.68	1.46	1.22
40–45	1.92	1.85	1.68	1.46	1.22
45–50	1.92	1.85	1.68	1.46	1.22
50–55	1.92	1.85	1.68	1.55	1.31
55–60	1.92	1.85	1.77	1.55	1.31
60–65	1.92	1.85	1.77	1.55	1.31
65–70	1.92	1.85	1.77	1.55	1.31
70–100	1.99	1.94	1.84	1.64	1.41

注) 地上からの高さZ：0–5の表示は，0m以上–5m未満と読む。

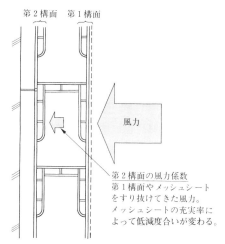

図3-3 枠組足場

C 風力係数 C の計算

足場の風力係数Cは，次式から求める。

$$C = (0.11 + 0.09\gamma + 0.945 C_0 \cdot R) \cdot F$$

（第2構面の風力係数／第1構面の風力係数／ネット等による風力係数）

- γ：第2構面風力低減係数で，$\gamma = 1 - \phi$
  第1構面だけで構成される足場の場合は，$\gamma = 0$ とする。
- ϕ：シートおよびネットの充実率
- C_0：シート，ネット，防音パネル等の基本風力係数（図3-4から求める）
- R：シート，ネットおよび防音パネルの縦横比（$L/B, 2H/B$）による形状補正係数（図3-6から求める）
- F：併設足場の設置位置による補正係数（図3-7より求める）

1）第2構面風力低減係数 γ

本例題では，充実率0.9のメッシュシートを使用しているので，第2構面の風力低減係数γは，

$$\gamma = 1 - \phi = 1 - 0.9 = 0.1$$

となる。

(メモ) 充実率

充実率とは、風の通りやすさの程度を表すもので、次式から求められます。

$$\phi = \frac{A_r}{A_0}$$

ただし
A_r：受圧面の見付け面積
A_0：受圧面積

したがって、風を通さないシートや防音パネルの場合には、$\phi = 1.0$ となります。
なお、最近は通気性のあるメッシュシートやネットがよく使われていますので、それらを用いる場合には、メーカーが公表している充実率を使用しましょう。

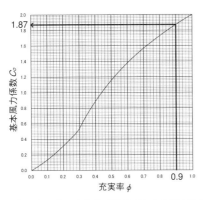

図3-4 シート，ネットおよび防音パネルの基本風力係数

$$\begin{bmatrix} 基本風力係数 C_o の算定 \\ 充実率 \phi = 0.9 から \\ \quad K = 1.2 \times 0.9/(1-0.9)^2 = 108 \\ K > 0.73 なので \\ \quad C_o = 2.8 \log(K+0.6-\sqrt{1.2K+0.36}) - 2.8 \log K + 2.0 \\ 式より，C_o \fallingdotseq 1.872 \\ K = 抵抗係数 \end{bmatrix}$$

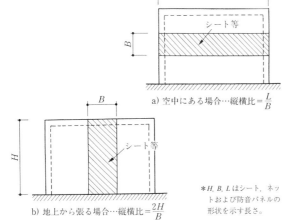

a) 空中にある場合…縦横比 $= \dfrac{L}{B}$

b) 地上から張る場合…縦横比 $= \dfrac{2H}{B}$

*H, B, L はシート，ネットおよび防音パネルの形状を示す長さ．

図3-5 縦横比の取り方

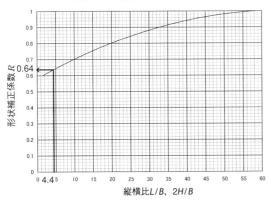

図3-6 シート，ネットおよび防音パネルの縦横比による形状補正係数 R

$\begin{bmatrix} \cdot 空中にある場合 \quad R=0.5813+0.013(L/B)-0.0001(L/B)^2 \\ \cdot 地上から張る場合 \quad R=0.5813+0.013(2H/B)-0.0001(2H/B)^2 \\ \quad ただし，R=0.6：L/B または 2H/B \leq 1.5 \\ \quad\quad\quad\quad R=1.0：L/B または 2H/B \geq 59 \end{bmatrix}$

2) 基本風力係数 C_o

基本風力係数 C_o は，図3-4より，$C_o = 1.87$ となる。

3) 縦横比による形状補正係数 R

風力係数は，構造物の縦横比（幅と高さの比）により影響を受けるため補正する必要がある。縦横比は，図3-5に示すように，シートやネットが地上から張ってあるか，空中にあるかによって，その算定式が異なる。

例題の場合は，地上からメッシュシートを張る場合であるから，縦横比は $2H/B$ となる。また，建物の長手方向と短手方向とでは，短手方向のほうが補正係数値は大きくなるので，短手方向の縦横比から補正係数を求める。例題の場合は，シートを全面に張っているので，B は足場の全幅 19.633m，H は高さ 43.3m となる。

図3-1，図3-2より縦横比は，

$$縦横比 = \frac{2H}{B} = \frac{2 \times 43.3\mathrm{m}}{19.633\mathrm{m}} \fallingdotseq 4.4$$

形状補正係数 R は，図3-6より

$R = 0.64$

となる。

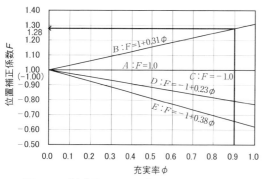

図3-7 併設足場の設置位置による補正係数 F

表3-4 併設足場の設置位置による補正係数 F の適用

足場の種類	風力の方向[1]	シート・ネットの取付け位置	F
独立して設置された足場	正・負	全部分	A
建物外壁面に沿って設置された足場	正	上層2層部分[4] その他の部分	A $B(A^{[3]})$
	負	開口部付近および突出部[2] 隅角部から2スパンの部分 その他の部分	C D E

注 1) 正の風力とは、シート等が建物に向かって押される場合をいう。
 2) 開口部付近とは、シート等の開口部から2スパンの距離間とする。また突出部とは、建物頂部より突出した部分をいう。
 3) 足場の一部分にシート等を取り付けた場合、Fの値として図3-7に示すAを適用することができる。
 4) 上層2層部分とは、建物から突き出している部分をいうのではなく、建物の高さと無関係に足場の最上端から数えて2層目までをいう。

4) 併設足場の設置位置による補正係数 F

　足場に作用する風力は、開口部付近や突出部、シート等の有無により変化する。

　建築物に併設された足場の設置位置による補正係数Fは、設置された足場の場所に応じて図3-7、表3-4より求める。

　例題の場合は、足場は建物外壁面に沿って設置されており、メッシュシートの充実率は0.9なので、補正係数Fは図3-7より、

$$\begin{cases} 上層2層部分：F=1.0 \\ その他の部分：F=1.28 \end{cases}$$

となる。

　以上より、風力係数Cは

・上層2層部分C_1

$$\begin{aligned} C_1 &= (0.11 + 0.09\gamma + 0.945C_o \cdot R) \cdot F \\ &= (0.11 + 0.09 \times 0.1 + 0.945 \times 1.87 \times 0.64) \times 1.0 \\ &\fallingdotseq 1.25 \times 1.0 = 1.25 \end{aligned}$$

・その他の部分C_2

$$C_2 = 1.25 \times 1.28 = 1.6$$

となる。

D　風圧力の計算

単位面積（m²）当たりの風圧力Pは、

1) 上層2層部分 p_1

$$p_1 = q_z \cdot C_1 = 342\,\text{N/m}^2 \times 1.25 \fallingdotseq 428\,\text{N/m}^2$$

2) その他の部分 p_2

$$p_2 = 342\,\text{N/m}^2 \times 1.6 \fallingdotseq 547\,\text{N/m}^2$$

となる。

2. 壁つなぎの検討

A 一般部分の壁つなぎの検討

この例題では、壁つなぎを図3-8のように各階2スパンごとに取り付ける。

壁つなぎ1本当たりの負担面積A_1は、この例題の場合、図3-8に示す網かけ部分の面積となる。この面積に前項で求めた「その他の部分」の単位面積当たりの風圧力p_2を乗じて作用風圧力Pを求め、壁つなぎの許容耐力F_kと比較する。

$$P = p_2 \cdot A_1$$

壁つなぎ1本当たりが負担する足場構面の面積（m²）
（図3-8の網かけ部分）

$= 547\,\mathrm{N/m^2} \times 1.829\,\mathrm{m} \times 2 \times 2.85\,\mathrm{m}$

建枠間隔　スパン数　各段壁つなぎの中点位置間隔

$\fallingdotseq 5,703\,\mathrm{N} \rightarrow 5.70\,\mathrm{kN}$

壁つなぎに作用する応力は、主として風荷重によるものなので、（メモ）にあるように、許容耐力は30％割り増して

$F_k = 4.41\,\mathrm{kN} \times 1.3 \fallingdotseq 5.73\,\mathrm{kN}$

$\dfrac{P}{F_k} = \dfrac{5.70\,\mathrm{kN}}{5.73\,\mathrm{kN}} \fallingdotseq 0.99 \leq 1.0$　　**OK!!**

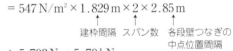

図3-8 壁つなぎ配置図（一般部分）

B 最上端部分の壁つなぎの検討

「上層2層部分」の作用風圧力の合力P_1と「その他の部分」の作用風圧力の合力P_2によるA点まわりのモーメントのつり合いから、支点反力Rを求め、壁つなぎの許容耐力F_kと比較する。

1) 作用風圧力の合力の計算

単位面積（m²）当たりの風圧力「上層2層部分p_1」、「その他の部分p_2」から、作用風圧力の合力P_1、P_2をそれぞれ求める。

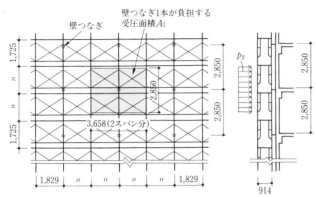

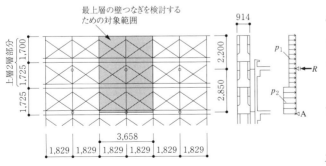

（メモ）
許容応力等の割増

主として風荷重を負担する部材の検討に際しては、その許容応力等を30％割増した値とすることができる。
ただし、荷受け架台が設置されている場合など、風荷重以外の荷重による大きな応力が組み合わさって作用する場合は、割増できない。

（仮設工業会『風荷重に対する足場の安全技術指針』より）

$$P_1 = p_1 \times 1.829\,\mathrm{m} \times 2 \times 3.425\,\mathrm{m}$$

　　　　　　　　↑
　　　　　上層2層の間隔

$$= 428\,\mathrm{N/m^2} \times 3.658\,\mathrm{m} \times 3.425\,\mathrm{m}$$

$$\fallingdotseq 5{,}362\,\mathrm{N} \rightarrow 5.36\,\mathrm{kN}$$

$$P_2 = p_2 \times 1.829\,\mathrm{m} \times 2 \times 1.625\,\mathrm{m}$$

　　　　　　　　　　↑
　　　A点から上層2層の下端までの間隔

$$= 547\,\mathrm{N/m^2} \times 3.658\,\mathrm{m} \times 1.625\,\mathrm{m}$$

$$\fallingdotseq 3{,}252\,\mathrm{N} \rightarrow 3.25\,\mathrm{kN}$$

2) 最上端壁つなぎの応力の計算

風圧力によるA点まわりのモーメントのつり合いから，支点反力 R（壁つなぎの応力）を求める。

$$R \cdot h_3 = P_1 \cdot h_1 + P_2 \cdot h_2$$

$$R \times 2.85\,\mathrm{m} = 5.36\,\mathrm{kN} \times \left(1.625\,\mathrm{m} + \frac{3.425\,\mathrm{m}}{2}\right)$$

$$+ 3.25\,\mathrm{kN} \times \frac{1.625\,\mathrm{m}}{2}$$

$$R \times 2.85\,\mathrm{m} \fallingdotseq 17.89\,\mathrm{kN \cdot m} + 2.64\,\mathrm{kN \cdot m}$$

$$R \fallingdotseq 7.2\,\mathrm{kN}$$

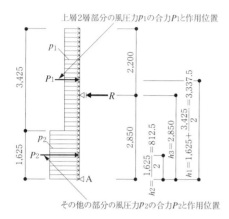

最上端の壁つなぎの応力が求まったので，壁つなぎの許容耐力と比較する。

$$F_k = 4.41\,\mathrm{kN} \times 1.3 \fallingdotseq 5.73\,\mathrm{kN}$$

　　　　　　　　↑
　　　　　　3割増し

$$\frac{R}{F_k} = \frac{7.2\,\mathrm{kN}}{5.73\,\mathrm{kN}} \fallingdotseq 1.26 \geq 1.0 \quad \textbf{\textit{NG!!}}$$

このままでは最上端の壁つなぎの耐力が不足するという結果になり，何らかの対策が必要となる。

対策としては，

① 最上端から2段目までの壁つなぎを増す。
② 足場突出部に控えを設ける。
③ 充実率の小さいメッシュシートに変更する。
④ 突出部分の長さを短くする。

などの方法が考えられますが，本書では，②の控えを設ける方法について検討します。

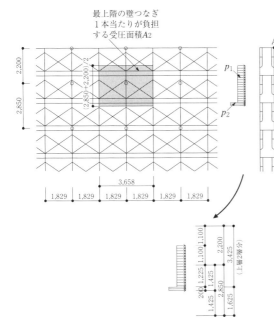

図3-9 壁つなぎと控え材の配置図

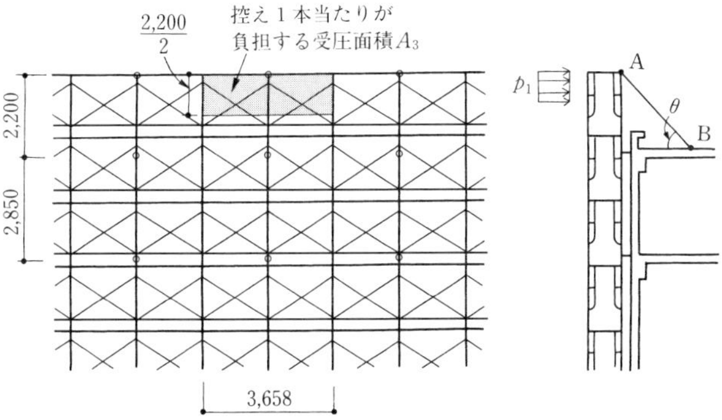

C 最上端部分の壁つなぎの控え材による検討

控え材として単管を使用し、図3-9に示すように、足場の脚柱上端と建物屋上に固定されたパイプにそれぞれ自在型クランプで取り付ける。控え材は、壁つなぎと同じ2スパンごとに45°の角度で設置する。

単管：$\phi 48.6 \times 2.4$, STK 500
自在クランプの許容耐力：3.43 kN

1) 最上端部分の壁つなぎの検討

壁つなぎは、上下左右の壁つなぎ間の $\frac{1}{2}$ の範囲を負担するので、最上端の壁つなぎには、図3-9に示す網かけ部分の風圧力が作用する。

$$P_3 = p_1 \times 1.829\,\text{m} \times 2 \times (3.425\,\text{m} - 1.1\,\text{m})$$
$$+ p_2 \times 1.829\,\text{m} \times 2 \times 0.2\,\text{m}$$
$$= 428\,\text{N/m}^2 \times 3.658\,\text{m} \times 2.325\,\text{m} + 547\,\text{N/m}^2$$
$$\times 3.658\,\text{m} \times 0.2\,\text{m}$$
$$\fallingdotseq 4,040\,\text{N} \to 4.04\,\text{kN}$$

壁つなぎの許容耐力と比較すると、
$$F_k = 4.41\,\text{kN} \times 1.3 \fallingdotseq 5.73\,\text{kN}$$

$$\frac{P_3}{F_k} = \frac{4.04\,\text{kN}}{5.73\,\text{kN}} \fallingdotseq 0.71 \leq 1.0 \quad \text{OK!!}$$

最上端の壁つなぎはOKということが確かめられたので、次は控え材の検討を行う。

2) 控え材の検討

1本の控え材には、図3-10に示す網かけ部分の面積の風圧力が作用する。

$$P_4 = p_1 \times 1.829\,\text{m} \times 2 \times \frac{2.2\,\text{m}}{2}$$
$$= 428\,\text{N/m}^2 \times 3.658\,\text{m} \times 1.1\,\text{m}$$
$$\fallingdotseq 1,722\,\text{N} \to 1.72\,\text{kN}$$

図3-10 控え材の受圧面積

i) 控え材に生じる圧縮力の計算

98ページ（メモ）に示す式から、控え材に生じる圧縮力を求めると、

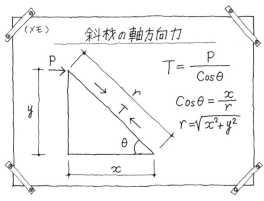

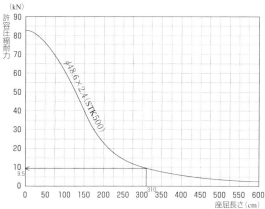

図3-11 単管の許容圧縮耐力

$$T = \frac{P_4}{\cos\theta}$$
$$= 1.72\text{kN} \times \frac{\sqrt{(2.2\text{m})^2 + (2.2\text{m})^2}}{2.2\text{m}}$$
$$\fallingdotseq 2.43\text{kN}$$

となる。

ii) 控え材の座屈に対する検討

控え材の許容圧縮耐力は，座屈を考慮した図3-11から求める。

座屈長さℓ_kは，クランプで緊結されているAB間の距離であるから，

$$\ell_k \fallingdotseq \sqrt{(2.2\text{m})^2 + (2.2\text{m})^2} = 3.1\text{m}$$

となり，図3-11より控え材の許容圧縮耐力は約9.5kNと求まる。控え材に生じる圧縮力は，主として風荷重によるものなので，許容圧縮耐力は30％割り増して

$$F_c = 9.5\text{kN} \times 1.3 \fallingdotseq 12.4\text{kN}$$

$$\frac{T}{F_c} = \frac{2.43\text{kN}}{12.4\text{kN}} \fallingdotseq 0.2 \leq 1.0 \qquad \text{OK!!}$$

控え材はOKということが確かめられたので，次は控え材取付け部の検討を行う。

iii) 控え材取付け部の検討

控え材は，A点およびB点でそれぞれ自在型クランプ1個で取り付けられている。

自在型クランプに作用する応力も，主として風荷重によるものなので，許容耐力は30％割り増して

$$F_D = 3.43\text{kN} \times 1.3 \fallingdotseq 4.46\text{kN}$$

$$\frac{T}{F_D} = \frac{2.43\text{kN}}{4.46\text{kN}} \fallingdotseq 0.54 \leq 1.0 \qquad \text{OK!!}$$

以上で，最上端の壁つなぎは，足場突出部に控えを設ける対策を講じることでOKということが確認でき，壁つなぎの検討は終了したわけである。

3. 足場構成材の検討

表3-5 各足場に対する積載荷重の限度

足場の種類		積載荷重（kg）
		1スパン当たり
標準枠組足場	幅1,200	500
	幅900	400
簡易枠組足場		250
単管本足場		400
吊り枠足場		片側　200

A　建枠の検討

本例題では，2種類の建枠を用いているが，重量の重い建枠（A-4055B）について検討する。

建枠は，高さ1,800mm以下の標準枠を使用し，ジャッキの繰出し長さは200mmとする。

> 標準枠の許容支持力
> $F_c = 42.6$ kN
> （ジャッキの繰出し長さ200mm以下）

1）荷重計算

ⅰ）固定荷重

建枠1層かつ1スパン（建枠間隔）当たりの荷重N_1

名　称	単位質量(kg)	重量(kg)
建枠（A-4055B）	15.6	15.6
布板（SKN-6）2枚	15.6	31.2
筋かい（A-14）2本	4.2	8.4
下さん2本	2.1	4.2
連結ピン（A-20）2本	0.6	1.2
アームロック（A-127A）2枚	0.4	0.8
＋）メッシュシート（3.2m²）	0.5kg/m²	1.6
合計		63kg
		↓
		0.62kN

この他に，水平つなぎ等の重量として，固定荷重の3％程度を考慮する。

ⅱ）積載荷重

積載荷重は，一般的に同一スパン上において2層同時に積載することで計画する。幅1,200の標準枠組足場では，1,000kg（500kg×2層）が限度であるから，

$N_2 = 1,000$ kg → 9.81 kN

となる。

表3-6 ジャッキ型ベース金具の繰出し長さによる建枠の許容支持力（kN）

建枠の種類 繰出し長さ(mm)	標準枠 1,800mm以下	標準枠 1,800mmを超える 〜2,000mm以下	簡易枠
200以下	42.6	39.2	34.3
200を超える〜250以下	40.6	37.2	32.8
250を超える〜300以下	38.7	35.7	31.3
300を超える〜350以下	37.2	34.3	29.8

2） 建枠脚柱の検討

最下層の建枠に作用する荷重Nと許容支持力F_Cを比較する。

$$N = (N_1 \times 25 - 31.2\text{kg}) \times 1.03 + N_2$$

↑　　↑　　　↑　　　　↑
層数　最上部の　水平つなぎ　積載重量
　　　布板重量　等の割増

$$= (63\text{kg} \times 25 - 31.2\text{kg}) \times 1.03 + 1,000\text{kg}$$

$$\fallingdotseq 2,590\text{kg} \rightarrow 25.4\text{kN}$$

$$\frac{N}{F_C} = \frac{25.4\text{kN}}{42.6\text{kN}} \fallingdotseq 0.6 \leq 1.0 \quad \textbf{OK!!}$$

以上で，建枠に対する検討が終了し，安全であることが確認できた。

B　梁枠部分の検討

本例題では，梁枠より上の枠組足場の高さが25m以上となるので，梁枠および梁枠を支持する建枠の強度検討を行う。

梁枠は図3-12に示すように，高さ2層部分の位置に3スパン用の梁枠を2枚使用する。

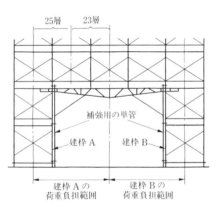

図3-12　開口部両端の建枠の荷重負担範囲

1） 荷重計算

　ⅰ） 固定荷重

　建枠1層かつ1スパン当たりの荷重N_1は，

　　$N_1 = 63\text{kg} \rightarrow 0.62\text{kN}$

　ⅱ） 積載荷重

　　イ） 建枠検討用積載荷重

　　$N_2 = 1,000\text{kg} \rightarrow 9.81\text{kN}$

　　ロ） 梁枠検討用積載荷重

　　梁枠上の積載荷重（作業床上での作業員および工具等の作業荷重）

　　$N_3 = 800\text{kg} \rightarrow 7.85\text{kN}$

iii）梁枠構成材の荷重

名　称	単位重量(kg)	重量(kg)
梁枠（A-147）2枚	46.0	92.0
梁渡し（A-150）2本	8.8	17.6
梁受け金具（A-1453）4個	2.8	11.2
方杖（A-1471）4本	5.9	23.6
+）布板（SKN-6）6枚	15.6	93.6
合計		238.0 kg

$$N_4 = 238.0 \text{kg} \rightarrow 2.33 \text{kN}$$

2）開口部両端の建枠の検討

開口部両端の建枠Aまたは建枠Bに作用する荷重Nと建枠の許容支持力F_cを比較する。

$$N = (N_1 \times 25 + N_1 \times 23 - 15.6\text{kg} \times 4) \times 1.03$$

（↑層数　↑層数　↑最上部の布板重量　↑水平つなぎ等の割増）

$$+ N_2 + \frac{N_4}{2}$$

$$= \{63\text{kg} \times (25+23) - 62.4\text{kg}\} \times 1.03$$

$$+ 1,000\text{kg} + \frac{238.0\text{kg}}{2}$$

$$\fallingdotseq 4,169 \text{kg} \rightarrow 40.9 \text{kN}$$

$$\frac{N}{F_c} = \frac{40.9 \text{kN}}{42.6 \text{kN}} \fallingdotseq 0.96 \leq 1.0 \quad \textbf{OK!!}$$

3）梁枠の検討

梁枠には，（メモ）に示す荷重Wが作用する。3スパン用の梁枠許容荷重は表3-7より，

> 梁枠2枚の許容荷重　$F = 9.81 \text{kN}$
> （3スパン用）

である。

表3-7 梁枠の許容荷重

$$W = N_1 \times 2 + 8.8\,\text{kg} \times 2 + N_3$$

（スパン数／梁渡しの重量）

$$= 63\,\text{kg} \times 2 + 17.6\,\text{kg} + 800\,\text{kg}$$

$$\fallingdotseq 944\,\text{kg} \rightarrow 9.25\,\text{kN}$$

梁枠に作用する荷重 W と梁枠2枚の許容荷重 F を比較する。

$$\frac{W}{F} = \frac{9.25\,\text{kN}}{9.81\,\text{kN}} \fallingdotseq 0.94 \leqq 1.0 \qquad \textbf{OK!!}$$

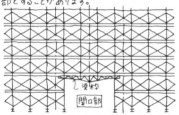

梁枠上の積載荷重を800kg以下にすれば、梁枠の強度計算は省略してもOKです。

(メモ) 梁枠の使用基準

枠組足場の下部に資材等の運搬用トラックの搬入路を設けるため、足場の一部のスパン、層について、梁枠を架け渡し、下部を開口部とすることがあります。

梁枠の使用基準については、仮設工業会が編集・発行している『仮設機材構造基準とその解説』や「仮設機材マンスリー（1996.6 NO.141）」に詳しく記載されていますが、その中から強度上の安全確保に関する項目を抜粋しました。
（詳しくは前出の基準等参照）

(1) 梁枠上に組み立てられた枠組足場の積載荷重は、1,000kg以下とする。
(2) 梁枠上に組み立てられた枠組足場の自重（付帯設備を含む）は、積載荷重に含めない。
(3) はり渡しから上方に組み立てる枠組足場の高さは、25m以下とする。ただし、梁枠支持部の建枠に補強等の処置を講ずるときは、この限りではない。
(4) 梁枠を支持する建枠2枚には図に示すように1点鎖線で示す範囲の荷重（足場自重＋積載荷重）が作用するものとする。
(5) 梁枠は、上層の枠組足場の全積載荷重が1,000kg以下、高さが25m以下の場合は、強度を検討する必要がない。
(6) 留意事項
・梁枠上の枠組足場の両構面の交さ筋かいは、絶対に取り外さない。
・梁枠上の枠組足場の各層には、建枠幅いっぱいに床付き布枠を設け、これを絶対に取り外さない。
・梁枠面は水平筋かい等により、水平構面を構成する。
・梁枠を支持している両端の建枠の外方に、下表に示すスパン以上枠組を設置し、梁枠上の枠組足場と各層ごとに交さ筋かい、床付き布枠で連けいする。

梁枠の種類	開口部端の支持部からの外方へのスパン数
2スパン用	1 スパン以上
3スパン用	2 スパン以上
4スパン用	3 スパン以上

・補強として、方杖材等で梁枠を支持しても、強度増加にはならない。
・梁枠を支持する建枠には、必ず壁つなぎまたは控えを設ける。

◀ 例題3-2

近くに高層建築物がある10階建事務所ビルの最上端壁つなぎの検討を行う。図3-13に足場の計画図を示す。

〔設計条件〕

- 建設地………東京23区内（大都市市街地）
- 建物の高さ………33.75m（階高1F・4.2m, その他3.2m）
- 足場の高さ………34.675m（層数 20層）
- 近接する高層建築物………高さ120m, 幅60m, 奥行40m
- 近接する高層建築物との距離………115m
- 壁つなぎの設置間隔………各階2スパンごと
- 使用建枠………A-4055B（幅1,219）
   A-3055A（幅914）
- 落下物防護材………足場外周は充実率0.7のメッシュシート貼りとする。
- ジョイント部………アームロック方式

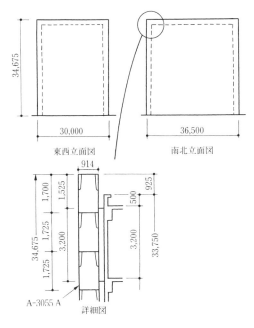

図3-13 足場計画図（立面図，詳細図）

4. 風荷重の計算

A 設計風速 V_z の計算

設計風速 V_z は，次式から求める。

$V_z = V_0 \cdot K_e \cdot S \cdot E_B$

建設地は東京23区内であるから，

$\begin{cases} V_0 = 18\text{m/s}（表3-1より）\\ K_e = 1.0（表3-2より，その他の地域）\\ S = 1.13（表3-3より，足場の高さ34.675m，\\ \quad 大都市市街地の場合）\end{cases}$

本例題では，近くに高層建築物があるので，高層建築物からの至近距離 L が，図3-14(a)の L_1 以

表3-8 近接高層建築物による割増係数 E_B

高層建築物からの距離	E_B
近接高層建築物がない場合	1.0
$L_1 < L$	
$L_2 < L \leq L_1$	1.1
$L_3 < L \leq L_2$	1.2
$L_4 < L \leq L_3$	1.3
$L \leq L_4$	別途検討が必要

L：高層建築物からの至近距離（m）
L_1, L_2, L_3, L_4：図3-14(a)〜(d)から求める高層建築物からの距離（m）

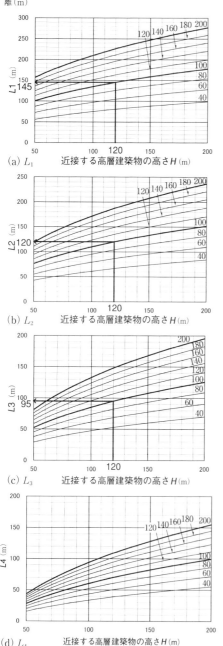

図3-14 風速の割増係数 E_B をとる範囲 L_1, L_2, L_3, L_4

下となる場合には，地上からの高さ $Z \leq \dfrac{H}{2}$ の範囲において，割増係数 E_B を考慮する。近接高層建築物による割増係数 E_B は，図3-14(a)〜(d)から求まる L_1, L_2, L_3, L_4 と高層建築物からの距離 L との関係により，表3-8から求める。

近接する高層建築物は，高さ $H = 120$ m，幅 $W = 60$ m，奥行 $D = 40$ m であるから，L_1, L_2, L_3 は，

$\begin{cases} 図3-14(a) より，L_1 = 145\,\mathrm{m} \\ 図3-14(b) より，L_2 = 120\,\mathrm{m} \\ 図3-14(c) より，L_3 = 95\,\mathrm{m} \end{cases}$

と求まる。

また，高層建築物からの至近距離は $L = 115$ m であるから，表3-8の $L_3 < L \leq L_2$ の式に該当し，
$E_B = 1.2$ と求まる。

以上より，設計風速 V_z は

$$V_z = V_O \cdot K_e \cdot S \cdot E_B$$
$$= 18\,\mathrm{m/s} \times 1.0 \times 1.13 \times 1.2$$
$$\fallingdotseq 24.4\,\mathrm{m/s}$$

となる。

B 設計用速度圧 q_z の計算

$$q_z = \dfrac{5}{8} V_z^2$$
$$= \dfrac{5}{8} \times 24.4^2 \fallingdotseq 372\,\mathrm{N/m^2}$$

C 風力係数 C の計算

風力係数 C は，次式から求まる。

$C = (0.11 + 0.09\gamma + 0.945 C_o \cdot R) \cdot F$

本例題では，充実率 $\phi = 0.7$ のメッシュシートを使用するので，

$\begin{cases} \gamma = 0.3 \ (\gamma = 1 - \phi = 1 - 0.7 \ \text{より}) \\ C_o = 1.57 \ (\text{図} 3\text{-}15 \ \text{より}) \\ R = 0.61 \ (\text{地上からシートを張る場合であ} \\ \qquad \text{るので，} 2H/B = 2 \times 34.675 \text{m}/30 \text{m} \fallingdotseq \\ \qquad 2.31 \text{ となり，図} 3\text{-}16 \ \text{より}) \\ F：表 3\text{-}4，図 3\text{-}7 \ \text{より，} \\ \qquad \begin{pmatrix} \text{上層 2 層部分}：F_1 = 1.0 \\ \text{その他の部分}：F_2 = 1.22 \end{pmatrix} \end{cases}$

1) 上層 2 層部分 C_1

$C_1 = (0.11 + 0.09 \times 0.3 + 0.945 \times 1.57 \times 0.61)$
$\qquad \times 1.0$
$\quad \fallingdotseq 1.04 \times 1.0 = 1.04$

2) その他の部分 C_2

$C_2 = 1.04 \times 1.22 \fallingdotseq 1.27$

となる。

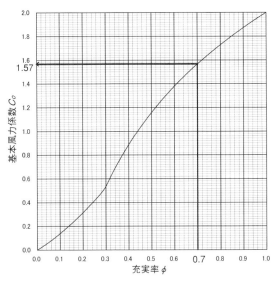

図 3-15 シート，ネットおよび防音パネルの基本風力係数 C_o

D 風圧力の計算

単位面積（m^2）当たりの風圧力 P は，

1) 上層 2 層部分 p_1

$p_1 = q_z \cdot C_1$
$\quad = 372 \text{N/m}^2 \times 1.04 \fallingdotseq 387 \text{N/m}^2$

2) その他の部分 p_2

$p_2 = 372 \text{N/m}^2 \times 1.27 \fallingdotseq 472 \text{N/m}^2$

となる。

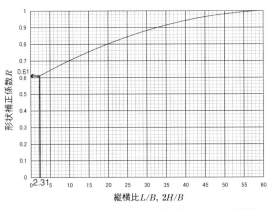

図 3-16 シート，ネットおよび防音パネルの縦横比による形状補正係数 R

5. 最上端壁つなぎの検討

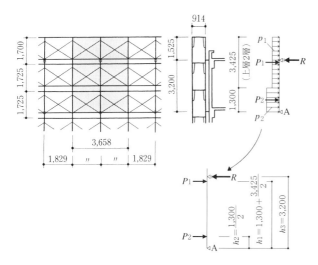

例題3-1と同様に,「上層2層部分」の作用風圧力の合力 P_1 と「その他の部分」の作用風圧力の合力 P_2 による A 点まわりのモーメントのつり合いから,支点反力 R を求め,壁つなぎの許容耐力 F_k と比較する。

風圧力 p による合力は,

$P_1 = p_1 \times 1.829\,\mathrm{m} \times 2 \times 3.425\,\mathrm{m}$

$\quad \fallingdotseq 387\,\mathrm{N/m^2} \times 12.52\,\mathrm{m^2} \fallingdotseq 4,845\,\mathrm{N} \to 4.85\,\mathrm{kN}$

$P_2 = p_2 \times 1.829\,\mathrm{m} \times 2 \times 1.3\,\mathrm{m}$

$\quad \fallingdotseq 472\,\mathrm{N/m^2} \times 4.76\,\mathrm{m^2} \fallingdotseq 2,247\,\mathrm{N} \to 2.25\,\mathrm{kN}$

風圧力による A 点まわりのモーメント M_A は,

$M_A = P_1 \cdot h_1 + P_2 \cdot h_2$

$\quad = 4.85\,\mathrm{kN} \times (1.3 + \dfrac{3.425}{2})\,\mathrm{m} + 2.25\,\mathrm{kN} \times \dfrac{1.3\,\mathrm{m}}{2}$

$\quad \fallingdotseq 14.61\,\mathrm{kN \cdot m} + 1.46\,\mathrm{kN \cdot m} = 16.07\,\mathrm{kN \cdot m}$

壁つなぎに生じる反力 R は,モーメントのつり合いから,

$M_A = R \cdot h_3$

$\therefore R = \dfrac{M_A}{h_3}$

$\quad = \dfrac{16.07\,\mathrm{kN \cdot m}}{3.2\,\mathrm{m}} \fallingdotseq 5.02\,\mathrm{kN}$

壁つなぎの許容耐力と比較する。

$F_k = 4.41\,\mathrm{kN} \times 1.3 \fallingdotseq 5.73\,\mathrm{kN}$
　　　　　　　　↑
　　　　　　3割増し

$\dfrac{R}{F_k} = \dfrac{5.02\,\mathrm{kN}}{5.73\,\mathrm{kN}} \fallingdotseq 0.88 \leq 1.0$　　　**OK!!**

6. 脚柱ジョイントの検討

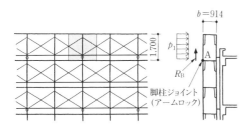

脚柱ジョイント位置に生じる曲げモーメント M は，風圧力 p_1 の合力 P_3（幅は1スパン分となる）とその作用位置 h_4（足場の中点位置）より，

$$M = P_3 \cdot h_4$$
$$= p_1 \times 1.829\,\mathrm{m} \times 1.7\,\mathrm{m} \times \frac{1.7\,\mathrm{m}}{2}$$

（風圧力の幅　高さ　合力の作用位置／風圧力の面積）

$$\fallingdotseq 387\,\mathrm{N/m^2} \times 3.11\,\mathrm{m^2} \times 0.85\,\mathrm{m}$$
$$\fallingdotseq 1{,}023\,\mathrm{N \cdot m} \to 1.02\,\mathrm{kN \cdot m}$$

脚注ジョイントに作用する引張力 R_B は，枠幅 $b = 0.914\,\mathrm{m}$ であるから，

$$R_B = \frac{M}{b} = \frac{1.02\,\mathrm{kN \cdot m}}{0.914\,\mathrm{m}} \fallingdotseq 1.12\,\mathrm{kN}$$

となる。

脚柱ジョイントには，アームロック方式を使用しているので，許容引張耐力は

$$F_t = 2.94\,\mathrm{kN} \times 1.3 \fallingdotseq 3.82\,\mathrm{kN}$$

（3割増し）

となる。よって，

$$\frac{R_B}{F_t} = \frac{1.12\,\mathrm{kN}}{3.82\,\mathrm{kN}} \fallingdotseq 0.29 \leq 1.0 \quad \textbf{OK!!}$$

以上の検討結果より，壁つなぎ，脚柱ジョイントともOKであるということが確かめられたわけである。

3-2 単管足場

ポイント 3-2

単管足場は，枠組足場に比べ全体座屈が生じやすいので，特に壁つなぎに対しては注意する必要がある。その他の一般的な注意事項については，枠組足場の場合と同様である。なお，足場の高さが20m以上となる場合には，建地の検討も必要となる。

単管足場の計算は，下記の順序に従って行う。

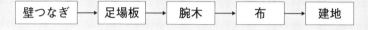

1. 単管足場の高さ制限に関する法的な規制はないが，建地は最高部から測って31m（各層に作業床を設置する本格的な本足場では20m）より下の部分は単管を2本組とする。
2. 建地の間隔は，けた行方向1.85m以下，梁間方向1.5m以下とする。
3. 布の垂直方向の間隔は，1.5m内外とする。ただし，地上第1番目の布は2m以下の高さまで高くすることができる。
4. 腕木の間隔は，1.5m以下とする。
5. 筋かいは，水平面に対して45°内外に架け渡し，垂直方向15m以下，水平方向16.5m以下の設置間隔ごとに交差2方向に設ける。
6. 壁つなぎは，垂直方向5m，水平方向5.5m以下の間隔で設ける。
7. 建地間の積載荷重は，400kg以下とする。ただし，この荷重を連続スパンにわたって載荷しないものとし，建地1本当たりの許容支持力を6.86kNとする。また，建地1本当たりが負担する積載荷重は，200kg以下とする。
8. その他，足場の突出長さ，風荷重負担部材の許容応力度の割増等は，枠組足場と同様とする。
9. 鋼管足場に使用する鋼管は，JIS G 3444に規定するSTK500で，外径48.6mm，肉厚2.4mmのもので，防錆効果のあるメッキを施したものとする。
10. 単管足場には枠組足場同様，平成21年3月2日公布，同年6月1日施行の改正労働安全衛生規則により，足場の作業床からの墜落防止措置，物体の落下防止措置が必要である。
11. 平成21年4月24日付で示された「手すり先行工法に関するガイドライン」に基づいて組み立てる。
12. 開口部を設ける場合は，開口部両端の建地や開口部上端部の検討を行う。
13. 平成27年3月5日公布，同年7月1日施行の改正労働安全衛生規則により，床材と建地との隙間を12cm未満とすること（一側足場，吊り足場を除く高さ2m以上の作業場所）と，安全帯取付け設備を設置し，作業者に安全帯を使用させる措置を講ずることが必要である。

◀ 例題3-3

図3-17のような単管足場について検討する。

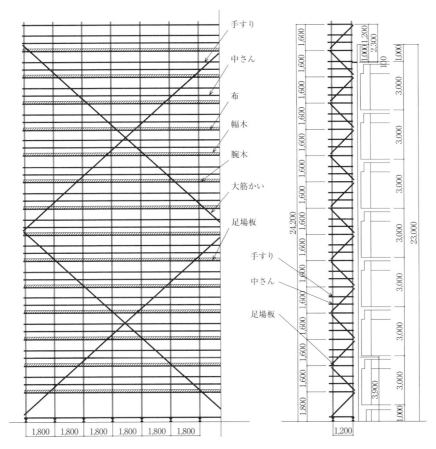

図3-17 単管足場

〔設計条件〕

- 建物の高さ………23m
- 足場の高さ………24.2m（層数 14層）
- 壁つなぎの設置間隔…各階2スパンごと
  （一般階の階高3m）
- 建地間隔
  - けた行方向………1.8m
  - 梁間方向…………1.2m
- 布間隔
  - 一般部分層高……1.6m
  - 最下層高…………1.8m
- 腕木間隔…………0.9m
- 足場板は各層に24cm×4.0cmの鋼製足場板4枚使用　幅　厚さ

1. 足場構成材の検討

本例では，風荷重および風荷重による各部材の検討は省略するが，メッシュシートを用いた場合など，風荷重の影響を受ける場合は，各部材の検討が必要である。ここでは，足場を構成する部材の計算について勉強しよう。

A 荷重計算

ポイント3-2の手順に従って計算を進める。単管は $\phi 48.6 \times 2.4$（STK500）を使用する。

1）固定荷重

ⅰ）建地1本当たりに作用する1層分の荷重 N_1

名　称	単位重量 (kg/m)	重量 (kg)
建地（1.6m）	2.73	4.37
布（1.8m）	2.73	4.91
腕木 $\left(1.5m \times 2本 \times \frac{1}{2}\right)$	2.73	4.10
手すり（1.8m）	2.73	4.91
中さん（1.8m）	2.73	4.91
筋かい（2.5m×4本／14層）	2.73	1.95
足場板（2.0m×2枚）	3.5	14.0

＊重ね代を考慮し，2mとしている。

＋）クランプ，壁つなぎ，幅木など　　2.0
　合　計　　　　　　　　　　　41.15 kg
　　　　　　　　　　　　　　　　↓
　　　　　　　　　　　　　　　0.40 kN

ⅱ）最上部の手すり荷重 N_2

手すりは，建地をそのまま伸ばして使用する。

名　称	単位重量 (kg/m)	重量 (kg)
手すり柱（1.5m）	2.73	4.10
頭つなぎ（1.8m）	2.73	4.91
手すり（1.8m）	2.73	4.91
中さん（1.8m）	2.73	4.91
頭つなぎ（直交方向1.5m×1/2）	2.73	2.05

＋）クランプ　　　　　　　　　　0.5
　合　計　　　　　　　　　　21.38 kg
　　　　　　　　　　　　　　　↓
　　　　　　　　　　　　　0.21 kN

> 手すりおよび中さんは、躯体側にも設置する必要があります。一時的に取り外す場合は、墜落防止措置を講じ、作業終了後は速やかに復旧しましょう。
> 「単管足場」は自由に計画できるので、使いやすい反面、使い方によっては安全性を損なうおそれがあるので、十分な検討を行いましょう。

2) 積載荷重

積載荷重 N_3 は，単管足場の場合，建地 1 本当たり 200 kg が限度であるから，

$N_3 = 200 \text{ kg} \rightarrow 1.96 \text{ kN}$

となる。

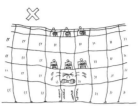
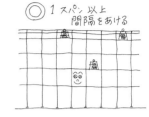

以上で荷重の計算が終わったので，次は各部材の検討を行ってみよう。

通常，各部材（足場板，腕木，布，建地など）は，労働安全衛生規則やJIS，JASSなどの諸規定に従っていれば特に検討する必要はないが，特殊な荷重が載る場合には，必ず検討を行う。

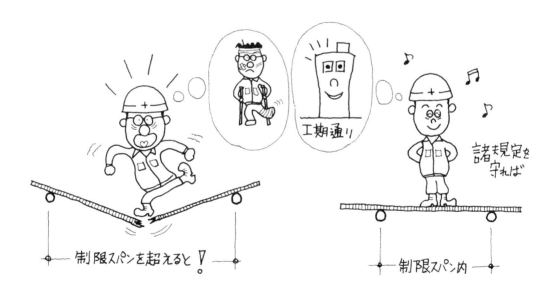

B 各部材の検討

1) 足場板の検討

足場板には，鋼製足場板（24cm×4.0cm×400cm，4枚）を使用する。幅　厚さ　長さ

鋼製足場板1枚当たりの許容積載荷重は120kgなので，4枚では480kgとなり，1層1スパン当たりの積載荷重（400kg）に対し安全なのでOKとなる。ただし，ここでは特殊な荷重が載る場合や支持スパンをかえる場合などを想定して，計算による確認を行う。

断面二次モーメント	$I = 9.24\,\mathrm{cm}^4$
断面係数	$Z = 3.8\,\mathrm{cm}^3$
許容曲げ応力度	$f_b = 15.7\,\mathrm{kN/cm}^2$
ヤング係数	$E = 2.05 \times 10^4\,\mathrm{kN/cm}^2$

幅(mm)	荷重状況とスパン	許容積載荷重(kg)
240	↓120kg / 1800	120

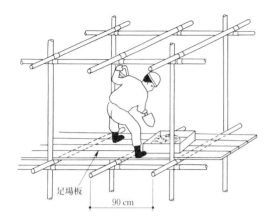

足場板は，単純梁として応力計算を行う。スパン ℓ は建地間隔で，例題では $\ell = 180\,\mathrm{cm}$ である。

ⅰ）荷重

1.96kN（モルタル桶，作業員など）の集中荷重と足場板の自重* $w = 0.0004\,\mathrm{kN/cm}$ が，2枚の足場板に作用すると仮定する。

*足場板の重量は15.5kg（付.計算用基本データ「足場-材料の標準重量」参照）より単位長さ当たりの重量は，

$$\frac{15.5\,\mathrm{kg}}{400\,\mathrm{cm}} = \frac{0.155\,\mathrm{kN}}{400\,\mathrm{cm}} = 0.0003875\,\mathrm{kN/cm} \fallingdotseq 0.0004\,\mathrm{kN/cm}$$

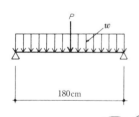

ⅱ）曲げに対する検討

最大曲げモーメント $M_{\max}$ は，次式から求める。

$$M_{\max} = \frac{1}{4}P\ell + \frac{1}{8}w\ell^2 \times 2$$

　　　　集中荷重　等分布荷重（自重2枚）

$$= \frac{1}{4} \times 1.96\,\mathrm{kN} \times 180\,\mathrm{cm} + \frac{1}{8} \times 0.0004\,\mathrm{kN/cm} \times (180\,\mathrm{cm})^2 \times 2$$

$$\fallingdotseq 91.4\,\mathrm{kN\cdot cm}$$

$$\sigma_b = \frac{M_{\max}}{Z} = \frac{91.4\,\mathrm{kN\cdot cm}}{3.8\,\mathrm{cm}^3 \times 2} \fallingdotseq 12.0\,\mathrm{kN/cm}^2$$

$$\frac{\sigma_b}{f_b} = \frac{12.0\,\mathrm{kN/cm}^2}{15.7\,\mathrm{kN/cm}^2} \fallingdotseq 0.76 \leqq 1.0 \quad \textbf{OK!!}$$

積載荷重は建地間で，400kg以下としますが，本例では足場上でモルタルを練った場合を想定し，集中荷重として検討しています。このように，足場板や布材を検討する場合には，応力やたわみが大きくなる集中荷重の場合で検討しましょう。

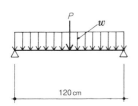

2) 腕木の検討

腕木には，単管 $\phi\,48.6 \times 2.4$（STK500）を使用する。

断面二次モーメント	$I = 9.32\,\text{cm}^4$
断面係数	$Z = 3.83\,\text{cm}^3$
許容曲げ応力度	$f_b = 23.7\,\text{kN/cm}^2$
ヤング係数	$E = 2.05 \times 10^4\,\text{kN/cm}^2$

腕木は，単純梁として応力計算を行う。スパン ℓ は布間隔で，例題では $\ell = 120\,\text{cm}$ である。

i) 荷重

腕木には，1.96 kN の中央集中積載荷重 P と等分布荷重 w が作用すると仮定する。等分布荷重 w は，

$$w = \frac{1}{120\,\text{cm}} \times (0.0004\,\text{kN/cm} \times 90\,\text{cm} \times 4\,\text{枚})$$

　　　↑　　　　　↑　　　　　　↑　　　　　↑
　　布間隔　　足場板重量　　腕木間隔　　足場板枚数

$$+\,0.0003\,\text{kN/cm} \fallingdotseq 0.0015\,\text{kN/cm}$$

↑
腕木自重*

である。

*腕木や布など鋼管の重量は 2.73 kg/m（付.計算用基本データ「足場-材料の標準重量」参照）より単位長さ当たりの重量は，

$$2.73\,\text{kg/m} = \frac{0.0273\,\text{kN}}{100\,\text{cm}} = 0.000273\,\text{kN/cm}$$
$$\fallingdotseq 0.0003\,\text{kN/cm}$$

ii) 曲げに対する検討

最大曲げモーメント $M_{\max}$ は，次式から求める。

$$M_{\max} = \frac{1}{4}P\ell + \frac{1}{8}w\ell^2$$

　　　　　↑　　　↑
　集中荷重　等分布荷重（自重）

$$= \frac{1}{4} \times 1.96\,\text{kN} \times 120\,\text{cm} + \frac{1}{8}$$
$$\times 0.0015\,\text{kN/cm} \times (120\,\text{cm})^2$$
$$\fallingdotseq 61.5\,\text{kN}\cdot\text{cm}$$

$$\sigma_b = \frac{M_{\max}}{Z} = \frac{61.5\,\text{kN}\cdot\text{cm}}{3.83\,\text{cm}^3} \fallingdotseq 16.1\,\text{kN/cm}^2$$

$$\frac{\sigma_b}{f_b} = \frac{16.1\,\text{kN/cm}^2}{23.7\,\text{kN/cm}^2} \fallingdotseq 0.68 \leq 1.0 \quad \textbf{OK!!}$$

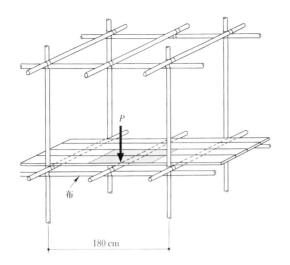

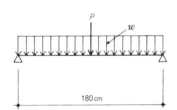

3) 布の検討

布には，単管 $\phi 48.6 \times 2.4$（STK500）を使用する。

断面二次モーメント	$I = 9.32 \text{cm}^4$
断面係数	$Z = 3.83 \text{cm}^3$
許容曲げ応力度	$f_b = 23.7 \text{kN/cm}^2$
ヤング係数	$E = 2.05 \times 10^4 \text{kN/cm}^2$

布は，単純梁として応力計算を行う。スパン ℓ は建地間隔で，例題では $\ell = 180 \text{cm}$ である。

i) 荷重

布には，中央集中荷重 P と布の自重 w が作用する。

$$P = \underbrace{1.96 \text{kN} \times \frac{1}{2}}_{\text{積載荷重}} + \underbrace{0.0004 \text{kN/cm}}_{\text{足場板重量}} \times 90 \text{cm} \times \underbrace{2\text{枚}}_{\text{腕木間隔}}$$

$$+ \underbrace{0.0003 \text{kN/cm}}_{\text{腕木重量}} \times \underbrace{150 \text{cm}}_{\text{腕木長さ}} \times \frac{1}{2} \fallingdotseq 1.07 \text{kN}$$

$w = 0.0003 \text{kN/cm}$（自重）

ii) 曲げに対する検討

最大曲げモーメント $M_{\max}$ は，次式から求める。

$$M_{\max} = \frac{1}{4} P\ell + \frac{1}{8} w\ell^2$$

　　　　　↑集中荷重　↑等分布荷重

$$= \frac{1}{4} \times 1.07 \text{kN} \times 180 \text{cm} + \frac{1}{8}$$

$$\times 0.0003 \text{kN/cm} \times (180 \text{cm})^2$$

$$\fallingdotseq 49.4 \text{kN·cm}$$

$$\sigma_b = \frac{M_{\max}}{Z} = \frac{49.4 \text{kN·cm}}{3.83 \text{cm}^3} \fallingdotseq 12.9 \text{kN/cm}^2$$

$$\frac{\sigma_b}{f_b} = \frac{12.9 \text{kN/cm}^2}{23.7 \text{kN/cm}^2} \fallingdotseq 0.54 \leq 1.0 \quad \textbf{OK!!}$$

4) 建地の検討

足場の高さが20m以上なので，建地脚柱の検討を行う。

建地には，単管$\phi 48.6 \times 2.4$（STK500）を使用する。最下層の建地1本当たりに作用する荷重Nと許容支持力を比較する。

i) 建地の座屈長さℓ_k

本例では，積載荷重をスパン方向にあけて載せる部分積載の場合を考え，座屈長さを求める。

足場の層間隔$h = 160$ cm，足場のスパン長$\ell = 180$ cm であるから，

$\ell_k = 1.4h + 0.75\ell$
$= 1.4 \times 160$ cm $+ 0.75 \times 180$ cm $= 359$ cm

となる。

一方，垂直方向の壁つなぎ間隔は，最下段の壁つなぎ間隔が最も広く，390 cmであるが，（メモ）の「持合い効果」により，座屈長さℓ_kは短いほうの359 cm となる。

ii) 許容支持力F_c

建地の許容支持力F_cは，座屈を考慮した図3-18から求める。座屈長さ$\ell_k = 359$ cmであるから，図3-18より，許容支持力（許容圧縮耐力）は$F_c = 7.1$ kNと求まる。

ただし，建地1本当たりの許容支持力は，部分積載の場合，労働安全衛生規則より6.86 kNと定められている。

iii) 最下層の建地1本当たりの荷重N

建地1本当たりに作用する荷重Nは，固定荷重（N_1, N_2）と積載荷重（N_3）の和であるから，

$N = N_1 \times 14$層$+ N_2 + N_3$
$= 0.40$ kN $\times 14$層$+ 0.21$ kN $+ 1.96$ kN
$= 7.77$ kN

iv) 軸力に対する検討

建地1本当たりに作用する荷重Nと許容支持力F_cを比較する。

$\dfrac{N}{F_c} = \dfrac{7.77 \text{ kN}}{6.86 \text{ kN}} \fallingdotseq 1.13 > 1.0$　　**NG!!**

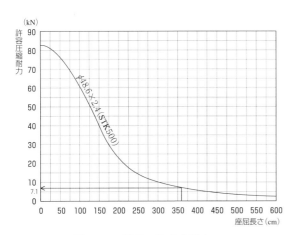

図3-18　単管の許容支持力

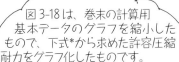

図3-18は、巻末の計算用基本データのグラフを縮小したもので、下式*から求めた許容圧縮耐力をグラフ化したものです。

$\lambda \leq \Lambda$のとき

$$f_c = \frac{(1 - 0.4(\lambda/\Lambda)^2)F}{1.5 + 0.57(\lambda/\Lambda)^2}$$

$\lambda > \Lambda$のとき

$$f_c = \frac{0.29F}{(\lambda/\Lambda)^2}$$

ただし、$\Lambda = \sqrt{\dfrac{\pi^2 E}{0.6F}}$

f_c：許容圧縮応力度 (kN/cm²)
λ：圧縮材の細長比 (ℓ_k/i)
E：ヤング係数 (kN/cm²)
Λ：限界細長比
i：断面二次半径 (cm)

（*：『足場・型枠支保工設計指針』仮設工業会）

鋼管建地の許容支持力は、慣用的に下表を用いていましたが、上で示した式を使いましょう。

鋼管の種類	座屈長さ ℓ_k (m)	許容座屈荷重 (kN)
φ48.6×2.4 (STK500)	$\ell_k < 1.63$	$85.2 - 18.7\ell_k^2$
	$\ell_k \geq 1.63$	$94.6/\ell_k^2$

建地の許容支持力は、積載荷重の負担状況によって大きく異なります。
壁つなぎ間隔が広く、全部の建地で積載荷重を負担する場合には、許容支持力が低下し、下部の建地を補強したり、積載荷重の制限が必要になります。

このままでは、最下層の建地の支持力が不足するので、下部の建地を2本組とするか、積載荷重の制限を行う。

イ）建地を2本組とする範囲

建地1本当たりに作用する荷重が許容支持力と同等となる層数 n を求める。

$N_1 \times n$ 層 $+ N_2 + N_3 = 6.86\,\text{kN}$

より、

$$n = \frac{6.86\,\text{kN} - N_2 - N_3}{N_1}$$

$$= \frac{6.86\,\text{kN} - 0.21\,\text{kN} - 1.96\,\text{kN}}{0.40\,\text{kN}} \fallingdotseq 11.7$$

↓
11層

したがって、上部より11層までは建地を1本とし、それより下部は2本組とする。

ロ）許容積載荷重

建地1本当たりに作用する荷重が許容支持力と同等となる積載荷重 N_3' を求める。

$N_1 \times 14 + N_2 + N_3' = 6.86\,\text{kN}$

$N_3' = 6.86\,\text{kN} - N_1 \times 14 - N_2$

$\quad = 6.86\,\text{kN} - 0.40\,\text{kN} \times 14 - 0.21\,\text{kN}$

$\quad = 1.05\,\text{kN}$

したがって、建地1本当たりの積載荷重を 1.05 kN（107 kg）以下とする。

3-3 張出し足場

ポイント 3-3

張出し足場は，地上から足場をたてられない場合に計画されるが，通常は，建物躯体から張出し材を出して構台を組み，その上に足場を架設する。

張出し材や大引き材の種類，取付け方法にはいろいろな形式のものがあるが，張出し材と建物躯体との接合部は特に注意を要する。

張出し足場の計算は，下記の順序に従って行う。

NOTE
1. 張出し材の種類には，H形鋼やⅠ形鋼などの単一部材のものとトラス構造のものがあるが，張出し材はなるべく柱から張り出し，先端はワイヤーなどで吊る。
2. 張出し材間に架け渡す大引きは，H形鋼，五平角，軽量型支保梁（ペコビーム等）などが使用される。
3. 床面はすき間なく足場板などで全面を覆う。
4. 張出し材の許容たわみは，$\delta_{max}/\ell = 1/250$ 以下とする。

◀ 例題 3-4

図 3-19 のような張出し足場について検討する。

〔設計条件〕

- 張出し材長さ……… 1.8 m
- 張出し材間隔……… 6.0 m（柱部分に設置）
- 柱の幅……… 0.8 m
- 根太間隔……… 1.829 m
- 構台の床幅……… 1.8 m

（足場板 30 cm × 2.5 cm × 400 cm の合板 6 枚使用）

- 大引き（ペコビーム）は，脚管 1 本当たりにつき 2 本架け渡すものとし，合計 4 本使用した。
- 建枠の層数……… 5 層
- 使用建枠……… A-4055B（幅 1,219）
- その他，足場の仕様は例題 3-1 と同等とし，1 層当たりの荷重は同じとする。

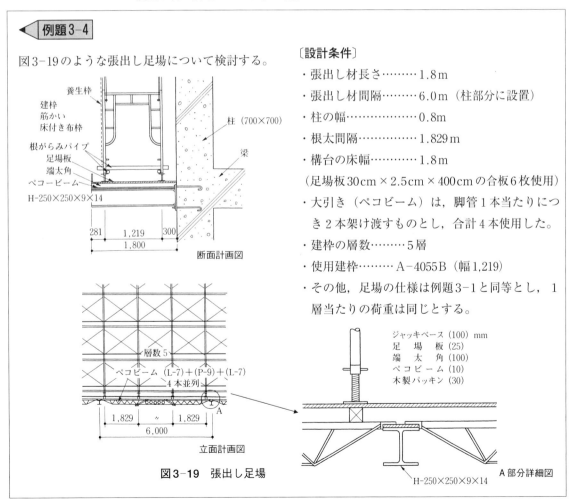

図 3-19 張出し足場

1. 荷重計算

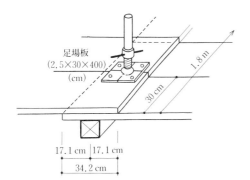

ポイント3-3の手順に従って計算を進める。

A 最下層の建枠に作用する荷重

建枠の仕様は「3-1 枠組足場」の場合と同様であるから、建枠1層かつ1スパン当たりの重量は、$N_1 = 63\mathrm{kg}$ である。

最下層の建枠1枚に作用する荷重 N_A は、

$$N_A = (N_1 \times 5 - 15.6\mathrm{kg} \times 2) \times 1.03 + N_2$$

　　　固定荷重　層数　最上部の　水平つなぎ　積載荷重
　　　　　　　　　　布板重量　等の割増

$$= (63\mathrm{kg} \times 5 - 15.6\mathrm{kg} \times 2) \times 1.03 + 1{,}000\mathrm{kg}$$
$$\fallingdotseq 1{,}292\mathrm{kg} \to 12.7\mathrm{kN}$$

B 足場の脚部,足場板の建枠1スパン当たりの荷重

名　称	重量 (kg)
根がらみパイプ（単管, STK500）	
けた行方向(1.829m×2.73kg/m×2本)	10.0
梁間方向(1.5m×2.73kg/m×0.5本)	2.0
ジャッキベース（A-752T, 3.9kg×2個）建枠1スパンおき	7.8
足場板（2m×4kg/m×6枚）	48.0
根太（バタ角, 0.1m×0.1m×1.8m×500kg/m³）	9.0
+) クランプ（0.7kg/個×2個）	1.4
合　計	78.2kg

$$N_B = 0.77\mathrm{kN}$$

C 大引き（ペコビーム）の自重

ペコビームを3本つなぎ（L-7, P-9, L-7）で使用すると、ペコビームの自重 N_C は、

$$N_C = 68.6\mathrm{kg} \to 0.67\mathrm{kN}$$

である。

2. 各部材の検討

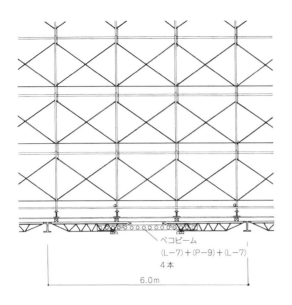

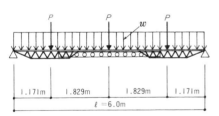

図3-20 大引き(ペコビーム)の荷重状態

> 大引き(ペコビーム)に作用する集中荷重Pの間隔は、建枠間隔であるから、張出し枝の各スパンによって荷重状態が異なります。
> 曲げモーメントやせん断力を求める際には、十分注意しましょう。

A 大引きの検討

大引きには、ペコビーム〔3本つなぎ(L-7)+(P-9)+(L-7)〕を4本使用する。

最大許容曲げモーメント
 等分布荷重の場合……$M_a = 13.7 \text{kN·m}$
 集中荷重の場合………$M_a = 9.6 \text{kN·m}$
最大許容せん断力
 等分布荷重の場合……$Q_a = 24.5 \text{kN}$
 集中荷重の場合………$Q_a = 17.1 \text{kN}$

大引きは、根太から集中荷重を受ける単純梁として検討を行う。

スパンℓは張出し材間隔で、例題では$\ell = 6.0 \text{m}$である。

1) 荷重

大引きには、荷重N_AとN_Bの集中荷重および大引き自重wが作用する。

大引きは、張出し材1スパン当たりに対して4本使用するから、大引き1本当たりに作用する集中荷重Pは、

$$P = \frac{1}{4}(N_A + N_B) = \frac{1}{4}(12.7 \text{kN} + 0.77 \text{kN})$$
$$\fallingdotseq 3.37 \text{kN}$$

また、大引き自重wは、

$$w = \frac{N_C}{6.0 \text{m}} = \frac{0.67 \text{kN}}{6.0 \text{m}} \fallingdotseq 0.11 \text{kN/m}$$

となる。

2) 曲げに対する検討

最大曲げモーメント$M_{\max}$は、大引き材の曲げモーメントが最大となる図3-20の荷重状態から求める。この荷重状態では、曲げモーメントはスパンの中央部で最大となるから、最大曲げモーメント$M_{\max}$は、

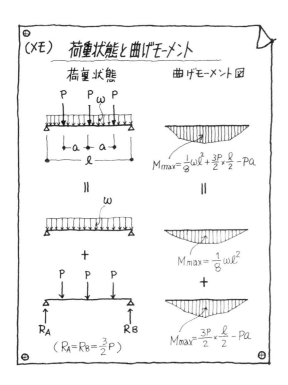

$$M_{max} = \frac{1}{8}w\ell^2 + \left(\frac{3P}{2} \cdot \frac{\ell}{2} - P \cdot a\right)$$

　　　　　　↑　　　　　　↑
　　　　等分布荷重　　集中荷重

$$= \frac{1}{8} \times 0.11\,\text{kN/m} \times (6.0\,\text{m})^2 + \left(\frac{3}{2} \times 3.37\,\text{kN} \times \frac{1}{2} \times 6.0\,\text{m} - 3.37\,\text{kN} \times 1.829\,\text{m}\right)$$

$$\fallingdotseq 0.50\,\text{kN} \cdot \text{m} + 9.0\,\text{kN} \cdot \text{m} = 9.5\,\text{kN} \cdot \text{m}$$

となる。

この最大曲げモーメント M_{max} とペコビームの集中荷重の場合の最大許容曲げモーメント $M_a = 9.6\,\text{kN} \cdot \text{m}$ を比較する。

$$\frac{M_{max}}{M_a} = \frac{9.5\,\text{kN} \cdot \text{m}}{9.6\,\text{kN} \cdot \text{m}} \fallingdotseq 0.99 \leq 1.0 \quad \textbf{OK!!}$$

以上で曲げに対する検討が終了したので，次はせん断に対する検討を行ってみよう。

3）せん断に対する検討

最大せん断力 Q_{max} は，大引き材のせん断力が最大となる図3-21の荷重状態から求める。

$$Q_{max} = \frac{1}{2}w\ell + 2P$$

　　　　　↑　　　↑
　　　等分布荷重　集中荷重

$$= \frac{1}{2} \times 0.11\,\text{kN/m} \times 6.0\,\text{m} + 2 \times 3.37\,\text{kN}$$

$$= 0.33\,\text{kN} + 6.74\,\text{kN} = 7.07\,\text{kN}$$

ペコビームの集中荷重の場合の最大許容せん断力は，$Q_a = 17.1\,\text{kN}$ であるから，

$$\frac{Q_{max}}{Q_a} = \frac{7.07\,\text{kN}}{17.1\,\text{kN}} \fallingdotseq 0.41 \leq 1.0 \quad \textbf{OK!!}$$

となり，せん断力に対しても OK であることが確かめられたわけである。

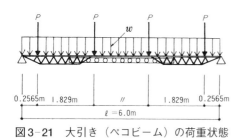

図3-21　大引き（ペコビーム）の荷重状態

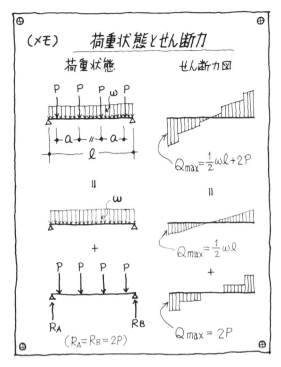

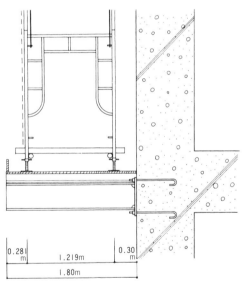

B 張出し材の検討

張出し材には，H形鋼（SS400材，H-250×250×9×14）を使用する。

断面二次モーメント	$I = 10,700 \text{ cm}^4$
断面係数	$Z = 860 \text{ cm}^3$
曲げ応力のための断面性能	$i = 6.91 \text{ cm}, \eta = 4.93$
許容引張応力度	$f_t = 15.6 \text{ kN/cm}^2$
許容曲げ応力度	$f_b = 15.6 \text{ kN/cm}^2$
許容せん断応力度	$f_s = 9.0 \text{ kN/cm}^2$
ヤング係数	$E = 2.05 \times 10^4 \text{ kN/cm}^2$

張出し材は，大引きから集中荷重を受ける片持ち梁として検討を行う。

スパンℓは，建物躯体からの張出し長さで，例題では，$\ell = 1.8$ m である。

3 足場 121

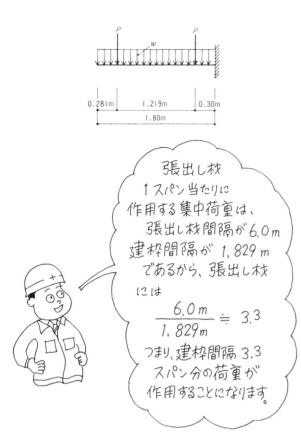

1) 荷重

張出し材には，大引きからの集中荷重Pと張出し材自重wが作用する。

張出し材に作用する集中荷重は，建枠間隔3.3スパン分の荷重であるから，集中荷重Pは，

$$P = \frac{1}{2} \times \{(N_A + N_B) \times 3.3 + 4 \times N_C\}$$

建枠重量　足場の脚部重量　ペコビーム重量　（スパン数）

$$= \frac{1}{2}\{(12.7\,\mathrm{kN} + 0.77\,\mathrm{kN}) \times 3.3 + 4 \times 0.67\,\mathrm{kN}\}$$

$$\fallingdotseq 23.6\,\mathrm{kN}$$

となる。また，張出し材の自重wは，

$$w = 72.4\,\mathrm{kg/m} \rightarrow 0.71\,\mathrm{kN/m}$$

である。

2) 曲げに対する検討

曲げモーメントは，固定端で最大となるから，最大曲げモーメント$M_{\max}$は，

$$M_{\max} = \frac{1}{2}w\ell^2 + P(a+2b)$$

等分布荷重　集中荷重

$$= \frac{1}{2} \times 0.71\,\mathrm{kN/m} \times (1.8\,\mathrm{m})^2 + 23.6\,\mathrm{kN}$$
$$\times (1.219\,\mathrm{m} + 2 \times 0.3\,\mathrm{m})$$

$$\fallingdotseq 1.15\,\mathrm{kN \cdot m} + 42.9\,\mathrm{kN \cdot m}$$

$$\fallingdotseq 44.1\,\mathrm{kN \cdot m} \rightarrow 4{,}410\,\mathrm{kN \cdot cm}$$

となり，曲げ応力度σ_bは，

$$\sigma_b = \frac{M_{\max}}{Z} = \frac{4{,}410\,\mathrm{kN \cdot cm}}{860\,\mathrm{cm}^3} \fallingdotseq 5.13\,\mathrm{kN/cm}^2$$

と求まる。この曲げ応力度σ_bとH形鋼の許容曲げ応用度f_bを比較する。

$$\frac{\sigma_b}{f_b} = \frac{5.13\,\mathrm{kN/cm}^2}{15.6\,\mathrm{kN/cm}^2} \fallingdotseq 0.33 \leq 1.0 \qquad \textbf{OK!!}$$

これで，曲げに対してはOKということが確かめられたわけである。ただし，今回の場合は張出し長さ，荷重とも少ないため省略したが，H形鋼は強軸まわりに曲げを受けると横座屈を起こす場

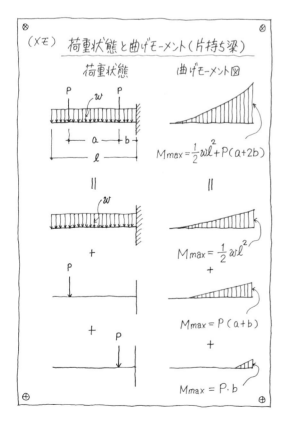

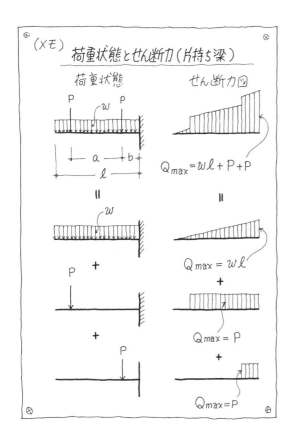

合があり注意が必要である。これについては「4 乗入れ構台」の項目で解説する。

3) せん断に対する検討

最大せん断力 Q_{max} は，

$$Q_{max} = w\ell + P + P$$
$$= 0.71\,\text{kN/m} \times 1.8\,\text{m} + 23.6\,\text{kN} + 23.6\,\text{kN}$$
$$\fallingdotseq 48.5\,\text{kN}$$

であるから，せん断応力度 τ は，

$$\tau = \frac{Q}{ht} = \frac{48.5\,\text{kN}}{(25\,\text{cm} - 2\times 1.4\,\text{cm}) \times 0.9\,\text{cm}} \fallingdotseq 2.43\,\text{kN/cm}^2$$

となる。

せん断応力度 τ と H 形鋼の許容せん断応力度 f_s を比較する。

$$\frac{\tau}{f_s} = \frac{2.43\,\text{kN/cm}^2}{9.0\,\text{kN/cm}^2} \fallingdotseq 0.27 \leq 1.0 \quad \textbf{OK!!}$$

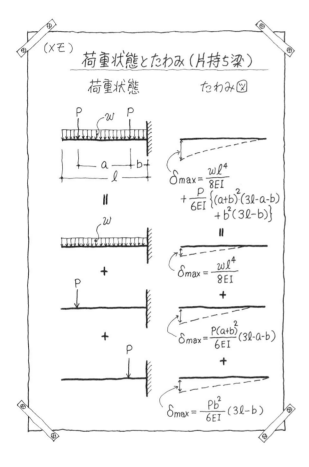

4) たわみに対する検討

たわみは，張出し材の先端部（A点）で最大となる。最大たわみ δ_{max} は，片持ち梁のたわみ公式から求める。

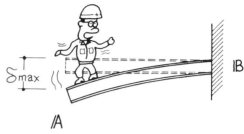

$$\delta_{max} = \frac{w\ell^4}{8EI} + \frac{P}{6EI}\{(a+b)^2(3\ell-a-b)$$

　　　　等分布荷重　　　　　　　集中荷重

$$+ b^2(3\ell-b)\}$$

$$= \frac{0.0071\,\text{kN/cm} \times (180\,\text{cm})^4}{8 \times 2.05 \times 10^4\,\text{kN/cm}^2 \times 10{,}700\,\text{cm}^4}$$

$$+ \frac{23.6\,\text{kN}}{6 \times 2.05 \times 10^4\,\text{kN/cm}^2 \times 10{,}700\,\text{cm}^4}$$

$$\times \{(121.9\,\text{cm}+30\,\text{cm})^2 \times (3\times 180\,\text{cm}$$

$$- 121.9\,\text{cm} - 30\,\text{cm}) + (30\,\text{cm})^2$$

$$\times (3 \times 180\,\text{cm} - 30\,\text{cm})\}$$

$$\fallingdotseq 0.004\,\text{cm} + 0.169\,\text{cm} \fallingdotseq 0.17\,\text{cm}$$

$$\frac{\delta_{max}}{\ell} = \frac{0.17\,\text{cm}}{180\,\text{cm}} \fallingdotseq \frac{1}{1{,}059} \leq \frac{1}{250} \quad \text{OK!!}$$

以上で張出し材に対する検討はすべて終了したわけであるが，張出し材に仮設材を使用した場合には，断面欠損などを考慮して許容応力度や断面性能を適当に割り引いて考えなければならない。

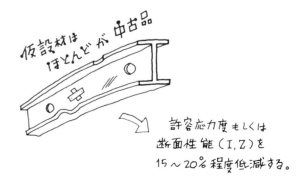

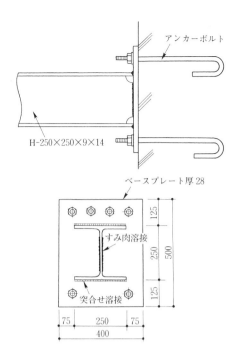

○ 使用H形鋼　H-250×250×9×14
図3-22　張出し材仕口部

表3-9　溶接部の許容応力度（kN/cm²）

溶接の種類	許容応力度の種類	
	せん断・すみ肉溶接	引張・圧縮
工場溶接	0.38F	0.66F
現場溶接	0.35F	0.6F

注）Fは母材の降伏点強さの値または、引張強さの値の4分の3のうち、いずれか小さいほうの値。ただし、強度が異なる場合は、低い材料の値をとる。

（メモ）溶接部の許容応力度比較

仮設工業会と日本建築学会の溶接部の許容応力度は、F値を23.5 kN/cm²とすると、

・仮設工業会
　工場溶接　突合せ $f_t = 0.66F = 15.5$ kN/cm²
　　　　　　すみ肉 $f_s = 0.38F = 8.9$ kN/cm²
　現場溶接　突合せ $f_t = 0.6F = 14.1$ kN/cm²
　　　　　　すみ肉 $f_s = 0.35F = 8.2$ kN/cm²

・日本建築学会
　　突合せ $f_t = \dfrac{F}{1.5} = 15.6$ kN/cm²
　　すみ肉 $f_s = \dfrac{F}{1.5\sqrt{3}} = 9.0$ kN/cm²

現場溶接で日本建築学会式を使用する場合には、溶接部の許容応力度は、適度に低減するか余裕をみましょう。

C　張出し材の仕口部の検討

この例題では、張出し材は図3-22のように、建物躯体のコンクリートに埋め込んでおいたアンカーボルトに取り付ける。

張出し材の仕口部の検討は、下記の手順に従って行う。

溶接部 → アンカーボルト → コンクリートの圧縮応力度
→ ベースプレート

1）溶接部の検討

張出し材とベースプレートは工場溶接によって接合するが、フランジは突合せ溶接、ウェブはすみ肉溶接とする。

溶接部の許容応力度（仮設工業会による）
○ 突合せ溶接……… $f_t = 15.5$ kN/cm²
○ すみ肉溶接……… $f_s = 8.9$ kN/cm²

溶接接合部の計算は「豆知識3-1」の回の方法、すなわち曲げモーメントはフランジで、せん断力はウェブで伝達されると仮定して行う。

ⅰ）曲げに対する検討

曲げモーメントは、$M = 4,410$ kN·cm であるから、フランジに生じる引張力 T と圧縮力 N は、

$$|T| = |N| = \frac{M}{h_o} = \frac{4,410 \text{kN·cm}}{(25\text{cm} - 1.4\text{cm})} \fallingdotseq 187\text{kN}$$

↑フランジ中心間距離

となり、引張りおよび圧縮応力度 σ は次式から、

$$\sigma = \frac{T}{A_f} \left(\text{または} \frac{N}{A_f} \right) \quad \text{ただし、} A_f = b \cdot t_2$$

$$= \frac{187\text{kN}}{25\text{cm} \times 1.4\text{cm}} \fallingdotseq 5.34 \text{kN/cm}^2 \quad \begin{pmatrix} b: \text{フランジ幅} \\ t_2: \text{フランジ厚} \end{pmatrix}$$

と求まる。

次に、この応力度 σ とフランジ突合せ溶接部の許容応力度 $f_t = 15.5$ kN/cm² を比較すると、

$$\frac{\sigma}{f_t} = \frac{5.34 \text{kN/cm}^2}{15.5 \text{kN/cm}^2} \fallingdotseq 0.34 \leq 1.0 \quad \textbf{OK!!}$$

こうならないように
計算は十分チェックし、
現場溶接は極力避けよう!!

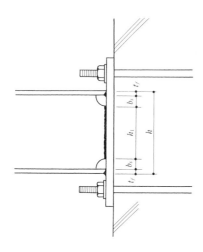

ウェブ部分の溶接長さ h_1

$h_1 = h - 2(t_f + b_s)$ ただし $\begin{cases} h：H形鋼の高さ \\ t_f：フランジ厚 \\ b_s：スカラップ幅 \end{cases}$

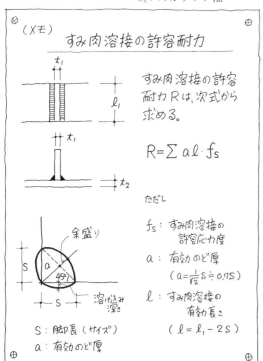

となり、曲げに対しては一応OKであるということが確かめられたわけである。

ii) せん断に対する検討

せん断応力度 τ は、次式から求める。

$$\tau = \frac{Q}{A_w}$$

ただし、$A_w = 0.7S\ (h_1 - 2S) \times 2$

　　　　　　　ウェブ部分の　サイズ　ウェブ部分の溶接は両側
　　　　　　　断面積

サイズ S は、下に示すメモの式に $t_1 = 9\,\mathrm{mm}$（ウェブ厚）、$t_2 = 28\,\mathrm{mm}$（ベースプレート厚）を代入すると 6.9 mm 以上、9 mm 以下となる。ここでは、サイズ S を 7 mm として検討する。

また、ウェブ部分の溶接長さ h_1 は、スカラップ幅を 3.5 cm とすると、

$h_1 = h - 2 \times (t_f + b_s)$

$\quad = 25\,\mathrm{cm} - 2 \times (1.4\,\mathrm{cm} + 3.5\,\mathrm{cm}) = 15.2\,\mathrm{cm}$

であるから、せん断応力度 τ は、

$$\tau = \frac{48.5\,\mathrm{kN}}{0.7 \times 0.7\,\mathrm{cm} \times (15.2\,\mathrm{cm} - 2 \times 0.7\,\mathrm{cm}) \times 2}$$

$\quad \fallingdotseq 3.59\,\mathrm{kN/cm^2}$

と求められる。

このせん断応力度 τ とウェブのすみ肉溶接部の許容応力度 $f_s = 8.9\,\mathrm{kN/cm^2}$ を比較すると、

$\dfrac{\tau}{f_s} = \dfrac{3.59\,\mathrm{kN/cm^2}}{8.9\,\mathrm{kN/cm^2}} \fallingdotseq 0.4 \leq 1.0$　　**OK!!**

となり、せん断に対してもOKであるということが確かめられたわけである。

（メモ）
S：薄いほうの厚さを t_1、厚いほうの厚さを t_2 とすると、$t_1 > 6\,\mathrm{mm}$ のとき
$$t_1 \geq S \geq 1.3\sqrt{t_2}\ (かつ\ S \geq 4\,\mathrm{mm})$$
ただし、T継手で、板厚が 6 mm 以下のときは、サイズを板厚の 1.5 倍、かつ 6 mm 以下の範囲で大きくすることができる。またサイズが 10 mm 以上になるときは、$S \leq t_1$ の制限はうけない。

豆知識 3-1

H形鋼の溶接接合部の検討

曲げモーメントMとせん断力Qが作用する場合の溶接接合部の検討方法には，次の2通りの方法がある。

㋑　曲げモーメントMは，フランジとウェブが曲げ剛性比に応じてそれぞれ分担し，せん断力Qは，ウェブが負担すると考える方法。

㋺　曲げモーメントMはフランジで，せん断力Qはウェブで，それぞれ負担すると考える方法。

以下で，それぞれの計算方法について説明しよう。

a）㋑の方法

この方法は，曲げによる応力度ρ_Mとせん断による応力度ρ_Qとの組合せ応力度ρ_{MQ}に対して検討するもので，次式によって行う。

$$\rho_{MQ}=\sqrt{\rho_M{}^2+\rho_Q{}^2}\leqq f_w \quad \rho_M=\frac{M}{Z}, \quad \rho_Q=\frac{Q}{A}$$

ただし　Z：溶接部の断面係数
　　　　A：せん断力を負担する溶接部の断面積
　　　　　　（ウェブ部分）
　　　　f_w：溶接部の許容応力度

b）㋺の方法

この方法は，曲げによりフランジに引張力Tと圧縮力Nが作用すると仮定する方法で，曲げモーメントMはフランジで，せん断力Qはウェブでそれぞれ負担すると考える。

ただし，ベースプレートの厚さは，フランジおよびウェブの厚さより，厚いものとする。

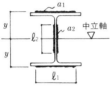

溶接がすべてすみ肉溶接で，中立軸が梁せいの中央にある場合

$$\begin{cases} A=2a_2\ell_2 \\ Z=\dfrac{I}{y} \\ I=2a_1\ell_1 y^2+\dfrac{a_2\ell_2{}^3}{6} \end{cases}$$

ただし，
a_1：フランジの溶接のど厚
ℓ_1：フランジの溶接有効長さ
a_2：ウェブの溶接のど厚
ℓ_2：ウェブの溶接有効長さ
y：中立軸からフランジの溶接部中心までの距離

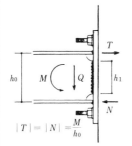

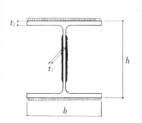

i) 曲げに対する検討

曲げモーメント M に対する検討は，次式によって行う。

$$\sigma = \frac{T}{A_f} \left(あるいは \frac{N}{A_f}\right)$$

$$\frac{\sigma}{f} \leq 1.0$$

ただし，A_f：フランジ溶接部の断面積

$\begin{cases} 突合せ溶接の場合\cdots\cdots bt \\ すみ肉溶接の場合\cdots\cdots 0.7S(b-2S) \end{cases}$

t：接合する部材の厚さが異なる場合は，薄いほうの厚さ

S：サイズ

f：溶接部の許容応力度

ii) せん断に対する検討

せん断力 Q に対する検討は，せん断力がウェブに均等に分布するものと仮定し，次式によって行う。

$$\tau = \frac{Q}{A_w}$$

$$\frac{\tau}{f} \leq 1.0$$

ただし，A_w：ウェブ溶接部の断面積

$\begin{cases} 突合せ溶接の場合\cdots\cdots h_1 t \\ すみ肉溶接の場合\cdots\cdots 0.7S(h_1-2S) \times 2 \end{cases}$

t：接合する部材の厚さが異なる場合は，薄いほうの厚さ

S：サイズ

$h_1 = h - 2(t_2 + b_s)$

b_s：スカラップ幅

f：溶接部の許容応力度

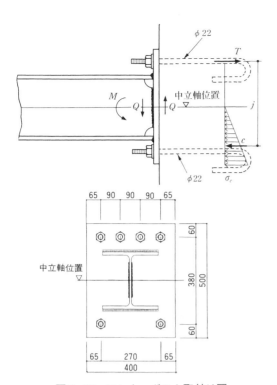

図3-23 アンカーボルト取付け図

2) アンカーボルトの検討

アンカーボルトは，図3-23のように$\phi 22$（SS 400，フック付き）を引張側4本，圧縮側2本の合計6本取り付けると仮定する。

アンカーボルトの埋込み長さ	$\ell_e = 300\,\text{mm}$
アンカーボルトの軸断面積	$_{sc}a = 303\,\text{mm}^2$
アンカーボルトの規格降伏点強度	$_s\sigma_y = 235\,\text{N/mm}^2$
コンクリートの設計基準強度	$Fc = 24\,\text{N/mm}^2$
コンクリートの気乾単位体積重量	$\gamma = 23\,\text{kN/m}^3$
柱の幅	$80\,\text{cm}$

イ) 引張力に対する検討

引張力は，引張側4本のアンカーボルトで常時負担しているので，「（メモ）鉄筋アンカーボルトの設計」の(1)式と(2)式により，アンカーボルト4本の長期許容引張力を求め，作用する引張力と比較する。

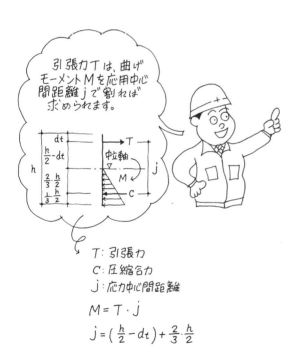

この場合、中立軸は、H形鋼の梁せいの中心位置にあると仮定します。引張側のボルトが2段配置等になる場合には、中立軸位置がずれるので注意する必要があります。

● アンカーボルトに生じる引張力Tの算定

引張側のアンカーボルトに生じる引張力Tは，次式から求める。

（中立軸位置が中央の場合）

$T = \dfrac{M}{j}$　ただし，j：応力中心間距離

$= \dfrac{4{,}410\,\text{kN·cm}}{\left(19\,\text{cm} + 25\,\text{cm} \times \dfrac{2}{3}\right)} \fallingdotseq 123.6\,\text{kN}$

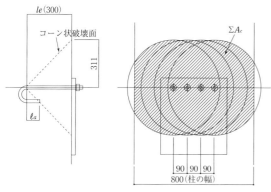

図3-24 有効投影面積

> **(メモ)鉄筋アンカーボルトの設計**
>
> 次式は『各種構造設計指針・同解説』(日本建築学会)に記載されている、コンクリート中に定着された標準フック付きアンカーボルトの許容引張力と許容せん断力を求める設計式である。
>
> ただし、アンカーボルトの降伏を保証する必要がある場合や、短期許容せん断力を確保するためのアンカーボルトの有効埋込み長さを算出する場合、せん断力を受ける方向により、へりあき寸法の影響を考慮する必要がある場合などは、上記図書を参照し、別途検討のこと。
>
> なお、各記号や係数、注意事項などは、巻末の計算用基本データを参照のこと。
> 注)本書では、計算式および式番等を統合・整理している。
>
> (1) コンクリート躯体中に定着されたアンカーボルト1本当たりの許容引張力 P_a は、(1)式および(2)式で算定される値のうち、小なる値とする。
> $P_{a1} = \phi_1 \cdot {}_s\sigma_{pa} \cdot {}_{sc}a$ ……………(1)
> $P_{a2} = \phi_2 \cdot \alpha_c \cdot {}_c\sigma_t \cdot A_c$ ……………(2)
>
> (2) コンクリート躯体中に定着されたアンカーボルト1本当たりの許容せん断力 q_a は、(5)式、(6)式および(7)式で算定される、いずれか小なる値とする。
> $q_{a1} = \phi_1 \cdot {}_s\sigma_{qa} \cdot {}_{sc}a$ ……………(5)
> $q_{a2} = \phi_2 \cdot \alpha_c \cdot {}_c\sigma_{qa} \cdot {}_{sc}a$ ……………(6)
> $q_{a3} = \phi_2 \cdot \alpha_c \cdot {}_c\sigma_t \cdot A_{qc}$ ……………(7)

● 有効投影面積の算定

許容引張力を求める前に、有効投影面積を算定する。有効投影面積は円が重なっており、正確に算出することは難しい。最近は手軽にCADが使えるようになったので、作図して過大にならないように簡略化して面積を求めよう。なお、アンカーボルト軸部の面積は微小ではあるが、面積から差し引くこと(正確に求めたい場合は、『各種構造設計指針・同解説』等を参照のこと)。また、柱の幅以上には取れないので注意すること。

図3-24に示す有効投影面積を、本例では図3-25のように簡略化した。

ΣA_c = ①(三角形の面積)×4 + ②($\theta/360°$×円の面積)×4 + ③(中央の四角形の面積)×2 − ④軸部の断面積×4

$= b_1 \cdot \dfrac{h_1}{2} \times 4 + \dfrac{\theta}{360°} \times \pi \times r^2 \times 4$
$\quad + (h_2 \times b_2) \times 2 - \pi \times \left(\dfrac{d}{2}\right)^2 \times 4$
$= 265\,\text{mm} \times \dfrac{156.6\,\text{mm}}{2} \times 4$
$\quad + \dfrac{58.4°}{360°} \times \pi \times (311\,\text{mm})^2 \times 4$
$\quad + (304.7\,\text{mm} \times 274.3\,\text{mm}) \times 2$
$\quad - \pi \times \left(\dfrac{22}{2}\right)^2 \times 4$
$= 445{,}805\,\text{mm}^2$

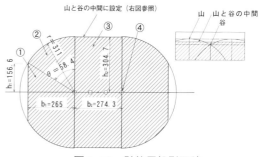

図3-25 計算用投影面積

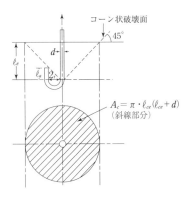

180°折り曲げ定着による標準フック付き鉄筋アンカーボルトの有効水平投影面積 A_c

(3) 引張力とせん断力が同時に作用する場合は，次式により，複合応力の検討を行う。

$$\left(\frac{P}{P_a}\right)^2+\left(\frac{Q}{q_a}\right)^2 \leqq 1 \quad \cdots\cdots\cdots\cdots (11)$$

● 許容引張力の算定

(1)式より，降伏により決まる許容引張力は，

$$\begin{aligned}P_{a1} &= \phi_1 \cdot {}_s\sigma_{pa} \cdot {}_{sc}a \\ &= \frac{2}{3} \times 235\,\text{N/mm}^2 \times 303\,\text{mm}^2 \times 4\,\text{本}\\ &= 189{,}880\,\text{N} = 189.9\,\text{kN}\end{aligned}$$

表3-10 ネジ部の有効断面積（JIS B 1082より抜粋）

ネジの呼び	ピッチ(mm)	メートル並目ネジ有効断面積(mm²)	ネジの呼び	メートル細目ネジ有効断面積(mm²)
M10	1.5	58.0	M10×1.25	61.2
M12	1.75	84.3	M12×1.5	88.1
M14	2	115.0	M14×1.5	125
M16	2	157.0	M16×1.5	167
M18	2.5	192.0	M18×2	204
M20	2.5	245.0	M20×2	258
M22	2.5	303.0	M22×2	318
M24	3	353.0	M24×2	384

(2)式より，コーン状破壊により定まる許容引張力は，

$$\begin{aligned}P_{a2} &= \phi_2 \cdot \alpha_c \cdot {}_c\sigma_t \cdot A_c \\ &= \frac{1}{3} \times 1.0 \times 0.31 \times \sqrt{24\,\text{N/mm}^2} \times 445{,}805\,\text{mm}^2 \\ &= 225{,}679\,\text{N} = 226\,\text{kN}\end{aligned}$$

したがって，許容引張力 P_a は

$$P_a = P_{a1} = 189.9\,\text{kN}$$

となる。

これを作用する引張力と比較する。

$$\frac{T}{P_a} = \frac{123.6\,\text{kN}}{189.9\,\text{kN}} = 0.65 \leqq 1.0 \quad \textbf{OK!!}$$

となり，引張力に対してはOKである。

ロ）せん断力に対する検討

せん断力は，6本のアンカーボルトで負担しているので，「(メモ) 鉄筋アンカーボルトの設計」の(5)式から(7)式により，アンカーボルト6本の長期許容せん断力を求める。

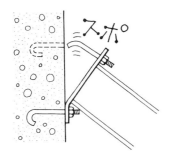

埋込み長さがたりないと
スッポ抜けてしまう!!

本例の場合、埋込み長さを逆算すると約198mmとなりますが、余裕を見て300mmとしています。
なお、異形棒鋼において十分な埋込み長さが確保できる場合は、フックを設けなくてもよいですが、定着長さはRC規準(2018)*により求めてください。

＊RC規準：鉄筋コンクリート構造計算規準・同解説（2018）

$$q_{a1} = \phi_1 \cdot {}_s\sigma_{qa} \cdot {}_{sc}a \times 6本$$
$$= \frac{2}{3} \times 0.7 \times 235\,\text{N/mm}^2 \times 303\,\text{mm}^2 \times 6本$$

${}_s\sigma_y$の0.7倍

$$= 199{,}374\,\text{N} = 199.4\,\text{kN}$$

$$q_{a2} = \phi_2 \cdot \alpha_c \cdot {}_c\sigma_{qa} \cdot {}_{sc}a \times 6本$$
$$= \phi_2 \cdot \alpha_c \cdot 0.5\sqrt{F_c \cdot E_c} \cdot {}_{sc}a \times 6本$$
$$= \frac{1}{3} \times 1.0 \times 0.5 \times \sqrt{24\,\text{N/mm}^2 \times 2.27 \times 10^4\,\text{N/mm}^2} \times 303\,\text{mm}^2 \times 6本$$
$$= 223{,}646\,\text{N} = 223.6\,\text{kN}$$

コンクリートのヤング係数は、メカニカルアンカーの検討などを参考に各自計算してみよう

せん断力は、柱の鉛直方向に作用し、はしあきの影響を受けないので、q_{a3}は考慮しない。

したがって、許容せん断力 q_a は、

$$q_a = q_{a1} = 199.4\,\text{kN}$$

これを作用するせん断力 Q（＝48.5kN）と比較する。

$$\frac{Q}{q_a} = \frac{48.5\,\text{kN}}{199.4\,\text{kN}} = 0.24 \leq 1.0 \quad \textit{OK!!}$$

となり、せん断力に対してもOKである。

ハ）引張力とせん断力を同時に受ける場合の検討

$$\left(\frac{T}{P_a}\right)^2 + \left(\frac{Q}{q_a}\right)^2 = \left(\frac{123.6\,\text{kN}}{189.9\,\text{kN}}\right)^2 + \left(\frac{48.5\,\text{kN}}{199.4\,\text{kN}}\right)^2$$
$$= 0.42 + 0.06 = 0.48 \leq 1.0 \quad \textit{OK!!}$$

これでアンカーボルトの本数は6本、埋込み長さは30cmでよいことが確認できた。

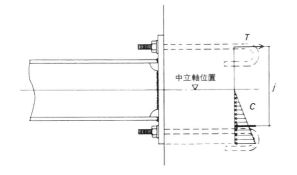

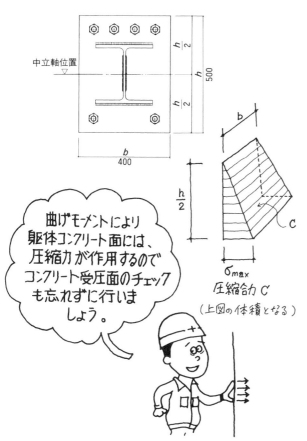

3) コンクリートの圧縮応力度の検討

曲げモーメントMにより生じる圧縮力は，躯体コンクリートで負担する。

躯体コンクリートに生じる最大圧縮応力度σ_{max}を求め，コンクリートの許容圧縮応力度f_cと比較する。

コンクリートの許容圧縮応力度
$$f_c = 0.8 \text{kN/cm}^2$$

$\left(f_c = \dfrac{1}{3} F_c,\ F_c = 2.4 \text{kN/cm}^2 \right)$

最大圧縮応力度σ_{max}は，次のつり合い式から求める。

$$M = C \cdot j = \dfrac{1}{2} \times \sigma_{max} \times \dfrac{h}{2} \times b \times j$$

ただし，j：応力中心間距離（$j \fallingdotseq 35.7$ cm）

C：圧縮合力$\left(C = \dfrac{1}{2} \times \sigma_{max} \times \dfrac{h}{2} \times b \right)$

σ_{max}について書き直すと，

$$\sigma_{max} = \dfrac{4M}{b \cdot h \cdot j}$$

$$= \dfrac{4 \times 4{,}410 \text{kN} \cdot \text{cm}}{40 \text{cm} \times 50 \text{cm} \times 35.7 \text{cm}} \fallingdotseq 0.25 \text{kN/cm}^2$$

最大圧縮応力度σ_{max}とコンクリートの許容圧縮応力度f_cを比較すると，

$$\dfrac{\sigma_{max}}{f_c} = \dfrac{0.25 \text{kN/cm}^2}{0.8 \text{kN/cm}^2} = 0.3 \leqq 1.0 \quad \textbf{OK!!}$$

となり，曲げにより生じる躯体コンクリートの圧縮応力度σ_{max}に対してOKであることが確かめられたわけである。

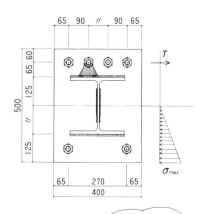

4) ベースプレートの検討

曲げモーメント M により生じる引張力 T と圧縮応力度 σ_c に対して、ベースプレートの厚さを検討する。

ベースプレート厚さは、PL-28mm（SS400）と仮定する。

> ベースプレート許容曲げ応力度
> $$f_{b1} ≒ 18\,\text{kN/cm}^2$$

> ベースプレートのように、断面のせいより幅のほうが広い長方形断面が、せいと直角の軸まわりに曲げを受ける場合（面外曲げ）の許容曲げ応力度は、次式から算定される。これより、f_{b1} は $18\,\text{kN/cm}^2$ となる。
>
> $f_{b1} = \dfrac{F}{1.3}$, $F = 23.5\,\text{kN/cm}^2$

i) 引張側ベースプレートの検討

引張側ベースプレートは、アンカーボルト1本当たりに生じる引張力 $T_1 = 30.9\,\text{kN}\,(=123.6\,\text{kN}/4\text{本})$ が作用する片持ち梁として検討する。

最大曲げモーメント $M_{\max}$ は、次式から求める。

$$M_{\max} = T_1 \ell$$
$$= 30.9\,\text{kN} \times 6.5\,\text{cm} = 200.9\,\text{kN}\cdot\text{cm}$$

$$\sigma_{\max} = \dfrac{M_{\max}}{Z}$$
$$= \dfrac{200.9\,\text{kN}\cdot\text{cm}}{11.8\,\text{cm}^3} ≒ 17.0\,\text{kN/cm}^2$$

$$\dfrac{\sigma_{\max}}{f_{b1}} = \dfrac{17.0\,\text{kN/cm}^2}{18\,\text{kN/cm}^2}$$
$$≒ 0.94 \leq 1.0 \quad \textbf{OK!!}$$

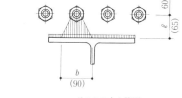

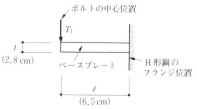

$\left(\text{断面係数}\ Z = \dfrac{bt^2}{6} = \dfrac{9\,\text{cm} \times (2.8\,\text{cm})^2}{6} ≒ 11.8\,\text{cm}^3\right)$

（メモ）ベースプレートの有効幅 b は、

$$b_1 = d + 2\ell$$
$$b_2 = g$$

ただし、d：ボルト径
g：ボルトピッチ
ℓ：ボルトの中心位置からH形鋼のフランジ位置までの距離

b_1, b_2 のうち、いずれか小さいほうの値とする。

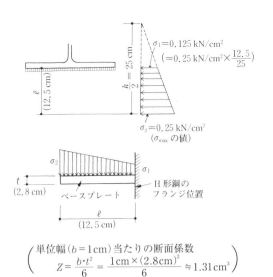

ii）圧縮側ベースプレートの検討

圧縮側ベースプレートは，変分布荷重が作用する片持ち梁として検討する（検討は単位幅1cm当たりについて行う）。

曲げモーメントは，固定端すなわちH形鋼のフランジ位置で最大となるから，最大曲げモーメント M_{max} は，

$$M_{max} = \frac{1}{2}\sigma_1 \ell^2 + \frac{1}{3}(\sigma_2 - \sigma_1)\ell^2$$
$$= \frac{1}{2} \times 0.125 \text{kN/cm}^2 \times (12.5\text{cm})^2$$
$$+ \frac{1}{3}(0.25\text{kN/cm}^2 - 0.125\text{kN/cm}^2)$$
$$\times (12.5\text{cm})^2$$
$$\fallingdotseq 16.3 \text{kN}\cdot\text{cm}$$

となる。

次に曲げ応力度 σ_{max} を求め，許容曲げ応力度 f_{b1} と比較する。

$$\sigma_{max} = \frac{M_{max}}{Z} = \frac{16.3\text{kN}\cdot\text{cm}}{1.31\text{cm}^3} \fallingdotseq 12.4 \text{kN/cm}^2$$

$$\frac{\sigma_{max}}{f_{b1}} = \frac{12.4\text{kN/cm}^2}{18\text{kN/cm}^2} \fallingdotseq 0.69 \leq 1.0 \qquad \textbf{OK!!}$$

以上で，ベースプレートの検討が終了し，ベースプレート厚としてPL-28mmを使用すればOKであるということが確かめられたわけである。

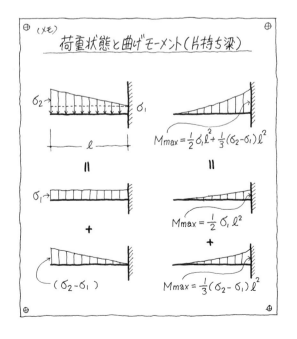

3 足場 135

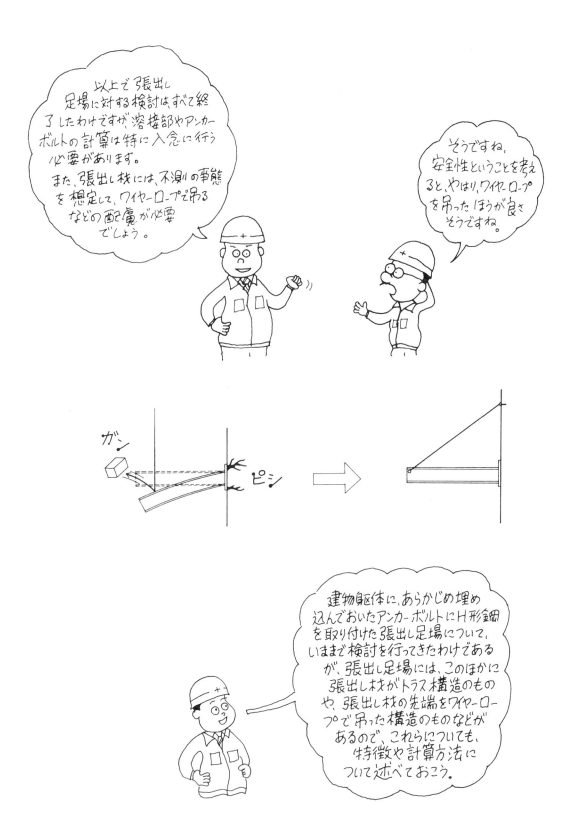

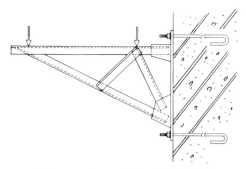

図3-26 トラス構造の張出し足場

張出し材がトラス構造の張出し足場

　トラス構造の張出し材は，通常，図3-26のように組み立てられるが，単一部材の場合と比較して，

　　○張出し長さを長くできる
　　○アンカーボルト本数を軽減できる
　　○たわみ量が小さい

などの利点がある。

　計算は，いままで行ってきた張出し足場の検討の場合と同様に行うが，張出し材が単一部材の場合と違い，トラス構造なので張出し材の検討方法が異なる。

　トラス構造の計算方法には，クレモナの図解法，リッターの切断法，クルマンの図解法などがあるが，現在，最も一般的に使われているクレモナの図解法によって計算するのがわかりやすい。

　なお，支持力があまり大きくなければ，製品化された規格品もあるので，それらを用いるのもよいだろう。

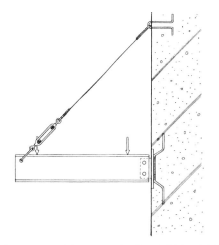

図3-27 ワイヤーロープで吊った張出し足場

張出し材の先端をワイヤーロープで吊った張出し足場

張出し材の先端をワイヤーロープで吊った張出し足場は,
- 張出し長さを長くできる
- たわみ量が小さい

などの利点があるが,ワイヤーロープの取付けに少々手間がかかる。図3-27のような張出し材は,ワイヤーロープの取付け部と建物躯体との仕口部を支持点とする単純梁として検討を行うが,ワイヤーロープには引張力が生じるので,この引張力に対して安全であるようにワイヤーロープを取り付ける必要がある。

ワイヤーロープに対する検討は,以下のように行う。

ワイヤーロープに生じる引張力 T を次式から求め,ワイヤーロープの許容引張耐力 F_t と比較する。

$$T = \frac{R_A}{\sin\theta} \leqq F_t$$

ただし,R_A:張出し材を単純梁として計算したときの反力
θ:ワイヤーロープと張出し材の角度
F_t:ワイヤーロープの切断荷重の $\frac{1}{10}$

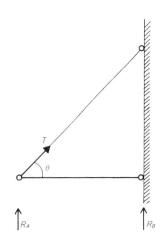

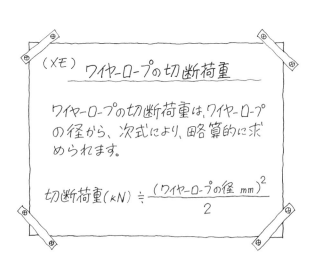

(メモ) ワイヤーロープの切断荷重

ワイヤーロープの切断荷重は、ワイヤーロープの径から、次式により、略算的に求められます。

$$切断荷重(kN) ≒ \frac{(ワイヤーロープの径\ mm)^2}{2}$$

張出し足場の場合、ワイヤーロープの安全率は10倍以上、とりましょう。

3-4 ブラケット一側足場

ポイント 3-4

ブラケット一側足場は，一列建地のため，それ自身では自立できないばかりでなく，建地に偏心荷重が作用するので，下部の建地を2本組にしたり，壁つなぎを多くするなどの配慮が必要である。
ブラケット一側足場の計算は，下記の順序に従って行う。

荷重計算 → 足場板 → ブラケット → 建地 → 壁つなぎ

1. 高さが15mを超える場合は，建地の最高部から測って15mより下の部分は，建地を2本組とする。
2. 建地の設置間隔は1.8m以下，布の上下間隔は1.8m以下とする。
3. 大筋かいは，ブラケット取付け側の反対面に45°程度の角度で，垂直・水平方向とも10m以下ごとにX状に設ける。
4. 壁つなぎは，垂直・水平方向とも3.6m以下とし，足場面に対し直角となるよう堅固に取り付ける。
5. 1層1スパン当たりの積載荷重は連続スパンでない場合，150kg以下，連続スパンの場合，100kg以下とする。
6. 建地1本当たりの積載荷重は，100kg以下とする。
7. 建地1本当たりの許容支持力は，6.86kNとする。

例題 3-5

図3-28のようなブラケット一側足場について検討する。

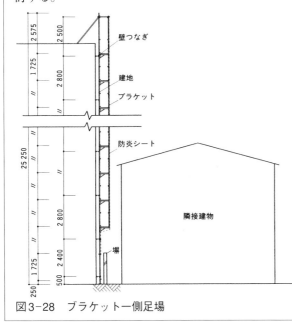

図3-28 ブラケット一側足場

〔設計条件〕

- 建地間隔……………………………………1.8m
- 層（ブラケット）間隔 ………………1.725m
- 壁つなぎ間隔 ｜垂直……………………2.8m
　　　　　　　　｜水平……………………1.8m
- 層数は13層（建物高さ23.3m，8階建）ただし，最下層は抱き足場とする。
- 作業床は合板足場板（幅24cm，厚さ3cm）を2枚敷き並べる。
- 外側全面にメッシュ状の防炎シート（600g/m²）を取り付ける。
- 風荷重は，例題3-3と同じ条件と仮定する。

作業床の間隔は，枠組足場の高さに合わせ，壁つなぎの間隔は階高に合わせてあります。不安定な足場ですからしっかり計算して安全をたしかめましょう。

1. 荷重計算

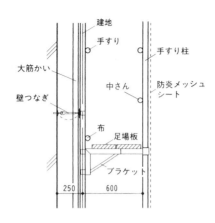

ポイント3-4の手順に従って計算を進める。単管は，$\phi 48.6 \times 2.4$（STK500）を使用する。

A 固定荷重

1) 建地に作用する1層分の荷重

・最高部から15mまで N_1

名 称	単位質量（kg/m）	重量（kg）
建地（1.725m）	2.73	4.71
布（1.8m）	2.73	4.91
＊手すり（外側，1.8m）	2.73	4.91
＊中さん（外側，1.8m）	2.73	4.91
手すり（建物側，1.8m）	2.73	4.91
＊足場板（1.8m×2枚）	6.0	21.6
大筋かい（2mと仮定）	2.73	5.46
＊防炎メッシュシート（3.2m²）		1.92
＊ブラケット（先端クランプ）	―	4.5
＊手すり柱（1.725m）	2.73	4.71
＋ クランプ，壁つなぎなど	―	2.0
合　計		$N_1 \fallingdotseq 64.5$ kg
		↓
		0.63 kN

・最高部から15m以下の部分 N_2

建地が2本になるので，建地の分（4.71kg）とクランプの分が増えることになる。

$N_2 = 64.5\,\text{kg} + 4.71\,\text{kg} \fallingdotseq 69.2\,\text{kg} \to 0.68\,\text{kN}$

・最上部の手すりと建地の延長部分 N_3

$N_3 = $ 単管（2.5mと仮定）$\times 2.73\,\text{kg} = 6.8\,\text{kg}$
　　　　　　　　　　　　　　　　↓
　　　　　　　　　　　　　　　0.07 kN

2) ブラケットに作用する荷重 N_4

建地に作用する荷重のうち，ブラケットから建地に伝わる荷重は，1)で＊印をつけた仮設材とクランプなどである。

$N_4 \fallingdotseq 42.6\,\text{kg} \to 0.42\,\text{kN}$

3) 積載荷重 P，N_5

足場板を検討するための積載荷重は，"NOTE"より，1スパン当たりの最大荷重で$P = 150\,\text{kg}$（1.47 kN），建地に作用する積載荷重は，同様に$N_5 = 100\,\text{kg}$（0.98 kN）となる。

2. 各部材の検討

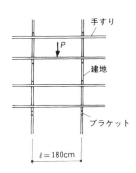

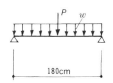

A 足場板の検討

足場板には，合板足場板（24cm×3.0cm×400cm，2枚）を使用する。　幅　厚さ　長さ

断面二次モーメント	$I = 54\,\text{cm}^4$
断面係数	$Z = 36\,\text{cm}^3$
許容曲げ応力度	$f_b = 1.62\,\text{kN/cm}^2$
ヤング係数	$E = 7 \times 10^2\,\text{kN/cm}^2$

足場板は，単純梁として応力計算を行う。スパン ℓ はブラケット間隔（建地間隔）で，$\ell = 180\,\text{cm}$ である。

1) 荷重

足場板には，中央に積載荷重 P の集中荷重および足場板の自重が作用する。

2) 曲げに対する検討

最大曲げモーメント $M_{\max}$ は，次式から求める。

$$M_{\max} = \frac{1}{4}P\ell + \frac{1}{8}w\ell^2$$
　　　　　　↑　　　　　　↑
　　　　集中荷重　　等分布荷重（自重）

$$= \frac{1}{4} \times 1.47\,\text{kN} \times 180\,\text{cm} + \frac{1}{8}$$
$$\times 0.0006\,\text{kN/cm} \times 2\text{枚} \times (180\,\text{cm})^2$$
$$\fallingdotseq 71.0\,\text{kN}\cdot\text{cm}$$

$$\sigma_b = \frac{M_{\max}}{Z} = \frac{71.0\,\text{kN}\cdot\text{cm}}{36\,\text{cm}^3 \times 2} \fallingdotseq 0.99\,\text{kN/cm}^2$$
　　　　　　　　　　　　　　↑
　　　　　　　　　　　　足場板 2枚

$$\frac{\sigma_b}{f_b} = \frac{0.99\,\text{kN/cm}^2}{1.62\,\text{kN/cm}^2} \fallingdotseq 0.61 \leq 1.0 \quad \textbf{OK!!}$$

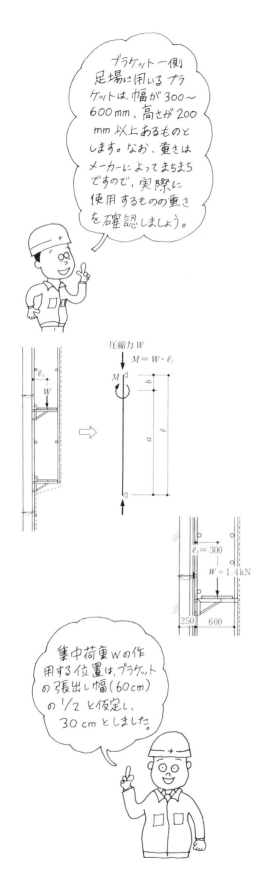

B ブラケットの検討

> ブラケットの許容耐力　$F = 1.96\,\text{kN}$

ブラケットに作用する荷重は，
$$W = N_4 + N_5 = 0.42\,\text{kN} + 0.98\,\text{kN}$$
$$= 1.4\,\text{kN}$$

$$\frac{W}{F} = \frac{1.4\,\text{kN}}{1.96\,\text{kN}} \fallingdotseq 0.71 \leq 1.0 \qquad \textbf{OK!!}$$

積載荷重を守っていれば，ブラケットは十分もつので計算は省略してもよい。

C 建地の検討

建地には，単管 $\phi 48.6 \times 2.4$（STK500）を使用する。

断面二次モーメント	$I = 9.32\,\text{cm}^4$
断面係数	$Z = 3.83\,\text{cm}^3$
断面積	$A = 3.483\,\text{cm}^2$
許容曲げ応力度	$f_b = 23.7\,\text{kN/cm}^2$
許容引張応力度	$f_t = 23.7\,\text{kN/cm}^2$

ブラケット一側足場は，一列足場のため，自重や積載荷重による圧縮力とブラケット位置で曲げを受ける単純梁として検討を行う。

なお，建地に作用する曲げモーメントは，建地の中心から 30 cm 離れた位置に集中荷重 W（= 1.4 kN）が作用すると仮定する。

$$M = W \cdot \ell_1 = 1.4\,\text{kN} \times 30\,\text{cm}$$
$$= 42\,\text{kN}\cdot\text{cm}$$

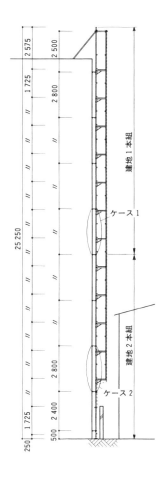

また，建地にかかる圧縮力は，下層にいくほど大きく，不利になると考えられるので，建地の最下層で検討を行う。ただし，例題の場合，建地が1本の部分と2本組の部分があるので，それぞれの最下層について検討する。

なお，建地を2本組とするのは最高部から測って15mより下の部分であるが，計算上の分岐点は最高部から測って15m以内の壁つなぎの位置とする（施工上は分岐点より上の布の位置まで建地をのばし，圧縮力の分散をはかる）。

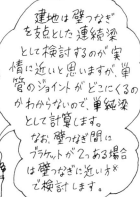

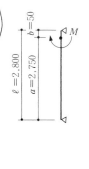

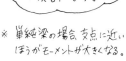

［ケース1］ 建地1本部分最下層の検討

1) 最大曲げモーメント M_{max}

ケース1の場合，ブラケット取付け位置が壁つなぎから50mmのところにくる。

したがって，最大曲げモーメントM_{max}は，

$$M_{max} = M \times \frac{a}{\ell} = 42\,\text{kN}\cdot\text{cm} \times \frac{275\,\text{cm}}{280\,\text{cm}}$$

$$\fallingdotseq 41.3\,\text{kN}\cdot\text{cm}$$

である。

2) 圧縮力 N

圧縮力Nは，ブラケット位置までの固定荷重N_1，N_3と積載荷重N_5の和で，

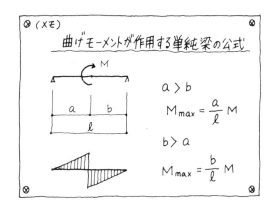

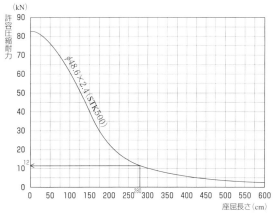

図3-29 単管の許容圧縮耐力

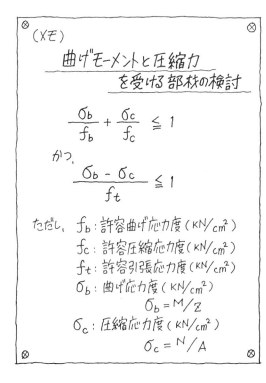

$$N = N_1 \times 7 + N_3 + N_5 = 0.63\,\text{kN} \times 7 + 0.07\,\text{kN}$$

(↑ 層数)

$$+ 0.98\,\text{kN} = 5.5\,\text{kN}$$

となる。これは，建地1本当たりの許容支持力6.86kN以内で，とりあえずOKである。

3) 許容圧縮応力度 f_c

建地の許容圧縮耐力F_cは，座屈を考慮した図3-29から求める。

座屈長さℓ_kは，壁つなぎ間隔で$\ell_k = 2.8\,\text{m}$であるから，図3-29より許容圧縮耐力は，

$$F_c \fallingdotseq 12\,\text{kN}$$

と求まる。

これから許容圧縮応力度f_cを求めると，断面積Aより，

$$f_c = \frac{F_c}{A} = \frac{12\,\text{kN}}{3.483\,\text{cm}^2} \fallingdotseq 3.45\,\text{kN/cm}^2$$

となる。

4) 断面検討

曲げと圧縮力を受ける材は，次式にて検討を行う。

$$\frac{\sigma_b}{f_b} + \frac{\sigma_c}{f_c} \leq 1 \quad \text{かつ} \quad \frac{\sigma_b - \sigma_c}{f_t} \leq 1$$

$$\begin{cases} \sigma_b = \dfrac{M_{\max}}{Z} = \dfrac{41.3\,\text{kN}\cdot\text{cm}}{3.83\,\text{cm}^3} \fallingdotseq 10.8\,\text{kN/cm}^2 \\ \sigma_c = \dfrac{N}{A} = \dfrac{5.5\,\text{kN}}{3.483\,\text{cm}^2} \fallingdotseq 1.58\,\text{kN/cm}^2 \end{cases}$$

$$\frac{\sigma_b}{f_b} + \frac{\sigma_c}{f_c} = \frac{10.8\,\text{kN/cm}^2}{23.7\,\text{kN/cm}^2} + \frac{1.58\,\text{kN/cm}^2}{3.45\,\text{kN/cm}^2}$$

$$\fallingdotseq 0.46 + 0.48 = 0.92 \leq 1.0 \quad \textbf{OK!!}$$

$$\frac{\sigma_b - \sigma_c}{f_t} = \frac{10.8\,\text{kN/cm}^2 - 1.58\,\text{kN/cm}^2}{23.7\,\text{kN/cm}^2}$$

$$\fallingdotseq 0.39 \leq 1.0 \quad \textbf{OK!!}$$

となり，最高部から15mまではOKである。

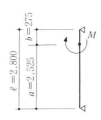

[ケース2] 建地2本部分の最下層の検討

1) 最大曲げモーメント M_{max}

ケース1と同様にして,

$$M_{max} = M \times \frac{a}{\ell} = 42 \text{kN·cm} \times \frac{252.5 \text{cm}}{280 \text{cm}}$$

$$\fallingdotseq 37.9 \text{kN·cm}$$

2) 圧縮力 N

建地に作用する圧縮力 N は,ケース1と同様に,固定荷重と積載荷重の和で,

$$N = N_1 \times \underset{\text{層数}}{7} + N_2 \times \underset{\text{層数}}{5} + N_3 + N_5$$

$$= 0.63 \text{kN} \times 7 + 0.68 \text{kN} \times 5 + 0.07 \text{kN} + 0.98 \text{kN}$$

$$= 8.86 \text{kN}$$

となる。建地1本には,この半分の圧縮力が作用すると考えれば,建地1本当たりの圧縮力は 4.43 kN となり,許容支持力 6.86 kN 以内となる。

3) 許容圧縮応力度 f_c

座屈長さ ℓ_k は,ケース1と同じ 280 cm であるから,f_c はケース1と同じく,$f_c = 3.45 \text{kN/cm}^2$ となる。

4) 断面検討

ケース1と同様に,曲げと圧縮力を受ける材として検討する。

$$\begin{cases} \sigma_b = \dfrac{M_{max}}{Z} = \dfrac{37.9 \text{kN·cm}}{3.83 \text{cm}^3} \fallingdotseq 9.90 \text{kN/cm}^2 \\ \sigma_c = \dfrac{N}{A} = \dfrac{8.86 \text{kN}}{3.483 \text{cm}^2 \times \underset{\text{建地2本}}{2}} \fallingdotseq 1.27 \text{kN/cm}^2 \end{cases}$$

$$\frac{\sigma_b}{f_b} + \frac{\sigma_c}{f_c} = \frac{9.90 \text{kN/cm}^2}{23.7 \text{kN/cm}^2} + \frac{1.27 \text{kN/cm}^2}{3.45 \text{kN/cm}^2}$$

$$\fallingdotseq 0.42 + 0.37 = 0.79 \leq 1.0 \quad \textbf{OK!!}$$

$$\frac{\sigma_b - \sigma_c}{f_t} = \frac{9.90 \text{kN/cm}^2 - 1.27 \text{kN/cm}^2}{23.7 \text{kN/cm}^2}$$

$$\fallingdotseq 0.36 \leq 1.0 \quad \textbf{OK!!}$$

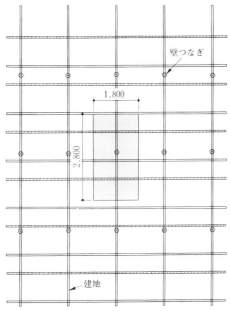

図3-30 壁つなぎの受圧面積

D 壁つなぎの検討

この例題では，風荷重は例題3-3と同じ条件と仮定しているので，設計用速度圧 $q_z = 227\,\text{N/m}^2$，風力係数 $C = 1.03$，$C_2 = 1.26$ として風荷重の算定を行う。

> 壁つなぎの許容圧縮・引張耐力　$F = 4.41\,\text{kN}$
> （仮設工業会認定合格品）

壁つなぎ1本当たりが負担する足場構面の面積 A は，垂直・水平方向の壁つなぎ間隔であるから，

$A = \underset{\text{垂直方向}}{2.8\,\text{m}} \times \underset{\text{水平方向}}{1.8\,\text{m}} = 5.04\,\text{m}^2$

したがって，壁つなぎ1本に作用する風荷重 P を求め，壁つなぎの許容耐力 F_k と比較すると，

$P = q_z \times C_2 \times A$
$= 227\,\text{N/m}^2 \times 1.26 \times 5.04\,\text{m}^2$
$\fallingdotseq 1{,}442\,\text{N} \rightarrow 1.44\,\text{kN}$

壁つなぎに作用する応力は，主として風荷重によるものなので，許容耐力は30％割増して，

$F_k = 4.41\,\text{kN} \times 1.3 \fallingdotseq 5.73\,\text{kN}$

$\dfrac{P}{F_k} = \dfrac{1.44\,\text{kN}}{5.73\,\text{kN}} \fallingdotseq 0.25 \leq 1.0$　　**OK!!**

となり，壁つなぎを図3-30のように設ければ，十分OKということが確かめられたわけである。

なお，上層2層部分については，単管による控えが設けられているので，検討は省略する。

3-5 くさび緊結式足場

ポイント 3-5

くさび緊結式足場は，中低層の建築工事に採用されることが多くなってきたことから，仮設工業会で部材等の認定基準，組立ておよび使用に関する技術基準を示している。

これらの基準に従えば，部材個々の計算は必要ないが，枠組足場と同様にメッシュシート等を用いた場合は，風荷重による部材の検討が必要となる。

くさび緊結式足場の計算は，下記の順序に従って行う。

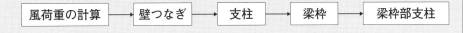

1. 使用に当たっては，仮設工業会の「くさび緊結式足場の組立て及び使用に関する技術基準」による。
2. 足場の高さは，原則として45m以下とする。
3. 支柱の間隔は，けた行方向1.85m以下，梁間方向1.5m以下とする。
4. 地上第一の布は，2m以下の位置に設ける。
5. 足場用鋼管および緊結金具を用いたけた行方向の筋かい（大筋かい）は，全層全スパンに渡って8層8スパンごとに交差2方向に設け，その傾きは水平に対しおおむね45度とし，大筋かいは各支柱に緊結する。くさび式足場用斜材を用いた場合は，6層6スパンごとに交差2方向に設ける。
6. 壁つなぎは，垂直方向5m，水平方向5.5m以下の間隔で設ける。
7. 作業床の最大積載荷重は，次表の値以下とする。

梁間方向の支柱間隔		1層1スパンの積載荷重	1スパンの積載荷重の合計
400mm以上900mm未満		200kg	400kg
900mm以上	連続スパン載荷の場合	250kg	500kg
	1スパンおき載荷の場合	400kg	800kg

8. 梁枠を用いた開口部の大きさは，幅3スパン以下，高さ3層以下とする。
9. 梁枠を取り付けた支柱の両端支持部には，壁つなぎを設ける。
10. 梁枠で構成された開口部上方の足場の全積載荷重は，800kg以下であること。
11. 平成21年3月2日公布，同年6月1日施行の改正労働安全衛生規則により，足場の作業床からの墜落防止措置，物体の落下防止措置が必要である（巻末の計算用基本データ参照）。
12. 平成21年4月24日付で示された「手すり先行工法に関するガイドライン」に基づいて組み立てる。
13. くさびの打込みによる確実な強度を確保するため，同じメーカーの部材を用いる。
14. 支柱の許容支持力は，各メーカーの実大実験の結果を基に，安全率2以上を考慮した値とする。
15. 平成27年3月5日公布，同年7月1日施行の改正労働安全衛生規則により，床材と建地との隙間を12cm未満とすること（一側足場，吊り足場を除く高さ2m以上の作業場所）と，安全帯取付け設備を設置し，作業者に安全帯を使用させる措置を講ずることが必要である。

16. 建地の最高部から測って31mを超える地上までの建地は，単管を2本組とすることを原則とする。ただし，平成27年7月1日施行の改正労働安全衛生規則により，設計荷重が建地の使用荷重を超えない場合は不要となった。

◀ 例題3-6

図3-31のようなくさび緊結式足場について検討する。

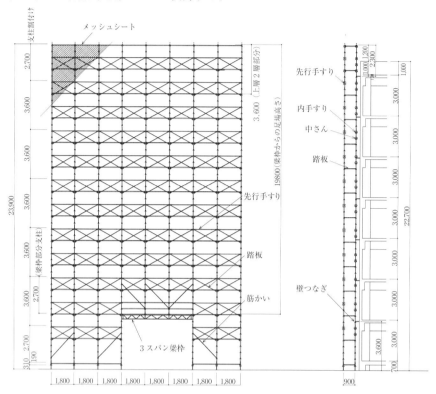

図3-31 くさび緊結式足場

〔設計条件〕

- 建設地…………長野県（一般市街地）
- 近接する高層建築物…なし
- 建物の高さ………22.7m
- 足場の高さ………23.9m
- 層間隔……………1.8m
- 層数………………12
- 形状補正係数 $R = 0.6$ とする。

- 壁つなぎの設置間隔…各階2スパンごと 最下層3.6m，一段階3.0m
- 支柱間隔
  - けた行方向………1.8m
  - 梁間方向…………0.9m
- 外側全面にメッシュシート（充実率0.7）を取り付ける。
- くさび緊結式足場は，セブン足場とする

本例では，風荷重および風荷重による各部材の検討を行う。

また，仮設工業会の基準に従えば個々の部材の検討は必要ないので，この例題では支柱と梁枠の計算について勉強しよう。

セブン足場の先行手すりは，筋かいの機能を有していますので，筋かいは最下層のみ設置します。先行手すり以外では，大筋かいのようにブレースを設置します。

1. 壁つなぎの検討

A 風荷重の計算

1) 設計用速度圧 q_z の計算

$$q_z = \frac{5}{8} \times (V_o \cdot K_e \cdot S \cdot E_B)^2$$
$$= \frac{5}{8} \times (14\,\mathrm{m/s} \times 1.0 \times 1.36 \times 1.0)^2$$
$$\fallingdotseq 227\,\mathrm{N/m^2}$$

2) 風力係数 C の計算

ⅰ) 上層2層部分 C_1

$$C_1 = (0.11 + 0.09\gamma + 0.945 C_o \cdot R) \cdot F$$
$$= (0.11 + 0.09 \times 0.3 + 0.945 \times 1.57 \times 0.6) \times 1.0$$
$$\fallingdotseq 1.03$$

ⅱ) その他の部分 C_2

$$C_2 = 1.03 \times 1.22 \fallingdotseq 1.26$$

B 一般部分の壁つなぎの検討

本例題では，壁つなぎを図3-32のように取り付ける。

壁つなぎ用金具の許容耐力
許容引張力 ⎫ 　　　　　 ⎬ 4.41 kN 許容圧縮力 ⎭

壁つなぎ1本が負担するのは，図3-32の網かけ部分の面積となるから，これに単位面積当たりの風荷重をかけて，壁つなぎの許容耐力と比較する。

$$P = q_z \times C_2 \times A$$
$$= 227\,\mathrm{N/m^2} \times 1.26 \times (3.0\,\mathrm{m} \times 3.6\,\mathrm{m})$$
$$= 3,089\,\mathrm{N} \rightarrow 3.09\,\mathrm{kN}$$

（壁つなぎ間隔（階高）　建地スパン）

壁つなぎの許容耐力は，風荷重が対象なので30％割増でき，5.73 kN（= 4.41 kN × 1.3）となる。よって，

$$\frac{P}{F_k} = \frac{3.09\,\mathrm{kN}}{5.73\,\mathrm{kN}} \fallingdotseq 0.54 \leq 1.0 \quad \textbf{OK!!}$$

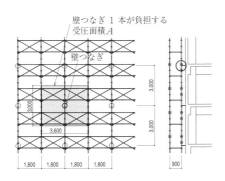

図3-32 壁つなぎ配置図（一般部分）

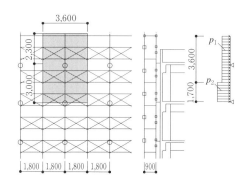

C 最上端部分の壁つなぎの検討

枠組足場の場合と同様に,「上層2層部分」の作用風圧力の合力 P_1 と「その他の部分」の作用風圧力の合力 P_2 による A 点まわりのモーメントのつり合いから,支点反力 R を求め,壁つなぎの許容耐力 F_k と比較する。

1) 単位面積当たりの風圧力 p の計算

最上端の壁つなぎ上下の単位面積当たりの風圧力 p を求めると,

$p_1 = q_z \times C_1 = 227\,\mathrm{N/m^2} \times 1.03 ≒ 234\,\mathrm{N/m^2}$

$p_2 = q_z \times C_2 = 227\,\mathrm{N/m^2} \times 1.26 ≒ 286\,\mathrm{N/m^2}$

となる。

2) 足場に作用する風圧力 P

足場に作用する風圧力は,

$P_1 = p_1 \times 3.6\,\mathrm{m} \times 3.6\,\mathrm{m} = 234\,\mathrm{N/m^2} \times 12.96\,\mathrm{m^2}$
　　$≒ 3,033\,\mathrm{N} \rightarrow 3.03\,\mathrm{kN}$

$P_2 = p_2 \times 1.7\,\mathrm{m} \times 3.6\,\mathrm{m} = 286\,\mathrm{N/m^2} \times 6.12\,\mathrm{m^2}$
　　$≒ 1,750\,\mathrm{N} \rightarrow 1.75\,\mathrm{kN}$

となる。

3) 合力の作用位置

合力の作用位置は,各支点間の中央となるので,

$h_1 = 1.7\,\mathrm{m} + \dfrac{3.6\,\mathrm{m}}{2} = 3.5\,\mathrm{m}$

$h_2 = \dfrac{1.7}{2}\,\mathrm{m} = 0.85\,\mathrm{m}$

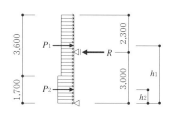

4) 風圧力によるモーメント M_A の計算

風圧力による A 点まわりのモーメントを求める。

$M_A = P_1 \times h_1 + P_2 \times h_2$
　　$= 3.03\,\mathrm{kN} \times 3.5\,\mathrm{m} + 1.75\,\mathrm{kN} \times 0.85\,\mathrm{m}$
　　$≒ 12.1\,\mathrm{kN \cdot m}$

5) 壁つなぎの強度検討

A点まわりのモーメントのつり合いから，壁つなぎに生じる反力Rを求め，壁つなぎの許容耐力と比較する。

$M_A = R \times 3.0 \mathrm{m}$

$\therefore R = \dfrac{12.1 \mathrm{kN \cdot m}}{3.0 \mathrm{m}} \fallingdotseq 4.03 \mathrm{kN}$

$\dfrac{R}{F_k} = \dfrac{4.03 \mathrm{kN}}{5.73 \mathrm{kN}} \fallingdotseq 0.70 \leq 1.0$　　OK!!

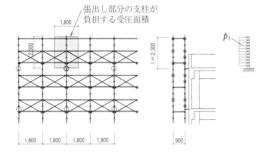

D　風荷重による支柱の検討

支柱は，単管足場に用いる単管をベースにしているので，諸性能は許容支持力を除き単管と同等とする。

断面二次モーメント	$I = 9.32 \mathrm{cm}^4$
断面係数	$Z = 3.83 \mathrm{cm}^3$
許容曲げ応力度	$f_b = 23.7 \mathrm{kN/cm}^2$
ヤング係数	$E = 2.05 \times 10^4 \mathrm{kN/cm}^2$

くさび緊結足場では，風荷重に対し，前後2本の支柱の曲げ剛性で抵抗するものと考える。

・支柱に生じる曲げモーメント

$M_{\max} = \dfrac{w\ell^2}{2} = \dfrac{p_1 \times 1.8 \mathrm{m} \times (2.3 \mathrm{m})^2}{2}$

$= \dfrac{234 \mathrm{N/m}^2 \times 1.8 \mathrm{m} \times 5.29 \mathrm{m}^2}{2}$

$\fallingdotseq 1{,}114 \mathrm{N \cdot m} \rightarrow 111 \mathrm{kN \cdot cm}$

$\sigma_b = \dfrac{M_{\max}}{Z} = \dfrac{111 \mathrm{N \cdot cm}}{3.83 \mathrm{cm}^3 \times 2}$

　　　　　　　　　　↑
　　　　　　　　支柱2本で抵抗

$\fallingdotseq 14.5 \mathrm{kN/cm}^2$

$\dfrac{\sigma_b}{f_b} = \dfrac{14.5 \mathrm{kN/cm}^2}{23.7 \mathrm{kN/cm}^2} \fallingdotseq 0.61 \leq 1.0$　　OK!!

枠組足場の場合は，ジョイント位置が明確なので，最上端の壁つなぎ直上のジョイント位置でモーメントを求め，脚柱ジョイントの検討をしましたが，くさび緊結足場の場合は連続しているので，最上端の壁つなぎ位置でのモーメントを用いて検討します。

2. 最下層の支柱の検討

単管足場の場合は、1層分の荷重を求め建地1本当たりが負担する層数を掛けて総荷重を求めましたが、ここでは最下層にかかる荷重をすべて求めています。

くさび緊結式足場は，メーカーの組立基準に従っていれば個々の部材の検討は必要ないが，許容支持力はメーカーによって異なるため，支柱について検討を行う。

支柱にかかる圧縮力は，最下層にいくほど大きく不利になると考えられるので，最下層の支柱で検討を行う。なお，外側には先行手すり（クロスロック6.5kg/本），建物側には内手すり（4.6kg/本）と中さん（同）を用いるが，建物側の重量のほうが大きくなるので，建物側の重量で検討する。

A 荷重計算

1）固定荷重

・最下層の支柱1本当たりに作用する自重N_1（全層分）

名　称	部材重量 (kg)	数量	重量 (kg)
支柱（3,600）	13.1	5	65.5
支柱（2,700）	10.0	2	20.0
根がらみジョイント	1.4	1	1.4
頭つなぎ，根がらみ（1,800）	4.6	2	9.2
内手すり（1,800）	4.6	12	55.2
中さん（1,800）	4.6	12	55.2
手すり（900）	2.5	14/2	17.5
踏板4018-01型	12.9	24/2	154.8
＋）ステップブレース1,800	3.9	1/2	1.95

　　　　　　　　　　　380.75kg
　　　　　　　　　　　　↓
　　　　　　　　　　$N_1 = 3.73$kN

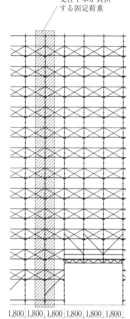

2）積載荷重

図3-33のように，積載を連続スパンで行い，1スパン当たり250kg積載し，かつ，2層分積載した場合を仮定すると，中央の支柱1本が負担する積載荷重N_2は，

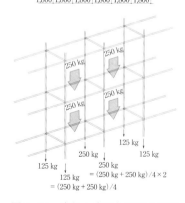

図3-33　支柱1本に作用する荷重

同じ鋼管ですが、単管足場の場合は、建地1本当たりの許容積載荷重が200kgなので、くさび足場のほうが若干多く負担できます。

$$N_2 = \frac{1スパン2層分の積載荷重}{支柱4本で負担} \times 2スパン分$$

$$= \frac{250\,\mathrm{kg} + 250\,\mathrm{kg}}{4} \times 2 = 250\,\mathrm{kg} \to 2.45\,\mathrm{kN}$$

となる。

3） 最下層の支柱にかかる荷重

最下層の支柱1本当たりにかかる荷重 N_3 は、固定荷重 N_1 と積載荷重 N_2 の和であるから、

$$N_3 = N_1 + N_2 = 3.73\,\mathrm{kN} + 2.45\,\mathrm{kN} = 6.18\,\mathrm{kN}$$

となる。

B．支柱の検討

支柱の許容支持力は、4.5層1スパンの実大実験（仮設工業会による）から得られた破壊荷重に安全率を考慮して、各メーカーによって定めている。これと支柱1本当たりにかかる荷重と比較する。ただし、メーカーの定める許容支持力を上回らないこととする。

単管足場の場合、建地1本当たりの許容支持力を6.86kNとしていますが、これは単管ジョイントの強度などから定められたようです。同じ鋼管をベースにしていても、セブン足場の場合は、実験結果から、支柱の許容支持力を16kNとしています。他メーカーも同じくらいだと思いますが、使用に当たっては確認しましょう。

1） 許容支持力

仮設工業会による実大実験で、2層ごとに壁つなぎを設けているので、座屈長さとして2層分の長さと考えるのが妥当である。

本例では、壁つなぎ間隔は最下段で360cmと2層分の長さと同等なので、許容支持力は $F_c = 16\,\mathrm{kN}$（セブン足場）となる。

2） 軸力に対する検討

支柱1本当たりにかかる荷重と許容支持力を比較する。

$$\frac{N_3}{F_c} = \frac{6.18\,\mathrm{kN}}{16\,\mathrm{kN}} = 0.39 \leq 1.0 \quad \textbf{OK!!}$$

くさび緊結式足場の場合、実大実験から許容支持力を求めているので、壁つなぎ間隔が2層分以上の長さとなると、許容支持力が明確に示せません。壁つなぎは2層以内に設けましょう。

3. 梁枠の検討

梁枠に3スパン用を用いた場合の梁枠の検討を行う。梁枠からの足場の高さは，19.8mとなる。

A 荷重計算

1) 固定荷重

・梁枠1枚に作用する1スパン分の自重（梁枠から上部分）

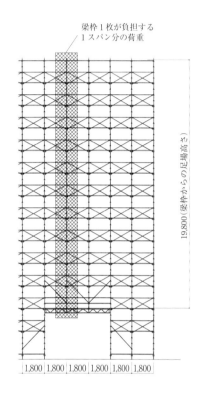

名　称	部材重量 (kg)	数量	重量 (kg)
支柱（3,600）	13.1	4	52.4
支柱（2,700）	10.0	2	20.0
頭つなぎ（1,800）	4.6	1	4.6
手すり（1,800）	4.6	11	50.6
中さん（1,800）	4.6	11	50.6
手すり（900）	2.5	12/2	15.0
踏板4018-01型	12.9	22/2	141.9
＋）ステップブレース1,800	3.9	1	3.9

339.0 kg

3スパンの梁枠には，2スパン分の自重がかかるので，

$N_4 = 339.0\text{kg} \times 2\text{スパン} = 678.0\text{kg} \rightarrow 6.64\text{kN}$

2) 積載荷重

梁枠で構成された開口部上方の足場の全積載荷重は，800kg以下と定められており，これを内外2枚の梁枠で受けているので，梁枠1枚の中心にかかる荷重N_5は，

$N_5 = 800\text{kg}/2 = 400\text{kg} \rightarrow 3.92\text{kN}$

となる。

3) 梁枠1枚にかかる荷重

梁枠1枚にかかる荷重N_6は，固定荷重N_4と積載荷重N_5の和であるから，

$N_6 = N_4 + N_5 = 6.64\text{kN} + 3.92\text{kN} = 10.56\text{kN}$

となる。

B 梁枠の検討

『仮設機材認定基準とその解説』では,枠の強度は3スパン用の場合,24kNの鉛直荷重が作用したときにたわみが25mm以下と規定されている(最大荷重は48kN以上)。これが許容荷重となるので,作用する荷重と比較する。

$$\frac{N_6}{24\,\mathrm{kN}} = \frac{10.56\,\mathrm{kN}}{24\,\mathrm{kN}} = 0.44 \leqq 1.0 \quad \textbf{OK!!}$$

梁枠両端の支柱の検討を行う。最下層の支柱の検討同様に不利になると考えられる最下層の支柱で検討を行う。なお,作用する荷重が許容支持力を上回る場合は,開口部両側の支柱に単管(鋼管)を添えて補強する。

本例に用いたセブン足場の梁枠の場合,仮設工業会での試験結果より,58.8kN以上の強度があることが証明されています。また,24kNでのたわみは,基準の25mmに対して15.3mmという結果から安全上問題ありません。

4. 梁枠端部支柱の検討

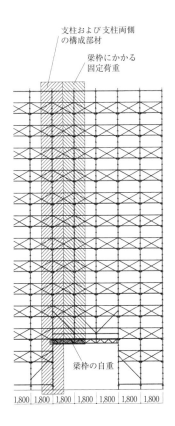

A 荷重計算

1) 固定荷重

梁枠端部の最下層の支柱にかかる自重 N_7 は,支柱の自重と支柱両側の構成部材および梁枠にかかる固定荷重,梁枠の自重の1/2となる。

名 称	部材重量(kg)	数量	重量(kg)
支柱(3,600)	13.1	5	65.5
支柱(2,700)	10.0	2	20.0
根がらみジョイント	1.4	1	1.4
頭つなぎ,根がらみ(1,800)	4.6	2	9.2
手すり(1,800)	4.6	11.5	52.9
中さん(1,800)	4.6	11.5	52.9
手すり(900)	2.5	14/2	17.5
踏板4018-01型	12.9	22/2+1/2	148.35
ステップブレース(1,800)	3.9	1/2	1.95
3スパン梁枠(自重)	30.9	1/2	15.45
+)梁枠にかかる固定荷重	678.0	1/2	339.0

$$724.15\,\mathrm{kg} \\ \downarrow \\ N_7 = 7.1\,\mathrm{kN}$$

(メモ)

次世代足場

次世代足場とは従来のくさび緊結式足場が改善・改良されたもので、次世代の足場として急速に普及している。ほとんどの次世代足場の特徴として、

1. 階高が1,800～1,900mmと従来より高くなっており、枠組足場と比べ内側に邪魔な補強がなく空間が広くとれる。
2. 手すりが先行工法に対応している。
3. 床の隙間が少なく安全である。
4. 高張力鋼・高強度鋼の採用で軽くコンパクトで、置き場の省スペース化が可能である。
5. 組立・解体作業が容易で、緊結部には抜止め防止機能がついている。
6. クレーンによる大組み、大ばらしが可能である。

といった利点がある。各メーカーとも仮設工業会のシステム承認を取得しており、足場を組み立てた状況で試験を行い、支柱1本当たりの許容支持力を算出している。合格基準はなく、メーカーにより許容支持力は異なる。次世代足場を採用するときは各メーカーの許容支持力や組立にあたっての条件をよく調べて採用しよう。

くさび緊結式足場の高さは31mから45mまでに変更されました。また、最高部から31mを超える部分についても平成27年7月1日の安衛則の改正で、支柱1本当たりにかかる荷重が許容支持力を超えなければ2本組にしなくてもよくなりました。ただし、支柱の両端支持部には必ず壁つなぎを設けましょう。

---

2) 積載荷重

梁枠端部支柱の検討なので、梁枠にかかる積載荷重を対象に考える。開口部上方の足場の全積載荷重は、800kg以下と定められており、これを4本の支柱で負担するので、支柱1本にかかる荷重N_8は、

$$N_8 = \frac{800\,\mathrm{kg}}{4} = 200\,\mathrm{kg} \rightarrow 1.96\,\mathrm{kN}$$

となる。

3) 梁枠端部支柱1本にかかる荷重

梁枠端部支柱1本かかる荷重N_9は、固定荷重N_7と積載荷重N_8の和であるから、

$N_9 = N_7 + N_8 = 7.1\,\mathrm{kN} + 1.96\,\mathrm{kN} = 9.06\,\mathrm{kN}$

となる。

B 支柱の検討

支柱の許容支持力は、最下層の支柱の検討と同様に行う。

1) 許容支持力

支柱の許容支持力も最下層の支柱同様に、$F_c = 16\,\mathrm{kN}$ となる。

2) 軸力に対する検討

支柱1本当たりにかかる荷重と許容支持力を比較する。

$$\frac{N_9}{F_C} = \frac{9.06\,\mathrm{kN}}{16\,\mathrm{kN}} = 0.57 \leq 1.0 \qquad \text{OK!!}$$

3-6 まとめ

項目＼足場の種類	枠組足場	単管足場	張出し足場	ブラケット一側足場	くさび緊結式足場	備　考
検討項目	○最下層の建枠 ○梁枠 ○壁つなぎ	○足場板 ○腕木 ○布 ○建地 ○壁つなぎ	○大引き ○張出し材 ○張出し材仕口部 ★このほか，構台上に架設される足場の検討項目については，それぞれの足場（枠組，単管足場）の場合と同様。	○足場板 ○ブラケット ○建地 ○壁つなぎ	○（最下層の）支柱 ○梁枠 ○壁つなぎ	壁つなぎは，養生枠や養生シートなどを取り付けた場合のみ検討する。
荷　重	○固定荷重 ○建枠間の積載荷重（1層1スパン当たり） 建枠幅1,200 ………500kg 建枠幅900 ………400kg 簡易枠 ………250kg	○固定荷重 ○建地間の積載荷重 ・建地間隔が1.8mの場合，1層1スパン当たり ………400kg ・建地間隔が1.8m以下の場合 建地間の距離の割合に応じて荷重の限度を増すことができる。	○固定荷重 ○積載荷重 構台上に架設される足場（枠組，単管足場）の場合と同様。	○固定荷重 ○積載荷重 連続スパンでない場合150kg以下 連続スパンの場合100kg以下 建地1本当たり100kg以下	○固定荷重 ○支柱間の積載荷重 1層1スパン当たり ・連続スパンの場合 ………250kg ・1スパンおきの場合 ………400kg ★ただし，同時積載は2層までとする。	ブラケット一側足場以外の積載荷重は，2層同時載荷でも可
各検討項目の検討内容	○最下層の建枠 圧縮力 ○壁つなぎ 圧縮力 引張力	○足場板，腕木，布 曲げモーメント ○建地 圧縮力 ○壁つなぎ 圧縮力 引張力	○大引き 曲げモーメント せん断力 ○張出し材および張出し材仕口部[*] 曲げモーメント せん断力 圧縮力 引張力 ボルト ベースプレート等 ★構台上に架設される足場の検討内容については，それぞれの足場（枠組，単管足場）の場合と同様。	○足場板 曲げモーメント ○建地 圧縮力と曲げモーメントの組合せ応力 ○壁つなぎ 圧縮力 引張力	○支柱 圧縮力 ○壁つなぎ 圧縮力 引張力	[*] 張出し材および張出し材仕口部の検討内容は，張出し材の種類により異なる。
応力とたわみの計算仮定（荷重状態の支持状態のモデル化）	───	○足場板，腕木，布 集中荷重と等分布荷重（自重） 単純梁	○大引き 集中荷重と等分布荷重（自重） 単純梁 ○張出し材[*] 集中荷重，等分布荷重 片持ち梁，単純梁	○足場板 集中荷重と等分布荷重（自重） 単純梁 ○建地 軸力と曲げモーメント 単純梁	───	[*] 張出し材の応力とたわみの計算仮定は，張出し材の種類により異なる。

項目＼足場の種類	枠組足場	単管足場	張出し足場	ブラケット一側足場	くさび緊結式足場	備　考
応力とたわみの計算式	○最大曲げモーメント　$M_{\max}$　最大たわみ　$\delta_{\max}$ ・等分布荷重 $M_{\max}=\dfrac{1}{8}w\ell^2$　$\delta_{\max}=\dfrac{5w\ell^4}{384EI}$　　$M_{\max}=\dfrac{1}{2}w\ell^2$　$\delta_{\max}=\dfrac{w\ell^4}{8EI}$　　$M=P\ell_1$ ・集中荷重 $M_{\max}=\dfrac{1}{4}P\ell$　$\delta_{\max}=\dfrac{P\ell^3}{48EI}$　$M_{\max}=P(a+2b)$　$Q_{\max}=2P$　　$a>b$ $\delta_{\max}=\dfrac{P}{6EI}\left\{(a+b)^2(3\ell-a-b)\right.$　$M_{\max}=\dfrac{a}{\ell}M$ $\left.+b^2(3\ell-b)\right\}$　$b>a$ $M_{\max}=\dfrac{b}{\ell}M$ $\delta_{\max}=\dfrac{M(\ell^2-3b^2)^{\frac{3}{2}}}{9\sqrt{3}EI\ell}$ ただし w：単位長さ当たりの荷重（kN/cm）　　E：ヤング係数（kN/cm²） P：荷重（kN）　　　　　　　　　　I：断面二次モーメント（cm⁴） ℓ：スパン（cm）					
許容耐力と許容応力度	○建枠 脚管1本当たりの許容圧縮耐力 F_c 基礎，ジャッキベース，繰出し長さにより異なるので，巻末参照。 ○壁つなぎ 許容圧縮・引張耐力 　$F=4.41$ kN	○建地 建地1本当たりの許容圧縮耐力 F_c 　$F_c=6.86$ kN （ただし，作業している床の層数が3層以上の場合） ○足場板 合板足場板の許容曲げ応力度 f_b 　$f_b=1.62$ kN/cm² ○腕木，布 単管 $\phi48.6\times2.5$ （STK500）の許容曲げ応力度 f_b 　$f_b=23.7$ kN/cm² ○壁つなぎ 許容圧縮・引張耐力 　$F=4.41$ kN	○大引き ペコビームの最大許容耐力 ・最大許容曲げモーメント等分布荷重の場合 　$M_a=13.7$ kN·m 集中荷重の場合 　$M_a=9.60$ kN·m ・最大許容せん断力 等分布荷重の場合 　$Q_a=24.5$ kN 集中荷重の場合 　$Q_a=17.1$ kN ○張出し材 許容応力度は，長期許容応力度を採用する。 ★構台上に架設される足場の許容耐力と許容応力度については，それぞれの足場（枠組，単管足場）の場合と同様。	○建地 建地1本当たりの許容圧縮耐力 F_c 　$F_c=6.86$ kN ・壁つなぎ 許容圧縮・引張耐力 　$F=4.41$ kN	○支柱 支柱1本当たりの許容圧縮耐力 F_c 　$F_c=16$ kN* ・壁つなぎ 許容圧縮・引張耐力 　$F=4.41$ kN *セブン足場の場合	壁つなぎは，仮設工業会認定合格品を使用する。

項目＼足場の種類	枠組足場	単管足場	張出し足場	ブラケット一側足場	くさび緊結式足場	備　考
ヤング係数と許容たわみ量	――――	――――	○張出し材のヤング係数 E（鋼材使用の場合） $E = 2.05 \times 10^4\,\text{kN/cm}^2$ ○張出し材の許容たわみ量 部材角以下 $\left(\dfrac{\delta_{\max}}{l}\right)\dfrac{1}{250}$	――――	――――	
判　定　式	○曲げモーメント $\dfrac{\sigma_{\max}}{f_b} \le 1.0$ ただし，$\begin{cases} f_b：許容曲げ応力度(\text{kN/cm}^2) \\ \sigma_{\max}：最大曲げ応力度(\text{kN/cm}^2) \end{cases}$ $\sigma_{\max} = \dfrac{M_{\max}}{Z}$ $\begin{pmatrix} M_{\max}：最大曲げモーメント(\text{kN·cm}) \\ Z：断面係数(\text{cm}^3) \end{pmatrix}$ ○圧縮力 $\dfrac{N_{\max}}{F_c} \le 1.0$ ただし，$\begin{matrix} F_c：許容圧縮耐力(\text{kN}) \\ N_{\max}：最大圧縮力(\text{kN}) \end{matrix}$ ○引張力 $\dfrac{T_{\max}}{F_t} \le 1.0$ ただし，$\begin{matrix} F_t：許容引張耐力(\text{kN}) \\ T_{\max}：最大引張力(\text{kN}) \end{matrix}$ ○たわみ $\dfrac{\delta_{\max}}{\ell} \le \dfrac{1}{300}$ ただし，$\begin{matrix} \delta_{\max}：最大たわみ(\text{cm}) \\ \ell：スパン(\text{cm}) \end{matrix}$ （ただし，張出し材は1/250以下）			○曲げモーメントと圧縮力 $\dfrac{\sigma_b}{f_b} + \dfrac{\sigma_c}{f_c} \le 1.0$ かつ $\dfrac{\sigma_b - \sigma_c}{f_t} \le 1.0$ ただし， σ_b：最大曲げ応力度（kN/cm²） σ_c：最大圧縮応力度（kN/cm²） f_b：許容曲げ応力度（kN/cm²） f_c：許容圧縮応力度（kN/cm²） f_t：許容引張応力度（kN/cm²）	単管足場と同じ	
労働安全衛生規則 JIS，JASS の諸規定	○足場高さ 原則として45m以下 ○建枠 高さ20mを超えるときおよび重量物の積載を伴う作業を行うときは，使用する主枠は，高さ2m以下のものとし，かつ主枠間隔は，1.85m以下とする。 ○水平材 最上層および5層以内ごとに設ける。 ○壁つなぎ 垂直方向9m以下 水平方向8m以下	○足場高さ 原則として31m以下。31mを超える場合は，最上部から測って31m以下は鋼管2本組とする。 ○建地 建地間隔は，けた行方向1.85m以下梁間方向1.5m以下最高部から測って31mを超える部分の建地は，鋼管を2本組とする。 ○布 地上第1番目の布は，2m以下の位置に設ける。（垂直方向の間隔は，1.5m内外） ○壁つなぎ 垂直方向5m以下水平方向5.5m以下 ○腕木 腕木の間隔は，1.5m以下 ○筋かい 水平面に対して45°内外に架け渡し，垂直方向15m以下，水平方向16.5m以下の設置間隔ごとに交差2方向に設ける。	構台上に架設される足場の諸規定については，それぞれの足場（枠組，単管足場）の場合と同様。	○足場高さが15mを超える場合は最高部から測って15mより下の部分の建地は，鋼管を2本組とする。 ○壁つなぎは水平，垂直とも3.6m以下	○足場高さ 45m以下 ○支柱 支柱間隔はけた行方向1.85m以下梁間方向1.5m以下 ○踏板 地上第一の踏板は，地上より2m以下の位置に設ける。 ○壁つなぎ 垂直方向5m以下水平方向5.5m以下 ○筋かい くさび式足場用斜材を用いる場合は，6層6スパン以下ごとに交差2方向に設ける。足場用鋼管を用いる場合は，8層8スパンごとに交差2方向に設ける（筋かいの機能を有する先行手すりを用いる場合は，この限りではない）。	

3　足場　159

項目＼足場の種類	枠組足場	単管足場	張出し足場	ブラケット一側足場	くさび緊結式足場	備　考
	○作業床 　幅………重作業の場合80cm以上，軽作業の場合40cm以上 　すき間……30mm以下 　（ただし，張出し足場の場合は，すき間なく，床面全体を覆う） 　転位脱落防止のため，2箇所以上緊結					
	○墜落防止 　平成21年3月2日公布，同6月1日施行の改正労働安全衛生規則より，足場の作業床からの墜落防止措置，物体の落下防止措置が必要である。詳しくは巻末の基本データ参照のこと。 ○くさび緊結式足場の高さ制限 　平成26年12月に改訂された「くさび緊結式足場の組立て及び使用に関する技術基準」（仮設工業会）では，適用高さが31mから45mに変更された。 ○くさび緊結式足場の建地補強 　平成27年3月5日公布，同年7月1日施行の改正労働安全衛生規則第571条により，設計荷重が建地の使用荷重を超えない場合，最高部から測って31mを超える建地の2本組は不要となった。 ○床材と建地の隙間 　平成27年3月5日公布，同年7月1日施行の改正労働安全衛生規則第563条により，足場における高さ2m以上の作業床の要件として，床材と建地の隙間は12cm未満とすることが追加された。ただし，12cm未満であってもメッシュシート等と作業床の隙間から工具，端材，がれき等が落下する危険があるため，別途この隙間からの飛来・落下防止措置を講ずる必要がある。					

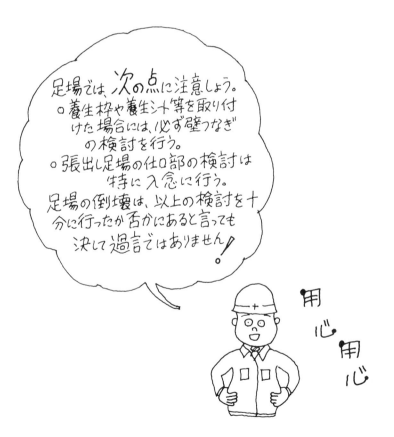

[4] 乗入れ構台

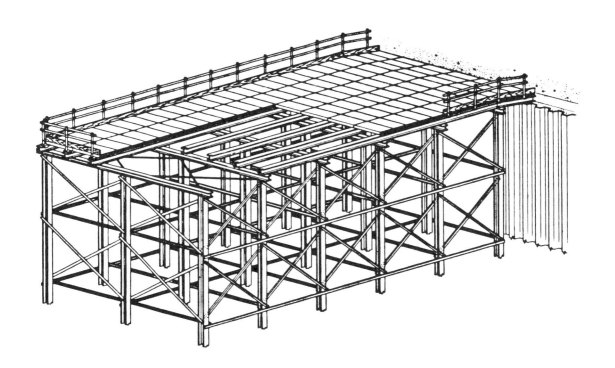

乗入れ構台の構造計算

　乗入れ構台は，地下工事が行われる現場において構築され，根切り工事，山留め工事および地下部分の躯体工事に利用される。

　乗入れ構台は，各工事期間中に乗り入れる車両や重機の作業が円滑に行われるように，配置や形状・規模を計画し，各荷重すなわち，固定荷重や車両・重機などの積載・衝撃・水平荷重に対して安全であるように設計しなければならない。

　乗入れ構台の設計において，特に注意すべきことは，各部材のたわみと構台の揺れである。各部材のたわみは各作業に支障のないように極力抑え，また水平つなぎやブレースなどを配置することによって，各構面の剛性を高めて構台の有害な揺れを防止するようにしなければならない。

4-1 乗入れ構台

ポイント 4-1　乗入れ構台は，地下工事期間中に乗り入れる各車両や重機に対して，安全であるように検討する。
乗入れ構台の計算は，下記の順序に従って行う。

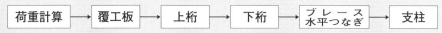

1. 荷重は，固定荷重，積載荷重，衝撃荷重，水平荷重を考慮する。
2. 衝撃荷重および水平荷重は，積載荷重の20%とする。
3. 積載荷重における衝撃効果の割増については，応力に対して行い，たわみの検討に対しては行わない。
4. 鋼材の許容応力度は，中期許容応力度（長期許容応力度と短期許容応力度の平均値）を採用する。なお，鋼材，溶接等の許容応力度は日本建築学会の考え方に従う。
5. 積載荷重は，自動車荷重（T荷重）と重機類の作業時荷重のうち，部材に最も不利な荷重状態を想定する。
6. 桁の検討において，T荷重が構台の軸方向に3組以上（構台幅約8m以上の場合）載荷されるときは，3組目からT荷重を1/2に低減する。
7. 重機類の作業時の荷重については，作業状態を考慮した接地荷重を用いて算定する。
8. 覆工板，上桁，下桁は単純梁として計算し，許容たわみは $\dfrac{\delta_{\max}}{\ell} = \dfrac{1}{300}$ 以下とする。

◀ 例題 4-1

図4-1のような乗入れ構台について計算する（諸条件については本文参照）。

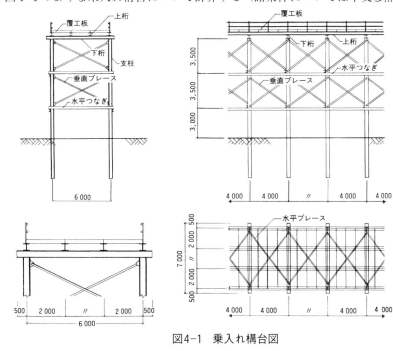

〔設計条件〕
・上桁間隔………2.0m
・下桁間隔………4.0m
・支柱間隔
　　梁間方向………6.0m
　　桁行方向………4.0m
・水平つなぎ間隔…3.5m

図4-1　乗入れ構台図

1. 荷重計算

A 固定荷重

名称	使用部材	単位重量(kg/m)
覆　工　板	1,000×2,000×208	212 kg/m²
(メトロデッキ，落し込み式，I型)		
上　　　　桁	H-350×350×12×19	135
下　　　　桁	H-400×400×13×21	172
支　　　　柱	H-400×400×13×21	172
水平つなぎ	[-250×90×9×13	34.6
垂直ブレース	L-65×65×6	5.91
水平ブレース	L-65×65×6	5.91

B 積載荷重

積載荷重としては，各工事期間中に乗り入れる車両や重機の総重量を考慮する。

この例題で使用する車両や重機の種類と重量を表4-1に示す。

表4-1 車体の種類と重量

名　称	車体重量 W(kN)	積荷および吊り荷重 T(kN)	総重量 Wt(kN)	車体接地寸法 (cm)	備　考
自動車荷重（T荷重）	―	―	250		走行時に考慮。前輪と後輪の荷重比率は2：8とする。日本道路協会「道路橋示方書・同解説」
クローラークレーン	220	30	250		掘削時に考慮。吊り上げ方向（ブーム位置）により接地荷重が異なる。
トラッククレーン	400	35	435		仮設材の運搬，組立て時に考慮。吊り上げ方向（ブーム位置）によりアウトリガーの接地荷重が異なる。
コンクリートミキサー車	100	120	220		コンクリート打込み時に考慮。

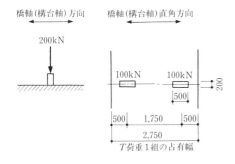

1) 自動車荷重（*T*荷重）

車両・重機の走行時の荷重は，*T*荷重を用いて計算する。

『道路橋示方書・同解説』によれば，*T*荷重の1箇所当たりの荷重 P は，

$P = 100\,\mathrm{kN}$

である。なお，主桁設計時には，*T*荷重が構台の軸方向に複数載荷される場合を検討する。

2) クローラークレーンの作業時

クローラーに生じる接地荷重は，作業時が最大で，ブーム位置により最大接地荷重が異なる。

作業時のブーム位置がⒶ，Ⓑ，Ⓒの場合について，巻末の計算用基本データより，それぞれ最大接地荷重を求める。

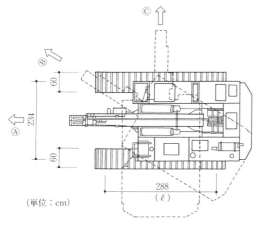

ⅰ）ブーム位置がⒶの前方吊りの場合

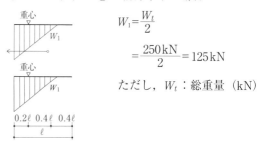

$$W_1 = \frac{W_t}{2} = \frac{250\,\mathrm{kN}}{2} = 125\,\mathrm{kN}$$

ただし，W_t：総重量（kN）

ⅱ）ブーム位置がⒷの斜め前方吊りの場合

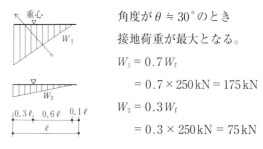

角度が $\theta \fallingdotseq 30°$ のとき接地荷重が最大となる。

$W_1 = 0.7 W_t$
　　$= 0.7 \times 250\,\mathrm{kN} = 175\,\mathrm{kN}$

$W_2 = 0.3 W_t$
　　$= 0.3 \times 250\,\mathrm{kN} = 75\,\mathrm{kN}$

iii) ブーム位置が ⓒ の側方吊りの場合

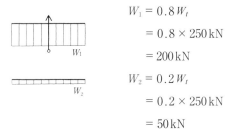

$W_1 = 0.8 W_t$
$ = 0.8 \times 250\,\mathrm{kN}$
$ = 200\,\mathrm{kN}$

$W_2 = 0.2 W_t$
$ = 0.2 \times 250\,\mathrm{kN}$
$ = 50\,\mathrm{kN}$

3) トラッククレーンの作業時

作業時の最大接地荷重はクローラークレーンの場合と同様に，ブーム位置によって異なるが，ブームに近いアウトリガーの接地荷重が最大となる。

この例題の場合，ブームが 45°方向のとき，アウトリガーの接地荷重 P が最大となる。

$P_1 = 0.7 \times W_t = 0.7 \times 435\,\mathrm{kN}$
$ = 304.5\,\mathrm{kN}$

$P_2 = 0.15 \times W_t = 0.15 \times 435\,\mathrm{kN}$
$ \fallingdotseq 65.3\,\mathrm{kN}$

C　衝撃荷重

衝撃荷重は，積載荷重の 20％と仮定する。

D　水平荷重

水平荷重は，積載荷重の 20％と仮定する。

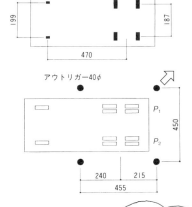

2. 各部材の検討

構台は，乗り入れる車両や重機の種類も多く，また作業状態も一定していないので，各部材の検討に際しては，最も不利な荷重状態を想定して検討しなければならない。

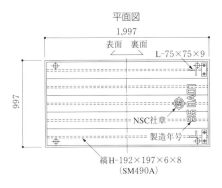

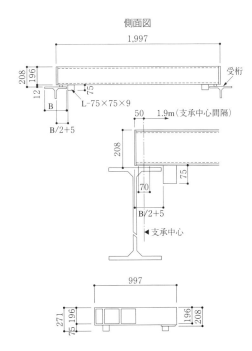

A 覆工板の検討

覆工板には，メトロデッキⅠ型（落し込み式 1m×2m，支承中心間隔1.9m，SM490A材）を使用する。

メトロデッキの主材の断面諸性能と許容応力度
（シマH形鋼……H-192×197×6×8）
断面二次モーメント　$I_x = 3,389\,\text{cm}^4$
断面係数　$Z_x = 345\,\text{cm}^3$
許容曲げ応力度　$f_b = 18.5\,\text{kN/cm}^2$
許容せん断応力度　$f_s = 10.5\,\text{kN/cm}^2$
ヤング係数　$E = 2.05 \times 10^4\,\text{kN/cm}^2$
重　量　$W = 424\,\text{kg}\,(212\,\text{kg/m}^2)$

覆工板は，設計荷重（T荷重）に対して安全な製品を使用するので，ここでは作業時に作用する荷重に対して安全であるかどうかを検討する。

覆工板は，上桁材を支点とする単純梁として応力計算を行うが，主材1本当たりに対して検討を行う。スパン ℓ は，支承中心間隔で，例題では $\ell = 1.9\,\text{m}$ である。

1）荷重

覆工板には，固定・積載・衝撃・水平荷重の各荷重が作用するが，水平荷重は，覆工板の移動防止材から，上桁材に荷重が伝達されるものと考え検討は省略する。この例題では，固定荷重と《積載荷重＋衝撃荷重》についてのみ考える。

ⅰ）固定荷重

シマH形鋼1本当たりの自重 w は，

$$w = \underbrace{212\,\text{kg/m}^2}_{\text{覆工板重量}} \times \underbrace{1.0\,\text{m}}_{\text{覆工板幅}} \times \frac{1}{5\text{本}} = 42.4\,\text{kg/m}$$
$$= 0.42\,\text{kN/m}$$

である。

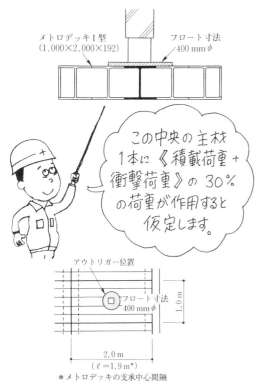

ii)《積載荷重＋衝撃荷重》

覆工板に作用する《積載荷重＋衝撃荷重》で，最も不利な荷重状態はトラッククレーンの作業時である。

トラッククレーンのアウトリガー（フロート寸法400 mm φ）から，覆工板の主材1本当たりに作用する荷重Pは，《積載荷重＋衝撃荷重》の30％であると仮定するとPは，

$$P = 304.5\,\text{kN} \times (1+0.2) \times 0.3 \fallingdotseq 109.6\,\text{kN}$$

アウトリガー最大接地荷重　衝撃荷重　荷重分担率

となる。

2) 曲げに対する検討

最大曲げモーメント$M_{\max}$は，トラッククレーンのアウトリガーが覆工板の中央に位置した場合に生じ，$M_{\max}$は，

$$M_{\max} = \frac{1}{8}w\ell^2 + \frac{P}{4}\left(\ell - \frac{c}{2}\right)$$

シマH形鋼自重　トラッククレーン

$$= \frac{1}{8} \times 0.42\,\text{kN/m} \times (1.9\,\text{m})^2$$

$$+ \frac{109.6\,\text{kN}}{4}\left(1.9\,\text{m} - \frac{0.4\,\text{m}}{2}\right)$$

$$\fallingdotseq 0.19\,\text{kN}\cdot\text{m} + 46.6\,\text{kN}\cdot\text{m}$$

$$\fallingdotseq 46.8\,\text{kN}\cdot\text{m} \rightarrow 4{,}680\,\text{kN}\cdot\text{cm}$$

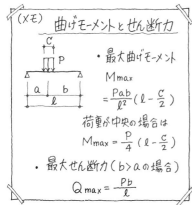

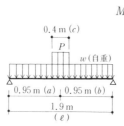

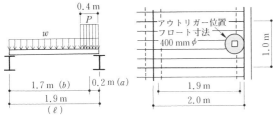

となる。曲げ応力度 σ_b を求め，主材（シマH形鋼）の許容曲げ応力度 f_b と比較する。

$$\sigma_b = \frac{M_{\max}}{Z} = \frac{4,680\,\mathrm{kN\cdot cm}}{345\,\mathrm{cm}^3} \fallingdotseq 13.6\,\mathrm{kN/cm^2}$$

$$\frac{\sigma_b}{f_b} = \frac{13.6\,\mathrm{kN/cm^2}}{18.5\,\mathrm{kN/cm^2}} \fallingdotseq 0.74 \leq 1.0 \quad \textbf{OK!!}$$

以上で，曲げに対してOKということが確かめられたので，次はせん断に対する検討を行う。

3） せん断に対する検討

最大せん断力 $Q_{\max}$ は，トラッククレーンのアウトリガーが覆工板の端部に位置した場合に生じ，$Q_{\max}$ は，

$$Q_{\max} = \frac{1}{2}\underbrace{w\ell}_{\text{シマH形鋼自重}} + \underbrace{P\frac{b}{\ell}}_{\text{トラッククレーン}}$$

$$= \frac{1}{2} \times 0.42\,\mathrm{kN/m} \times 1.9\,\mathrm{m} + 109.6\,\mathrm{kN} \times \frac{1.7\,\mathrm{m}}{1.9\,\mathrm{m}}$$

$$\fallingdotseq 0.40\,\mathrm{kN} + 98.1\,\mathrm{kN} = 98.5\,\mathrm{kN}$$

となる。せん断応力度 $\tau_{\max}$ を求め，主材（シマH形鋼）の許容せん断応力度 f_s と比較する。

$$\tau_{\max} = \alpha \cdot \frac{Q_{\max}}{A}$$

形状係数 α は，主材がH形鋼であるから，次式より求める。

$$\alpha = \frac{3(BH^2 - bh^2)(BH - bh)}{2(BH^3 - bh^3)(B - b)}$$

$$= \frac{3 \times (19.7 \times 19.2^2 - 19.1 \times 17.6^2) \times (19.7 \times 19.2 - 19.1 \times 17.6)}{2 \times (19.7 \times 19.2^3 - 19.1 \times 17.6^3) \times (19.7 - 19.1)}$$

$$\fallingdotseq 4.0$$

断面積 A は，次式より求める。

$$A = BH - bh$$
$$= 19.7 \times 19.2 - 19.1 \times 17.6$$
$$\fallingdotseq 42.1\,\mathrm{cm}^2$$

よって，せん断応力度 $\tau_{\max}$ は

$$\tau_{\max} = \alpha \cdot \frac{Q_{\max}}{A}$$
$$= 4.0 \times \frac{98.5\,\mathrm{kN}}{42.1\,\mathrm{cm}^2}$$

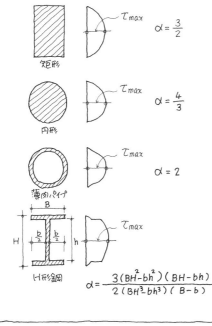

> **（メモ）**
>
> <u>τ_{max} を求める略算式</u>
>
> τ_{max} は，次式から算定してもよい。
>
> $$\tau_{max} = \frac{Q_{max}}{A_w}$$
>
> $(A_w = h \cdot t_w)$
>
> ただし，
> A_w：せん断有効断面積（cm^2）
> h：ウェブの高さ（cm）
> t_w：ウェブの厚さ（cm）

$$\fallingdotseq 9.36 \, kN/cm^2$$

$$\frac{\tau_{max}}{f_s} = \frac{9.36 \, kN/cm^2}{10.5 \, kN/cm^2}$$

$$\fallingdotseq 0.89 \leq 1.0 \quad \textbf{OK!!}$$

以上で，せん断に対してもOKということが確かめられたので，次はたわみに対する検討を行う。

4） たわみに対する検討

最大たわみ δ_{max} は，「曲げに対する検討」の場合と同様，トラッククレーンのアウトリガーが覆工板の中央に位置した場合に生じる。

たわみの検討では，積載荷重における衝撃効果の割増は行わないので，集中荷重はPは，

$$P = 304.5 \, kN \times 0.3 \fallingdotseq 91.4 \, kN$$

アウトリガー　　荷重分担率
最大設置荷重

となる。

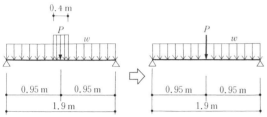

アウトリガーの接地分布荷重 P は，集中荷重 P が作用するものと仮定する（メモ参照）。

$$\delta_{max} = \frac{5w\ell^4}{384EI} + \frac{P\ell^3}{48EI}$$

等分布荷重　　　中央集中荷重

$$= \frac{5 \times 0.0042 \, kN/cm \times (190 \, cm)^4}{384 \times 2.05 \times 10^4 \, kN/cm^2 \times 3{,}389 \, cm^4}$$

$$+ \frac{91.4 \, kN \times (190 \, cm)^3}{48 \times 2.05 \times 10^4 \, kN/cm^2 \times 3{,}389 \, cm^4}$$

$$\fallingdotseq 0.001 \, cm + 0.188 \, cm \fallingdotseq 0.19 \, cm$$

$$\frac{\delta_{max}}{\ell} = \frac{0.19 \, cm}{190 \, cm} = \frac{1}{1{,}000} \leq \frac{1}{300} \quad \textbf{OK!!}$$

以上で，たわみに対してもOKであるということが確かめられ，これで一応，「覆工板の検討」はすべて終了したわけである。

> **（メモ）**
>
> <u>たわみの公式（o位置でのたわみ）</u>
>
>
>
> $$\delta = \frac{P}{6EI} \left\{ \frac{ab}{\ell}\left(2a\ell - 2a^2 - \frac{c^2}{4}\right) + \frac{c^3}{64} \right\}$$
>
> 荷重が中央の場合は
>
> $$\delta = \frac{P\ell^3}{48EI} - \frac{Pc^2}{96EI}\left(\ell - \frac{c}{4}\right)$$
>
> となり，集中荷重が作用する場合のたわみと比べ差がわずかなので，たわみの計算は集中荷重として計算してよい。
>
>
>
> $$\delta = \frac{P\ell^3}{48EI}$$

覆工板のたわみは、部材角（δ_{max}/ℓ）で 1/300 以下になるようにしましょう。

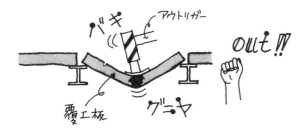
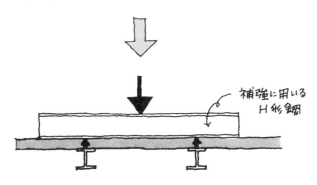

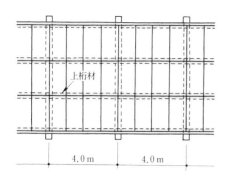

B 上桁材の検討

上桁材には，H-350×350×12×19（SS400材）を使用する。

断面積	$A = 171.9\,\text{cm}^2$
断面二次モーメント	$I = 39{,}800\,\text{cm}^4$
断面係数	$Z = 2{,}280\,\text{cm}^3$
曲げ応力のための断面性能	$i = 9.71\,\text{cm},\ \eta = 5.11$
許容せん断応力度	$f_s = {}^*11.25\,\text{kN/cm}^2$
ヤング係数	$E = 2.05 \times 10^4\,\text{kN/cm}^2$

＊許容応力度は，長期許容応力度と短期許容応力度との平均値。

上桁材は，下桁材を支点とする単純梁として検討を行う。

スパンℓは，下桁間隔で，例題では$\ell = 4.0\,\text{m}$である。

1）荷重

上桁材は，固定荷重と《積載荷重＋衝撃荷重》について考える（水平荷重に関しては，上桁材1本当たりに作用する荷重が微小なため，検討は省略する）。

ⅰ）固定荷重

上桁材に作用する荷重wは，

$w = 212\,\text{kg/m}^2 \times 2\,\text{m} + 135\,\text{kg/m} = 559\,\text{kg/m}$
　　　　覆工板荷重　　　　　上桁材自重　　5.5 kN/m

である。

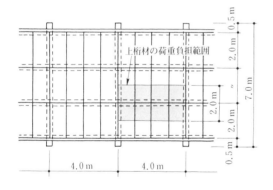

ⅱ）《積載荷重＋衝撃荷重》

上桁材に作用する《積載荷重＋衝撃荷重》で最も不利な荷重状態は，トラッククレーンの作業時である。トラッククレーンのアウトリガー（フロート寸法400 mm φ）から，上桁材に作用する最大接地荷重Pは，

$P = 304.5\,\text{kN} \times (1 + 0.2) = 365.4\,\text{kN}$
　　アウトリガー最大　衝撃荷重
　　接地荷重

である。

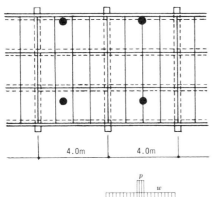

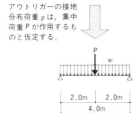

2) 曲げに対する検討

最大曲げモーメント$M_{\max}$は，トラッククレーンのアウトリガーが上桁材の中央に位置した場合に生じる。

$$M_{\max} = \frac{1}{8}w\ell^2 + \frac{1}{4}P\ell$$

　　　　　固定荷重　《積載荷重＋衝撃荷重》

$$= \frac{1}{8} \times 5.5\,\text{kN/m} \times (4.0\,\text{m})^2$$

$$+ \frac{1}{4} \times 365.4\,\text{kN} \times 4.0\,\text{m}$$

$$= 11\,\text{kN}\cdot\text{m} + 365.4\,\text{kN}\cdot\text{m} = 376.4\,\text{kN}\cdot\text{m}$$

$$\downarrow$$

$$3.76 \times 10^4\,\text{kN}\cdot\text{cm}$$

となり，曲げ応力度σ_bは，

$$\sigma_b = \frac{M_{\max}}{Z} = \frac{3.76 \times 10^4\,\text{kN}\cdot\text{cm}}{2{,}280\,\text{cm}^3} \fallingdotseq 16.5\,\text{kN/cm}^2$$

と求まる。

今までの計算手順からすると，次はH形鋼の許容曲げ応力度f_bとの比較になるが，H形鋼は，強軸まわりに曲げを受けると横座屈を起こす場合があるので，H形鋼の許容曲げ応力度f_bは，横座屈が考慮されたものでなければならない。

H形鋼（SS400材）の横座屈を考慮した長期許容曲げ応力度は，図4-2から求める。

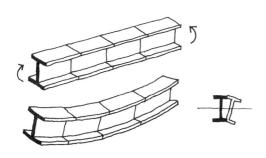

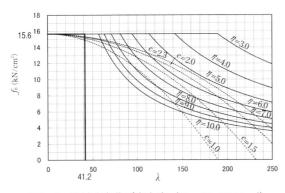

図4-2　鋼材許容曲げ応力度（$F = 23.5\,\text{kN/cm}^2$）

$$f_{b1} = \left\{1 - 0.4\frac{(\ell_b/i)^2}{c\Lambda^2}\right\}f_t$$

$$f_{b2} = \frac{89,000}{\left(\frac{\ell_b h}{A_f}\right)} \text{ (N/mm}^2\text{)}$$

＊許容曲げ応力度f_bは，f_{b1}，f_{b2}のうち大きいほうの値で，許容引張応力度f_t以下。

ただし，f_t：許容引張応力度（kN/cm²）

ℓ_b：圧縮フランジの支点間距離（cm）

i：圧縮フランジと梁せいの1/6とからなるT形断面のウェブ軸まわりの断面二次半径（cm）

$$C = 1.75 - 1.05\left(\frac{M_2}{M_1}\right) + 0.3\left(\frac{M_2}{M_1}\right)^2, \text{ ただし2.3以下}$$

h：梁せい（cm）

A_f：圧縮フランジの断面積（cm²）

Λ：限界細長比 $\left(\Lambda = \sqrt{\dfrac{\pi^2 E}{0.6F}}\right)$

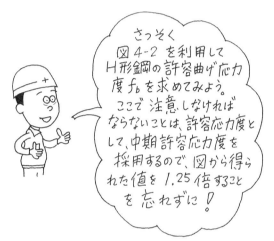

図4-2の横軸の細長比λを求める。この例題の場合，横座屈長さℓ_bは下桁間隔で$\ell_b = 400$ cm，曲げ応力のための断面性能は，$i = 9.71$ cm，$\eta = 5.11$であるから，

$$\lambda = \frac{\ell_b}{i} = \frac{400 \text{ cm}}{9.71 \text{ cm}} \fallingdotseq 41.2$$

となり，許容曲げ応力度f_bは，

$$f_b = 15.6 \text{ kN/cm}^2 \times 1.25 = 19.5 \text{ kN/cm}^2$$

中期許容応力度なので1.25倍する

と求まる。

以上で，H形鋼の許容曲げ応力度f_bが求められたので，曲げ応力度σ_bと比較する。

$$\frac{\sigma_b}{f_b} = \frac{16.5 \text{ kN/cm}^2}{19.5 \text{ kN/cm}^2} \fallingdotseq 0.85 \leq 1.0 \quad \textbf{OK!!}$$

3） せん断に対する検討

最大せん断力Q_{max}は，トラッククレーンのアウトリガーが上桁材の端部に位置した場合に生じる。

$$Q_{max} = \frac{1}{2}w\ell + P$$

固定荷重　《積載荷重＋衝撃荷重》

$$= \frac{1}{2} \times 5.5 \text{ kN/m} \times 4.0 \text{ m} + 365.4 \text{ kN}$$

$$= 11 \text{ kN} + 365.4 \text{ kN} = 376.4 \text{ kN}$$

$$\tau_{max} = \alpha \cdot \frac{Q_{max}}{A} = 4.48 \times \frac{376.4 \text{ kN}}{171.9 \text{ cm}^2} \fallingdotseq 9.81 \text{ kN/cm}^2$$

$$\frac{\tau_{max}}{f_s} = \frac{9.81 \text{ kN/cm}^2}{11.25 \text{ kN/cm}^2} \fallingdotseq 0.87 \leq 1.0$$

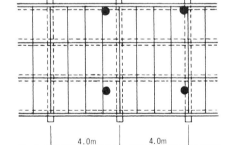

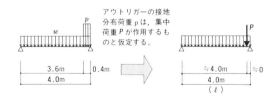

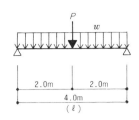

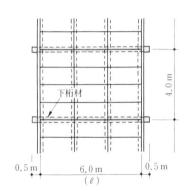

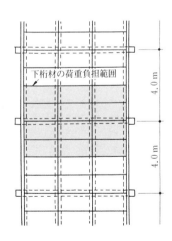

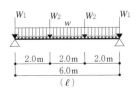

4） たわみに対する検討

　最大たわみ δ_{max} は「曲げに対する検討」の場合と同様に，トラッククレーンのアウトリガーが上桁材の中央に位置した場合に生じる。

　たわみの検討では，衝撃荷重は考慮しないので集中荷重 P は，

$$P = 304.5 \text{ kN}$$

である。

$$\delta_{max} = \frac{5w\ell^4}{384EI} + \frac{P\ell^3}{48EI}$$

　　　　　　　等分布荷重　　中央集中荷重

$$= \frac{5 \times 0.055 \text{ kN/cm} \times (400 \text{ cm})^4}{384 \times 2.05 \times 10^4 \text{ kN/cm}^2 \times 39{,}800 \text{ cm}^4}$$

$$+ \frac{304.5 \text{ kN} \times (400 \text{ cm})^3}{48 \times 2.05 \times 10^4 \text{ kN/cm}^2 \times 39{,}800 \text{ cm}^4}$$

$$\fallingdotseq 0.02 \text{ cm} + 0.5 \text{ cm} = 0.52 \text{ cm}$$

$$\frac{\delta_{max}}{\ell} = \frac{0.52 \text{ cm}}{400 \text{ cm}} \fallingdotseq \frac{1}{769} \leq \frac{1}{300} \quad \textbf{OK!!}$$

C　下桁材の検討

　下桁材には，H-400×400×13×21（SS400材）を使用する。

断面積	$A = 218.7 \text{ cm}^2$
断面二次モーメント	$I = 66{,}600 \text{ cm}^4$
断面二次半径	$i_x = 17.5 \text{ cm}, i_y = 10.1 \text{ cm}$
断面係数	$Z = 3{,}330 \text{ cm}^3$
曲げ応力のための断面性能	$i = 11.0 \text{ cm}, \eta = 5.25$
許容引張応力度	$f_t = {}^*19.5 \text{ kN/cm}^2$
許容せん断応力度	$f_s = {}^*11.25 \text{ kN/cm}^2$
ヤング係数	$E = 2.05 \times 10^4 \text{ kN/cm}^2$

＊許容応力度は，長期許容応力度と短期許容応力度との平均値。

　下桁材は，支柱を支点とする単純梁として検討を行う。

　スパン ℓ は，支柱間隔で，例題では $\ell = 6.0 \text{ m}$ である。

1) 荷重

下桁材は，固定荷重，《積載荷重＋衝撃荷重》，水平荷重について考える。

ⅰ) 固定荷重

下桁材には，覆工板と上桁材の重量 W と下桁材自重 w が作用する。

$$\begin{cases} W_1 = 212\,\text{kg/m}^2 \times 4.0\,\text{m} \times 1.0\,\text{m} + 135\,\text{kg/m} \\ \quad\quad \times 4.0\,\text{m} + 10\,\text{kg/m} \times 4.0\,\text{m} = 1{,}428\,\text{kg} \\ \quad\quad \rightarrow 14.0\,\text{kN} \\ W_2 = 212\,\text{kg/m}^2 \times 4.0\,\text{m} \times 2.0\,\text{m} + 135\,\text{kg/m} \\ \quad\quad \times 4.0\,\text{m} = 2{,}236\,\text{kg} \rightarrow 21.9\,\text{kN} \\ w = 172\,\text{kg/m} \rightarrow 1.69\,\text{kN/m} \end{cases}$$

（覆工板荷重／上桁材荷重／手すり荷重）

ⅱ)《積載荷重＋衝撃荷重》

下桁材に作用する《積載荷重＋衝撃荷重》で最も不利な荷重状態は，①T荷重が2組載荷される場合か，②クローラークレーンの作業時で側方吊りの場合か，③トラッククレーンの作業時で斜め吊りの場合である。

① T荷重の2組載荷時

T荷重1箇所当たりの接地荷重は衝撃荷重を考慮して，

$$P = 100\,\text{kN} \times (1 + 0.2) = 120\,\text{kN}$$

である。（衝撃荷重）

② クローラークレーンの作業時

クローラークレーンのクローラーから，下桁材に作用する接地荷重は，

$$\begin{cases} P_1 = 200\,\text{kN} \times (1 + 0.2) = 240\,\text{kN} \\ \text{（側方吊りの場合の最大接地荷重／衝撃荷重）} \\ P_2 = 50\,\text{kN} \times (1 + 0.2) = 60\,\text{kN} \end{cases}$$

である。

③ トラックレーンの作業時

トラックレーンのアウトリガーから，下桁材に作用する接地荷重は，

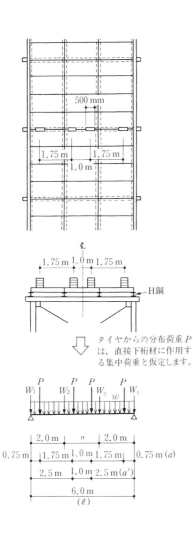

$$\begin{cases} P_1 = 0.7 \times 435\,\text{kN} \times (1 + 0.2) = 365.4\,\text{kN} \\ \qquad\quad\uparrow\qquad\qquad\qquad\qquad\uparrow \\ \quad\text{斜め吊りの場合の最大接地荷重}\quad\text{衝撃荷重} \\ P_2 = 0.15 \times 435\,\text{kN} \times (1 + 0.2) = 78.3\,\text{kN} \end{cases}$$

である。

iii) 水平荷重

① T 荷重の 2 組載荷時

水平荷重 H は積載荷重の 20% であるから，

$H = 250\,\text{kN} \times 2 \times 0.2 = 100\,\text{kN}$
　　　　　　↑
　　　　T 荷重の総重量

② クローラークレーンの作業時

クローラークレーンの作業時の水平荷重 H は，積載荷重の 20% であるから，

$H = 250\,\text{kN} \times 0.2 = 50\,\text{kN}$
　　　　　↑
　　クローラークレーンの総重量

である。

③ トラックレーンの作業時

トラックレーンの作業時の水平荷重 H は，積載荷重の 20% であるから，

$H = 435\,\text{kN} \times 0.2 = 87\,\text{kN}$
　　　　　↑
　　トラックレーンの総重量

である。

2) 応力の算定

最も不利な荷重状態に対して，曲げモーメントとせん断力の算定を行う。

i) T 荷重の 2 組載荷重

T 荷重は，構台直角方向には組数の制限はないが，本例では構台の幅が 6 m なので，載荷の可能な T 荷重は 2 組である。

① 最大曲げモーメント $M_{\max}$

最大曲げモーメント $M_{\max}$ は，T 荷重 2 組が中央に位置した場合に生じる。

最大曲げモーメント $M_{\max}$ は，下桁材の中央位置に生じるから，

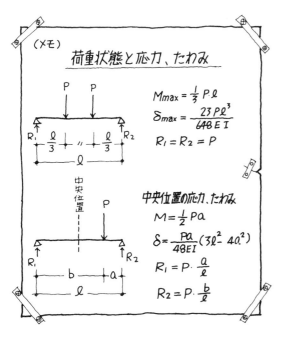

4　乗入れ構台

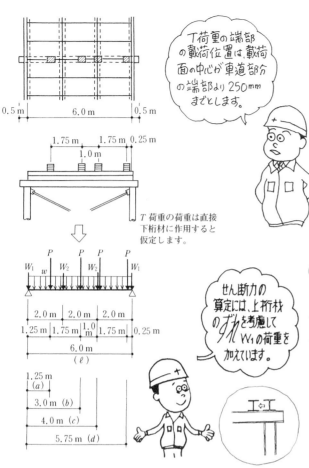

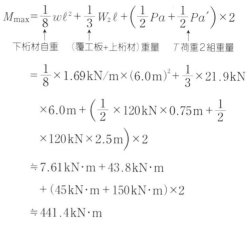

$$M_{max}=\frac{1}{8}w\ell^2+\frac{1}{3}W_2\ell+\left(\frac{1}{2}Pa+\frac{1}{2}Pa'\right)\times 2$$

下桁材自重　（覆工板＋上桁材）重量　T荷重2組重量

$$=\frac{1}{8}\times 1.69\,\text{kN/m}\times(6.0\,\text{m})^2+\frac{1}{3}\times 21.9\,\text{kN}$$

$$\times 6.0\,\text{m}+\left(\frac{1}{2}\times 120\,\text{kN}\times 0.75\,\text{m}+\frac{1}{2}\right.$$

$$\left.\times 120\,\text{kN}\times 2.5\,\text{m}\right)\times 2$$

$$\fallingdotseq 7.61\,\text{kN}\cdot\text{m}+43.8\,\text{kN}\cdot\text{m}$$

$$+(45\,\text{kN}\cdot\text{m}+150\,\text{kN}\cdot\text{m})\times 2$$

$$\fallingdotseq 441.4\,\text{kN}\cdot\text{m}$$

である。

②最大せん断力 Q_{max}

最大せん断力 Q_{max} は，T荷重が左図のような位置の場合，すなわち下桁材の端部に位置した場合に生じる。

$$Q_{max}=\frac{1}{2}w\ell+(W_1+W_2)+\left(P\frac{a}{\ell}+P\frac{b}{\ell}+P\frac{c}{\ell}+P\frac{d}{\ell}\right)$$

下桁材自重　（覆工板＋上桁材）重量　T荷重重量

$$=\frac{1}{2}\times 1.69\,\text{kN/m}\times 6.0\,\text{m}+(14\,\text{kN}+21.9\,\text{kN})$$

$$+\frac{120\,\text{kN}}{6.0\,\text{m}}(1.25\,\text{m}+3.0\,\text{m}+4.0\,\text{m}+5.75\,\text{m})$$

$$\fallingdotseq 321.0\,\text{kN}$$

ⅱ）クローラークレーンの作業時

①最大曲げモーメント M_{max}

最大曲げモーメント M_{max} は，クローラークレーンの片方のクローラーが，下桁材の中央に位置した場合で，側方吊りの場合に生じる。

最大曲げモーメント M_{max} は，下桁材の中央位置に生じるから，

$$M_{max}=\frac{1}{8}w\ell^2+\frac{1}{3}W_2\ell+\left(\frac{1}{4}P_1\ell+\frac{1}{2}P_2a\right)$$

下桁材自重　（覆工板＋上桁材）重量　クローラークレーン重量

$$=\frac{1}{8}\times 1.69\,\text{kN/m}\times(6.0\,\text{m})^2+\frac{1}{3}\times 21.9\,\text{kN}$$

$$\times 6.0\,\text{m}+\left(\frac{1}{4}\times 240\,\text{kN}\times 6.0\,\text{m}+\frac{1}{2}\right.$$

$$\left.\times 60\,\text{kN}\times 0.66\,\text{m}\right)$$

$$\fallingdotseq 7.61\,\text{kN}\cdot\text{m}+43.8\,\text{kN}\cdot\text{m}$$

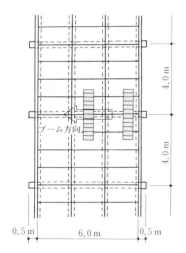

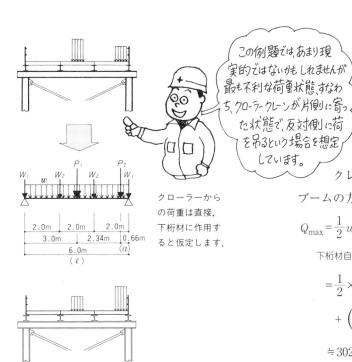

クローラーからの荷重は直接，下桁材に作用すると仮定します．

クローラーからの荷重は直接，下桁材に作用すると仮定します．

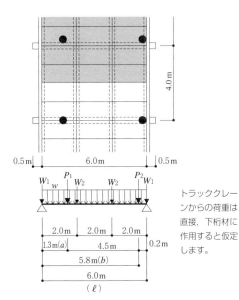

トラッククレーンからの荷重は直接，下桁材に作用すると仮定します．

$+ (360\,\text{kN·m} + 19.8\,\text{kN·m})$

$\fallingdotseq 431.2\,\text{kN·m}$

である．

② 最大せん断力 $Q_{\max}$

最大せん断力 $Q_{\max}$ は，クローラークレーンが下桁材の端部に位置した場合で，ブームの方向が端部側の側方吊りの場合に生じる．

$Q_{\max} = \dfrac{1}{2}w\ell + (W_1 + W_2) + \left(P_2\dfrac{a}{\ell} + P_1\dfrac{b}{\ell}\right)$

下桁材自重　(覆工板+上桁材)重量　クローラークレーン重量

$= \dfrac{1}{2} \times 1.69\,\text{kN/m} \times 6.0\,\text{m} + (14\,\text{kN} + 21.9\,\text{kN})$

$+ \left(60\,\text{kN} \times \dfrac{3.36\,\text{m}}{6.0\,\text{m}} + 240\,\text{kN} \times \dfrac{5.7\,\text{m}}{6.0\,\text{m}}\right)$

$\fallingdotseq 302.6\,\text{kN}$

ⅲ）トラッククレーンの作業時

① 最大曲げモーメント $M_{\max}$

最大曲げモーメント $M_{\max}$ は，トラッククレーンの片方のアウトリガーが，下桁材の端部に位置した場合で，斜め吊りの場合に生じる．

最大曲げモーメント $M_{\max}$ は，下桁材の中央寄りのアウトリガー位置に生じるから，

$M_{\max} = \dfrac{1}{2}w\ell a\left(1 - \dfrac{a}{\ell}\right) + W_2 a$

下桁材自重　　　(覆工板+上桁材)重量

$+ \left\{P_1\dfrac{(\ell-a)}{\ell}a + P_2\dfrac{(\ell-b)}{\ell}a\right\}$

トラッククレーン重量

$= \dfrac{1}{2} \times 1.69\,\text{kN/m} \times 6.0\,\text{m} \times 1.3\,\text{m}$

$\times \left(1 - \dfrac{1.3\,\text{m}}{6.0\,\text{m}}\right) + 21.9\,\text{kN} \times 1.3\,\text{m}$

$+ \left\{365.4\,\text{kN} \times \dfrac{(6.0\,\text{m} - 1.3\,\text{m})}{6.0\,\text{m}} \times 1.3\,\text{m}\right.$

$\left. + 78.3\,\text{kN} \times \dfrac{(6.0\,\text{m} - 5.8\,\text{m})}{6.0\,\text{m}} \times 1.3\,\text{m}\right\}$

$\fallingdotseq 5.16\,\text{kN·m} + 28.47\,\text{kN·m}$

$+ (372.10\,\text{kN·m} + 3.39\,\text{kN·m})$

$\fallingdotseq 409.1\,\text{kN·m}$

である．

② 最大せん断力 $Q_{\max}$

最大せん断力 $Q_{\max}$ は，トラッククレーンの片

4　乗入れ構台　179

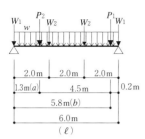

トラッククレーンからの荷重は直接，下桁材に作用すると仮定します。

荷重状態	曲げモーメント (kN・m)	せん断力 (kN)	水平荷重 (kN)
T荷重の2組載荷時	441.4	321.0	100
クローラークレーンの作業時	431.2	302.6	50
トラッククレーンの作業時	409.1	411.2	87

方のアウトリガーが下桁材の端部に位置した場合で，ブームの方向が端部側の斜め吊りの場合に生じる。

$$Q_{max} = \frac{1}{2}w\ell + (W_1 + W_2) + \left(P_2\frac{a}{\ell} + P_1\frac{b}{\ell}\right)$$

下桁材自重（覆工板＋上桁材）重量　トラッククレーン重量

$$= \frac{1}{2} \times 1.69 \,\text{kN/m} \times 6.0 \,\text{m} + (14 \,\text{kN} + 21.9 \,\text{kN})$$

$$+ \left(78.3 \,\text{kN} \times \frac{1.3 \,\text{m}}{6.0 \,\text{m}} + 365.4 \,\text{kN} \times \frac{5.8 \,\text{m}}{6.0 \,\text{m}}\right)$$

$$\fallingdotseq 411.2 \,\text{kN}$$

以上の応力算定結果をまとめると左表のようになる。

3）部材の算定

部材の算定は，最大応力に対して行う。

ⅰ）曲げと軸力に対する検討

下桁材は，曲げと圧縮力を受ける部材として検討を行う。

最大応力は，T荷重の2組載荷時の場合である。

①許容応力度

イ）許容曲げ応力度 f_b

横座屈長さは，$\ell_b = 200\,\text{cm}$であるから，

$$\lambda_b = \frac{\ell_b}{i} = \frac{200\,\text{cm}}{11.0\,\text{cm}} \fallingdotseq 18.2$$

$$\therefore f_b = 15.6 \,\text{kN/cm}^2 \times 1.25 = 19.5 \,\text{kN/cm}^2$$

ロ）許容圧縮応力度 f_c

座屈長さは，$\ell_{kx} = 600\,\text{cm}$，$\ell_{ky} = 200\,\text{cm}$であるから，

$$\lambda_{cx} = \frac{\ell_{kx}}{i_x} = \frac{600\,\text{cm}}{17.5\,\text{cm}} \fallingdotseq 34.3$$

$$\lambda_{cy} = \frac{\ell_{ky}}{i_y} = \frac{200\,\text{cm}}{10.1\,\text{cm}} \fallingdotseq 19.8$$

$$\therefore f_c = 14.6 \,\text{kN/cm}^2 \times 1.25 \fallingdotseq 18.3 \,\text{kN/cm}^2$$

②断面検討

曲げと圧縮力を受ける材は，次式によって検討を行う。

$$\frac{\sigma_b}{f_b} + \frac{\sigma_c}{f_c} \leq 1 \quad \text{かつ} \quad \frac{\sigma_b - \sigma_c}{f_t} \leq 1$$

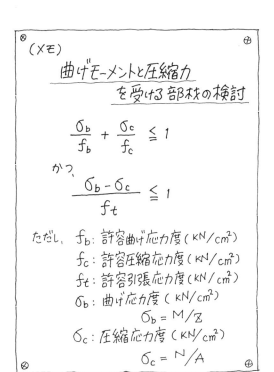

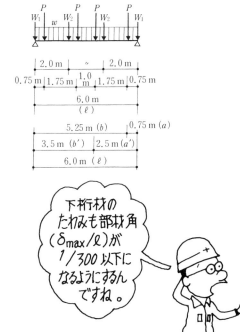

$$\begin{cases} \sigma_b = \dfrac{M_{\max}}{Z} = \dfrac{44,140\,\mathrm{kN \cdot cm}}{3,330\,\mathrm{cm}^3} \fallingdotseq 13.3\,\mathrm{kN/cm}^2 \\ \sigma_c = \dfrac{N}{A} = \dfrac{100\,\mathrm{kN}}{218.7\,\mathrm{cm}^2} \fallingdotseq 0.46\,\mathrm{kN/cm}^2 \end{cases}$$

$$\dfrac{\sigma_b}{f_b} + \dfrac{\sigma_c}{f_c} = \dfrac{13.3\,\mathrm{kN/cm}^2}{19.5\,\mathrm{kN/cm}^2} + \dfrac{0.46\,\mathrm{kN/cm}^2}{18.3\,\mathrm{kN/cm}^2}$$

$$\fallingdotseq 0.68 + 0.03 = 0.71 \leqq 1.0 \quad \textbf{OK!!}$$

$$\dfrac{\sigma_b - \sigma_c}{f_t} = \dfrac{13.3\,\mathrm{kN/cm}^2 - 0.46\,\mathrm{kN/cm}^2}{19.5\,\mathrm{kN/cm}^2}$$

$$\fallingdotseq 0.66 \leqq 1.0 \quad \textbf{OK!!}$$

ⅱ）せん断に対する検討

　最大応力は，トラッククレーンの作業時の場合である。

$$\tau_{\max} = \alpha \cdot \dfrac{Q_{\max}}{A} = 4.54 \times \dfrac{411.2\,\mathrm{kN}}{218.7\,\mathrm{cm}^2} \fallingdotseq 8.54\,\mathrm{kN/cm}^2$$

$$\dfrac{\tau_{\max}}{f_s} = \dfrac{8.54\,\mathrm{kN/cm}^2}{11.25\,\mathrm{kN/cm}^2} \fallingdotseq 0.76 \leqq 1.0 \quad \textbf{OK!!}$$

ⅲ）たわみに対する検討

　最大たわみ $\delta_{\max}$ は「曲げと軸力に対する検討」の場合と同様に，T荷重2組が左右均等に位置した場合に生じる。

　たわみの検討では衝撃荷重は考慮しないので，接地荷重 P は，

$$P = 100\,\mathrm{kN}$$

である。

$$\delta_{\max} = \dfrac{5w\ell^4}{384EI} + \dfrac{23W_2\ell^3}{648EI}$$

　　　　下桁材自重　（覆工板＋上桁材）重量

$$+ \left\{ \dfrac{Pa}{48EI}(3\ell^2 - 4a^2) + \dfrac{Pa'}{48EI}(3\ell^2 - 4a'^2) \right\} \times 2$$

　　　　　　　　　T荷重重量　　　　　　　2組

$$= \dfrac{5 \times 0.0169\,\mathrm{kN/cm} \times (600\,\mathrm{cm})^4}{384 \times 2.05 \times 10^4\,\mathrm{kN/cm}^2 \times 66,600\,\mathrm{cm}^4}$$

$$+ \dfrac{23 \times 21.9\,\mathrm{kN} \times (600\,\mathrm{cm})^3}{648 \times 2.05 \times 10^4\,\mathrm{kN/cm}^2 \times 66,600\,\mathrm{cm}^4}$$

$$+ \dfrac{100\,\mathrm{kN}}{48 \times 2.05 \times 10^4\,\mathrm{kN/cm}^2 \times 66,600\,\mathrm{cm}^4}$$

$$\times [75\,\mathrm{cm} \times \{3 \times (600\,\mathrm{cm})^2 - 4 \times (75\,\mathrm{cm})^2\}$$

$$+ 250\,\mathrm{cm} \times \{3 \times (600\,\mathrm{cm})^2 - 4 \times (250\,\mathrm{cm})^2\}] \times 2$$

$$\fallingdotseq 0.021\,\mathrm{cm} + 0.123\,\mathrm{cm} + 0.875\,\mathrm{cm}$$

$$\fallingdotseq 1.02\,\mathrm{cm}$$

$$\dfrac{\delta_{\max}}{\ell} = \dfrac{1.02\,\mathrm{cm}}{600\,\mathrm{cm}} \fallingdotseq \dfrac{1}{588} \leqq \dfrac{1}{300} \quad \textbf{OK!!}$$

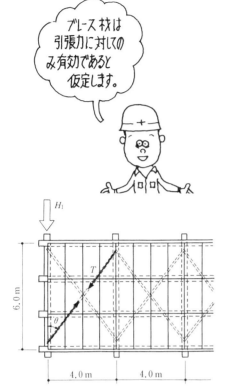

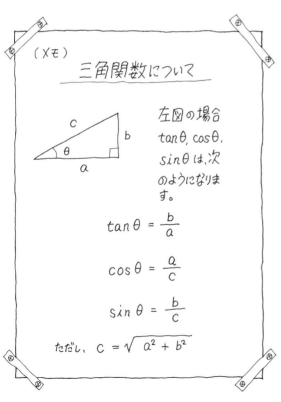

D ブレース，水平つなぎの検討

この例題では，水平荷重は水平構面と垂直構面で処理するものとし，それぞれの分担率は1/2ずつであると仮定する。

1）水平構面

水平構面は水平荷重の1/2を負担するが，水平ブレースによって，隣りの垂直構面に応力を伝達する。

水平ブレースには，L-65×65×6（SS400材）を使用する。

引張用有効断面積　$A_t = 7.527\,\text{cm}^2 - 0.6\,\text{cm}$ $\times \dfrac{6.5\,\text{cm}}{2} \fallingdotseq 5.58\,\text{cm}^2$
許容引張応力度　　　$f_t = {}^*19.5\,\text{kN/cm}^2$
＊許容応力度は，長期許容応力度と短期許容応力度との平均値。

ブレースは引張力に対してのみ有効であると仮定し，検討を行う。

ⅰ）荷重

水平ブレースに作用する最大引張力Tは，T荷重が2組載荷した場合に生じる。

水平荷重H_1は，積載荷重の20%の1/2の値であるから，

$$H_1 = (250\,\text{kN} \times 2) \times 0.2 \times \frac{1}{2} = 50\,\text{kN}$$
　　　　　↑
　　T荷重の総重量

ⅱ）引張力に対する検討

最大引張力$T_{\max}$および引張応力度σ_tを次式から求め，許容引張応力度f_tと比較する。

$$T_{\max} = \frac{H_1}{\cos\theta}$$
$$= \frac{\sqrt{(6.0\,\text{m})^2 + (4.0\,\text{m})^2} \times 50\,\text{kN}}{6.0\,\text{m}}$$
$$\fallingdotseq 60.1\,\text{kN}$$

$$\sigma_t = \frac{T_{\max}}{A_t}$$
$$= \frac{60.1\,\text{kN}}{5.58\,\text{cm}^2} \fallingdotseq 10.8\,\text{kN/cm}^2$$

$$\frac{\sigma_t}{f_t} = \frac{10.8\,\text{kN/cm}^2}{19.5\,\text{kN/cm}^2} \fallingdotseq 0.55 \leqq 1.0 \quad \textbf{OK!!}$$

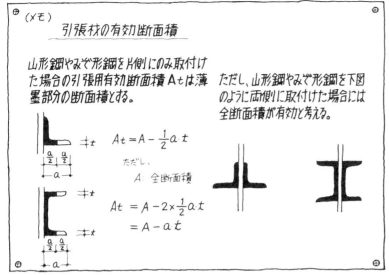

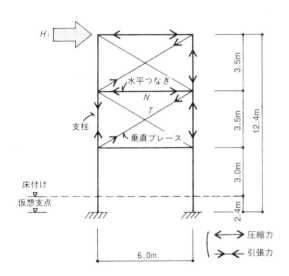

(メモ)

仮想支点の算定

仮想支点は、支柱の水平変位が地中部で0になる点で、次式から求める。

$$L_e = \frac{1}{\beta} \ [\text{m}]$$

$$\beta = \left(\frac{K_h B}{4EI}\right)^{\frac{1}{4}} \ [\text{m}^{-1}]$$

$$K_h = \alpha \cdot E_0 \cdot (100B)^{-\frac{3}{4}} \ [\text{kN/m}^3]$$

ただし、

L_e：根切り底から仮想支点までの距離 [m]

β：特性値 [m^{-1}]

K_h：水平地盤反力係数 [kN/m^3]

B：支柱の幅 [m]

E：支柱のヤング係数 [kN/m^2]

I：支柱の断面2次モーメント [m^4]

α：定数 [m^{-1}] で

　＊粘性土 $\alpha = 60$、砂質土 $\alpha = 80$

E_0：変形係数 [kN/m^2] で、$E_0 = 700\overline{N}$

　＊$\overline{N}$ は根切り底から $\frac{1}{\beta}$ の範囲の平均N値

L_e は $\frac{1}{\beta}$ かつ 0.9m以上とする。

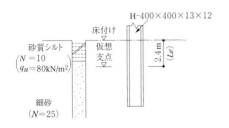

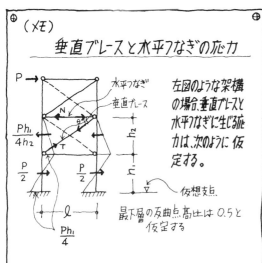

水平地盤反力係数 K_h を次式から求めると，

$$K_h = a \cdot E_0 \cdot (100B)^{-\frac{3}{4}}$$

$$= 60\,\mathrm{m}^{-1} \times 700 \times \frac{(10+25)}{2}\,\mathrm{kN/m^2}$$

$$\times (100 \times 0.4\,\mathrm{m})^{-\frac{3}{4}}$$

$$\fallingdotseq 46,211\,\mathrm{kN/m^3}$$

特性値 β を次式から求めると，

$$\beta = \left(\frac{K_h B}{4EI}\right)^{\frac{1}{4}}$$

$$= \left(\frac{46,211\,\mathrm{kN/m^3} \times 0.4\,\mathrm{m}}{4 \times 2.05 \times 10^8\,\mathrm{kN/m^2} \times 66,600 \times 10^{-8}\,\mathrm{m^4}}\right)^{\frac{1}{4}}$$

$$\fallingdotseq (0.034)^{\frac{1}{4}} \fallingdotseq 0.429\,\mathrm{m^{-1}}$$

よって L_e は，

$$L_e = \frac{1}{\beta}$$

$$= \frac{1}{0.429\,\mathrm{m^{-1}}}$$

$$\fallingdotseq 2.33\,\mathrm{m} \rightarrow 2.4\,\mathrm{m}$$

と求まる。

2）垂直構面

垂直構面は，梁間方向に対して検討を行うが，水平荷重 H_1 は水平構面の場合と同様に考え，積載荷重の20％の1/2の値とする。

$$H_1 = 50\,\mathrm{kN}$$

である。

ⅰ）垂直ブレース

垂直ブレースは，引張力に対してのみ有効であると仮定する。

垂直ブレースには，L–65×65×6（SS400材）を使用する。

引張用有効断面積	$A_t = 7.527\,\mathrm{cm^2} - 0.6\,\mathrm{cm}$ $\times \dfrac{6.5\,\mathrm{cm}}{2} \fallingdotseq 5.58\,\mathrm{cm^2}$
許容引張応力度	$f_t = {}^*19.5\,\mathrm{kN/cm^2}$

＊許容応力度は，長期許容応力度と短期許容応力度との平均値。

垂直ブレースに生じる最大引張力 $T_{\max}$ は（メモ）の略算式によると，

$$T_{max} = \frac{H_1}{\cos\theta}\left(1+\frac{h_1}{2h_2}\right)$$
$$= \frac{\sqrt{(6.0\,\mathrm{m})^2+(3.5\,\mathrm{m})^2}\times 50\,\mathrm{kN}}{6.0\,\mathrm{m}}$$
$$\times\left(1+\frac{5.4\,\mathrm{m}}{2\times 3.5\,\mathrm{m}}\right)$$
$$\fallingdotseq 102.5\,\mathrm{kN}$$

ただし，$\cos\theta = \dfrac{\ell}{\sqrt{\ell^2+h_2^2}}$

となるから，次式によって，引張応力度 σ_t を求め許容引張応力度 f_t と比較する。

$$\sigma_t = \frac{T_{max}}{A_t} = \frac{102.5\,\mathrm{kN}}{5.58\,\mathrm{cm}^2} \fallingdotseq 18.4\,\mathrm{kN/cm}^2$$

$$\frac{\sigma_t}{f_t} = \frac{18.4\,\mathrm{kN/cm}^2}{19.5\,\mathrm{kN/cm}^2} \fallingdotseq 0.94 \leqq 1.0 \quad \textbf{OK!!}$$

ii）水平つなぎ

水平つなぎは，圧縮力に対して座屈が生じない材とし，水平つなぎには［－250×90×9×13（SS 400材）を使用する。

断面積	$A = 44.07\,\mathrm{cm}^2$
断面二次半径	$i_y = 2.58\,\mathrm{cm}$

水平つなぎに生じる最大圧縮力 N_{max} を（メモ）の略算式から求めると，

$$N_{max} = H_1\left(1+\frac{h_1}{4h_2}\right)$$
$$= 50\,\mathrm{kN}\times\left(1+\frac{5.4\,\mathrm{m}}{4\times 3.5\,\mathrm{m}}\right) \fallingdotseq 69.3\,\mathrm{kN}$$

となる。

許容圧縮応力度 f_c は，座屈長さが $\ell_k = 600\,\mathrm{cm}$ であるから，

$$\lambda_c = \frac{\ell_k}{i_y} = \frac{600\,\mathrm{cm}}{2.58\,\mathrm{cm}} \fallingdotseq 232.6 \leqq 250 \quad \textbf{OK!!}$$

となり，巻末の計算用基本データの表から，

$$f_c = 1.72\,\mathrm{kN/cm}^2 \times 1.25 \fallingdotseq 2.15\,\mathrm{kN/cm}^2$$
↑ 中期許容応力度

と求まる。次式によって圧縮応力度 σ_c を求め，許容圧縮応力度 f_c と比較する。

$$\sigma_c = \frac{N_{max}}{A} = \frac{69.3\,\mathrm{kN}}{44.07\,\mathrm{cm}^2} \fallingdotseq 1.57\,\mathrm{kN/cm}^2$$

$$\frac{\sigma_c}{f_c} = \frac{1.57\,\mathrm{kN/cm}^2}{2.15\,\mathrm{kN/cm}^2} \fallingdotseq 0.73 \leqq 1.0 \quad \textbf{OK!!}$$

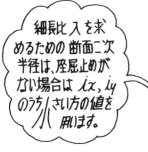

水平荷重による応力解析

水平荷重のかかり方の相違によって，各部材の応力がどの程度違うのか，パソコンを用いて解析した結果を以下に示す。

応力解析は，下記の3 CASEについて行った。

- CASE 1…節点7に作用水平力1.0kN
- CASE 2…節点8　　〃
- CASE 3…節点7,8にそれぞれ作用水平力0.5kN

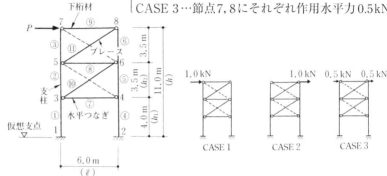

★使用部材

- ①～⑥，⑨部材…H-350×350×12×19（$A=171.9\,\mathrm{cm}^2$, $I=39{,}800\,\mathrm{cm}^4$）
- ⑦～⑧部材………[-250×90×9×13（$A=44.07\,\mathrm{cm}^2$）
- ⑩～⑪部材………L-65×65×6（$A=7.527\,\mathrm{cm}^2$）

★解析結果一覧表（部材軸力，単位kN）

部材番号 CASE	①	②	③	④	⑤	⑥	⑦	⑧	⑨	⑩	⑪	柱脚部の曲げモーメント(kN·m)
CASE 1	-1.300	-0.592	0	1.300	1.300	0.592	0.611	1.089	1.020	-1.405	-1.175	1.632
CASE 2	-1.300	-0.594	0	1.300	1.300	0.594	0.614	1.084	0.024	-1.402	-1.178	1.631
CASE 3	-1.300	-0.593	0	1.300	1.300	0.593	0.613	1.086	0.522	-1.403	-1.177	1.631
*略算値	-1.500			1.500				1.286		-1.819		2.000

符号　　　＊略算値は，次式から求めた値である。

引張力は－表示

- ブレース⑩部材…………$T=\dfrac{P}{\cos\theta}\left(1+\dfrac{h_1}{2h_2}\right)$
- 水平つなぎ⑧部材………$N=P\left(1+\dfrac{h_1}{4h_2}\right)$
- 支柱①，④部材…………$N=T=\left|\dfrac{P}{\ell}\left(h-\dfrac{1}{2}h_1\right)\right|$
- 柱脚部の曲げモーメント…$M=\dfrac{1}{2}Ph_1$

解析結果一覧表からもわかるように、下桁材（部材番号⑨）を除けば、各部材応力は各CASEによってあまり違いのないことがわかる。よって、各部材応力の算定にあたっては、水平荷重のかかり方の違いによる応力差については考慮しなくてもよい。

また、この例題で使用する各部材応力の略算式による計算結果を一覧表に付け加えたが、この結果からも推察されるように、略算式には安全率を見込んでいるため、略算値は多少余裕のある値になっている。

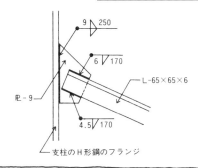

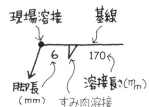

3）接合部

ブレースと水平つなぎは、H形鋼にすみ肉溶接する。溶接部の検討は、応力の最も大きい垂直ブレースに対して行う。

すみ肉溶接の許容応力度は、長期許容応力度とする（中期許容応力度×80％）。

$$\text{すみ肉溶接の許容応力度}\quad f_s = 9.0\,\text{kN/cm}^2$$
$$(f_s = F/(1.5\sqrt{3}))$$

i）山形鋼とガセットプレートの溶接部

すみ肉溶接部の必要溶接長さ ℓ_1 は、次式から求める。

$R = \Sigma a\ell \cdot f_s,\quad \ell_1 = \ell + 2S$

ただし、R：すみ肉溶接の許容耐力
　　　　a：有効のど厚（$a = 0.7S$）
　　　　ℓ：すみ肉溶接の有効長さ
　　　　f_s：すみ肉溶接の許容応力度

垂直ブレースの最大引張力 $T_{\max}$ は、

$T_{\max} = 102.5\,\text{kN}$

であるから、すみ肉溶接の有効長さ ℓ は、

$102.5\,\text{kN} = \ell \times (0.7 \times 0.45\,\text{cm} + 0.7 \times 0.6\,\text{cm})$
　最大引張力　　　×9.0 kN/cm²　　　有効のど厚
　　　　　　　　　許容応力度

$\therefore \ell \fallingdotseq 15.5\,\text{cm}$

と求まる。よって、必要溶接長さ ℓ_1 は、

$\ell_1 = \ell + 2S$
$\quad = 15.5\,\text{cm} + 2 \times \left(\dfrac{0.45\,\text{cm} + 0.6\,\text{cm}}{2}\right) \fallingdotseq 16.6\,\text{cm}$

である。

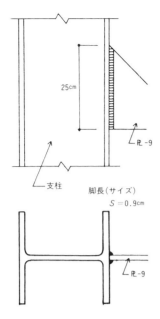

ii) 支柱（H形鋼フランジ）とガセットプレートの溶接部

ガセットプレートは，左図のように，支柱に両面すみ肉溶接する。溶接部の許容耐力 R は，

$$R = 2 \times 0.7 \times 0.9\,\text{cm} \times (25\,\text{cm} - 2 \times 0.9\,\text{cm})$$
　　　両面　　　脚長　　　　　有効長さ

$$\times 9.0\,\text{kN/cm}^2 \fallingdotseq 263\,\text{kN}$$
　　許容応力度

である。

垂直ブレースの最大引張力は，$T_{max} = 102.5\,\text{kN}$ であるから，

$$\frac{T_{max}}{R} = \frac{102.5\,\text{kN}}{263\,\text{kN}} \fallingdotseq 0.39 \leq 1.0 \quad \textbf{OK!!}$$

となり，25 cm の溶接長さで十分OKである。

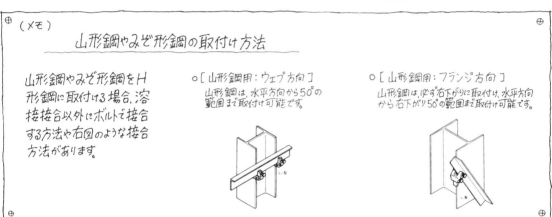

(メモ) 山形鋼やみぞ形鋼の取付け方法

E 支柱の検討

支柱には，H–400×400×13×21（SS400材）を使用する。

断面積	$A = 218.7\,\text{cm}^2$
断面二次半径	$i_x = 17.5\,\text{cm},\ i_y = 10.1\,\text{cm}$
断面係数	$Z = 3{,}330\,\text{cm}^3$
曲げ応力のための断面性能	$i = 11.0\,\text{cm},\ \eta = 5.25$
許容引張応力度	$f_t = {}^*19.5\,\text{kN/cm}^2$
許容せん断応力度	$f_s = {}^*11.25\,\text{kN/cm}^2$

＊許容応力度は，長期許容応力度と短期許容応力度との平均値。

支柱は応力の最も大きい最下層の支柱に対して、曲げと軸力を受ける部材として検討を行います。

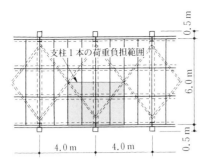

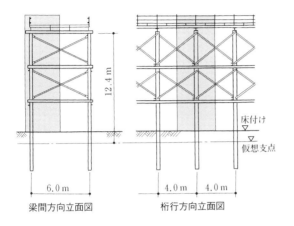

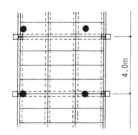

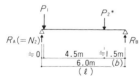

*P_2 は P_1 がアウトリガー最大接地時の片側の接地荷重

1) 荷重

支柱は，固定荷重，《積載荷重＋衝撃荷重》，水平荷重について考える。

ⅰ）固定荷重

支柱1本当たりに作用する固定荷重N_1は，網かけ部分の荷重である。

		(kg)
覆工板	：212 kg/m²×4.0 m×3.0 m	＝2,544
上 桁	：135 kg/m×4.0 m×2本	＝1,080
下 桁	：172 kg/m×3.5 m	＝602
水平ブレース	：5.91 kg/m×7.2 m	＝42.6
手すり	：10 kg/m×4.0 m	＝40
支 柱	：172 kg/m×12.4 m	＝2,133
水平つなぎ	：34.6 kg/m×(3.0 m＋4.0 m)×2段	＝484
	↑　　　　　↑	
	梁間方向　桁行方向	
垂直ブレース	：5.91 kg/m×(6.95 m＋5.32 m×2)×2段	＝208
	↑　　　　　↑	
	梁間方向　桁行方向	

＋）
合　　　計　　　　　7,134 kg
　　　　　　　　　　　↓
　　　　　　　　　N_1＝70.0 kN

ⅱ）《積載荷重＋衝撃荷重》

支柱に作用する《積載荷重＋衝撃荷重》N_2は，トラッククレーンのアウトリガーが左図のような位置の場合に最大となる。

$$N_2 = \left(P_1 + P_2 \times \frac{b}{\ell}\right) \times (1 + 0.2)$$
　　　　　　　　　　　　　　　　↑
　　　　　　　　　　　　　　衝撃荷重

$$= \left(304.5 \text{ kN} + 65.3 \text{ kN} \times \frac{1.5 \text{ m}}{6.0 \text{ m}}\right) \times 1.2$$

$$≒ 385 \text{ kN}$$

ⅲ）水平荷重

水平荷重は「Dブレース，水平つなぎの検討」の場合と同様に考える。

$$H_1 = (400 \text{ kN} + 35 \text{ kN}) \times 0.2 \times \frac{1}{2} = 43.5 \text{ kN}$$
　　　　　　　↑
　　　トラッククレーンの総重量　20％

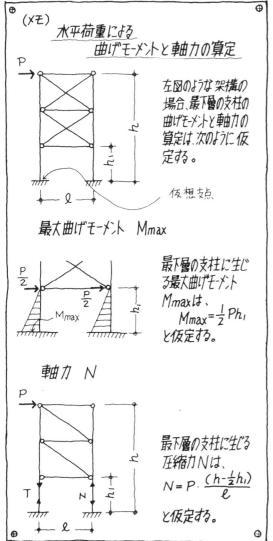

2) 曲げと軸力に対する検討

応力の最も大きい最下層の支柱に対して検討を行う。

i) 最大曲げモーメント

最下層の支柱に生じる最大曲げモーメント M_{max} は,（メモ）の略算式によると,

$$M_{max} = \frac{1}{2} H_1 h_1 = \frac{1}{2} \times 43.5\,\mathrm{kN} \times 5.4\,\mathrm{m}$$

（H_1 は水平荷重（メモのPに相当する））

$$= 117.5\,\mathrm{kN\cdot m} \to 11{,}750\,\mathrm{kN\cdot cm}$$

となる。

ii) 最大圧縮力

最下層の支柱に作用する最大圧縮力 N_{max} は, 固定荷重 N_1 と《積載荷重＋衝撃荷重》N_2, それに水平荷重による圧縮力 N_3 を加えたものである。

水平荷重により生じる最下層の支柱の圧縮力 N_3 は,（メモ）の略算式によると,

$$N_3 = H_1 \cdot \frac{\left(h - \frac{1}{2}h_1\right)}{\ell}$$

$$= 43.5\,\mathrm{kN} \times \frac{\left(12.4\,\mathrm{m} - \frac{1}{2} \times 5.4\,\mathrm{m}\right)}{6.0\,\mathrm{m}}$$

$$\fallingdotseq 70.3\,\mathrm{kN}$$

となるから, 最下層の支柱に作用する最大圧縮力 N_{max} は,

$$N_{max} = N_1 + N_2 + N_3$$
$$= 70.0\,\mathrm{kN} + 385\,\mathrm{kN} + 70.3\,\mathrm{kN}$$
$$\fallingdotseq 525.3\,\mathrm{kN}$$

である。

iii) 許容応力度

この例題の場合, 座屈長さは, 曲げ, 圧縮とも540 cm と仮定する。

イ) 許容曲げ応力度 f_b

$$\lambda_b = \frac{\ell_b}{i} = \frac{540\,\mathrm{cm}}{11.0\,\mathrm{cm}} \fallingdotseq 49.1, \quad \eta = 5.25$$

$$\therefore\ f_b = 15.6\,\mathrm{kN/cm^2} \times 1.25 = 19.5\,\mathrm{kN/cm^2}$$

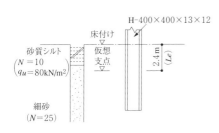

ロ) 許容圧縮応力度 f_c

$$\lambda_c = \frac{\ell_k}{i_y} = \frac{540\,\mathrm{cm}}{10.1\,\mathrm{cm}} \fallingdotseq 53.5$$

$$\therefore f_c = 13.2\,\mathrm{kN/cm^2} \times 1.25 \fallingdotseq 16.5\,\mathrm{kN/cm^2}$$

iv) 断面検討

曲げと圧縮力を受ける材は，次式にて検討を行う。

$$\frac{\sigma_b}{f_b} + \frac{\sigma_c}{f_c} \leq 1 \quad かつ \quad \frac{\sigma_b - \sigma_c}{f_t} \leq 1$$

$$\begin{cases} \sigma_b = \dfrac{M_{\max}}{Z} = \dfrac{11{,}750\,\mathrm{kN\cdot cm}}{3{,}330\,\mathrm{cm^3}} \fallingdotseq 3.53\,\mathrm{kN/cm^2} \\ \sigma_c = \dfrac{N_{\max}}{A} = \dfrac{525.3\,\mathrm{kN}}{218.7\,\mathrm{cm^2}} \fallingdotseq 2.40\,\mathrm{kN/cm^2} \end{cases}$$

$$\frac{\sigma_b}{f_b} + \frac{\sigma_c}{f_c} = \frac{3.53\,\mathrm{kN/cm^2}}{19.5\,\mathrm{kN/cm^2}} + \frac{2.40\,\mathrm{kN/cm^2}}{16.5\,\mathrm{kN/cm^2}}$$

$$\fallingdotseq 0.18 + 0.15 = 0.33 \leq 1.0 \qquad \mathbf{OK!!}$$

$$\frac{\sigma_b - \sigma_c}{f_t} = \frac{3.53\,\mathrm{kN/cm^2} - 2.40\,\mathrm{kN/cm^2}}{19.5\,\mathrm{kN/cm^2}}$$

$$\fallingdotseq 0.06 \leq 1.0 \qquad \mathbf{OK!!}$$

3) 支柱の根入れの検討

左図のような地盤に対して，支柱の根入れ長さの検討を行う。支柱の根入れ長さは，少なくとも $\dfrac{2}{\beta}$ 以上確保する。

$$\frac{2}{\beta} = \frac{2}{0.429\,\mathrm{m^{-1}}}$$

$$\fallingdotseq 4.66\,\mathrm{m} \rightarrow 5.0\,\mathrm{m}$$

この例題では，打込み工法と埋込み工法の場合について検討を行う。

i) 打込み工法の場合

打込み工法の支柱の許容支持力を次式から求め，根入れ長さの検討を行う。

$$R_a = \frac{2}{3}\left\{300\overline{N}A_p + \left(\frac{10\overline{N}_s L_s}{3} + \frac{\overline{q_u}L_c}{2}\right)\psi\right\}$$

$$\begin{cases} R_a = 許容支持力（\mathrm{kN}） \\ \overline{N} = 25,\ A_p = 0.4\,\mathrm{m} \times 0.4\,\mathrm{m} = 0.16\,\mathrm{m^2} \\ \overline{N}_s = 25,\ L_s = 2.6\,\mathrm{m} \\ \overline{q_u} = 80\,\mathrm{kN/m^2}（土質試験結果による） \\ L_c = 0\,\mathrm{m},\ \psi = 2 \times (0.4\,\mathrm{m} + 0.4\,\mathrm{m}) = 1.6\,\mathrm{m} \end{cases}$$

4 乗入れ構台

(メモ) 支柱の許容支持力算定式

支柱の許容支持力を求める算定式は、支持地盤によって異なり、次式による。

i) 打込み工法の場合

$$R_{a1} = \frac{2}{3}\left\{300\overline{N}\cdot A_p + \left(\frac{10\overline{N_s}L_s}{3} + \frac{\overline{q_u}L_c}{2}\right)\psi\right\}$$

ii) 埋込み工法（プレボーリング後、モルタルで全体充てん）の場合

$$R_{a2} = \frac{2}{3}\left\{200\overline{N}\cdot A_p + \left(\frac{10\overline{N_s}L_s}{3} + \frac{\overline{q_u}L_c}{2}\right)\psi\right\}$$

iii) 埋込み工法（先端部のみを処理）の場合

最終打込み工法　$R_{a3} = \frac{2}{3}(300\overline{N}\cdot A_p)$

根固め工法　$R_{a4} = \frac{2}{3}(200\overline{N}\cdot A_p)$

ただし、

- $R_{a1} \sim R_{a4}$ ： 許容支持力 (kN)
- $\overline{N}$: 支柱先端付近の地盤の平均N値（ただし、$N \leq 100$、$\overline{N} \leq 60$）
- A_p : 支柱先端の有効支持面積 (m²)
- $\overline{N_s}$: 根切り底から支柱先端までの地盤のうち、砂質土部分の平均N値 ($\overline{N_s} \leq 30$)
- L_s : 根切り底以深で砂質土部分にある支柱の長さ (m)
- $\overline{q_u}$: 根切り底から支柱先端までの地盤のうち、粘性土部分の平均一軸圧縮強度 (kN/m²) ただし、$\overline{q_u} \leq 200 \text{kN/m}^2$
- L_c : 根切り底以深で粘性土部分にある支柱の長さ (m)
- ψ : 支柱の周長 (m)

(メモ) 支柱の有効支持面積と周長のとり方

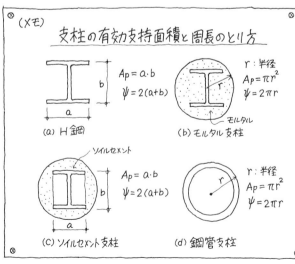

(a) H鋼　(b) モルタル支柱　(c) ソイルセメント支柱　(d) 鋼管支柱

$$R_a = \frac{2}{3} \times \Big\{300 \times 25 \times 0.16\,\text{m}^2$$
$$+ \left(\frac{10}{3} \times 25 \times 2.6\,\text{m} + \frac{1}{2} \times 80\,\text{kN/m}^2 \times 0\,\text{m}\right)$$
$$\times 1.6\,\text{m}\Big\}$$
$$= \frac{2}{3} \times (1{,}200\,\text{kN} + 346.7\,\text{kN})$$
$$\fallingdotseq 1{,}031.1\,\text{kN}$$

$$\frac{N_{\max}}{R_a} = \frac{525.3\,\text{kN}}{1{,}031.1\,\text{kN}} \fallingdotseq 0.51 \leq 1.0 \qquad \textbf{\textit{OK!!}}$$

ii) 埋込み工法の場合

埋込み工法の支柱の許容支持力を次式から求め、根入れ長さの検討を行う。削孔径は、支柱+0.1 mとする。

$$R_a = \frac{2}{3}\left\{200\overline{N}A_p + \left(\frac{10\overline{N_s}L_s}{3} + \frac{\overline{q_u}L_c}{2}\right)\psi\right\}$$

$$\begin{cases} R_a = \text{許容支持力 (kN)} \\ \overline{N} = 25,\ A_p = \pi \times (0.25\,\text{m})^2 = 0.20\,\text{m}^2 \\ \overline{N_s} = 25,\ L_s = 2.6\,\text{m} \\ \overline{q_u} = 80\,\text{kN/m}^2（土質試験結果による） \\ L_c = 0\,\text{m},\ \psi = 2 \times \pi \times 0.25\,\text{m} \fallingdotseq 1.6\,\text{m} \end{cases}$$

$$R_a = \frac{2}{3} \times \Big\{200 \times 25 \times 0.20\,\text{m}^2$$
$$+ \left(\frac{10}{3} \times 25 \times 2.6\,\text{m} + \frac{1}{2} \times 80\,\text{kN/m}^2 \times 0\,\text{m}\right)$$
$$\times 1.6\,\text{m}\Big\}$$
$$= \frac{2}{3} \times (1{,}000\,\text{kN} + 346.7\,\text{kN})$$
$$\fallingdotseq 897.8\,\text{kN}$$

$$\frac{N_{\max}}{R_a} = \frac{525.3\,\text{kN}}{897.8\,\text{kN}} \fallingdotseq 0.59 \leq 1.0 \qquad \textbf{\textit{OK!!}}$$

以上で、乗入れ構台の計算はすべて終了したわけである。

4-2 まとめ

以上で、乗入れ構台の計算は終了したわけですが、いままでの事柄についてここで整理してみましょう。

項目＼検討項目	覆工板	上桁	下桁	ブレース，水平つなぎ	支柱	備考
荷　重	○固定荷重 ○積載荷重 ○衝撃荷重	○固定荷重 ○積載荷重 ○衝撃荷重 ○水平荷重		○水平荷重	○固定荷重 ○積載荷重 ○衝撃荷重 ○水平荷重	衝撃荷重および水平荷重は積載荷重の20%。
検討内容	○曲げモーメント ○せん断力 ○たわみ	○曲げモーメントと軸力の組合せ応力 ○せん断力 ○たわみ		○引張力	○曲げモーメントと軸力の組合せ応力 ○根入れ長さ	ブレースと水平つなぎは，引張力に対する接合部の検討も行う。
応力とたわみの計算仮定	○支持状態は，単純梁と仮定する。 ○応力とたわみの計算は，乗り入れる車両や重機のうち，最も不利となる荷重状態を想定して行う。			○水平構面に水平ブレースを架ける場合には，水平構面と垂直構面が，それぞれ水平荷重の$\frac{1}{2}$を負担する。	○仮想支点の床付けからの深さ(h)は， $h = \frac{1}{\beta}$ $\beta = \left(\frac{K_h B}{4EI}\right)^{\frac{1}{4}}$ $K_h = a \cdot E_0 \cdot (100B)^{-\frac{3}{4}}$ ○最下層の反曲点高比は0.5と仮定する。	積載荷重における衝撃効果の割増については，応力に対して行い，たわみの検討に対しては行わない。
許容応力度	○鋼材の許容応力度は，中期許容応力度（長期許容応力度と短期許容応力度の平均値）を採用する。ただし，現場溶接継目に関しては長期許容応力度を採用する。					
許容たわみ量	○許容たわみ量は，部材角$\left(\frac{\delta_{max}}{l}\right) \frac{1}{300}$以下			———	———	
判定式	○曲げモーメント $\frac{\sigma_{max}}{f_b} \leq 1.0$　ただし　$\begin{cases} f_b：許容曲げ応力度（kN/cm^2）\\ \sigma_{max}：最大曲げ応力度（kN/cm^2） \end{cases}$					

判 定 式	

$$\sigma_{max} = \frac{M_{max}}{Z} \quad \begin{cases} M_{max} : 最大曲げモーメント（kN\cdot cm） \\ Z \quad : 断面係数（cm^3） \end{cases}$$

○せん断力

$$\frac{\tau_{max}}{f_s} \leq 1.0 \quad ただし \quad \begin{cases} f_s \quad : 許容せん断応力度（kN/cm^2） \\ \tau_{max} : 最大せん断応力度（kN/cm^2） \end{cases}$$

$$\tau_{max} = \alpha \frac{Q_{max}}{A} \quad \begin{cases} Q_{max} : 最大せん断力（kN） \\ A \quad : 断面積（cm^2） \\ \alpha \quad : 形状係数 \end{cases}$$

略算式として次式を用いてもよい。

$$\tau_{max} = \frac{Q_{max}}{A_w} \quad \begin{cases} A_w : せん断有効断面積（cm^2） \\ h \quad : ウェブの高さ（cm） \\ t_w : ウェブの厚さ（cm） \end{cases}$$
$$A_w = h \cdot t_w$$

○曲げモーメントと圧縮力の組合せ応力

$$\frac{\sigma_b}{f_b} + \frac{\sigma_c}{f_c} \leq 1$$

かつ　　　　　ただし

$$\frac{\sigma_b - \sigma_c}{f_t} \leq 1$$

$$\begin{cases} f_b : 許容曲げ応力度（kN/cm^2） \\ f_c : 許容圧縮応力度（kN/cm^2） \\ f_t : 許容引張応力度（kN/cm^2） \\ \sigma_b : 曲げ応力度（kN/cm^2）（\sigma_b = M/Z） \\ \sigma_c : 圧縮応力度（kN/cm^2）（\sigma_c = N/A） \end{cases}$$

○引張力

$$\frac{\sigma_t}{f_t} \leq 1.0 \quad ただし \quad \begin{cases} f_t \quad : 許容引張応力度（kN/cm^2） \\ \sigma_t : 最大引張応力度（kN/cm^2） \end{cases}$$

$$\sigma_t = \frac{T_{max}}{A_t} \quad \begin{cases} T_{max} : 最大引張力（kN） \\ A_t \quad : 引張用有効断面積（cm^2） \end{cases}$$

○たわみ

$$\frac{\delta_{max}}{l} \leq \frac{1}{300} \quad ただし \quad \begin{cases} \delta_{max} : 最大たわみ（cm） \\ l \quad : スパン（cm） \end{cases}$$

○支柱の支持力

$$\frac{N_{max}}{R_a} \leq 1.0 \quad ただし \quad \begin{cases} N_{max} : 最大圧縮力（kN） \\ R_a \quad : 許容支持力（kN） \end{cases}$$

[5] 山留め

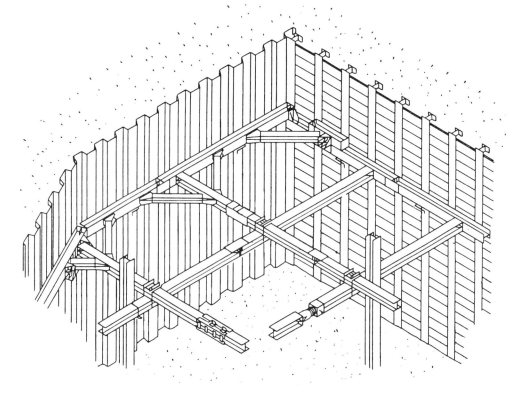

山留めの構造計算

　山留めは，地下工事が安全かつ円滑に行われるように，掘削壁面の崩壊や土砂の回り込みを防止するために，設けられる仮設構造物であるから，安全性や施工性はもとより，経済性も同時に要求される。

　山留めは，一般に山留め壁体，腹起し，切ばり，支柱などの各部材から構成されるが，これらの各部材は，土質や地下水の状態，障害物や埋設物，周囲の状況などを十分調査・把握したうえで，つねに全体の施工計画を考えて，設計することが大切である。

　山留めの設計は，本書では『山留め設計指針』（日本建築学会，2017年版）に準拠して行っている。

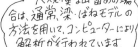

これは，一般的な山留めの図じゃが，山留め工法の選択や設計は，全体の施工計画を考えて計画しなければならない。

大規模な山留めの場合は，通常，梁・ばねモデルの方法を用いて，コンピューターにより解析が行われています。

本書では根切り深さが15m以内の中小規模の山留めを対象に，現場で手計算によって検討できるように，単純梁モデルの方法を用いて設計を行っています。

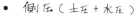

- 側圧（土圧＋水圧）
- ボイリング
- ヒービング

構造計算により安全確認　変形や移動に注意!!

5-1 自立山留め工法

ポイント 5-1 自立山留め工法は，側圧に対して根入れ部の地盤反力で抵抗する工法であるが，下記の手順に従って計算を行う。

荷重計算 → 山留め壁

NOTE
1. 山留め壁の応力および変形は，自立山留めの梁・ばねモデル（Changの方法）により算定する。
2. 設計用側圧は，根切り底面以浅の背面側側圧の合力が集中荷重として作用するものとし，根切り底面以深の側圧は無視する。また，山留め壁背面に上載荷重が作用する場合には，上載荷重による側圧を考慮する。
3. 背面側側圧は，ランキン・レザール法では荷重を過小評価（特に粘性土地盤の場合）するおそれがあるので，『山留め設計指針』（日本建築学会）の側圧係数法により算定する。
4. 許容応力度は，長期許容応力度と短期許容応力度との平均値を採用する。
5. 粘性土の場合にはヒービングの検討，砂質土の場合にはボイリングの検討を行う。

例題 5-1

図5-1のような自立山留めについて計算する。

土質柱状図

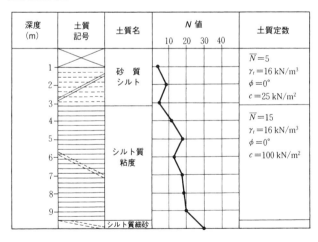

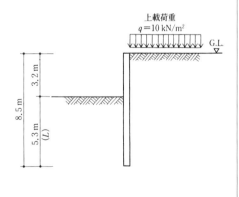

ただし，$\overline{N}$：平均N値
　　　γ_t：土の湿潤単位体積重量（kN/m³）
　　　ϕ：土の内部摩擦角（度）
　　　c：土の粘着力（kN/m²）

〔**設計条件**〕
- 山留め壁……………親杭横矢板工法
- 根切り深さ…………G.L.−3.2m
- 地下水………………考慮しない
- 地表面上の上載荷重…$q = 10$ kN/m²
- 親杭間隔……………$a = 1.2$ m
- 親杭根入れ長さ……$L = 5.3$ m

図5-1　自立山留め図

5 山留め　197

1. 荷重計算

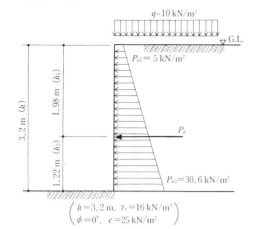

設計用背面側側圧は，『山留め設計指針』の側圧係数法により，次式から求める。

$P_a = K(\gamma_t h + q)$

側圧係数は，根切り部の土質が軟らかい粘土地盤（沖積粘土）であるから，（メモ）より，$K = 0.5$ とする。

A 側圧分布

1) 地表面（G.L.±0）の側圧

$P_{a1} = 0.5 \times (16\,\text{kN/m}^3 \times 0 + 10\,\text{kN/m}^2)$
$\quad\ \ = 5\,\text{kN/m}^2$

2) 根切り底面（G.L.−3.2m）の側圧

$P_{a2} = 0.5 \times (16\,\text{kN/m}^3 \times 3.2\,\text{m} + 10\,\text{kN/m}^2)$
$\quad\ \ = 30.6\,\text{kN/m}^2$

B 側圧合力 P_a

$$P_a = \frac{P_{a1} + P_{a2}}{2} \cdot h$$
$$= \frac{5\,\text{kN/m}^2 + 30.6\,\text{kN/m}^2}{2} \times 3.2\,\text{m} \fallingdotseq 57.0\,\text{kN/m}$$

C 側圧合力位置 h_1

$$h_1 = \frac{P_{a1} + 2P_{a2}}{P_{a1} + P_{a2}} \cdot \frac{h}{3}$$
$$= \frac{5\,\text{kN/m}^2 + 2 \times 30.6\,\text{kN/m}^2}{5\,\text{kN/m}^2 + 30.6\,\text{kN/m}^2} \times \frac{3.2\,\text{m}}{3} \fallingdotseq 1.98\,\text{m}$$

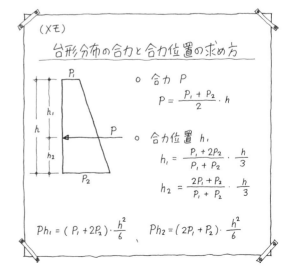

（メモ）

側圧係数法による側圧式

$P = K(\gamma_t h + q)$

ただし　K：側圧係数
　　　　γ_t：土の湿潤単位体積重量（kN/m³）
　　　　h：地表面からの深さ（m）
　　　　q：地表面上の上載荷重（kN/m²）

側圧係数は下表による。

地盤		側圧係数
砂地盤	地下水位が浅い場合	0.3〜0.7
	地下水位が深い場合	0.2〜0.4
粘土地盤	沖積粘土	0.5〜0.8
	洪積粘土	0.2〜0.5

豆知識 5-1　上載荷重およびのり面付き山留めによる側圧

　下記のような上載荷重やのり面付き山留めの側圧は，ランキン・レザールの主働側圧算定式および側圧係数法で求めた側圧に，下記の側圧をそれぞれ加えたものとする。

1) 上載荷重 q による側圧 p_z

$$p_z = \frac{q}{2\pi}\left\{2(\alpha_2 - \alpha_1) + \sin 2\alpha_1 - \sin 2\alpha_2\right\}$$

ただし，$\alpha_1 = \tan^{-1}\left(\dfrac{\ell}{h}\right)$, $\alpha_2 = \tan^{-1}\left(\dfrac{\ell + B}{h}\right)$

　p_z：上載荷重による側圧（kN/m²）
　q：上載荷重（kN/m²）
　h：地表面からの深さ（m）
　ℓ：上載荷重面までの距離（m）
　B：上載荷重面幅（m）

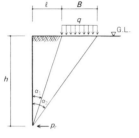

2) 線荷重 P による側圧 p_z

$$p_z = \frac{P}{\pi} \cdot \frac{h}{\ell^2 + h^2}(1 - \cos 2\alpha)$$

ただし，$\alpha = \tan^{-1}\left(\dfrac{\ell}{h}\right)$

　P：線荷重（kN/m）
　h：地表面からの深さ（m）
　ℓ：荷重点までの距離（m）

3) のり面付き山留めによる側圧

$$P_z = \gamma_1 h_1 \left\{\frac{1}{2} - \frac{1}{\pi}\left(\alpha - \frac{2}{\tan\alpha}\cdot\log_e\left|\frac{1}{\cos\alpha}\right|\right)\right\}$$

ただし，$\alpha = \tan^{-1}\left(\dfrac{\ell_1}{h}\right)$

　h：のり面からの深さ（m）
　h_1：のり面高さ（m）
　ℓ_1：のり面長さ（m）
　γ_1：のり面高さ部分の土の湿潤単位体積重量（kN/m³）

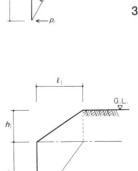

2. 山留め壁の検討

山留めの検討は、Y.L.Changの方法によって行います。
この場合、山留め壁を半無限長の梁とみなせることが適用条件の一つとなります。
山留め壁の根入れ長さD_f(m)は次式を満足するようにしましょう。

$$D_f \geq \frac{2 \sim \pi}{\beta}$$

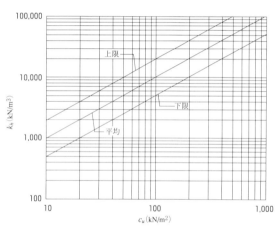

図5-2 水平地盤反力係数の推奨範囲
（粘性土地盤の場合）

上図は、連続する山留め壁を対象にしています。
親杭横矢板壁においても親杭の見付け幅および親杭間隔は考慮せず、連続する壁とみなして評価します。

親杭には、H-300×300×10×15（SS400材）を使用する。

せん断用有効断面積	
$A_s = (30 - 2 \times 1.5)\text{cm} \times 1.0\text{cm} = 27\text{cm}^2$	
断面二次モーメント	$I_x = 2.02 \times 10^4 \text{cm}^4$
断面係数	$Z_x = 1,350 \text{cm}^3$
許容曲げ応力度	$f_b = {}^*19.5 \text{kN/cm}^2$
許容せん断応力度	$f_s = {}^*11.25 \text{kN/cm}^2$
ヤング係数	$E = 2.05 \times 10^8 \text{kN/m}^2$
（*許容応力度は、長期許容応力度と短期許容応力度との平均値）	

A 親杭の根入れ長さの検討

親杭の根入れ長さは、$L = 5.3$ m とする。

1） 半無限長の杭としての根入れ長さの検討

親杭の根入れ長さLが$\frac{2}{\beta}$の値よりも大きいか否かを検討する。

βは、次式から求める。

$$\beta = \left(\frac{k_h \cdot B}{4EI}\right)^{\frac{1}{4}}$$

ただし、k_h：水平地盤反力係数（kN/m³）

B：単位幅（= 1.0 m）

EI：単位幅当たりの山留め壁の曲げ剛性（= $2.05 \times 10^8 \text{kN/m}^2 \times 2.02 \times 10^{-4}\text{m}^4/1.2\text{m} = 3.45 \times 10^4 \text{kN} \cdot \text{m}^2/\text{m}$）

親杭の根入れ地盤の粘着力は、$c = 100 \text{kN/m}^2$ であるから、図5-2 より水平地盤反力係数は、$k_h = 10,000 \text{kN/m}^3$ と求まる。よってβは、

$$\beta = \left(\frac{10,000 \text{kN/m}^3 \times 1.0\text{m}}{4 \times 3.45 \times 10^4 \text{kN} \cdot \text{m}^2}\right)^{\frac{1}{4}}$$

$$\fallingdotseq 0.52 \text{m}^{-1}$$

となる。

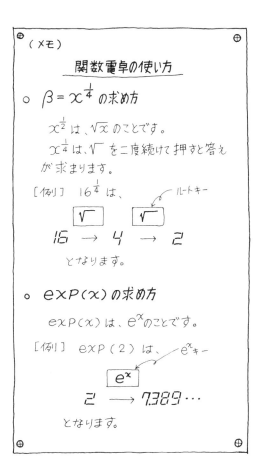

$$\frac{2}{\beta} = \frac{2}{0.52\,\mathrm{m}^{-1}} \fallingdotseq 3.8\,\mathrm{m} < 5.3\,\mathrm{m}(=L) \quad \textbf{OK!!}$$

↑ 親杭の根入れ長さ

以上の結果から，親杭は長い杭と判断できるので，Changの方法を用いて曲げモーメントの検討を行う。

$L \geq 1.2H$

2) 背面側・掘削側側圧による根入れ長さの検討

親杭下端（0点）回りの背面側・掘削側側圧によるモーメントから，親杭の根入れ長さの検討を行う。

i) 根切り底面以深の背面側側圧

根切り底面以深の土質は，粘着力 $c = 100\,\mathrm{kN/m^2}$ であるから，$K = 0.4$ とする。

G.L.$-3.2\,\mathrm{m}$　$P_{a3} = 0.4 \times (16\,\mathrm{kN/m^3} \times 3.2\,\mathrm{m} + 10\,\mathrm{kN/m^2}) \fallingdotseq 24.5\,\mathrm{kN/m^2}$

G.L.$-8.5\,\mathrm{m}$　$P_{a4} = 0.4 \times (16\,\mathrm{kN/m^3} \times 8.5\,\mathrm{m} + 10\,\mathrm{kN/m^2}) = 58.4\,\mathrm{kN/m^2}$

ii) 掘削側側圧

掘削側側圧は，ランキン・レザールの受働側圧算定式（202ページ（メモ）参照）から求める。水圧がないので次式から算定する。

$$P_p = \gamma_t h \tan^2\left(45° + \frac{\phi}{2}\right) + 2c \tan\left(45° + \frac{\phi}{2}\right)$$

G.L.$-3.2\,\mathrm{m}$　$P_{p1} = 2 \times 100\,\mathrm{kN/m^2} \times \tan 45°$
$\qquad = 200\,\mathrm{kN/m^2}$

G.L.$-8.5\,\mathrm{m}$　$P_{p2} = 16\,\mathrm{kN/m^3} \times 5.3\,\mathrm{m} \times \tan^2 45° + 2 \times 100\,\mathrm{kN/m^2} \times \tan 45°$
$\qquad = 284.8\,\mathrm{kN/m^2}$

5 山留め

(メモ)

ランキン・レザールの側圧式

次式は、下記の仮定の上に成り立つ。

○山留め壁の背面地盤は、平坦かつ水平で背面土との摩擦角がない。
○山留め壁は、その下端を中心に回転する。

● 主働側圧算定式
$p_a = (\gamma_t h - p_{wa} + q)\tan^2(45° - \frac{\phi}{2}) - 2c\tan(45° - \frac{\phi}{2}) + p_{wa}$

● 受働側圧算定式
$p_p = (\gamma_t h - p_{wp})\tan^2(45° + \frac{\phi}{2}) + 2c\tan(45° + \frac{\phi}{2}) + p_{wp}$

ただし、p_a：地表面からの深さh(m)における背面側の側圧(kN/m²)
p_p：根切り底面からの深さh'(m)における掘削側の側圧の上限値(kN/m²)
γ_t：土の湿潤単位体積重量(kN/m³)
h：地表面からの任意の点の深さ(m)
h'：根切り底面からの任意の点の深さ(m)
p_{wa}：地表面からの深さh(m)における背面側の水圧(kN/m²)
p_{wp}：根切り底面からの深さh'(m)における掘削側の水圧(kN/m²)
q：地表面上の上載荷重(kN/m²)
ϕ：土の内部摩擦角(度)
c：土の粘着力(kN/m²)

上式で計算した計算値と実測値とでは、側圧分布形は必ずしも一致しないが、側圧の合計値はほぼ同じになる。

iii) 背面側側圧による0点回りの転倒モーメント

根切り底面以深には、親杭幅分の背面側側圧が作用するので、D/a を乗じる。

$M_a = 57.0 \text{kN/m} \times (1.22\text{m} + 5.3\text{m})$

$\qquad + (2 \times 24.5\text{kN/m}^2 + 58.4\text{kN/m}^2) \times \frac{(5.3\text{m})^2}{6}$

$\qquad \times \frac{0.3\text{m}}{1.2\text{m}}$

$\quad ≒ 371.6 \text{kN·m/m} + 125.7 \text{kN·m/m}$

$\quad = 497.3 \text{kN·m/m}$

iv) 掘削側側圧による0点回りの抵抗モーメント

背面側と同様、親杭の抵抗幅を杭幅と同じとして、D/a を乗じる。

$M_p = (2 \times 200\text{kN/m}^2 + 284.8\text{kN/m}^2) \times \frac{(5.3\text{m})^2}{6}$
$\qquad \times \frac{0.3\text{m}}{1.2\text{m}} ≒ 801.5 \text{kN·m/m}$

v) 根入れ長さの検討

転倒モーメント M_a と抵抗モーメント M_p から、安全率 F_s の検討を行う。

$F_s = \frac{M_p}{M_a}$

$\quad = \frac{801.5 \text{kN·m/m}}{497.3 \text{kN·m/m}} ≒ 1.61 ≧ 1.2$ **OK!!**

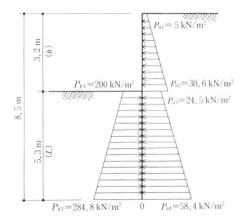

B 親杭の検討

1) 曲げに対する検討

最大曲げモーメントが生じる点の深さ ℓ_m を求め，次式から単位幅当たりの最大曲げモーメント $M_{\max}$ を算定する。

$$M_{\max} = -\frac{P_a}{2\beta}\sqrt{(1+2\beta h_2)^2+1}\cdot\exp(-\beta\cdot\ell_m)$$

ただし，$\ell_m = \dfrac{1}{\beta}\tan^{-1}\dfrac{1}{1+2\beta h_2}$

ℓ_m は，

$$\ell_m = \frac{1}{0.52\,\mathrm{m}^{-1}}\cdot\tan^{-1}\frac{1}{1+2\times 0.52\,\mathrm{m}^{-1}\times 1.22\,\mathrm{m}}$$

$$\fallingdotseq 0.80\,\mathrm{m}$$

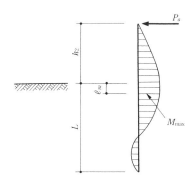

であるから，最大曲げモーメント $M_{\max}$ は，

$$M_{\max} = -\frac{57.0\,\mathrm{kN/m}}{2\times 0.52\,\mathrm{m}^{-1}}$$

$$\times\sqrt{(1+2\times 0.52\,\mathrm{m}^{-1}\times 1.22\,\mathrm{m})^2+1}$$

$$\times\exp(-0.52\,\mathrm{m}^{-1}\times 0.80\,\mathrm{m})$$

$$\fallingdotseq -89.6\,\mathrm{kN\cdot m/m}\rightarrow -8{,}960\,\mathrm{kN\cdot cm/m}$$

となる。最大曲げ応力度 σ_b を求め，許容曲げ応力度 f_b と比較する。

親杭の単位幅当たりの断面係数は，

$Z = 1{,}350\,\mathrm{cm}^3/1.2\,\mathrm{m} = 1{,}125\,\mathrm{cm}^3/\mathrm{m}$ であるから，

$$\sigma_b = \frac{|M_{\max}|}{Z} = \frac{|-8{,}960\,\mathrm{kN\cdot cm}|}{1{,}125\,\mathrm{cm}^3}$$

$$\fallingdotseq 7.96\,\mathrm{kN/cm^2}$$

$$\frac{\sigma_b}{f_b} = \frac{7.96\,\mathrm{kN/cm^2}}{19.5\,\mathrm{kN/cm^2}} \fallingdotseq 0.41 \leq 1.0 \qquad \textbf{OK!!}$$

以上の検討結果も，図5-3，図5-4を利用すると，簡単に ℓ_m, M_{max} を求めることができる。

> ● グラフの見方
>
> 最大曲げモーメントが生じる深さ ℓ_m は，次のように求める。
>
> $$\begin{cases} \beta L = 0.52\,\mathrm{m}^{-1} \times 5.3\,\mathrm{m} \fallingdotseq 2.76 \\ \dfrac{h_2}{L} = \dfrac{1.22\,\mathrm{m}}{5.3\,\mathrm{m}} \fallingdotseq 0.23 \end{cases}$$
>
> から，$\beta \ell_m = 0.42$ と求まる。
>
> よって，ℓ_m は，
>
> $$0.52\,\mathrm{m}^{-1} \times \ell_m = 0.42$$
>
> ⬇
>
> $$\ell_m = \frac{0.42}{0.52\,\mathrm{m}^{-1}} \fallingdotseq 0.8\,\mathrm{m}$$
>
> となる。

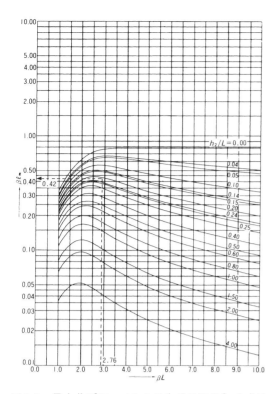

図5-3 最大曲げモーメントの生じる深さ ℓ_m を求めるグラフ

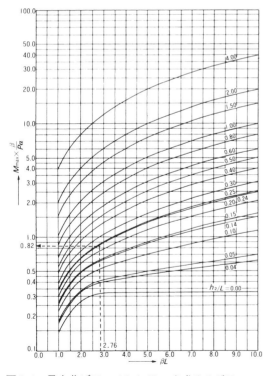

図5-4 最大曲げモーメント M_{max} を求めるグラフ

> ● グラフの見方
>
> 最大曲げモーメント M_{max} は，次のように求める。
>
> $$\begin{cases} \beta L = 0.52\,\mathrm{m}^{-1} \times 5.3\,\mathrm{m} \fallingdotseq 2.76 \\ \dfrac{h_2}{L} = \dfrac{1.22\,\mathrm{m}}{5.3\,\mathrm{m}} \fallingdotseq 0.23 \end{cases}$$
>
> から，$M_{max} \times \dfrac{\beta}{P_a} = 0.82$ と求まる。
>
> よって，M_{max} は，
>
> $$M_{max} = \frac{0.82 P_a}{\beta} = \frac{0.82 \times 57.0\,\mathrm{kN}}{0.52\,\mathrm{m}^{-1}} \fallingdotseq 89.9\,\mathrm{kN \cdot m}$$
>
> となる。

これらのグラフは，計算用基本データ(巻末)を抜粋したものです。

2) せん断に対する検討

最大せん断力 Q_{max} は,

$Q_{max} = P_a = 57.0\,\text{kN/m}$

であるから, 最大せん断応力度 τ_{max} を求め, 許容せん断応力度 f_s と比較する。

親杭の単位幅当たりのウェブ断面積は,

$A_s = 27.0\,\text{cm}^2/1.2\,\text{m} \fallingdotseq 22.5\,\text{cm}^2/\text{m}$ であるから

$\tau_{max} = \dfrac{Q_{max}}{A_s} = \dfrac{57.0\,\text{kN}}{22.5\,\text{cm}^2} \fallingdotseq 2.53\,\text{kN/cm}^2$

$\dfrac{\tau_{max}}{f_s} = \dfrac{2.53\,\text{kN/cm}^2}{11.25\,\text{kN/cm}^2} = 0.22 \leq 1.0$ **OK!!**

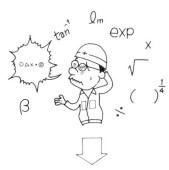

3) 親杭のたわみの検討

ⅰ) 根切り底面での変位 δ_f

根切り底面での変位 δ_f は, 次式から求める。

$\delta_f = \dfrac{P_a}{2EI} \cdot \dfrac{(1+\beta h_2)}{\beta^3}$

$= \dfrac{57.0\,\text{kN}}{2 \times 3.45 \times 10^4\,\text{kN}\cdot\text{m}^2}$

$\quad \times \dfrac{(1 + 0.52\,\text{m}^{-1} \times 1.22\,\text{m})}{(0.52\,\text{m}^{-1})^3}$

$\fallingdotseq 0.0096\,\text{m} = 0.96\,\text{cm} \leq 2.0\,\text{cm}$ **OK!!**

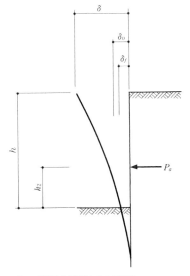

δ_f：根切り底面での変位
δ_o：荷重点での変位
δ：親杭頭部の変位

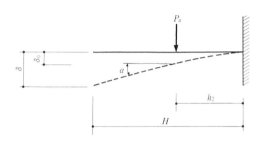

ii) 荷重点での変位 δ_o

荷重点での変位 δ_o は，次式から求める。

$$\delta_o = \frac{P_a}{3EI} \cdot \frac{\left\{(1+\beta h_2)^3 + \frac{1}{2}\right\}}{\beta^3}$$

$$= \frac{57.0\,\mathrm{kN}}{3\times 3.45\times 10^4\,\mathrm{kN\cdot m^2}}$$

$$\times \frac{\left\{(1+0.52\,\mathrm{m^{-1}}\times 1.22\,\mathrm{m})^3 + \frac{1}{2}\right\}}{(0.52\,\mathrm{m^{-1}})^3}$$

$$\fallingdotseq 0.019\,\mathrm{m} = 1.9\,\mathrm{cm}$$

iii) 親杭頭部の変位 δ

親杭頭部の変位 δ は，荷重点での変位 δ_o と傾斜角 α (rad) から求める。

荷重点での傾斜角 α は，次式によって算定する。

$$\alpha = \frac{P_a}{2EI} \cdot \left(\frac{1+\beta h_2}{\beta}\right)^2$$

$$= \frac{57.0\,\mathrm{kN}}{2\times 3.45\times 10^4\,\mathrm{kN\cdot m^2}}$$

$$\times \left(\frac{1+0.52\,\mathrm{m^{-1}}\times 1.22\,\mathrm{m}}{0.52\,\mathrm{m^{-1}}}\right)^2$$

$$\fallingdotseq 8.16\times 10^{-3}\,\mathrm{rad}$$

傾斜角 α が求まったので，次式によって親杭頭部の変位 δ を算定する。

$$\delta = \delta_o + \alpha(H - h_2)$$

$$= 1.9\,\mathrm{cm} + 8.16\times 10^{-3} \times (320\,\mathrm{cm} - 122\,\mathrm{cm})$$

$$\fallingdotseq 3.5\,\mathrm{cm} \geq 3.0\,\mathrm{cm} \quad \textbf{NO!!}$$

以上の検討結果も，図5-5，図5-6，図5-7を利用すると，簡単に δ_f, δ_o, α を求めることができる。

周辺構造物への影響検討を省略した場合の山留め壁変位量

近接構造物の種類		構造物までの距離 L/ 根切り深度 H	
		1未満	1～2未満
小規模建築物*		20 mm 以下	40 mm 以下
小規模建築物以外	木造・S造	20 mm 以下	40 mm 以下
	RC造・SRC造	10 mm 以下	20 mm 以下

* 小規模建築物：基礎がRC造の直接基礎形式で，地上3階以下，建物高さ13 m以下，軒高9 m以下および延べ面積 500 m² 以下を満足する小規模な建築物。

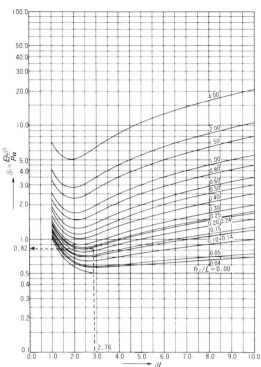

図5-5 根切り底面での変位 δ_f を求めるグラフ

●グラフの見方

根切り底面での変位 δ_f は，次のように求める。

$$\begin{cases} \beta L = 0.52\,\mathrm{m^{-1}} \times 5.3\,\mathrm{m} \fallingdotseq 2.76 \\ \dfrac{h_2}{L} = \dfrac{1.22\,\mathrm{m}}{5.3\,\mathrm{m}} \fallingdotseq 0.23 \end{cases}$$

から，$\delta_f \times \dfrac{EI \cdot \beta^3}{P_a} = 0.82$ と求まる。

よって δ_f は，

$$\begin{aligned} \delta_f &= \dfrac{0.82 P_a}{EI \cdot \beta^3} \\ &= \dfrac{0.82 \times 57.0\,\mathrm{kN}}{3.45 \times 10^4\,\mathrm{kN \cdot m^2} \times (0.52\,\mathrm{m^{-1}})^3} \\ &\fallingdotseq 0.0096\,\mathrm{m} = 0.96\,\mathrm{cm} \end{aligned}$$

となる。

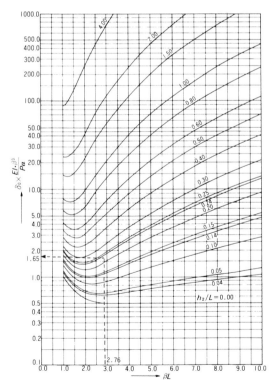

図5-6 荷重点での変位 δ_o を求めるグラフ

●グラフの見方

荷重点での変位 δ_o は，次のように求める。

$$\begin{cases} \beta L = 0.52\,\mathrm{m^{-1}} \times 5.3\,\mathrm{m} \fallingdotseq 2.76 \\ \dfrac{h_2}{L} = \dfrac{1.22\,\mathrm{m}}{5.3\,\mathrm{m}} \fallingdotseq 0.23 \end{cases}$$

から，$\delta_o \times \dfrac{EI \cdot \beta^3}{P_a} = 1.65$ と求まる。

よって δ_o は，

$$\begin{aligned} \delta_o &= \dfrac{1.65 P_a}{EI \cdot \beta^3} \\ &= \dfrac{1.65 \times 57.0\,\mathrm{kN}}{3.45 \times 10^4\,\mathrm{kN \cdot m^2} \times (0.52\,\mathrm{m^{-1}})^3} \\ &\fallingdotseq 0.019\,\mathrm{m} = 1.9\,\mathrm{cm} \end{aligned}$$

となる。

5 山留め

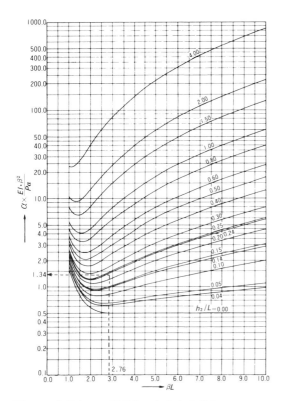

図5-7 荷重点での傾斜角 α を求めるグラフ

● グラフの見方

荷重点での傾斜角 α は，次のように求める。

$$\begin{cases} \beta L = 0.52\,\mathrm{m}^{-1} \times 5.3\,\mathrm{m} \fallingdotseq 2.76 \\ \dfrac{h_2}{L} = \dfrac{1.22\,\mathrm{m}}{5.3\,\mathrm{m}} \fallingdotseq 0.23 \end{cases}$$

から，$\alpha \times \dfrac{EI \cdot \beta^2}{P_a} = 1.34$ と求まる。

よって α は，

$$\alpha = \dfrac{1.34 P_a}{EI \cdot \beta^2}$$

$$= \dfrac{1.34 \times 57.0\,\mathrm{kN}}{3.45 \times 10^4 \mathrm{kN \cdot m^2} \times (0.52\,\mathrm{m}^{-1})^2}$$

$$\fallingdotseq 8.19 \times 10^{-3}\,\mathrm{rad}$$

となる。

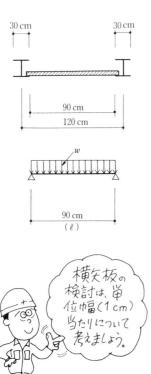

C 横矢板の検討

横矢板には，ベイマツ材を使用する。

| 許容曲げ応力度 | $f_b = 1.35\,\mathrm{kN/cm^2}$ |
| 許容せん断応力度 | $f_s = 0.105\,\mathrm{kN/cm^2}$ |

（許容応力度は，長期許容応力度と短期許容応力度との平均値）

横矢板は，等分布荷重が作用する単純梁として応力計算を行うが，スパンは $\ell = 90\,\mathrm{cm}$ である。

1）荷重

横矢板に作用する単位幅（1 cm）当たりの荷重 w は，最大側圧が $p = 30.6\,\mathrm{kN/m^2}$ であるから，

$w = 30.6\,\mathrm{kN/m^2} \times 1.0\,\mathrm{cm}$

$\quad = 3.06 \times 10^{-3}\,\mathrm{kN/cm}$

となる。

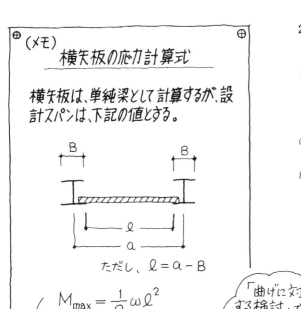

2) 曲げに対する検討

等分布荷重が作用する単純梁の最大曲げモーメントを求める公式は，$M_{\max} = \dfrac{1}{8}w\ell^2$であるから，

$$M_{\max} = \dfrac{1}{8}w\ell^2 \leq f_b \cdot Z = f_b \cdot \dfrac{bt^2}{6}$$

の関係式から，横矢板の所要厚さtを求める。

$$t = \sqrt{\dfrac{6w\ell^2}{8 \cdot b \cdot f_b}} = \sqrt{\dfrac{6 \times 3.06 \times 10^{-3}\,\mathrm{kN/cm} \times (90\,\mathrm{cm})^2}{8 \times 1\,\mathrm{cm} \times 1.35\,\mathrm{kN/cm^2}}}$$

$\fallingdotseq 3.71\,\mathrm{cm} \rightarrow 4\,\mathrm{cm}$とする。

3) せん断に対する検討

$$\begin{aligned}Q_{\max} &= \dfrac{1}{2}w\ell \\ &= \dfrac{1}{2} \times 3.06 \times 10^{-3}\,\mathrm{kN/cm} \times 90\,\mathrm{cm} \\ &\fallingdotseq 0.14\,\mathrm{kN}\end{aligned}$$

$$\begin{aligned}\tau_{\max} &= \dfrac{\alpha \cdot Q_{\max}}{A} \\ &= \dfrac{1.5 \times 0.14\,\mathrm{kN}}{1\,\mathrm{cm} \times 4\,\mathrm{cm}} \fallingdotseq 0.05\,\mathrm{kN/cm^2}\end{aligned}$$

$$\dfrac{\tau_{\max}}{f_s} = \dfrac{0.05\,\mathrm{kN/cm^2}}{0.105\,\mathrm{kN/cm^2}} \fallingdotseq 0.48 \leq 1.0 \qquad \textbf{OK!!}$$

以上で，せん断に対してもOKということが確かめられたので，横矢板の厚さは4cmとする。

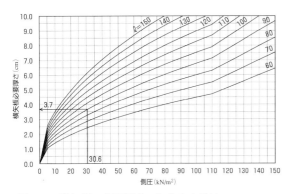

図5-8 横矢板の必要厚さ t を求めるグラフ

以上の検討結果も，図5-8を利用すると，側圧から横矢板の必要厚さが簡単に求められます。

● グラフの見方

側圧 $30.6\,\mathrm{kN/m^2}$，単純梁として計算し，スパン $\ell = 90\,\mathrm{cm}$，許容曲げ応力度 $f_b = 1.35\,\mathrm{kN/cm^2}$，許容せん断応力度 $f_s = 0.105\,\mathrm{kN/cm^2}$ とすると，横矢板の必要厚さは約 $3.7\,\mathrm{cm}$ と求まる。

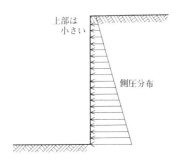

D ヒービングに対する検討

この例題では，根切り底面下の地層が一様と考えられるので，次式によってヒービングに対する検討を行う。

$$F = \frac{M_r}{M_d} = \frac{2\pi S_u}{\gamma_t \cdot h + q}$$

ただし，M_r：すべり面に沿う地盤のせん断抵抗モーメント（kN·m/m）

M_d：背面土塊などによる滑動モーメント（kN·m/m）

$\begin{cases} \gamma_t = 16\,\mathrm{kN/m^3}\ (土の湿潤単位体積重量) \\ h = 3.2\,\mathrm{m}\quad (根切り深さ) \\ q = 10\,\mathrm{kN/m^2}\ (地表面上の上載荷重) \\ S_u = 25\,\mathrm{kN/m^2}\ (地盤のせん断強さ \fallingdotseq c：粘着力) \end{cases}$

であるから，それぞれの値を代入し，安全率 F を求める。

$$F = \frac{2 \times 3.14 \times 25\,\mathrm{kN/m^2}}{16\,\mathrm{kN/m^3} \times 3.2\,\mathrm{m} + 10\,\mathrm{kN/m^2}}$$

$$\fallingdotseq 2.57 \geqq 1.5 \qquad \textbf{OK!!}$$

豆知識 5-2 斜面の安定計算

1. テーラーの安定図表による安定計算

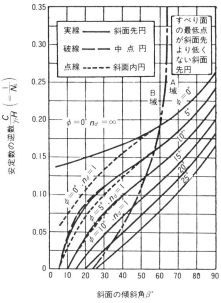

土質が一様で, 間げき水圧を考慮しない単純斜面の場合には, 斜面の安定計算は, Taylorの安定図表を用いて行う。

斜面の安定計算は, 次式によって行う。

$$F_s = \frac{H}{h} \geqq 1.2$$

ただし, $H = \dfrac{c \cdot N_s - q}{\gamma_t}$

- F_s：安全率
- H：限界自立高さ（m）
- h：斜面の高さ（m）
- c：土の粘着力（kN/m²）
- N_s：許容安定係数
- q：上載荷重（kN/m²）
- γ_t：土の湿潤単位体積重量（kN/m³）

斜面の破壊形式

斜面は、下記のすべり面に沿って破壊する。

斜面先破壊

均質な土質で、深部に硬質層がなく、比較的急斜面の場合に生じる。

臨界円[斜面先円]

底部破壊

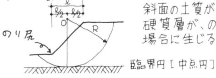

斜面の土質が軟弱な粘土層で、下部の硬質層が、のり尻以下で、比較的浅い場合に生じる。

臨界円[中点円]

斜面内破壊

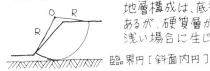

地層構成は、底部破壊の場合と同様であるが、硬質層が底部破壊の場合よりも浅い場合に生じる。

臨界円[斜面内円]

2. 分割法による斜面の安定計算

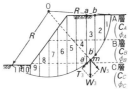

土質が，一様でない場合や，斜面の断面が複雑な場合には，斜面の安定計算は，下記の分割法によって行う。

分割法は，左図のように，すべり面や斜面などで囲まれた部分をいくつかの区分に分け，各区分の滑動モーメントと抵抗モーメントの総和の比によって，斜面の安定を検討するもので，次式により計算を行う。

$$F = \frac{M_r}{M_d} = \frac{R\Sigma(N_i\tan\phi_i + c_i\ell_i)}{R\Sigma T}$$

$$= \frac{\Sigma N_i\tan\phi_i + \Sigma c_i\ell_i}{\Sigma T}$$

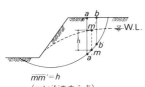

ただし，F：安全率（≧1.2）

M_r：抵抗モーメント（kN·m）

M_d：滑動モーメント（kN·m）

地盤内に地下水がある場合には，次式によって斜面の安定計算を行う。

$$F = \frac{\Sigma(N_i - u_i)\tan\phi_i + \Sigma c_i\ell_i}{\Sigma T}$$

ただし，u：間げき水圧

$$u ≒ h\gamma_w\ell \quad (kN/m^2)$$

（γ_w：水の単位体積重量（kN/m³））

5-2 水平切ばり工法

ポイント 5-2 水平切ばり工法による山留めの計算は，下記の順序に従って行う。

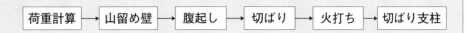

荷重計算 → 山留め壁 → 腹起し → 切ばり → 火打ち → 切ばり支柱

> **NOTE**
> 1. 本書では，根切り深さが，硬質地盤で15m，軟弱地盤で8m程度の中小規模の山留めを適用対象とする。
> 2. 設計用側圧は，以下の側圧が，山留め壁背面に外力として作用するものとする。また，山留め壁背面に上載荷重が作用する場合には，上載荷重による側圧を考慮する。
>   ①根切り底面以浅は，側圧係数法およびランキン・レザール法（主働側圧算定式）による背面側の側圧
>   ②根切り底面以深は，上記の背面側の側圧から，ランキン・レザール法（受働側圧算定式）による掘削側の側圧の上限値を差し引いた側圧

◀ 例題 5-2

図5-9のような山留めについて計算する。

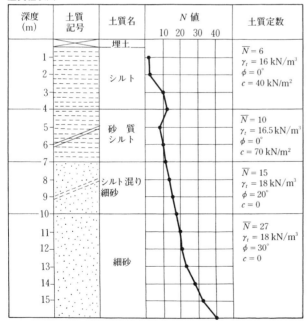

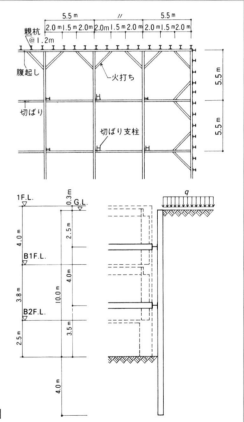

図5-9 水平切ばり山留め図

〔設計条件〕

- 山留め架構……水平切ばり工法（2段切ばり）
- 山留め壁………親杭横矢板工法
- 根切り深さ……G.L.−10.0 m
- 地下水…………考慮しない
- 地表面上の上載荷重……$q = 10 \text{ kN/m}^2$
- 親杭間隔………………$a = 1.2 \text{ m}$
- 親杭長さ………………14.0 m（根入れ長さ4.0 m）
- 切ばり間隔……………$\ell = 5.5 \text{ m}$

5 山留め 213

1. 荷重計算

設計用側圧は，ランキン・レザール法による側圧と『山留め設計指針』（日本建築学会）の側圧係数法による側圧から決定する。

A ランキン・レザール法による側圧

側圧は，水圧がないので次式の主働側圧算定式から求める。

$$p = (\gamma_t h + q)\tan^2\left(45°-\frac{\phi}{2}\right) - 2c\tan\left(45°-\frac{\phi}{2}\right)$$

$p = (16\times0 + 10.0)\times\tan^2\left(45°-\frac{0°}{2}\right) - 2\times40\times\tan\left(45°-\frac{0°}{2}\right)$

$= 10.0 - 80 = -70.0\,\text{kN/m}^2$

$p = (16\times4.0 + 10.0)\times\tan^2\left(45°-\frac{0°}{2}\right) - 2\times40\times\tan\left(45°-\frac{0°}{2}\right)$

$= 74.0 - 80 = -6.0\,\text{kN/m}^2$

$p = 74.0\times\tan^2\left(45°-\frac{0°}{2}\right) - 2\times70\times\tan\left(45°-\frac{0°}{2}\right)$

$= 74.0 - 140 = -66.0\,\text{kN/m}^2$

$p = (74.0 + 16.5\times3.0)\times\tan^2\left(45°-\frac{0°}{2}\right) - 2\times70\times\tan\left(45°-\frac{0°}{2}\right)$

$= 123.5 - 140 = -16.5\,\text{kN/m}^2$

$p = 123.5\times\tan^2\left(45°-\frac{20°}{2}\right) - 2\times0\times\tan\left(45°-\frac{20°}{2}\right)$

$= 123.5\times0.49 \fallingdotseq 60.5\,\text{kN/m}^2$

$p = (123.5 + 18\times3.0)\times\tan^2\left(45°-\frac{20°}{2}\right) - 2\times0\times\tan\left(45°-\frac{20°}{2}\right)$

$= 177.5\times0.49 \fallingdotseq 87.0\,\text{kN/m}^2$

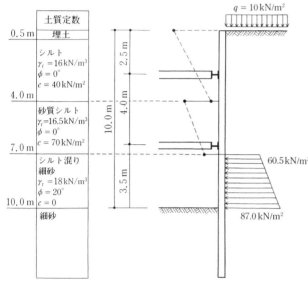

B 側圧係数法による側圧

側圧は，次式から求める。

$p = K(\gamma_t h + q)$

ただし，側圧係数 K は，各地層ごとに異なるものとし，次のように仮定する。

$\begin{cases} \text{シルト}：K = 0.6 \\ \text{砂質シルト}：K = 0.5 \\ \text{シルト混じり細砂}：K = 0.4 \\ \text{細砂}：K = 0.3 \end{cases}$

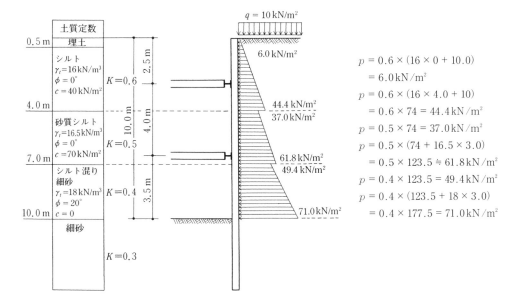

$p = 0.6 \times (16 \times 0 + 10.0)$
$\quad = 6.0 \, \text{kN/m}^2$
$p = 0.6 \times (16 \times 4.0 + 10)$
$\quad = 0.6 \times 74 = 44.4 \, \text{kN/m}^2$
$p = 0.5 \times 74 = 37.0 \, \text{kN/m}^2$
$p = 0.5 \times (74 + 16.5 \times 3.0)$
$\quad = 0.5 \times 123.5 \fallingdotseq 61.8 \, \text{kN/m}^2$
$p = 0.4 \times 123.5 = 49.4 \, \text{kN/m}^2$
$p = 0.4 \times (123.5 + 18 \times 3.0)$
$\quad = 0.4 \times 177.5 = 71.0 \, \text{kN/m}^2$

C 設計用側圧分布

設計用側圧分布は，ランキン・レザール法と側圧係数法の各側圧分布から，次図のように決定する。

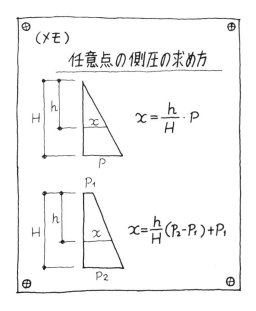

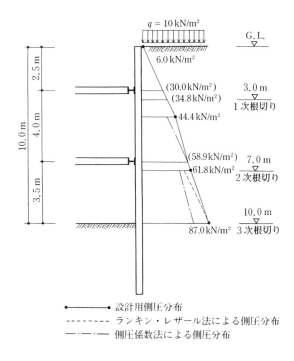

5 山留め

2. 山留め壁の検討

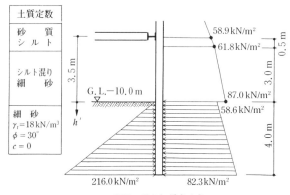

親杭の根入れ長さ 4.0 m

A　親杭の根入れ長さの検討

親杭の根入れ長さは，鉛直荷重や側圧，ヒービング，ボイリングに対して安全であるように検討する。

親杭の根入れ長さの検討は，次式によって行う。

$$F_S = \frac{M_P}{M_a} \geqq 1.2$$

ただし，F_S：安全率

　　　　M_a：背面側側圧による転倒モーメント

　　　　M_P：掘削側側圧による抵抗モーメント

1）最終（3次）根切り時の検討

2段目切ばり位置を支点とした背面側・掘削側側圧によるモーメントから，親杭の根入れ長さの検討を行う。

ⅰ）根切り底面以深の背面側側圧

ランキン・レザールの主働側圧算定式から求める。水圧がないので次式から算定する。

$$P_a = (\gamma_t h + q)\tan^2(45° - \frac{\phi}{2}) - 2c\tan(45° - \frac{\phi}{2})$$

G.L.−10.0 m　$P_{a4} = 177.5\,\text{kN/m}^2 \times \tan^2(45° - \frac{30°}{2})$

　　　　　　　　　　$= 177.5\,\text{kN/m}^2 \times 0.33$

　　　　　　　　　　$\fallingdotseq 58.6\,\text{kN/m}^2$

G.L.−14.0 m　$P_{a5} = (177.5\,\text{kN/m}^2 + 18\,\text{kN/m}^3$

　　　　　　　　　　$\times 4.0\,\text{m}) \times \tan^2(45° - \frac{30°}{2})$

　　　　　　　　　　$= 249.5\,\text{kN/m}^2 \times 0.33$

　　　　　　　　　　$\fallingdotseq 82.3\,\text{kN/m}^2$

ⅱ）掘削側側圧

ランキン・レザールの受働側圧算定式から求める。水圧がないので次式から算定する。

$$P_P = \gamma_t h'\tan^2(45° + \frac{\phi}{2}) + 2c\tan(45° + \frac{\phi}{2})$$

G.L.−10.0 m　$P_{P1} = 0$

G.L.−14.0 m　$P_{P2} = 18\,\text{kN/m}^3 \times 4.0\,\text{m}$

　　　　　　　　　　$\times \tan^2(45° + \frac{30°}{2})$

　　　　　　　　　　$= 216.0\,\text{kN/m}^2$

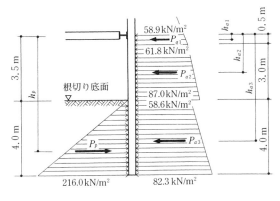

iii) 背面側側圧による転倒モーメント M_a

根切り底面以深には，親杭幅分の背面側側圧が作用するので，D/a を乗じて算出する。

イ) 側圧合力の計算

$P_{a1} = \frac{1}{2} \times (58.9\,\mathrm{kN/m^2} + 61.8\,\mathrm{kN/m^2}) \times 0.5\,\mathrm{m}$
$\fallingdotseq 30.2\,\mathrm{kN/m}$

$P_{a2} = \frac{1}{2} \times (61.8\,\mathrm{kN/m^2} + 87.0\,\mathrm{kN/m^2}) \times 3.0\,\mathrm{m}$
$= 223.2\,\mathrm{kN/m}$

$P_{a3} = \frac{1}{2} \times (58.6\,\mathrm{kN/m^2} + 82.3\,\mathrm{kN/m^2}) \times 4.0\,\mathrm{m}$
$\times \frac{0.35\,\mathrm{m}}{1.2\,\mathrm{m}} \fallingdotseq 82.2\,\mathrm{kN/m}$

ロ) 側圧合力位置の計算

$h_{a1} = \frac{58.9\,\mathrm{kN/m^2} + 2\times 61.8\,\mathrm{kN/m^2}}{58.9\,\mathrm{kN/m^2} + 61.8\,\mathrm{kN/m^2}} \times \frac{0.5\,\mathrm{m}}{3}$
$\fallingdotseq 0.25\,\mathrm{m}$

$h_{a2} = \frac{61.8\,\mathrm{kN/m^2} + 2\times 87.0\,\mathrm{kN/m^2}}{61.8\,\mathrm{kN/m^2} + 87.0\,\mathrm{kN/m^2}} \times \frac{3.0\,\mathrm{m}}{3}$
$+ 0.5\,\mathrm{m} \fallingdotseq 2.08\,\mathrm{m}$

$h_{a3} = \frac{58.6\,\mathrm{kN/m^2} + 2\times 82.3\,\mathrm{kN/m^2}}{58.6\,\mathrm{kN/m^2} + 82.3\,\mathrm{kN/m^2}} \times \frac{4.0\,\mathrm{m}}{3}$
$+ 3.5\,\mathrm{m} \fallingdotseq 5.61\,\mathrm{m}$

ハ) 転倒モーメント M_a の計算

$M_a = P_{a1} \cdot h_{a1} + P_{a2} \cdot h_{a2} + P_{a3} \cdot h_{a3}$
$= 30.2\,\mathrm{kN/m} \times 0.25\,\mathrm{m} + 223.2\,\mathrm{kN/m}$
$\times 2.08\,\mathrm{m} + 82.2\,\mathrm{kN/m} \times 5.61\,\mathrm{m}$
$\fallingdotseq 932.9\,\mathrm{kN \cdot m/m}$

iv) 掘削側側圧による抵抗モーメント M_P

掘削側側圧は，親杭の見付け幅の2倍が有効に作用するものとして，$2D/a$ を乗じて算出する。

イ) 側圧合力の計算

$P_p = \frac{1}{2} \times 216.0\,\mathrm{kN/m^2} \times 4.0\,\mathrm{m} \times \frac{2\times 0.35\,\mathrm{m}}{1.2\,\mathrm{m}}$
$= 252.0\,\mathrm{kN/m}$

親杭幅の2倍

ロ) 側圧合力位置の計算

$h_p = \frac{2}{3} \times 4.0\,\mathrm{m} + 3.5\,\mathrm{m} \fallingdotseq 6.17\,\mathrm{m}$

ハ) 受働側圧によるモーメント M_P の計算

$M_P = P_p \cdot h_p = 252.0\,\mathrm{kN/m} \times 6.17\,\mathrm{m}$
$\fallingdotseq 1,555\,\mathrm{kN \cdot m/m}$

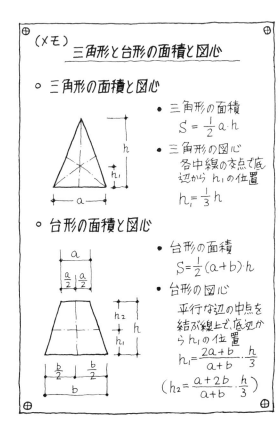

5 山留め

v) 親杭の根入れ長さの検討

$$F = \frac{M_P}{M_a} = \frac{1,555 \text{kN·m/m}}{932.9 \text{kN·m/m}} \fallingdotseq 1.67 \geqq 1.2 \quad \textbf{OK!!}$$

vi) ボイリングに対する検討

この例題では，地下水位が深いので，ボイリングに対する検討は行わない。

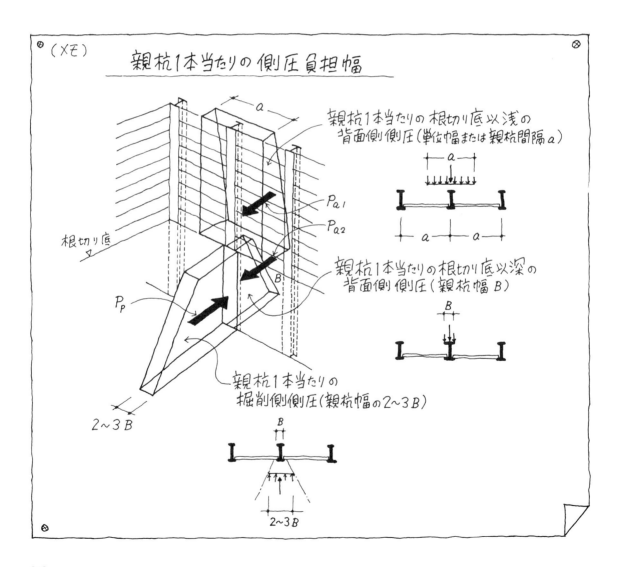

B 仮想支点の計算

1) 2次根切り時の仮想支点

ⅰ) 根切り底面以深の背面側側圧

設計用側圧分布から，G.L.$-(7.0+x)$m位置の側圧P_aを求める。計算は「(メモ) 任意点の側圧の求め方」の式を用いて行う。

$$P_a = \frac{x\,\text{m}}{3.0\,\text{m}} \times (87.0\,\text{kN/m}^2 - 61.8\,\text{kN/m}^2)$$
$$\qquad + 61.8\,\text{kN/m}^2$$
$$= 8.4x + 61.8\,\text{kN/m}^2$$

（G.L.-10m位置の設計側圧）

ⅱ) 掘削側側圧

ランキン・レザールの受働側圧算定式から求める。

$$\text{G.L.}-x\,\text{m} \qquad P_p = 18\,\text{kN/m}^3 \times x\,\text{m}$$
$$\times \tan^2\left(45° + \frac{20°}{2}\right)$$
$$\fallingdotseq 36.7x\,\text{kN/m}^2$$

ⅲ) 背面側側圧による回転モーメントM_a

第1段切ばり位置を支点とする回転モーメントM_aを求める。根切り底面以深には，親杭幅分の背面側側圧が作用するので，D/aを乗じて算出する。計算は「(メモ) 荷重状態と合力(単純梁)」の式を用いて行う。

仮想支点は、各次根切りの最下段切ばりを支点とする回転・抵抗モーメントがつり合う時の掘削側側圧の合力作用位置です。

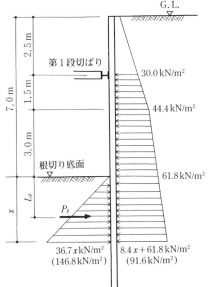

(メモ) 3次方程式の解

$$x^3 + a_1 x^2 + a_2 x + a_3 = 0$$

(解)
$$\begin{cases} x_1 = S + T - \frac{1}{3}a_1 \\ x_2 = -\frac{1}{2}(S+T) - \frac{1}{3}a_1 + \frac{1}{2}i\sqrt{3}(S-T) \\ x_3 = -\frac{1}{2}(S+T) - \frac{1}{3}a_1 - \frac{1}{2}i\sqrt{3}(S-T) \end{cases}$$

ただし，
$$S = \sqrt[3]{R + \sqrt{Q^3 + R^2}}, \quad T = \sqrt[3]{R - \sqrt{Q^3 + R^2}}$$

$$\begin{cases} Q = \frac{1}{9} \times (3a_2 - a_1^2) \\ R = \frac{1}{54} \times (9a_1 a_2 - 27a_3 - 2a_1^3) \end{cases}$$

$a_1、a_2、a_3$が実数で、$D = Q^3 + R^2$が判別式のとき、根は

① $D > 0$: 1つの実根、2つの複素共役根
② $D = 0$: すべて実根で、少なくとも2根は等しい
③ $D < 0$: すべての異なる実根

$D < 0$ のとき、解は次式より求める。

$$\begin{cases} x_1 = 2\sqrt{-Q} \cos\left(\frac{1}{3}\theta\right) - \frac{1}{3}a_1 \\ x_2 = 2\sqrt{-Q} \cos\left(\frac{1}{3}\theta + 120°\right) - \frac{1}{3}a_1 \\ x_3 = 2\sqrt{-Q} \cos\left(\frac{1}{3}\theta + 240°\right) - \frac{1}{3}a_1 \end{cases}$$

ただし、$\cos\theta = R/\sqrt{-Q^3}$

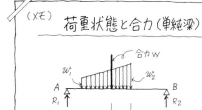

(メモ) 荷重状態と合力（単純梁）

・合力Wの算定
$$W = \frac{1}{2}(w_1 + w_2) \cdot b$$

・合力位置 x の算定
$$x = \frac{1}{3} \cdot \frac{w_1 + 2w_2}{w_1 + w_2} \cdot b + a$$

・合力WのA点まわりのモーメントM_aの算定
$$M_a = W \cdot x$$
$$= (w_1 + 2w_2)\frac{b^2}{6} + \frac{w_1 + w_2}{2}ab$$

3次方程式を解くのは少し大変ですが、（メモ）の式を用いて根気よく計算しましょう。

2次根切り時の仮想支点がようやく求まりました。最終（3次）根切り時も同様に計算します。側圧は「A親杭の根入れ長さの検討」を参考にして下さい。

$$M_a = (30.0\,\text{kN/m}^2 + 2 \times 44.4\,\text{kN/m}^2) \times \frac{(1.5\,\text{m})^2}{6}$$
$$+ (44.4\,\text{kN/m}^2 + 2 \times 61.8\,\text{kN/m}^2) \times \frac{(3.0\,\text{m})^2}{6}$$
$$+ \frac{44.4\,\text{kN/m}^2 + 61.8\,\text{kN/m}^2}{2} \times 1.5\,\text{m} \times 3.0\,\text{m}$$
$$+ [\{61.8\,\text{kN/m}^2 + 2 \times (8.4x + 61.8)\,\text{kN/m}^2\} \times \frac{(x\,\text{m})^2}{6}$$
$$+ \frac{61.8\,\text{kN/m}^2 + (8.4x + 61.8)\,\text{kN/m}^2}{2} \times 4.5\,\text{m} \times x\,\text{m}]$$
$$\times \frac{0.35\,\text{m}}{1.2\,\text{m}}$$
$$\fallingdotseq 0.82x^3 + 14.53x^2 + 81.11x + 535.5\,\text{kN} \cdot \text{m/m}$$

ⅳ) 掘削側側圧による抵抗モーメント M_P

第1段切ばり位置を支点とする抵抗モーメント M_P を求める。掘削側側圧は，親杭の見付け幅の2倍が有効に作用するものとして，$2D/a$ を乗じて算出する。

$$M_P = \frac{1}{2} \times 36.7x\,\text{kN/m}^2 \times x\,\text{m} \times \frac{2 \times 0.35\,\text{m}}{1.2\,\text{m}}$$
$$\times (4.5\,\text{m} + \frac{2}{3}x\,\text{m})$$
$$\fallingdotseq 7.14x^3 + 48.17x^2\,\text{kN} \cdot \text{m/m}$$

ⅴ) $M_P = M_a$ となる根入れ長さ x

$M_P - M_a = 0$ より，根入れ長さ x を求める。

$$6.32x^3 + 33.64x^2 - 81.11x - 535.5\,\text{kN} \cdot \text{m/m} = 0$$

（メモ）に示す3次方程式の解から，根入れ長さ x は，

$$x \fallingdotseq 3.83\,\text{m}$$

と求まる。

ⅵ) 根切り底面から仮想支点までの深さ L_P

仮想支点は，掘削側側圧の合力作用位置であるから，L_P は

$$L_P = \frac{2}{3} \times x\,\text{m}$$
$$= \frac{2}{3} \times 3.83\,\text{m} \fallingdotseq 2.55\,\text{m}$$

と求まる。

2) 最終（3次）根切り時の仮想支点

ⅰ) 根切り底面以深の背面側側圧

ランキン・レザールの主働側圧算定式から求める。

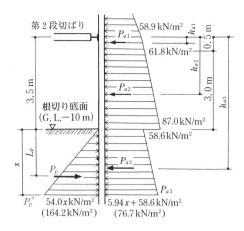

G.L.$-(10+x)$m 位置
$$P_{a3} = (177.5\,\text{kN/m}^2 + 18\,\text{kN/m}^3 \times x\,\text{m})$$
$$\times \tan^2\left(45° - \frac{30°}{2}\right)$$
$$\fallingdotseq 5.94x + 58.6\,\text{kN/m}^2$$

ii) 掘削側側圧

ランキン・レザールの受働側圧算定式から求める。

根切り底面$-x$m 位置
$$P_p' = 18\,\text{kN/m}^3 \times x\,\text{m} \times \tan^2\left(45° + \frac{30°}{2}\right)$$
$$= 54.0x\,\text{kN/m}^2$$

iii) 背面側側圧による回転モーメント M_a

$$M_a = P_{a1} \cdot h_{a1} + P_{a2} \cdot h_{a2} + P_{a3} \cdot h_{a3}$$
$$= 30.2\,\text{kN/m} \times 0.25\,\text{m} + 223.2\,\text{kN/m} \times 2.08\,\text{m}$$
$$+ \left[\{58.6\,\text{kN/m}^2 + 2 \times (5.94x + 58.6)\,\text{kN/m}^2\} \times \frac{(x\,\text{m})^2}{6}\right.$$
$$\left. + \frac{58.6\,\text{kN/m}^2 + (5.94x + 58.6)\,\text{kN/m}^2}{2} \times 3.5\,\text{m} \times x\,\text{m}\right]$$
$$\times \frac{0.35\,\text{m}}{1.2\,\text{m}} \quad \text{根切り底面以深なので } D/a \text{ を乗じる}$$
$$\fallingdotseq 0.58x^3 + 11.58x^2 + 59.82x + 471.8\,\text{kN·m/m}$$

iv) 掘削側側圧による抵抗モーメント M_P
$$M_P = \frac{1}{2} \times 54.0x\,\text{kN/m}^2 \times x\,\text{m} \times \frac{2 \times 0.35\,\text{m}}{1.2\,\text{m}}$$
$$\times \underbrace{\left(3.5\,\text{m} + \frac{2}{3} \times x\,\text{m}\right)}_{L_P}$$
$$\fallingdotseq 10.5x^3 + 55.13x^2\,\text{kN·m/m}$$

v) $M_P = M_a$ となる根入れ長さ x

$M_P - M_a = 0$ より
$$9.92x^3 + 43.55x^2 - 59.82x - 471.8\,\text{kN·m/m} = 0$$
上式より,根入れ長さ x は,$x \fallingdotseq 2.98\,\text{m}$
と求まる。

vi) 根切り底面から仮想支点までの深さ L_P

仮想支点は,掘削側側圧の合力作用位置であるから,L_P は
$$L_P = \frac{2}{3} \times x\,\text{m}$$
$$= \frac{2}{3} \times 2.98\,\text{m} \fallingdotseq 1.99\,\text{m}$$

と求まる。

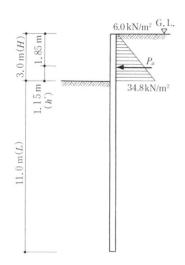

第1次の根切りまでは
自立山留めが適用される!!

C 親杭の応力の計算

親杭の応力は，各次根切りおよび各段切ばり撤去のそれぞれの施工段階について算定し，親杭に生じる最大曲げモーメント，最大せん断力および最大切ばり反力を求める。

各根切り段階の根切り深さは，切ばり設置深さ + 0.5 m とする。

1) 第1次根切り時

第1次根切り時の応力とたわみの計算は，「5-1 自立山留め工法」の場合と同様に，Y.L.Chang の方法によって行う。

第1次根切り深さは，G.L. − 3.0 m とする。

i) 側圧合力 P_a の計算

$$P_a = \frac{1}{2} \times (6.0\,\text{kN/m}^2 + 34.8\,\text{kN/m}^2) \times 3.0\,\text{m}$$
$$= 61.2\,\text{kN/m}$$
　　　↑
　単位幅(m)当たりの側圧合力

ii) 側圧合力位置 h' の計算

$$h' = \frac{2 \times 6.0\,\text{kN/m}^2 + 34.8\,\text{kN/m}^2}{6.0\,\text{kN/m}^2 + 34.8\,\text{kN/m}^2} \times \frac{3.0\,\text{m}}{3} \fallingdotseq 1.15\,\text{m}$$

iii) β の計算

β は，次式から求める。

$$\beta = \left(\frac{k_h \cdot B}{4EI}\right)^{\frac{1}{4}}$$

第1次根切り底付近の地盤の粘着力は，$c = 70$ kN/m^2 であるから，水平地盤反力係数は，図5-2 より，$k_h = 7{,}000$ kN/m^3 と求まる。

親杭に H−350 × 350 × 12 × 19（$I_x = 3.98 \times 10^{-4}\,\text{m}^4$）を使用すると，$\beta$ は，

$$\beta = \left(\frac{7{,}000\,\text{kN/m}^3 \times 1.0\,\text{m}}{4 \times 2.05 \times 10^8\,\text{kN/m}^2 \times 3.98 \times 10^{-4}\,\text{m}^4 / 1.2\,\text{m}}\right)^{\frac{1}{4}}$$
$$\fallingdotseq 0.40\,\text{m}^{-1}$$

となる。

曲げモーメントとたわみは,「5-1 自立山留め工法」の場合と同様に,巻末の計算用基本データの各図を利用して求める。

$$\begin{cases} \beta L = 0.40\,\mathrm{m}^{-1} \times 11.0\,\mathrm{m} = 4.4 \\ \dfrac{h'}{L} = \dfrac{1.15\,\mathrm{m}}{11.0\,\mathrm{m}} \fallingdotseq 0.105 \end{cases}$$

iv) 最大曲げモーメントの計算

イ) 最大曲げモーメントの生じる深さ ℓ_m

$\beta \ell_m = 0.48$

↓

$\ell_m = \dfrac{0.48}{\beta} = \dfrac{0.48}{0.40\,\mathrm{m}^{-1}} = 1.20\,\mathrm{m}$

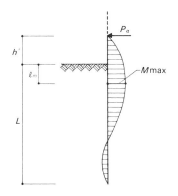

ロ) 最大曲げモーメント $M_{\max}$

$M_{\max} \times \dfrac{\beta}{P_a} = -0.67$

↓

$M_{\max} = -0.67 \times \dfrac{P_a}{\beta}$

$= -0.67 \times \dfrac{61.2\,\mathrm{kN/m}}{0.40\,\mathrm{m}^{-1}} \fallingdotseq -102.5\,\mathrm{kN \cdot m/m}$

↑ 単位幅(m)当たりの曲げモーメント

v) 最大せん断力 $Q_{\max}$

最大せん断力は,P_a であるから,

$Q_{\max} = P_a = 61.2\,\mathrm{kN/m}$

↑ 単位幅(m)当たりのせん断力

vi) たわみの計算

イ) 根切り底面での変位 δ_f

$\delta_f \times \dfrac{EI \cdot \beta^3}{P_a} = 0.73 \quad \left(\begin{array}{l} EI = 2.05 \times 10^8\,\mathrm{kN/m^2} \times 3.98 \\ \quad\quad \times 10^{-4}\,\mathrm{m^4}/1.2\,\mathrm{m} \\ \quad \fallingdotseq 6.8 \times 10^4\,\mathrm{kN \cdot m^2/m} \end{array}\right)$

$\delta_f = 0.73 \times \dfrac{P_a}{EI \cdot \beta^3}$

$= 0.73 \times \dfrac{61.2\,\mathrm{kN/m}}{6.8 \times 10^4\,\mathrm{kN \cdot m^2/m} \times (0.40\,\mathrm{m}^{-1})^3}$

$= 0.73 \times 0.014\,\mathrm{m}$

$\fallingdotseq 0.0102\,\mathrm{m} = 1.02\,\mathrm{cm} \leqq 2.0\,\mathrm{cm}$ **OK!!**

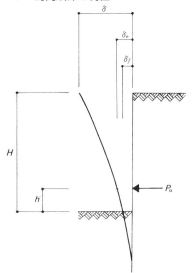

- δ_f：根切り底面での変位
- δ_o：荷重点での変位
- δ：親杭頭部の変位

ロ）荷重点での変位 δ_o

$$\delta_o \times \frac{EI \cdot \beta^3}{P_a} = 1.2$$
$$\downarrow$$
$$\delta_o = 1.2 \times \frac{P_a}{EI \cdot \beta^3} = 1.2 \times 0.014\,\text{m} \fallingdotseq 0.0168\,\text{m}$$
$$= 1.68\,\text{cm}$$

ハ）荷重点での傾斜角 α

$$\alpha \times \frac{EI \cdot \beta^2}{P_a} = 1.1$$
$$\downarrow$$
$$\alpha = 1.1 \times \frac{P_a}{EI \cdot \beta^2} = 1.1 \times 5.63 \times 10^{-3}$$
$$\fallingdotseq 6.19 \times 10^{-3}\,\text{rad}$$

ニ）親杭頭部の変位 δ

親杭頭部の変位 δ は，次式から求める。

$$\delta = \delta_o + \alpha(H - h')$$
$$= 1.68\,\text{cm} + 6.19 \times 10^{-3}\,\text{rad} \times (300\,\text{cm} - 115\,\text{cm})$$
$$\fallingdotseq 1.68\,\text{cm} + 1.15\,\text{cm}$$
$$= 2.83\,\text{cm} \leqq 3.0\,\text{cm} \quad \textbf{OK!!}$$

2）第2次根切り時

第1段切ばりと仮想支点位置で支持される単純梁として計算する。

粘性土の場合
$\delta_f \leqq 2.0\,\text{cm}$
$\delta \leqq 3.0\,\text{cm}$

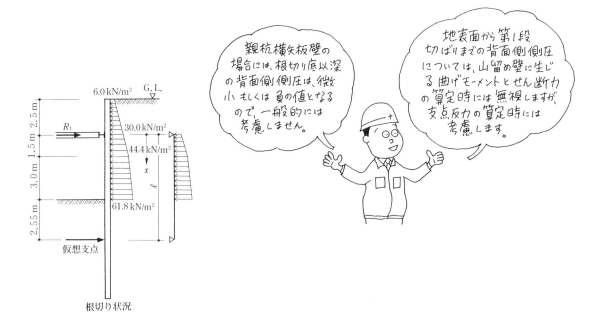

本例題のように、2つ以上の連続する台形分布荷重が作用する場合には、計算が煩雑になり、計算間違いを起こすおそれがあるので、等価な1つの台形分布荷重に置換して計算します。

i ）等価台形分布荷重 w_1, w_2 の計算

（メモ）の式より等価係数 κ を求め、等価な台形分布荷重 w_1, w_2 を計算する。

$$\kappa = \frac{(30.0\,\text{kN/m}^2 + 44.4\,\text{kN/m}^2) \times 1.5\,\text{m} + (44.4\,\text{kN/m}^2 + 61.8\,\text{kN/m}^2) \times 3.0\,\text{m}}{(30.0\,\text{kN/m}^2 + 61.8\,\text{kN/m}^2) \times 4.5\,\text{m}}$$

$$\fallingdotseq 1.04$$

よって、

$w_1 = 1.04 \times 30.0\,\text{kN/m}^2 = 31.2\,\text{kN/m}^2$

$w_2 = 1.04 \times 61.8\,\text{kN/m}^2 \fallingdotseq 64.3\,\text{kN/m}^2$

となる。

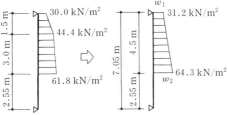

ii ）最大せん断力 $Q_{\max}$ の計算

第1段切ばり位置でのせん断力 Q_1 と仮想支点位置でのせん断力 Q_k から、最大せん断力 $Q_{\max}$ を求める。

計算は、次頁の（メモ）の式を用いて行う。

$$Q_1 = \frac{1}{2} \times (31.2\,\text{kN/m}^2 + 64.3\,\text{kN/m}^2) \times 4.5\,\text{m}$$
$$\quad - \frac{1}{6} \times (31.2\,\text{kN/m}^2 + 2 \times 64.3\,\text{kN/m}^2)$$
$$\quad \times \frac{(4.5\,\text{m})^2}{7.05\,\text{m}}$$
$$\fallingdotseq 214.9\,\text{kN/m} - 76.5\,\text{kN/m}$$
$$= 138.4\,\text{kN/m}$$

$$Q_k = \frac{1}{6} \times (31.2\,\text{kN/m}^2 + 2 \times 64.3\,\text{kN/m}^2) \times \frac{(4.5\,\text{m})^2}{7.05\,\text{m}}$$
$$= 76.5\,\text{kN/m}$$

以上より、

$Q_{\max} = Q_1 = 138.4\,\text{kN/m}$

と求まる。

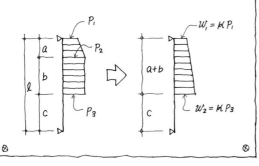

iii ）最大曲げモーメント $M_{\max}$ の計算

最大曲げモーメントの生じる位置 x を（メモ）の式より求め、最大曲げモーメント $M_{\max}$ を計算する。

$\alpha = (64.3\,\text{kN/m}^2 - 31.2\,\text{kN/m}^2) \times \dfrac{1}{4.5\,\text{m}}$

$\fallingdotseq 7.36\,\text{kN/m}^3$

$x = \dfrac{-31.2\,\text{kN/m}^2 + \sqrt{(31.2\,\text{kN/m}^2)^2 + 2 \times 7.36\,\text{kN/m}^3 \times 138.4\,\text{kN/m}}}{7.36\,\text{kN/m}^3}$

$\fallingdotseq \dfrac{-31.2\,\text{kN/m}^2 + 54.9\,\text{kN/m}^2}{7.36\,\text{kN/m}^3}$

$\fallingdotseq 3.22\,\text{m}$

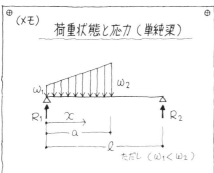

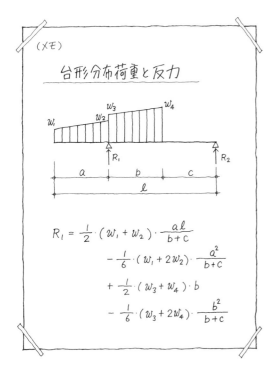

よって，最大曲げモーメント M_{max} は，

$$M_{max} = 138.4\,\text{kN/m} \times 3.22\,\text{m}$$
$$-\frac{1}{2} \times 31.2\,\text{kN/m}^2 \times (3.22\,\text{m})^2$$
$$-\frac{1}{6} \times 7.36\,\text{kN/m}^3 \times (3.22\,\text{m})^3$$
$$\fallingdotseq 242.9\,\text{kN}\cdot\text{m/m}$$

と求まる。

iv) 支点反力 R_1 の計算

第1段切ばりの反力 R_1 は，地表面から第1段切ばりまでの背面側側圧も考慮して求める。

計算は，(メモ) の式を用いて行う。

$$R_1 = \frac{1}{2} \times (6.0\,\text{kN/m}^2 + 30.0\,\text{kN/m}^2) \times \frac{2.5\,\text{m} \times 9.55\,\text{m}}{7.05\,\text{m}}$$
(↑ 7.05m−(−2.5m))
$$-\frac{1}{6} \times (6.0\,\text{kN/m}^2 + 2\times 30.0\,\text{kN/m}^2) \times \frac{(2.5\,\text{m})^2}{7.05\,\text{m}}$$
$$+\frac{1}{2} \times (31.2\,\text{kN/m}^2 + 64.3\,\text{kN/m}^2) \times 4.5\,\text{m}$$
$$-\frac{1}{6} \times (31.2\,\text{kN/m}^2 + 2\times 64.3\,\text{kN/m}^2)$$
$$\times \frac{(4.5\,\text{m})^2}{7.05\,\text{m}}$$
$$\fallingdotseq 189.6\,\text{kN/m}$$

3) 最終(3次)根切り時

第2次根切り時と同様に計算する。

i) 等価な台形分布荷重 w_1，w_2 の計算

$$\kappa = \frac{(58.9\,\text{kN/m}^2 + 61.8\,\text{kN/m}^2)\times 0.5\,\text{m} + (61.8\,\text{kN/m}^2 + 87.0\,\text{kN/m}^2)\times 3.0\,\text{m}}{(58.9\,\text{kN/m}^2 + 87.0\,\text{kN/m}^2)\times 3.5\,\text{m}}$$

$\fallingdotseq 0.99$

$w_1 = 0.99 \times 58.9\,\text{kN/m}^2 \fallingdotseq 58.3\,\text{kN/m}^2$

$w_2 = 0.99 \times 87.0\,\text{kN/m}^2 \fallingdotseq 86.1\,\text{kN/m}^2$

ii) 最大せん断力 Q_{max} の計算

$$Q_2 = \frac{1}{2} \times (58.3\,\text{kN/m}^2 + 86.1\,\text{kN/m}^2) \times 3.5\,\text{m}$$
$$-\frac{1}{6} \times (58.3\,\text{kN/m}^2 + 2\times 86.1\,\text{kN/m}^2)$$
$$\times \frac{(3.5\,\text{m})^2}{5.49\,\text{m}}$$
$$\fallingdotseq 167.0\,\text{kN/m}$$
$$Q_k = \frac{1}{6} \times (58.3\,\text{kN/m}^2 + 2\times 86.1\,\text{kN/m}^2) \times \frac{(3.5\,\text{m})^2}{5.49\,\text{m}}$$
$$\fallingdotseq 85.7\,\text{kN/m}$$

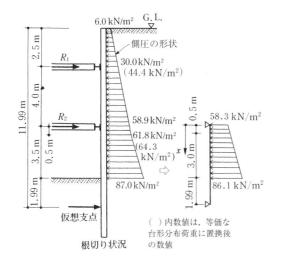

根切り状況

( )内数値は，等価な台形分布荷重に置換後の数値

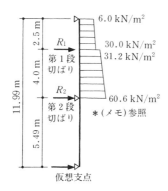

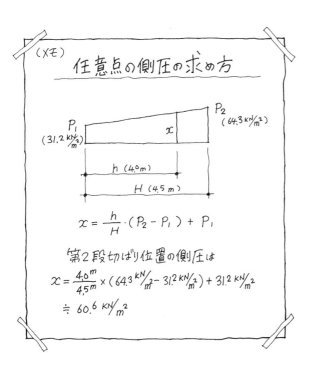

以上より，

$Q_{max} = Q_2 = 167.0 \text{kN/m}$

と求まる。

iii）最大曲げモーメント M_{max} の計算

$\alpha = (86.1 \text{kN/m}^2 - 58.3 \text{kN/m}^2) \times \dfrac{1}{3.5\text{m}}$

$\fallingdotseq 7.94 \text{kN/m}^3$

$x = \dfrac{-58.3\text{kN/m}^2 + \sqrt{(58.3\text{kN/m}^2)^2 + 2 \times 7.94\text{kN/m}^3 \times 167.0\text{kN/m}}}{7.94\text{kN/m}^3}$

$\fallingdotseq \dfrac{-58.3\text{kN/m}^2 + 77.8\text{kN/m}^2}{7.94\text{kN/m}^3}$

$\fallingdotseq 2.46\text{m}$

よって，最大曲げモーメント M_{max} は，

$M_{max} = 167.0\text{kN/m} \times 2.46\text{m}$

$\quad - \dfrac{1}{2} \times 58.3\text{kN/m}^2 \times (2.46\text{m})^2$

$\quad - \dfrac{1}{6} \times 7.94\text{kN/m}^3 \times (2.46\text{m})^3$

$\fallingdotseq 214.7\text{kN}\cdot\text{m/m}$

と求まる。

iv）支点反力 R_1, R_2 の計算

イ）第1段切ばり反力 R_1

$R_1 = \dfrac{1}{2} \times (6.0\text{kN/m}^2 + 30.0\text{kN/m}^2)$

$\quad \times \dfrac{2.5\text{m} \times 6.5\text{m}}{4.0\text{m}} - \dfrac{1}{6}$

$\quad \times (6.0\text{kN/m}^2 + 2 \times 30.0\text{kN/m}^2) \times \dfrac{(2.5\text{m})^2}{4.0\text{m}}$

$\quad + \dfrac{1}{2} \times (31.2\text{kN/m}^2 + 60.6\text{kN/m}^2) \times 4.0\text{m}$

$\quad - \dfrac{1}{6} \times (31.2\text{kN/m}^2 + 2 \times 60.6\text{kN/m}^2)$

$\quad \times \dfrac{(4.0\text{m})^2}{4.0\text{m}} \fallingdotseq 137.9\text{kN/m}$

ロ）第2段切ばり反力 R_2

第2段切ばりの反力 R_2 は，第1段切ばりと第2段切ばり間の支点反力 R_{2-1} と，第2段切ばりと仮想支点間の支点反力 R_{2-2} の和であるから，

$R_{2-1} = \dfrac{1}{2} \times (6.0\text{kN/m}^2 + 30.0\text{kN/m}^2) \times 2.5\text{m}$

$\quad + \dfrac{1}{2} \times (31.2\text{kN/m}^2 + 60.6\text{kN/m}^2) \times 4.0\text{m}$

$\quad - R_1$

$\fallingdotseq 228.6\text{kN/m} - 137.9\text{kN/m} = 90.7\text{kN/m}$

5 山留め 227

$R_{2-2} = Q_2 = 167.0\,\mathrm{kN/m}$

よって，第2段切ばり反力R_2は，

$R_2 = R_{2-1} + R_{2-2}$
$= 90.7\,\mathrm{kN/m} + 167.0\,\mathrm{kN/m} = 257.7\,\mathrm{kN/m}$

と求まる。

4） 第2段切ばり撤去時

第1段切ばりとB2F.L.位置で支持される単純梁として計算する。

計算は，根切り時と同様に行う。

ⅰ） 最大せん断力$Q_{\max}$の計算

$Q_1 = \dfrac{1}{2} \times (30.9\,\mathrm{kN/m^2} + 67.9\,\mathrm{kN/m^2}) \times 5.0\,\mathrm{m}$
$\quad - \dfrac{1}{6} \times (30.9\,\mathrm{kN/m^2} + 2 \times 67.9\,\mathrm{kN/m^2}) \times \dfrac{(5.0\,\mathrm{m})^2}{5.0\,\mathrm{m}}$

$\fallingdotseq 108.1\,\mathrm{kN/m}$

$Q_{B2} = \dfrac{1}{2} \times (30.9\,\mathrm{kN/m^2} + 67.9\,\mathrm{kN/m^2}) \times 5.0\,\mathrm{m}$
$\quad - Q_1$

$= 247.0\,\mathrm{kN/m} - 108.1\,\mathrm{kN/m} = 138.9\,\mathrm{kN/m}$

以上より，

$Q_{\max} = Q_{B2} = 138.9\,\mathrm{kN/m}$ と求まる。

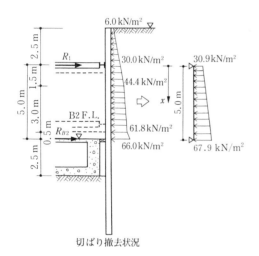

切ばり撤去状況

ⅱ） 最大曲げモーメント$M_{\max}$の計算

$\alpha = (67.9\,\mathrm{kN/m^2} - 30.9\,\mathrm{kN/m^2}) \times \dfrac{1}{5.0\,\mathrm{m}}$
$\fallingdotseq 7.4\,\mathrm{kN/m^3}$

$x = \dfrac{-30.9\,\mathrm{kN/m^2} + \sqrt{(30.9\,\mathrm{kN/m^2})^2 + 2 \times 7.4\,\mathrm{kN/m^3} \times 108.1\,\mathrm{kN/m}}}{7.4\,\mathrm{kN/m^3}}$

$= 2.65\,\mathrm{m}$

よって，最大曲げモーメント$M_{\max}$は，

$M_{\max} = 108.1\,\mathrm{kN/m} \times 2.65\,\mathrm{m}$
$\quad - \dfrac{1}{2} \times 30.9\,\mathrm{kN/m^2} \times (2.65\,\mathrm{m})^2$
$\quad - \dfrac{1}{6} \times 7.4\,\mathrm{kN/m^3} \times (2.65\,\mathrm{m})^3$
$\fallingdotseq 155.0\,\mathrm{kN \cdot m/m}$

と求まる。

iii) 支点反力 R_1, R_{B2} の計算

イ) 第1段切ばりの反力 R_1

$$R_1 = \frac{1}{2} \times (6.0\,\text{kN/m}^2 + 30.0\,\text{kN/m}^2)$$
$$\quad \times \frac{2.5\,\text{m} \times 7.5\,\text{m}}{5.0\,\text{m}} - \frac{1}{6} \times (6.0\,\text{kN/m}^2 + 2$$
$$\quad \times 30.0\,\text{kN/m}^2) \times \frac{(2.5\,\text{m})^2}{5.0\,\text{m}}$$
$$\quad + \frac{1}{2} \times (30.9\,\text{kN/m}^2 + 67.9\,\text{kN/m}^2) \times 5.0\,\text{m}$$
$$\quad - \frac{1}{6} \times (30.9\,\text{kN/m}^2 + 2 \times 67.9\,\text{kN/m}^2) \times \frac{(5.0\,\text{m})^2}{5.0\,\text{m}}$$

$$\fallingdotseq 161.8\,\text{kN/m}$$

ロ) B2F.L.位置の反力 R_{B2}

$$R_{B2} = \frac{1}{2} \times (6.0\,\text{kN/m}^2 + 30.0\,\text{kN/m}^2) \times 2.5\,\text{m}$$
$$\quad + \frac{1}{2} \times (30.9\,\text{kN/m}^2 + 67.9\,\text{kN/m}^2) \times 5.0\,\text{m}$$
$$\quad - R_1$$
$$= 130.2\,\text{kN/m}$$

5) 第1段切ばり撤去時

B1F.L.位置を固定とする片持ち梁として計算する。

i) 最大せん断力 $Q_{\max}$ の計算

$$Q_{\max} = \frac{1}{2} \times (6.0\,\text{kN/m}^2 + 41.5\,\text{kN/m}^2) \times 3.7\,\text{m}$$
$$\fallingdotseq 87.9\,\text{kN/m}$$

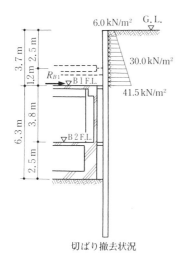

切ばり撤去状況

ii) 最大曲げモーメント $M_{\max}$ の計算

$$M_{\max} = (2 \times 6.0\,\text{kN/m}^2 + 41.5\,\text{kN/m}^2) \times \frac{(3.7\,\text{m})^2}{6}$$
$$\fallingdotseq 122.1\,\text{kN·m/m}$$

iii) 支点反力 R_{B1} の計算

$$R_{B1} = Q_{\max} = 87.9\,\text{kN/m}$$

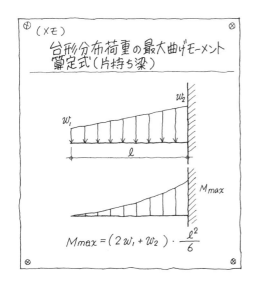

6) 親杭の応力計算のまとめ

各施工段階における計算結果を下表に示す。

施工段階	最大曲げモーメント M_{max} (kN·m/m)	最大せん断力 Q_{max} (kN/m)	支点反力 R (kN/m) 第1段目	支点反力 R (kN/m) 第2段目
1次根切り時	102.5	61.2	—	—
2次根切り時	242.9	138.4	189.6	—
最終根切り時	214.7	167.0	137.9	257.7
第2段切ばり撤去時	155.0	138.9	161.8	—
第1段切ばり撤去時	122.1	87.9	—	—
最大値	242.9	167.0	189.6	257.7

D 親杭の断面検討

親杭には，H-350×350×12×19（SS400材）を使用する。

> せん断用有効断面積　$A_s = (35 - 2 \times 1.9)\,\text{cm}$
> $\qquad\qquad\qquad\qquad \times 1.2\,\text{cm} = 37.44\,\text{cm}^2$
> 断面係数　　　　　　$Z_x = 2{,}280\,\text{cm}^3$
> 許容曲げ応力度　　　$f_b = {}^*19.5\,\text{kN/cm}^2$
> 許容せん断応力度　　$f_s = {}^*11.25\,\text{kN/cm}^2$
>
> ［＊許容応力度は，長期許容応力度と短期許容応力度との平均値，親杭の座屈スパンが短いので，横座屈の影響は考慮しない。］

1) 曲げに対する検討

$$\sigma_b = \frac{M_{max}}{Z_x}$$

$$= \frac{242.9 \times 10^2\,\text{kN·cm/m}}{2{,}280\,\text{cm}^3/1.2\,\text{m}} \fallingdotseq 12.8\,\text{kN/cm}^2$$

$$\frac{\sigma_b}{f_b} = \frac{12.8\,\text{kN/cm}^2}{19.5\,\text{kN/cm}^2} \fallingdotseq 0.66 \leq 1.0 \quad \textbf{OK!!}$$

2) せん断に対する検討

$$\tau = \frac{Q_{max}}{A_s}$$

$$= \frac{167.0\,\text{kN/m}}{37.44\,\text{cm}^2/1.2\,\text{m}} \fallingdotseq 5.35\,\text{kN/cm}^2$$

$$\frac{\tau}{f_s} = \frac{5.35\,\text{kN/cm}^2}{11.25\,\text{kN/cm}^2} \fallingdotseq 0.48 \leq 1.0 \quad \textbf{OK!!}$$

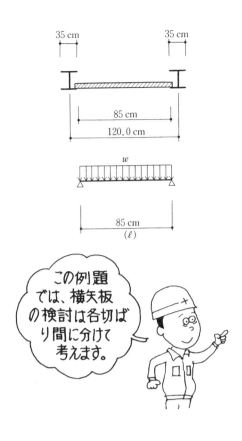

E 横矢板の検討

横矢板には，ベイマツ材を使用する。

> 許容曲げ応力度　$f_b = 1.35 \text{kN/cm}^2$
> 許容せん断応力度　$f_s = 0.105 \text{kN/cm}^2$
> ［許容応力度は，長期許容応力度と短期許容応力度との平均値］

横矢板は，等分布荷重が作用する単純梁として応力計算を行うが，スパンは $\ell = 85\text{cm}$ である。

1) 荷重

横矢板に作用する単位幅（$b = 1\text{cm}$）当たりの荷重 w を，次のように各切ばり間で区分する。

頭部～第1段切ばり
$\quad w_1 = 30.0 \times 10^{-4} \text{kN/cm}^2 \times 1\text{cm}$
$\quad\quad = 30.0 \times 10^{-4} \text{kN/cm}$

第1段切ばり～第2段切ばり
$\quad w_2 = 58.9 \times 10^{-4} \text{kN/cm}^2 \times 1\text{cm}$
$\quad\quad = 58.9 \times 10^{-4} \text{kN/cm}$

第2段切ばり～根切り底
$\quad w_3 = 87.0 \times 10^{-4} \text{kN/cm}^2 \times 1\text{cm}$
$\quad\quad = 87.0 \times 10^{-4} \text{kN/cm}$

↑側圧　　↑単位幅

2) 曲げに対する検討

曲げモーメントに対する検討は，次式から横矢板の所要厚さ t を求める。

$$t = \sqrt{\frac{6w\ell^2}{8 \cdot b \cdot f_b}}$$

ⅰ) 頭部～第1段切ばり

作用荷重は $w_1 = 30.0 \times 10^{-4} \text{kN/cm}$ であるから，

$$t = \sqrt{\frac{6 \times 30.0 \times 10^{-4} \text{kN/cm} \times (85\text{cm})^2}{8 \times 1\text{cm} \times 1.35 \text{kN/cm}^2}}$$

$\fallingdotseq 3.47\text{cm} \to t = 3.5\text{cm}$

ⅱ) 第1段切ばり～第2段切ばり

作用荷重は $w_2 = 58.9 \times 10^{-4} \text{kN/cm}$ であるから，

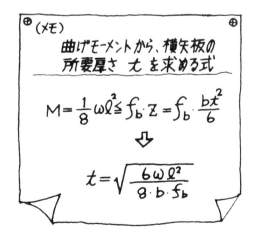

$$t = \sqrt{\frac{6 \times 58.9 \times 10^{-4} \text{kN/cm} \times (85\text{cm})^2}{8 \times 1\text{cm} \times 1.35 \text{kN/cm}^2}}$$

$$\fallingdotseq 4.86\text{cm} \rightarrow t = 5\text{cm}$$

iii）第2段切ばり〜根切り底

作用荷重は $w_3 = 87.0 \times 10^{-4}$ kN/cm であるから，

$$t = \sqrt{\frac{6 \times 87.0 \times 10^{-4} \text{kN/cm} \times (85\text{cm})^2}{8 \times 1\text{cm} \times 1.35 \text{kN/cm}^2}}$$

$$\fallingdotseq 5.91\text{cm} \rightarrow t = 6\text{cm}$$

3）せん断に対する検討

i）頭部〜第1段切ばり

$$Q_{\max} = \frac{1}{2}w_1 \ell = \frac{1}{2} \times 30.0 \times 10^{-4} \text{kN/cm} \times 85\text{cm}$$

$$\fallingdotseq 0.13 \text{kN}$$

$$\tau = \frac{\alpha \cdot Q_{\max}}{A} = \frac{1.5 \times 0.13 \text{kN}}{1\text{cm} \times 3.5\text{cm}} \fallingdotseq 0.06 \text{kN/cm}^2$$

$$\frac{\tau}{f_s} = \frac{0.06 \text{kN/cm}^2}{0.105 \text{kN/cm}^2} \fallingdotseq 0.57 \leq 1.0 \qquad \textbf{OK!!}$$

ii）第1段切ばり〜第2段切ばり

$$Q_{\max} = \frac{1}{2}w_2 \ell = \frac{1}{2} \times 58.9 \times 10^{-4} \text{kN/cm} \times 85\text{cm}$$

$$\fallingdotseq 0.25 \text{kN}$$

$$\tau = \frac{\alpha \cdot Q_{\max}}{A} = \frac{1.5 \times 0.25 \text{kN}}{1\text{cm} \times 5\text{cm}} \fallingdotseq 0.08 \text{kN/cm}^2$$

$$\frac{\tau}{f_s} = \frac{0.08 \text{kN/cm}^2}{0.105 \text{kN/cm}^2} \fallingdotseq 0.76 \leq 1.0 \qquad \textbf{OK!!}$$

iii）第2段切ばり〜根切り底

$$Q_{\max} = \frac{1}{2}w_3 \ell = \frac{1}{2} \times 87.0 \times 10^{-4} \text{kN/cm} \times 85\text{cm}$$

$$\fallingdotseq 0.37 \text{kN}$$

$$\tau = \frac{\alpha \cdot Q_{\max}}{A} = \frac{1.5 \times 0.37 \text{kN}}{1\text{cm} \times 6\text{cm}} \fallingdotseq 0.09 \text{kN/cm}^2$$

$$\frac{\tau}{f_s} = \frac{0.09 \text{kN/cm}^2}{0.105 \text{kN/cm}^2} \fallingdotseq 0.86 \leq 1.0 \qquad \textbf{OK!!}$$

以上の結果から，横矢板の厚さは次のように決定する。

$\begin{cases} 頭部〜第1段切ばり\cdots\cdots\cdots\cdots t = 3.5\text{cm} \\ 第1段切ばり〜第2段切ばり\cdots t = 5\text{cm} \\ 第2段切ばり〜根切り底\cdots\cdots\cdots t = 6\text{cm} \end{cases}$

以上の検討結果も巻末のグラフを利用すると，側圧から横矢板の必要厚さが簡単に求められます。

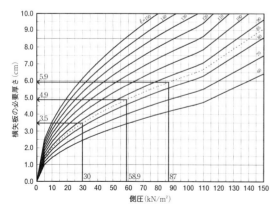

3. 各支保工の検討

各支保工，すなわち，腹起し，切ばり，火打ち，切ばり支柱の検討は，「2. 山留め壁の検討」で求めた各施工段階における支点反力の最大値に対して行う。

A　腹起しの検討

腹起しには，H-350×350×12×19（SS400材，再使用材）を使用する。腹起しの検討は，作用荷重の大きい第2段の腹起しについて行う。

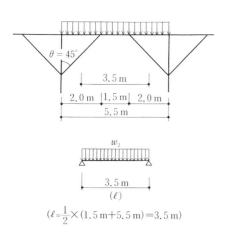

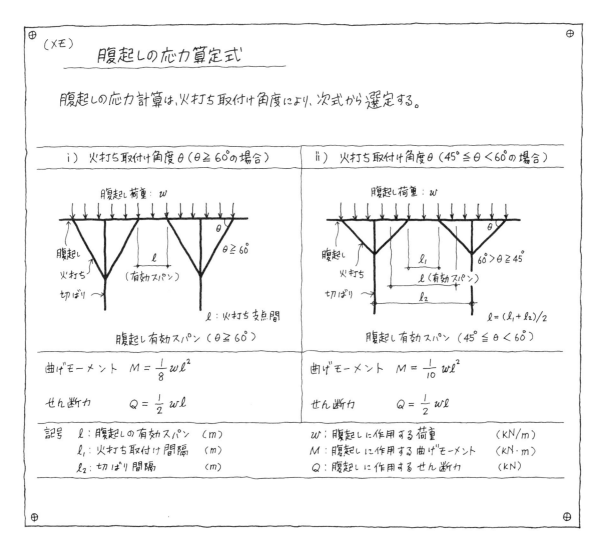

せん断用有効断面積	$A_s = 35\,\text{cm} \times 1.2\,\text{cm}$
	$= 42\,\text{cm}^2$
断面二次モーメント	$I_x = 35{,}000\,\text{cm}^4$
断面係数	$Z_x = 2{,}000\,\text{cm}^3$
許容曲げ応力度	$f_b = {}^*19.5\,\text{kN/cm}^2$
許容せん断応力度	$f_s = {}^*11.25\,\text{kN/cm}^2$

＊許容応力度は、長期許容応力度と短期許容応力度との平均値、座屈スパンが短いので、横座屈の影響は考慮しない。

1) 荷重

第2段腹起しの設計用荷重は、

$w_2 = 257.7\,\text{kN/m}$

である。

2) 曲げに対する検討

最大曲げモーメント $M_{\max}$ は、（メモ）の火打ち取付け角度が $45° \leq \theta \leq 60°$ の場合の算定式から求める。

$$M_{\max} = \frac{1}{10}w_2 \cdot \ell^2$$

$$= \frac{1}{10} \times 257.7\,\text{kN/m} \times (3.5\,\text{m})^2 \fallingdotseq 315.7\,\text{kN·m}$$

$$\sigma_b = \frac{M_{\max}}{Z}$$

$$= \frac{315.7 \times 10^2\,\text{kN·cm}}{2{,}000\,\text{cm}^3} \fallingdotseq 15.8\,\text{kN/cm}^2$$

$$\frac{\sigma_b}{f_b} = \frac{15.8\,\text{kN/cm}^2}{19.5\,\text{kN/m}^2} \fallingdotseq 0.81 \leq 1.0 \quad \textbf{OK!!}$$

3) せん断に対する検討

最大せん断力 $Q_{\max}$ も、（メモ）の算定式から求める。

$$Q_{\max} = \frac{1}{2}w_2 \cdot \ell$$

$$= \frac{1}{2} \times 257.7\,\text{kN/m} \times 3.5\,\text{m} \fallingdotseq 451.0\,\text{kN}$$

$$\tau = \frac{Q_{\max}}{A_s} = \frac{451.0\,\text{kN}}{42\,\text{cm}^2} \fallingdotseq 10.7\,\text{kN/cm}^2$$

$$\frac{\tau}{f_s} = \frac{10.7\,\text{kN/cm}^2}{11.25\,\text{kN/cm}^2} \fallingdotseq 0.95 \leq 1.0 \quad \textbf{OK!!}$$

4) たわみに対する検討

最大たわみ $\delta_{\max}$ は、スパン ℓ の単純梁として求める。

$$\delta_{\max} = \frac{5w_2\ell^4}{384EI}$$

$$= \frac{5 \times 257.7\,\text{kN/m} \times (3.5\,\text{m})^4}{384 \times 2.05 \times 10^8\,\text{kN/m}^2 \times 35{,}000 \times 10^{-8}\,\text{m}^4}$$

$$\fallingdotseq 0.007\,\text{m}$$

$$\frac{\delta_{\max}}{\ell} = \frac{0.007\,\text{m}}{3.5\,\text{m}} = \frac{1}{500} \leq \frac{1}{300} \quad \textbf{OK!!}$$

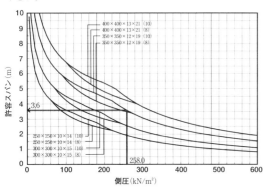

下のグラフは、曲げ、せん断、たわみを考慮した腹起しの検討グラフです。切ばり間隔の検討や腹起しの断面検討に役立てて下さい。

B　切ばりの検討

切ばりには，H–350 × 350 × 12 × 19（SS400材，再使用材）を使用する。切ばりの検討は，作用荷重の大きい第2段切ばりについて行う。

有効断面積	$A_k = 154.9\,\text{cm}^2$
断面二次半径	$i_x = 15.1\,\text{cm}$, $i_y = 8.99\,\text{cm}$
断面係数	$Z_x = 2{,}000\,\text{cm}^3$
曲げ応力のための断面性能	$i = 9.93\,\text{cm}$

1) 荷重

ⅰ)〔固定荷重＋積載荷重〕 w_0

切ばり上の〔固定荷重＋積載荷重〕として，$w_0 = 5\,\text{kN/m}$ を考慮する。

ⅱ) 切ばり軸力 N

第2段切ばりの設計用荷重は $w_2 = 257.7\,\text{kN/m}$ であるから，切ばりに作用する軸力 N は，

$N = w_2 \ell$
　$= 257.7\,\text{kN/m} \times 5.5\,\text{m} = 1{,}417\,\text{kN}$

である。

ⅲ) 温度応力による切ばり軸力増分 ΔP_k

温度応力による切ばり軸力の増分は，「豆知識5-3」の重回帰式により求める。ただし，固定度 α は0.3とする。

$\Delta P_k = \alpha A_k E_k \beta \Delta T_s$
　　$= 0.3 \times 154.9 \times 10^{-4}\,\text{m}^2 \times 2.05 \times 10^8\,\text{kN/m}^2$
　　　$\times 1.0 \times 10^{-5}\,1/\text{℃} \times 20\,\text{℃}$
　　$\fallingdotseq 190.5\,\text{kN}$

2) 曲げと軸力に対する検討

切ばりは，曲げと圧縮力を受ける部材として検討する。

ⅰ) 最大曲げモーメント M_max

最大曲げモーメント M_max は，切ばり間隔 ℓ をスパンとする単純梁として計算する。

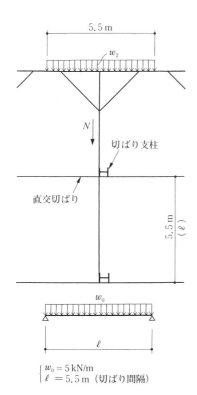

$\begin{cases} w_0 = 5\,\text{kN/m} \\ \ell = 5.5\,\text{m}\,（切ばり間隔） \end{cases}$

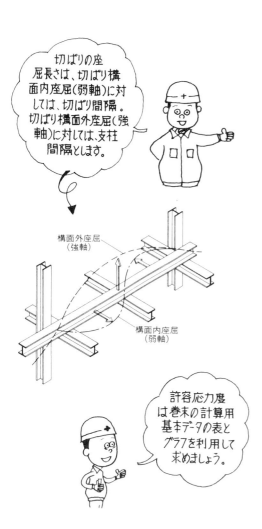

$$M_{max} = \frac{1}{8} w_0 \ell^2$$

〔固定荷重＋積載荷重〕

$$= \frac{1}{8} \times 5\,kN/m \times (5.5\,m)^2 \fallingdotseq 18.9\,kN \cdot m$$

ⅱ）最大圧縮力 N_{max}

$$N_{max} = N + \Delta P_k$$
$$= 1,417\,kN + 190.5\,kN$$
$$= 1,607.5\,kN$$

ⅲ）許容応力度

この例題では，各切ばり交点に切ばり支柱があるので，座屈長さ ℓ は，切ばり間隔とする。

イ）許容曲げ応力度 f_b

横座屈長さは，$\ell_b = 550\,cm$ であるから，

$$\lambda_b = \frac{\ell_b}{i} = \frac{550\,cm}{9.93\,cm} \fallingdotseq 55.4$$
$$\longrightarrow f_b = 19.5\,kN/cm^2$$

ロ）許容圧縮応力度 f_c

$$\lambda_c = \frac{\ell_k}{i_y} = \frac{550\,cm}{8.99\,cm} \fallingdotseq 61.2$$
$$\longrightarrow f_c = 15.7\,kN/cm^2$$

ⅳ）断面検討

曲げと圧縮力を受ける材は，次式で検討を行う。

$$\frac{\sigma_b}{f_b} + \frac{\sigma_c}{f_c} \leq 1$$

$$\begin{cases} \sigma_b = \dfrac{M_{max}}{Z_x} = \dfrac{18.9 \times 10^2\,kN \cdot cm}{2,000\,cm^3} \fallingdotseq 0.95\,kN/cm^2 \\ \sigma_c = \dfrac{N_{max}}{A_e} = \dfrac{1,607.5\,kN}{154.9\,cm^2} \fallingdotseq 10.4\,kN/cm^2 \end{cases}$$

$$\frac{\sigma_b}{f_b} + \frac{\sigma_c}{f_c} = \frac{0.95\,kN/cm^2}{19.5\,kN/cm^2} + \frac{10.4\,kN/cm^2}{15.7\,kN/cm^2}$$
$$\fallingdotseq 0.05 + 0.66$$
$$= 0.71 \leq 1.0 \quad \textbf{OK!!}$$

(メモ)
Ecoラム工法

座屈性能の高い角形鋼管を切梁に使用することで,中間杭を不要とすることができるEcoラム工法がジェコス(株)で開発されている。

この工法の特徴として,
・適用スパンは9〜18m
・スラブ開口部の鉄筋の補強,止水処理が不要となり,躯体品質が向上
・中間杭の打込み・撤去工事が不要で,工期の短縮が可能
・接合方法の簡略化等で,作業効率および安全性が向上
・作業空間が広がり,掘削や躯体工事の能率が向上
・中間杭が不要で経済性が向上

等の長所があるので,山留め工事を計画しているなら検討してみよう。

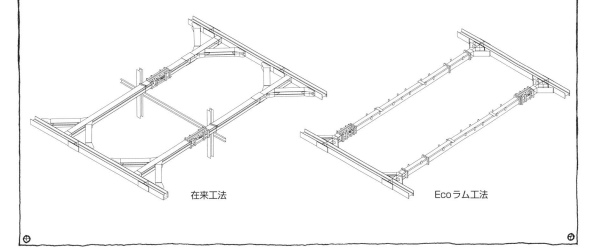

在来工法　　　　　　　　　　Ecoラム工法

豆知識 5-3 切ばりの温度応力

切ばりには温度変化によって軸力が発生するが,切ばり軸力のうち,温度変化による応力は20〜50％を占めることが実測されている。

切ばりの温度応力を算定する式としては,以下の各式が提案されている。

1) 遠藤・川崎式

$$\Delta P_k = \frac{K_E \cdot A_K \cdot E_K \cdot \beta \cdot \Delta T_S \cdot L}{K_E \cdot L + 2E_K \cdot A_K}$$

ただし,

ΔP_k:温度応力に伴う切ばり軸力の増分 (kN)

ΔT_S:温度変化量 (℃)

A_K:断面欠損を考慮した切ばり断面積 (cm^2)

E_K:切ばり弾性係数 (kN/cm^2)

K_E:切ばり端部のばね定数 (kN/cm)

(山留め壁の剛性と地盤の剛性などから決まる値。プレロード時の実測値から求めることもできる。)

β:切ばり材の線膨張係数 (1/℃)

 (鋼製,RC … $\beta \fallingdotseq 1.0 \times 10^{-5}$)

L:切ばり全長 (cm)

2) 実測にもとづく重回帰式

$$\Delta P_k = \alpha \cdot \Delta T_S \cdot \beta \cdot A_K \cdot E_K$$

ただし,

α:固定度

$$\left(= \frac{切ばり温度応力}{切ばり端部が完全固定の時の温度応力} \right)$$

$0 \leq \alpha \leq 1.0$ で,通常の場合,下記の値を用いることができる。

沖積地盤:$\alpha = 0.2 \sim 0.6$
洪積地盤:$\alpha = 0.4 \sim 0.8$

地　盤		固　定　度
沖積地盤	止水壁	$0.6 \log L - 0.5$
	横矢板	$0.6 \log L - 0.7$
洪積地盤	止水壁	$0.6 \log L - 0.2$
	横矢板	$0.6 \log L - 0.4$

C 火打ちの検討

火打ちには，H-350×350×12×19（SS400材，再使用材）を使用する。火打ちの検討は，作用荷重の大きい第2段火打ちについて行う。

有効断面積 $A_e = 154.9\,\mathrm{cm}^2$
断面二次半径 $i_x = 15.1\,\mathrm{cm}$，$i_y = 8.99\,\mathrm{cm}$

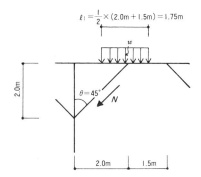

1) 荷重

火打ちは，部材長が短いので，曲げ応力および温度応力による軸力増分は考慮せず，軸力についてのみ安全性を検討する。

ⅰ) 最大軸力 $N_{\max}$

$$N_{\max} = \frac{w_2 \ell}{\cos\theta}$$

$$= \frac{257.7\,\mathrm{kN/m} \times 1.75\,\mathrm{m}}{\cos 45°} \fallingdotseq 637.8\,\mathrm{kN}$$

2) 軸力に対する検討

ⅰ) 許容圧縮応力度 f_c

座屈長さ ℓ_k は，

$$\ell_k = \sqrt{(2.0\,\mathrm{m})^2 + (2.0\,\mathrm{m})^2} \fallingdotseq 2.83\,\mathrm{m}$$

であるから，

$$\lambda_c = \frac{\ell_k}{i_y} = \frac{283\,\mathrm{cm}}{8.99\,\mathrm{cm}} \fallingdotseq 31.5$$

$$\longrightarrow f_c = 18.4\,\mathrm{kN/cm}^2$$

ⅱ) 断面検討

$$\sigma_c = \frac{N_{\max}}{A_e}$$

$$= \frac{637.8\,\mathrm{kN}}{154.9\,\mathrm{cm}^2} \fallingdotseq 4.12\,\mathrm{kN/cm}^2$$

$$\frac{\sigma_c}{f_c} = \frac{4.12\,\mathrm{kN/cm}^2}{18.4\,\mathrm{kN/cm}^2} \fallingdotseq 0.22 \leqq 1.0 \quad \textbf{OK!!}$$

火打ちは切ばりと同一部材を使用する場合には、通常、切ばりに比べて応力が微小なため、検討を省略しても差しつかえありません。

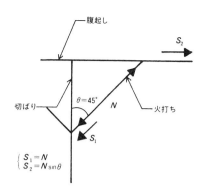

3) 接合部の検討

火打ちは，切ばりと腹起しにボルト接合するが，ボルトには，高力六角ボルト M22(F10T)を使用する。

M22ボルト1本当たりの1面許容せん断耐力 R_s

$R_s = f_s \cdot A = 18.8\,\text{kN/cm}^2 \times 3.80\,\text{cm}^2 \fallingdotseq 71.4\,\text{kN}$

　　f_s：中期許容せん断応力度$\left(22.5\,\text{kN/cm}^2 \times \dfrac{1.25}{1.5}\right)$

　　A：ボルトの軸断面積

ⅰ) 火打ちと切ばりの接合部

火打ちと切ばりの接合は，左図のように行うので，接合部のボルトには，せん断力 $S_1(=N)$ が作用する。

よって，接合部の必要ボルト本数 n_1 は，

$n_1 = \dfrac{S_1}{R_s}$

　$= \dfrac{637.8\,\text{kN}}{71.4\,\text{kN/本}} \fallingdotseq 8.9 \rightarrow 10\text{本}$

となる。

ⅱ) 火打ちと腹起しの接合部

火打ちと腹起しの接合は，左図のように行うので，接合部のボルトには，せん断力 $S_2(=N\sin\theta)$ が作用する。

よって，接合部の必要ボルト本数 n_2 は，

$n_2 = \dfrac{S_2}{R_s}$

　$= \dfrac{637.8\,\text{kN} \times \sin 45°}{71.4\,\text{kN/本}} \fallingdotseq 6.3 \rightarrow 8\text{本}$

となる。

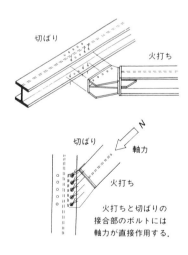

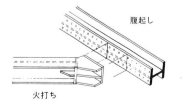

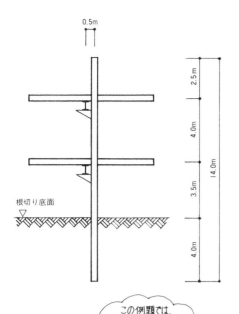

D 切ばり支柱の検討

切ばり支柱には, H-300×300×10×15 (SS400材) を使用する。

断面積	$A = 118.5 \text{cm}^2$
断面二次半径	$i_x = 13.1 \text{cm}, \ i_y = 7.55 \text{cm}$
断面二次モーメント	$I_y = 6{,}750 \text{cm}^4$
断面係数	$Z_x = 1{,}350 \text{cm}^3$
曲げ応力のための断面性能	$i = 8.28 \text{cm}$
	$\eta = 5.52$

1) 荷重

切ばり支柱1本当たりに作用する軸力 N

第1段切ばり重量：5kN/m×5.5m×2本＝55.0kN
　　　　　　　〔固定荷重＋積載荷重〕　切ばり間隔
第2段切ばり重量：5kN/m×5.5m×2本＝55.0kN
切ばり支柱自重　：0.91kN/m×6.5m　＝5.92kN
第1段切ばり拘束力：(189.6kN/m×5.5m＋190.5kN)
　　　　　　　　　　　　　切ばり軸力
　　　　　　　　　×$\frac{1}{50}$×2本　＝49.33kN
＋)第2段切ばり拘束力：(257.7kN/m×5.5m＋190.5kN)
　　　　　　　　　×$\frac{1}{50}$×2本　＝64.31kN
　合　計　　　　　　　　　　　229.56kN

2) 曲げと軸力に対する検討

切ばり支柱は, 曲げと圧縮力を受ける部材として検討する。

ⅰ) 偏心曲げモーメント M

切ばりは, 切ばり支柱からのブラケットによって支持する。切ばりと切ばり支柱とのずれを $e = 0.5$m とすると, 偏心曲げモーメント M は,

$M = N_1 \cdot e$
　　$= (64.31 \text{kN} + 55.0 \text{kN}) \times 0.5 \text{m} = 59.66 \text{kN} \cdot \text{m}$

となる。

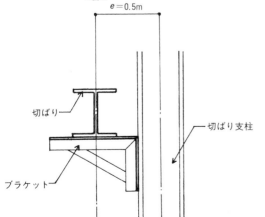

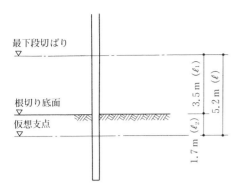

ii) 圧縮力 N

$N = 229.56 \text{ kN}$

iii) 許容応力度

座屈長さ ℓ は，最下段（第2段）切ばりから仮想支点までの距離とする。

イ) 座屈長さ ℓ

$$\beta = \sqrt[4]{\frac{k_h \cdot B}{4EI_y}}$$

$$= \sqrt[4]{\frac{20,000 \text{ kN/m}^3 \times 0.3 \text{ m}}{4 \times 2.05 \times 10^8 \text{ kN/m}^2 \times 6.75 \times 10^{-5} \text{ m}^4}}$$

$$\fallingdotseq 0.574 \text{ m}^{-1}$$

$\ell = \ell_1 + \dfrac{1}{\beta}$

$\fallingdotseq 3.5 \text{ m} + 1.7 \text{ m} = 5.2 \text{ m}$

ロ) 許容曲げ応力度 f_b

横座屈長さは，$\ell_b = 520 \text{ cm}$ であるから，

$\lambda_b = \dfrac{\ell_b}{i} = \dfrac{520 \text{ cm}}{8.28 \text{ cm}} \fallingdotseq 62.8$

$\longrightarrow f_b = 19.5 \text{ kN/cm}^2$

ハ) 許容圧縮応力度 f_c

座屈長さは，$\ell_k = 520 \text{ cm}$ であるから，

$\lambda_c = \dfrac{\ell_k}{i_y} = \dfrac{520 \text{ cm}}{7.55 \text{ cm}} \fallingdotseq 68.9$

$\longrightarrow f_c = 14.8 \text{ kN/cm}^2$

iv) 断面検討

曲げと圧縮力を受ける材は，次式によって検討を行う。

$\dfrac{\sigma_b}{f_b} + \dfrac{\sigma_c}{f_c} \leq 1$

$\begin{cases} \sigma_b = \dfrac{M}{Z_x} = \dfrac{59.66 \times 10^2 \text{ kN} \cdot \text{cm}}{1,350 \text{ cm}^3} \fallingdotseq 4.42 \text{ kN/cm}^2 \\ \sigma_c = \dfrac{N}{A} = \dfrac{229.56 \text{ kN}}{118.5 \text{ cm}^2} \fallingdotseq 1.94 \text{ kN/cm}^2 \end{cases}$

$\dfrac{\sigma_b}{f_b} + \dfrac{\sigma_c}{f_c} = \dfrac{4.42 \text{ kN/cm}^2}{19.5 \text{ kN/cm}^2} + \dfrac{1.94 \text{ kN/cm}^2}{14.8 \text{ kN/cm}^2}$

$\fallingdotseq 0.23 + 0.13$

$= 0.36 \leq 1.0$　　**OK!!**

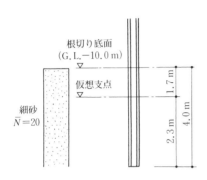

3）根入れの検討

　切ばり支柱の施工方法は，根切り底面から4m の深さまでプレボーリングして，モルタルで全体 を充てんする埋込み工法とするが，切ばり支柱の 先端面積と周長は，H形鋼の閉断面で検討する。

ⅰ）押込み力 P_1 に対する検討

　イ）押込み力 P_1

$P_1 = N + 0.91\,\mathrm{kN/m} \times (14\,\mathrm{m} - 6.5\,\mathrm{m})$

　　　　　　　　　↑
　　　　第2段切ばり以深の支柱自重

$\quad \fallingdotseq 236.4\,\mathrm{kN}$

　ロ）許容支持力 R_a

切ばり支柱の許容支持力 R_a は，次式の短期許 容支持力から求める。

$$R_a = \frac{2}{3}\left\{200\overline{N}A_p + \left(\frac{10}{3}\overline{N}_s \cdot L_s + \frac{1}{2}\overline{q_u}L_c\right)\psi\right\}$$

$\begin{cases} \overline{N}=20,\ A_p=0.3\,\mathrm{m}\times 0.3\,\mathrm{m}=0.09\,\mathrm{m}^2 \\ \overline{N}_s=20,\ L_s=2.3\,\mathrm{m}\ (仮想支点までの根入 \\ \qquad\qquad\qquad\qquad れ長さは無視する) \\ \overline{q_u}=0,\ L_c=0,\ \psi=0.3\,\mathrm{m}\times 4=1.2\,\mathrm{m} \end{cases}$

$R_a = \dfrac{2}{3} \times \Big\{ 200\times 20\times 0.09\,\mathrm{m}^2$

$\qquad + \left(\dfrac{10}{3}\times 20\times 2.3\,\mathrm{m} + \dfrac{1}{2}\times 0\times 0\right)\times 1.2\,\mathrm{m} \Big\}$

$\quad \fallingdotseq 362.7\,\mathrm{kN}$

　ハ）押込み力 P_1 に対する検討

$\dfrac{P_1}{R_a} = \dfrac{236.4\,\mathrm{kN}}{362.7\,\mathrm{kN}} \fallingdotseq 0.65 \leq 1.0 \qquad \mathbf{OK!!}$

ⅱ）引抜き力 P_2 に対する検討

　イ）引抜き力 P_2

$P_2 = \underbrace{(49.33\,\mathrm{kN} + 64.31\,\mathrm{kN})}_{切ばり拘束力}$

$\qquad - \underbrace{1.32\,\mathrm{kN/m} \times 5.5\,\mathrm{m} \times 2本 \times 2段}_{切ばり重量}$

$\quad = 113.64\,\mathrm{kN} - 29.04\,\mathrm{kN} = 84.6\,\mathrm{kN}$

　ロ）許容引抜き抵抗力 R_F

切ばり支柱の許容引抜き抵抗力 R_F は，次式か ら求める。

5　山留め　243

$$R_F = \frac{2}{3}\left(\frac{10}{3}\overline{N}_s L_s + \frac{1}{2}\overline{q}_u L_c\right)\psi + W$$

$$= \frac{2}{3} \times \left(\frac{10}{3} \times 20 \times 2.3\,\mathrm{m} + \frac{1}{2} \times 0 \times 0\right)$$

$$\times 1.2\,\mathrm{m} + 0.91\,\mathrm{kN/m} \times 14\,\mathrm{m}$$

$$\fallingdotseq 135.4\,\mathrm{kN}$$

ハ) 引抜き力 P_2 に対する検討

$$\frac{P_2}{R_F} = \frac{84.6\,\mathrm{kN}}{135.4\,\mathrm{kN}} \fallingdotseq 0.62 \leq 1.0 \qquad \textbf{OK\textit{!!}}$$

以上で，親杭横矢板工法による山留めの計算はすべて終了したわけである。

5-3 地盤アンカー工法

ポイント 5-3 地盤アンカー工法による山留めの計算は，下記の順序に従って行う。

荷重計算 → 山留め壁 → 腹起し → 地盤アンカー

1. 地盤アンカーは，N値$\geqq 20$の砂質地盤またはN値$\geqq 7$（$q_u \geqq 200\,\mathrm{kN/m^2}$）の粘性土地盤に定着する。
2. 地盤アンカーの傾角は，15°〜45°の範囲とする。
3. 地盤アンカーは，必要かぶり厚：5m，最小自由長：4m，最小定着長：3m，山留め壁下端より$\left(45° + \dfrac{\phi}{2}\right)$の主働すべり線を考慮する。
4. 腹起しは，水平方向（強軸方向）および鉛直方向（弱軸方向）の応力に対して検討を行う。

◀ 例題 5-3

図5-10のような山留めについて計算する。

土質柱状図

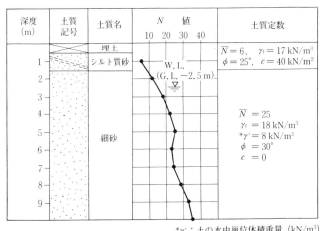

*γ'：土の水中単位体積重量 (kN/m³)

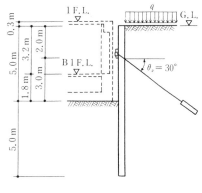

図5-10 地盤アンカー山留め図

〔設計条件〕

- 山留め架構……地盤アンカー工法
- 山留め壁………鋼矢板
- 根切り深さ……G.L.−5.0m
- 地下水…………G.L.−2.5m
- 地表面上の上載荷重……$q = 10\,\mathrm{kN/m^2}$
- 鋼矢板高さ……………10.0m（根入れ長さ5.0m）
- 地盤アンカー間隔………$a = 3.2\,\mathrm{m}$
- 地盤アンカー傾角………$\theta_v = 30°$

5 山留め 245

1. 荷重計算

設計用側圧は，ランキン・レザール法による側圧と『山留め設計指針』（日本建築学会）の側圧係数法による側圧から決定する。

A　ランキン・レザール法による側圧

地下水がある場合の側圧は，次式から求める。
$$p = \{\gamma_t(h - h_w) + \gamma' h_w + q\}\tan^2(45° - \frac{\phi}{2}) - 2c\tan(45° - \frac{\phi}{2}) + \gamma_w \cdot h_w$$

ただし，γ'：土の水中単位体積重量（kN/m³）
　　　　γ_w：水の単位体積重量（kN/m³）
　　　　h_w：地下水位面からの深さ（m）

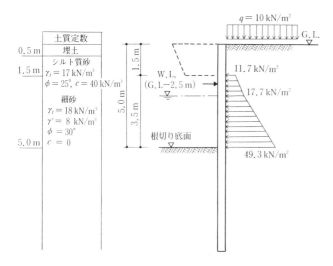

$$p = 10.0 \times \tan^2\left(45° - \frac{25°}{2}\right) - 2 \times 40 \times \tan\left(45° - \frac{25°}{2}\right)$$
$$\fallingdotseq 10.0 \times 0.41 - 2 \times 40 \times 0.64 = -47.1\,\text{kN/m}^2$$
$$p = (17 \times 1.5 + 10.0) \times \tan^2\left(45° - \frac{25°}{2}\right) - 2 \times 40 \times \tan\left(45° - \frac{25°}{2}\right)$$
$$\fallingdotseq 35.5 \times 0.41 - 2 \times 40 \times 0.64 \fallingdotseq -36.6\,\text{kN/m}^2$$
$$p = 35.5 \times \tan^2\left(45° - \frac{30°}{2}\right) - 2 \times 0 \times \tan\left(45° - \frac{30°}{2}\right)$$
$$\fallingdotseq 35.5 \times 0.33 \fallingdotseq 11.7\,\text{kN/m}^2$$
$$p = (35.5 + 18 \times 1.0) \times \tan^2\left(45° - \frac{30°}{2}\right)$$
$$\fallingdotseq 53.5 \times 0.33 \fallingdotseq 17.7\,\text{kN/m}^2$$
$$p = (53.5 + 8 \times 2.5) \times 0.33 + 10 \times 2.5$$
$$= 73.5 \times 0.33 + 25 \fallingdotseq 49.3\,\text{kN/m}^2$$

B　側圧係数法による側圧

側圧は，次式から求める。
$$p = K(\gamma_t h + q)$$

ただし，側圧係数Kは各地層ごとに異なるものとし，次のように仮定する。

　シルト質砂：$K = 0.6$
　細　　　砂：$K = 0.5$

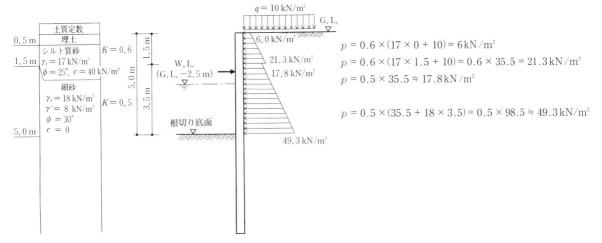

$p = 0.6 \times (17 \times 0 + 10) = 6 \text{ kN/m}^2$

$p = 0.6 \times (17 \times 1.5 + 10) = 0.6 \times 35.5 = 21.3 \text{ kN/m}^2$

$p = 0.5 \times 35.5 ≒ 17.8 \text{ kN/m}^2$

$p = 0.5 \times (35.5 + 18 \times 3.5) = 0.5 \times 98.5 ≒ 49.3 \text{ kN/m}^2$

C 設計用側圧分布

設計用側圧分布は，ランキン・レザール法と側圧係数法の各側圧から，次図のように決定する。

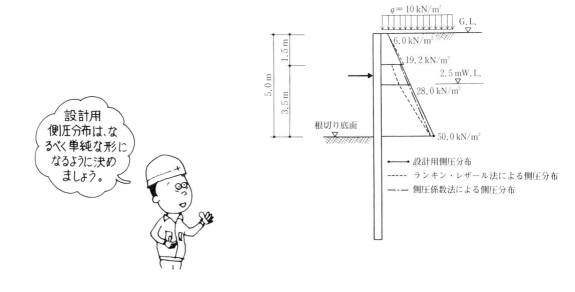

5 山留め 247

2. 山留め壁の検討

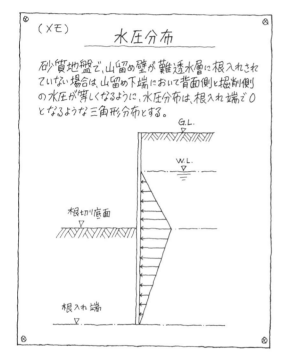

A 鋼矢板の根入れ長さの検討

1) 側圧に対する鋼矢板の根入れ長さの検討

鋼矢板の根入れ長さの検討は次式によって行う。

$$F_s = \frac{M_P}{M_a} \geqq 1.2$$

ただし，M_a：背面側側圧による転倒モーメント
M_P：掘削側側圧による抵抗モーメント

ⅰ) 地下水がある場合の根切り底面以深の背面側側圧と掘削側側圧の計算

イ) 背面側側圧の計算

背面側側圧は，次式から求める。

$$p = \{\gamma_t(h-h_w) + \gamma' h_w + q\}\tan^2\left(45°-\frac{\phi}{2}\right)$$
$$-2c\tan\left(45°-\frac{\phi}{2}\right)+\gamma_w \cdot \left(\frac{(h_w-h')\cdot(H'-h')}{H'}\right)$$

ただし，h'：根切り底面からの深さ (m)
H'：根入れ長さ (m)

- G.L. − 5.0 m 位置

  $p = {}^{*}50.0\,\mathrm{kN/m^2}$

  *この例題では，G.L.−5.0m位置の側圧は，設計用側圧の値を使用する。

- G.L. − 10.0 m 位置

$$p = (73.5+8\times5)\times\tan^2\left(45°-\frac{30°}{2}\right)$$
$$-2\times0\times\tan\left(45°-\frac{30°}{2}\right)+10$$
$$\times\frac{(7.5-5.0)\times(5.0-5.0)}{5.0}$$

$$\fallingdotseq 113.5\times0.33 \fallingdotseq 37.5\,\mathrm{kN/m^2}$$

ロ) 掘削側側圧の計算

掘削側側圧は，次式から求める。

$$p = \gamma'h'\tan^2\left(45°+\frac{\phi}{2}\right)$$
$$+2c\tan\left(45°+\frac{\phi}{2}\right)$$

- G.L. − 5.0 m 位置

$$p = 8\times0\times\tan^2\left(45°+\frac{30°}{2}\right)$$
$$+2\times0\times\tan\left(45°+\frac{30°}{2}\right)$$
$$= 0.0\,\mathrm{kN/m^2}$$

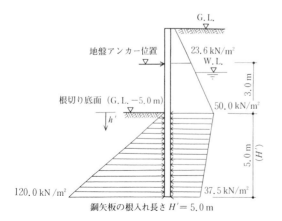

- G.L.－10.0m 位置

$$p = 8 \times 5.0 \times \tan^2\left(45° + \frac{30°}{2}\right) + 2 \times 0 \times \tan\left(45° + \frac{30°}{2}\right)$$

$$= 40.0 \times 3 = 120.0 \text{kN/m}^2$$

ii) 地盤アンカー位置を支点とする背面側側圧によるモーメント M_a と掘削側側圧によるモーメント M_P の計算

イ) 背面側側圧によるモーメント M_a の計算

$M_a = P_{a1} \cdot h_{a1} + P_{a2} \cdot h_{a2}$

$$= \left\{\frac{1}{2} \times (23.6\text{kN/m}^2 + 50.0\text{kN/m}^2) \times 3.0\text{m}\right\}$$
$$\times \left\{\frac{23.6\text{kN/m}^2 + 2 \times 50.0\text{kN/m}^2}{23.6\text{kN/m}^2 + 50.0\text{kN/m}^2} \times \frac{3.0\text{m}}{3}\right\}$$
$$+ \left\{\frac{1}{2} \times (50.0\text{kN/m}^2 + 37.5\text{kN/m}^2) \times 5.0\text{m}\right\}$$
$$\times \left\{\frac{50.0\text{kN/m}^2 + 2 \times 37.5\text{kN/m}^2}{50.0\text{kN/m}^2 + 37.5\text{kN/m}^2} \times \frac{5.0\text{m}}{3} + 3.0\text{m}\right\}$$

$\fallingdotseq 110.4\text{kN/m} \times 1.68\text{m} + 218.8\text{kN/m} \times 5.38\text{m}$

$\fallingdotseq 1,362.6\text{kN·m/m}$ ← 単位幅(1m)当たり

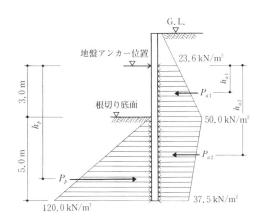

ロ) 掘削側側圧によるモーメント M_P の計算

$M_P = P_p \cdot h_p$

$$= \left(\frac{1}{2} \times 120.0\text{kN/m}^2 \times 5.0\text{m}\right) \times \left(\frac{2}{3} \times 5.0\text{m} + 3.0\text{m}\right)$$

$\fallingdotseq 300.0\text{kN/m} \times 6.33\text{m}$

$= 1,899.0\text{kN·m/m}$

iii) 鋼矢板の根入れ長さの検討

$$F = \frac{M_P}{M_a}$$

$$= \frac{1,899.0\text{kN·m/m}}{1,362.6\text{kN·m/m}} \fallingdotseq 1.39 \geqq 1.2 \quad \textbf{OK!!}$$

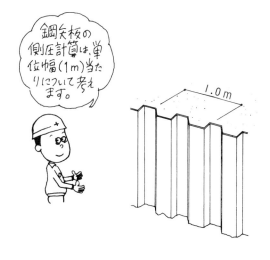

5 山留め

2) ボイリングに対する鋼矢板の根入れ長さの検討

鋼矢板が難透水層に根入れしていないので，ボイリングに対する検討を行う。検討は，次式のTerzaghiによる方法によって行う。

$$F = \frac{2\gamma' H'}{\gamma_w h_w} \geq 1.2$$

ただし，γ'：土の水中単位体積重量（kN/m³）

H'：根入れ長さ（m）

γ_w：水の単位体積重量（kN/m³）

h_w：水位差（m）

$$F = \frac{2 \times 8\,\text{kN/m}^3 \times 5.0\,\text{m}}{10\,\text{kN/m}^3 \times 2.5\,\text{m}}$$

$= 3.2 \geq 1.2$ **OK!!**

以上で，鋼矢板の根入れ長さはOKということが確かめられたので，次は鋼矢板の応力とたわみについて検討を行う。

B 鋼矢板の応力とたわみの計算

鋼矢板壁では，せん断に対して十分安全と考えられることから，せん断に対する検討は省略する。

鋼矢板の応力とたわみの計算は，単位幅（1m）当たりについて行う。

1) 第1次根切り時

第1次根切り時の応力とたわみの計算は，Y.L. Changの方法によって行う。

第1次根切り深さは，G.L.−2.5mとする。

ⅰ) 側圧合力P_aの計算

$P_a = \dfrac{1}{2} \times (6.0\,\text{kN/m}^2 + 28.0\,\text{kN/m}^2) \times 2.5\,\text{m}$

$= 42.5\,\text{kN/m}$

↑
単位幅(m)当たりの側圧合力

ⅱ) 側圧合力位置h'の計算

$h' = \dfrac{2 \times 6.0\,\text{kN/m}^2 + 28.0\,\text{kN/m}^2}{6.0\,\text{kN/m}^2 + 28.0\,\text{kN/m}^2} \times \dfrac{2.5\,\text{m}}{3}$

$\fallingdotseq 0.98\,\text{m}$

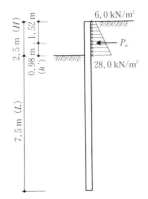

iii) β の計算

β は，次式から求める。

$$\beta = \left(\frac{k_h \cdot B}{4EI}\right)^{\frac{1}{4}}$$

第1次根切り底付近の地盤の平均 N 値は，$\overline{N} = 15$ であるから，水平地盤反力係数は図5-11から，$k_h = 15{,}000 \text{ kN/m}^3$ と求まる。

鋼矢板にIV型（$I_x = 38{,}600 \text{ cm}^4$）を使用すると，$\beta$ は，

$$\beta = \left(\frac{15{,}000 \text{kN/m}^3 \times 1.0\text{m}}{4 \times 2.05 \times 10^8 \text{kN/m}^2 \times 38{,}600 \times 10^{-8}\text{m}^4 \times 0.6}\right)^{\frac{1}{4}}$$
$$\fallingdotseq 0.53 \text{ m}^{-1} \quad\quad\quad\quad\quad\quad\quad\quad 60\%$$

となる。

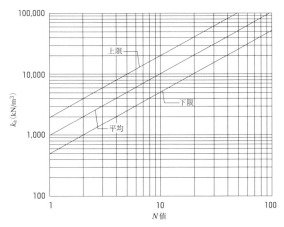

図5-11 水平地盤反力係数の推奨範囲（砂質地盤の場合）

曲げモーメントとたわみは「5-1 自立山留め工法」の場合と同様に，巻末の計算用基本データの各図を利用して求める。

$$\begin{cases} \beta L = 0.53 \text{m}^{-1} \times 7.5 \text{m} \fallingdotseq 3.98 \\ \dfrac{h'}{L} = \dfrac{0.98 \text{m}}{7.5 \text{m}} \fallingdotseq 0.13 \end{cases}$$

iv) 最大曲げモーメントの計算

　イ) 最大曲げモーメントの生じる深さ ℓ_m

$$\beta \ell_m = 0.46$$
$$\downarrow$$
$$\ell_m = 0.46 \times \frac{1}{\beta}$$
$$= 0.46 \times \frac{1}{0.53 \text{m}^{-1}} \fallingdotseq 0.87 \text{ m}$$

　ロ) 最大曲げモーメント $M_{\max}$

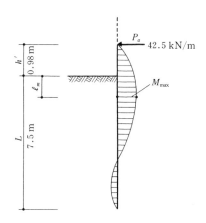

$$M_{\max} \times \frac{\beta}{P_a} = 0.72$$
$$\downarrow$$
$$M_{\max} = 0.72 \times \frac{P_a}{\beta}$$
$$= 0.72 \times \frac{42.5 \text{kN/m}}{0.53 \text{m}^{-1}} \fallingdotseq 57.7 \text{ kN·m/m}$$

単位幅(m)当たりの曲げモーメント

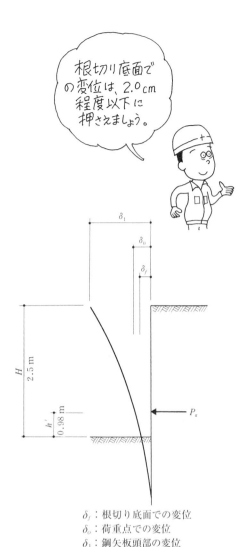

δ_f：根切り底面での変位
δ_O：荷重点での変位
δ_1：鋼矢板頭部の変位

v）たわみの計算

イ）根切り底面での変位 δ_f

$$\delta_f \times \frac{EI \cdot \beta^3}{P_a} = 0.75 \quad \left(\begin{array}{c} EI = 2.05 \times 10^8 \text{kN/m}^2 \times 38{,}600 \\ \times 10^{-8}\text{m}^4 \times 0.6 \\ \fallingdotseq 4.75 \times 10^4 \text{kN} \cdot \text{m}^2/\text{m} \end{array} \right)$$

$$\downarrow$$

$$\delta_f = 0.75 \times \frac{P_a}{EI \cdot \beta^3}$$

$$= 0.75 \times \frac{42.5 \text{kN/m}}{4.75 \times 10^4 \text{kN} \cdot \text{m}^2/\text{m} \times (0.53 \text{m}^{-1})^3}$$

$$\fallingdotseq 0.75 \times 0.006 \text{m}$$

$$\fallingdotseq 0.0045 \text{m} = 0.45 \text{cm} \leqq 2.0 \text{cm} \quad \textbf{OK!!}$$

ロ）荷重点での変位 δ_O

$$\delta_O \times \frac{EI \cdot \beta^3}{P_a} = 1.35$$

$$\downarrow$$

$$\delta_O = 1.35 \times \frac{P_a}{EI \cdot \beta^3} = 1.35 \times 0.006 \text{m}$$

$$= 0.0081 \text{m} = 0.81 \text{cm}$$

ハ）荷重点での傾斜角 α

$$\alpha \times \frac{EI \cdot \beta^2}{P_a} = 1.15$$

$$\downarrow$$

$$\alpha = 1.15 \times \frac{P_a}{EI \cdot \beta^2}$$

$$= 1.15 \times \frac{42.5 \text{kN/m}}{4.75 \times 10^4 \text{kN} \cdot \text{m}^2/\text{m} \times (0.53 \text{m}^{-1})^2}$$

$$\fallingdotseq 3.66 \times 10^{-3} \text{rad}$$

ニ）鋼矢板頭部の変位 δ_1

鋼矢板頭部の変位 δ_1 は，次式から求める。

$$\delta_1 = \delta_O + \alpha(H - h')$$

$$= 0.81 \text{cm} + 3.66 \times 10^{-3} \text{rad} \times (250 \text{cm} - 98 \text{cm})$$

$$\fallingdotseq 0.81 \text{cm} + 0.56 \text{cm}$$

$$= 1.37 \text{cm} \leqq 3.0 \text{cm} \quad \textbf{OK!!}$$

2) 最終（2次）根切り時

鋼矢板の応力は，地盤アンカー位置と仮想支点位置で支持される単純梁として計算する。

i) 仮想支点の計算

イ) 根切り底面以深の背面側側圧

G.L.$-(5+x)$m 位置

$$P_a = (73.5 \text{kN/m}^2 + 8\text{kN/m}^3 \times x\text{m})$$
$$\times \tan^2(45° - \frac{30°}{2})$$
$$- 2 \times 0 \times \tan(45° - \frac{30°}{2}) + 10\text{kN/m}^3$$
$$\times \frac{\{(2.5+x)\text{m} - x\text{m}\} \times (5.0\text{m} - x\text{m})}{5.0\text{m}}$$
$$\fallingdotseq (49.5 - 2.33x) \text{kN/m}^2$$

ロ) 掘削側側圧

根切り底面$-x$m位置

$$P_p = 8\text{kN/m}^3 \times x\text{m} \times \tan^2(45° + \frac{30°}{2})$$
$$+ 2 \times 0 \times \tan(45° + \frac{30°}{2})$$
$$= 24x \text{kN/m}^2$$

ハ) 背面側側圧による回転モーメント M_a

$$M_a = P_{a1} \cdot h_{a1} + P_{a2} \cdot h_{a2}$$
$$= 110.4 \text{kN/m} \times 1.68\text{m}$$
$$+ \frac{1}{2} \times \{50.0\text{kN/m}^2 + (49.5 - 2.33x)\text{kN/m}^2\} \times x\text{m}$$
$$\times \{\frac{50.0\text{kN/m}^2 + 2 \times (49.5 - 2.33x)\text{kN/m}^2}{50.0\text{kN/m}^2 + (49.5 - 2.33x)\text{kN/m}^2} \times \frac{x\text{m}}{3}$$
$$+ 3.0\text{m}\} \fallingdotseq -0.78x^3 + 21.34x^2 + 149.25x$$
$$+ 185.47 \text{kN·m/m}$$

ニ) 掘削側側圧による抵抗モーメント M_p

$$M_P = P_p \cdot L_P$$
$$= (\frac{1}{2} \times 24x \text{kN/m}^2 \times x\text{m}) \times (\frac{2}{3}x\text{m} + 3.0\text{m})$$
$$= 8x^3 + 36.0x^2 \text{kN·m/m}$$

ホ) $M_P = M_a$ となる根入れ長さ x

$M_P - M_a = 0$ より，

$$8.78x^3 + 14.66x^2 - 149.25x - 185.47 = 0$$

上式より，根入れ長さ x は，

$$x \fallingdotseq 3.96\text{m}$$

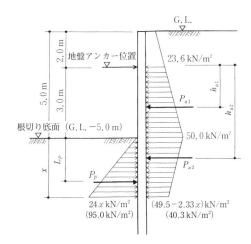

と求まる。

へ）根入れ底面から仮想支点までの深さ L_P

仮想支点は，掘削側側圧の合力作用位置であるから，L_Pは

$$L_P = \frac{2}{3} \times x \, \text{m}$$

$$= \frac{2}{3} \times 3.96 \, \text{m} \fallingdotseq 2.64 \, \text{m}$$

と求まる。

ii）根入れ部の背面側側圧深さの計算

背面側側圧 P_a と掘削側側圧 P_p のつり合い式 $P_a = P_p$ から，根入れ部に外力として作用する背面側側圧の深さ x_1 を計算すると，

$$49.5 - 2.33 x_1 = 24 x_1$$

$$x_1 \fallingdotseq 1.88 \, \text{m}$$

と求まる。

iii）最大曲げモーメント $M_{\max}$ の計算

地盤アンカー位置の反力 R を算出し，最大曲げモーメント $M_{\max}$ を求める。

$$R = \frac{1}{5.64 \text{m}} \times \Big[\Big\{\frac{1}{2} \times (23.6 \text{kN/m}^2 + 50.0 \text{kN/m}^2) \times 3.0 \text{m}$$

$$\times (5.64 \text{m} - \frac{23.6 \text{kN/m}^2 + 2 \times 50.0 \text{kN/m}^2}{23.6 \text{kN/m}^2 + 50.0 \text{kN/m}^2} \times \frac{3.0 \text{m}}{3})\Big\}$$

$$+ \frac{1}{2} \times 50.0 \text{kN/m}^2 \times 1.88 \text{m} \times (2.64 \text{m} - \frac{1}{3} \times 1.88 \text{m})\Big]$$

$$\fallingdotseq \frac{1}{5.64 \text{m}} \times (437.26 \text{kN/m} + 94.63 \text{kN/m})$$

$$\fallingdotseq 94.3 \text{kN/m}$$

最大曲げモーメントは，荷重分布から0～3mの間に生じ，せん断力が0になる位置で発生するので，その位置 x を求める。

$0 \leqq x \leqq 3.0 \text{m}$ の範囲の背面側側圧 P_a は，

$$P_a = \frac{x \, \text{m}}{3.0 \, \text{m}} \times (50.0 \, \text{kN/m}^2 - 23.6 \, \text{kN/m}^2)$$

$$+ 23.6 \, \text{kN/m}^2$$

$$= 23.6 + 8.8 x \, \text{kN/m}^2$$

であるから，$0 \leqq x \leqq 3.0 \text{m}$ の範囲のせん断力 Q_x は，

$$Q_x = R - \frac{1}{2} \times \{23.6 \, \text{kN/m}^2$$

$$+ (23.6 + 8.8 x) \, \text{kN/m}^2\} \times x \, \text{m}$$

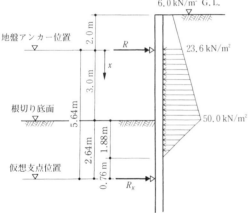

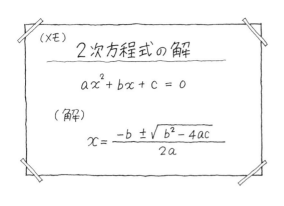

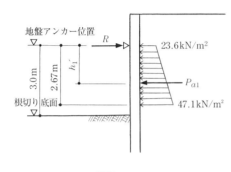

$$= -4.4x^2 - 23.6x + 94.3 \text{ kN/m}$$

となる。

$Q_x = 0$ となる位置 x を（メモ）の式から計算すると，

$$x = \frac{-(-23.6) \pm \sqrt{(-23.6)^2 - 4 \times (-4.4) \times 94.3}}{2 \times (-4.4)}$$

$$\fallingdotseq \frac{23.6 \pm 47.1}{(-8.8)} \text{ m}$$

$$\fallingdotseq 2.67 \text{ m} \text{ または } -8.03 \text{ m}$$

と求まる。

$x = 2.67$ m 位置の背面側側圧 P_{ax} は，

$$P_{ax} = 23.6 + 8.8 \times 2.67 \text{ kN/m}^2$$

$$\fallingdotseq 47.1 \text{ kN/m}^2$$

であるから，最大曲げモーメント $M_{\max}$ は，

$$M_{\max} = 94.3 \text{ kN/m} \times 2.67 \text{ m}$$

$$- \left[\frac{1}{2} \times (23.6 \text{ kN/m}^2 + 47.1 \text{ kN/m}^2) \times 2.67 \text{ m} \right.$$

$$\times \left\{ 2.67 \text{ m} - \left(\frac{23.6 \text{ kN/m}^2 + 2 \times 47.1 \text{ kN/m}^2}{23.6 \text{ kN/m}^2 + 47.1 \text{ kN/m}^2} \right) \right.$$

$$\left. \left. \times \frac{2.67 \text{ m}}{3} \right\} \right]$$

$$\fallingdotseq 251.8 \text{ kN} \cdot \text{m/m} - 112.0 \text{ kN} \cdot \text{m/m}$$

$$= 139.8 \text{ kN} \cdot \text{m/m}$$

と求まる。

ⅳ）地盤アンカー位置の反力 R_1 の計算

地盤アンカー位置の反力 R_1 は，地表面から地盤アンカー位置までの背面側側圧も考慮して求める。

$$R_1 = \frac{1}{5.64 \text{ m}} \times \left[\frac{1}{2} \times (6.0 \text{ kN/m}^2 + 50.0 \text{ kN/m}^2) \times 5.0 \text{ m} \right.$$

$$\times \left\{ 7.64 \text{ m} - \left(\frac{6.0 \text{ kN/m}^2 + 2 \times 50.0 \text{ kN/m}^2}{6.0 \text{ kN/m}^2 + 50.0 \text{ kN/m}^2} \right) \right.$$

$$\left. \left. \times \frac{5.0 \text{ m}}{3} \right\} + 94.63 \text{ kN/m} \right]$$

$$\fallingdotseq 128.1 \text{ kN/m}$$

3）地盤アンカー解体時

B1 F.L.位置を固定とする片持ち梁として計算する。

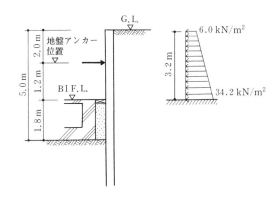

ⅰ) B1 F.L.位置の背面側側圧の計算

$$P_{B1} = \frac{3.2\,\mathrm{m}}{5.0\,\mathrm{m}} \times (50.0\,\mathrm{kN/m^2} - 6.0\,\mathrm{kN/m^2})$$
$$+ 6.0\,\mathrm{kN/m^2} \fallingdotseq 34.2\,\mathrm{kN/m^2}$$

ⅱ) 最大曲げモーメント $M_{\max}$ の計算

$$M_{\max} = \frac{1}{2} \times (6.0\,\mathrm{kN/m^2} + 34.2\,\mathrm{kN/m^2}) \times 3.2\,\mathrm{m}$$
$$\times \left\{ 3.2\,\mathrm{m} - \left(\frac{6.0\,\mathrm{kN/m^2} + 2 \times 34.2\,\mathrm{kN/m^2}}{6.0\,\mathrm{kN/m^2} + 34.2\,\mathrm{kN/m^2}} \right) \right.$$
$$\left. \times \frac{3.2\,\mathrm{m}}{3} \right\}$$
$$\fallingdotseq 78.8\,\mathrm{kN \cdot m/m}$$

4) 鋼矢板の応力計算のまとめ

各施工段階における計算結果を下表に示す。

施工段階	最大曲げモーメント $M_{\max}$(kN·m/m)	地盤アンカー位置の反力 R(kN/m)
1次根切り時	57.7	—
2次根切り時	139.8	128.1
地盤アンカー解体時	78.8	—
最大値	139.8	128.1

C 鋼矢板の断面検討

鋼矢板には,U形鋼矢板Ⅳ型(SY295)を使用する。

断面積	$A = 242.5\,\mathrm{cm^2/m}$
断面係数	$Z_x = 2{,}270\,\mathrm{cm^3/m}$
許容引張応力度	$f_t = 22.5\,\mathrm{kN/cm^2}$
許容圧縮応力度	$f_c = 22.5\,\mathrm{kN/cm^2}$
許容曲げ応力度	$f_b = 22.5\,\mathrm{kN/cm^2}$

1) 曲げと圧縮力に対する検討

ⅰ) 最大曲げモーメント $M_{\max}$

最大曲げモーメント $M_{\max}$ は,最終(2次)根切り時に生じ,

$$M_{\max} = 139.8\,\mathrm{kN \cdot m/m}$$

である。

ⅱ) 最大圧縮力 $N_{\max}$

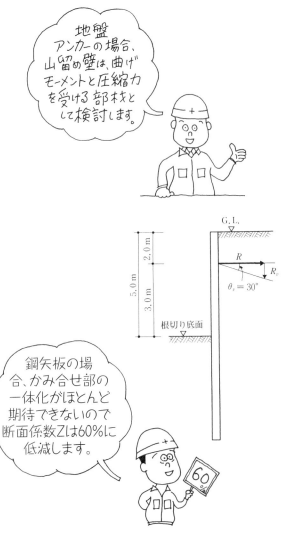

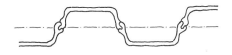

(メモ) 鋼矢板の断面性能の低減

U形鋼矢板の場合、継手部の一体化がほとんど期待できないので、山留め壁の応力・変形の算定、断面算定にあたっては、単位幅(1m)当たりの断面二次モーメントおよび、断面係数の値をカタログ値より低減する。

- 低減値
  - 断面二次モーメント：45〜60%
  - 断面係数：60〜80%

最大圧縮力 N_{max} は、地盤アンカーの鉛直方向分力 R_v と鋼矢板自重 W の和であるから、

$$\begin{aligned}
N_{max} &= R_v + W \\
&= R\tan\theta_v + W \\
&= 128.1\,\text{kN/m} \times \tan 30° + 1.86\,\text{kN/m}^2 \\
&\quad \times 5.0\,\text{m} \\
&\fallingdotseq 83.3\,\text{kN/m}
\end{aligned}$$

↑鋼矢板1m当たり重量

である。

ⅲ）断面検討

曲げと圧縮力を受ける部材は、次式にて検討を行う。

$$\frac{\sigma_b}{f_b} + \frac{\sigma_c}{f_c} \leq 1$$

$$\begin{cases}
\sigma_b = \dfrac{M_{max}}{Z_x} = \dfrac{139.8\times 10^2\,\text{kN·cm/m}}{2{,}270\,\text{cm}^3/\text{m}\times 0.6} \fallingdotseq 10.3\,\text{kN/cm}^2 \\
\sigma_c = \dfrac{N_{max}}{A} = \dfrac{83.3\,\text{kN/m}}{242.5\,\text{cm}^2/\text{m}} \fallingdotseq 0.34\,\text{kN/cm}^2
\end{cases}$$

$$\frac{\sigma_b}{f_b} + \frac{\sigma_c}{f_c} = \frac{10.3\,\text{kN/cm}^2}{22.5\,\text{kN/cm}^2} + \frac{0.34\,\text{kN/cm}^2}{22.5\,\text{kN/cm}^2}$$

$$\fallingdotseq 0.46 + 0.02 = 0.48 \leq 1.0 \quad \textbf{OK!!}$$

3. 腹起しの検討

腹起しは，水平方向および鉛直方向の応力に対して検討を行う。

腹起しには，H-250×250×9×14（SS400材，再使用材）を2本使用する。

せん断用有効断面積	$A_w = 22.5 \text{cm}^2$
フランジ断面積	$A_f = 35 \text{cm}^2$
断面係数	$Z_x = 708 \text{cm}^3$
	$Z_y = 229 \text{cm}^3$
許容曲げ応力度	$f_b = {}^*19.5 \text{kN/cm}^2$
許容せん断応力度	$f_s = {}^*11.25 \text{kN/cm}^2$

[*許容応力度は，長期許容応力度と短期許容応力度との平均値，座屈スパンが短いので，横座屈の影響は考慮しない。]

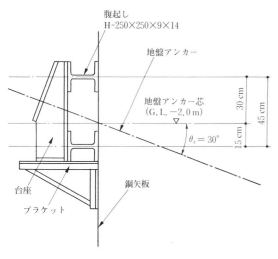

A 荷重

腹起しに作用する最大荷重 R_1 は，最終（2次）根切り時に生じ，

$R_1 = 128.1 \text{kN/m}$

である。

B 水平方向の応力に対する検討

腹起しの強軸方向には，地盤アンカーの水平方向力が等分布荷重として作用するものとし，地盤アンカー位置を支点とする単純梁として検討を行う。スパン ℓ は地盤アンカー間隔で，$\ell_a = 3.2 \text{m}$ である。

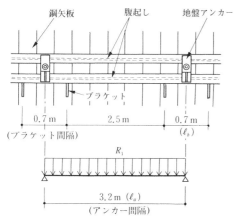

1) 最大曲げモーメントに対する検討

最大曲げモーメント $M_{\max}$ は，

$$M_{\max} = \frac{1}{8} R_1 \ell_a^2$$
$$= \frac{1}{8} \times 128.1 \text{kN/m} \times (3.2\text{m})^2 \fallingdotseq 164.0 \text{kN·m}$$

であるから，曲げ応力度 σ_b を求め，許容曲げ応力度 f_b と比較する。

腹起しは、2本で応力負担するが、それぞれの負担割合は等分であると仮定します。

$$\sigma_b = \frac{M_{\max}}{Z_x} = \frac{164.0 \times 10^2 \text{kN·cm}}{708 \text{cm}^3 \times 2} \fallingdotseq 11.6 \text{kN/cm}^2$$

↑ 腹起し2本使用

$$\frac{\sigma_b}{f_b} = \frac{11.6 \text{kN/cm}^2}{19.5 \text{kN/cm}^2} \fallingdotseq 0.59 \leq 1.0 \quad \textbf{OK!!}$$

2) 最大せん断力に対する検討

最大せん断力 $Q_{\max}$ は,

$$Q_{\max} = \frac{1}{2} R_1 \ell_a$$
$$= \frac{1}{2} \times 128.1 \text{kN/m} \times 3.2 \text{m} \fallingdotseq 205.0 \text{kN}$$

であるから,せん断応力度 τ を求め,許容せん断応力度 f_s と比較する。

$$\tau = \frac{Q_{\max}}{A_w} = \frac{205.0 \text{kN}}{22.5 \text{cm}^2 \times 2} \fallingdotseq 4.6 \text{kN/cm}^2$$

↑ 腹起し2本使用

$$\frac{\tau}{f_s} = \frac{4.6 \text{kN/cm}^2}{11.25 \text{kN/cm}^2} \fallingdotseq 0.41 \leq 1.0 \quad \textbf{OK!!}$$

C 鉛直方向の応力に対する検討

腹起しの弱軸方向には,地盤アンカーの鉛直方向力が集中荷重として作用するものとし,ブラケット位置を支点とする単純梁として検討を行う。スパン ℓ はブラケット間隔で, $\ell_b = 0.7 \text{m}$ である。

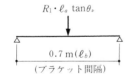

1) 最大曲げモーメントに対する検討

$$M_{\max} = \frac{1}{4} R_1 \ell_a \tan \theta_v \times \ell_b$$
$$= \frac{1}{4} \times 128.1 \text{kN/m} \times 3.2 \text{m} \times \tan 30°$$
$$\times 0.7 \text{m}$$
$$\fallingdotseq 41.4 \text{kN·m}$$

$$\sigma_b = \frac{M_{\max}}{Z_y} = \frac{41.4 \times 10^2 \text{kN·cm}}{229 \text{cm}^3} \fallingdotseq 18.1 \text{kN/cm}^2$$

$$\frac{\sigma_b}{f_b} = \frac{18.1 \text{kN/cm}^2}{19.5 \text{kN/cm}^2} \fallingdotseq 0.93 \leq 1.0 \quad \textbf{OK!!}$$

2) 最大せん断力に対する検討

$$Q_{max} = \frac{1}{2} R_1 \ell_a \tan\theta_v$$

$$= \frac{1}{2} \times 128.1 \text{kN/m} \times 3.2\text{m} \times \tan 30°$$

$$\fallingdotseq 118.3 \text{kN}$$

$$\tau = \frac{Q_{max}}{A_f} = \frac{118.3\text{kN}}{35\text{cm}^2} \fallingdotseq 3.4 \text{kN/cm}^2$$

$$\frac{\tau}{f_s} = \frac{3.4\text{kN/cm}^2}{11.25\text{kN/cm}^2} \fallingdotseq 0.30 \leq 1.0 \qquad \textbf{OK!!}$$

4. 地盤アンカーの検討

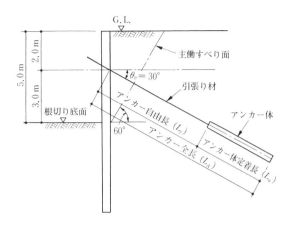

A アンカー体定着長 L_a

1）荷重

地盤アンカーの設計荷重 T は，次式から求める。

$$T = \frac{R_1 \cdot a}{\cos \theta_v}$$

ただし，R_1：腹起しの作用荷重（kN/m）

a：地盤アンカー間隔（m）

θ_v：地盤アンカー傾角（度）

$$T = \frac{128.1 \text{kN/m} \times 3.2 \text{m}}{\cos 30°} ≒ 473.3 \text{kN}$$

2）アンカー体定着長 L_a の計算

アンカー体定着長 L_a は，次式から求める。

$$L_a \geq \frac{5 \cdot T}{3 \cdot \tau_a \cdot \pi \cdot D_a} - 2$$

ただし，D_a：アンカー体径（cm）

τ_a：定着地盤の許容摩擦応力度（kN/m²）

定着地盤は，細砂層 $\overline{N} = 25$ なので，

許容摩擦応力度 $\tau_a = 9N = 225 \text{kN/m}^2$

$D_a = 12 \text{cm}$，$T = 473.3 \text{kN}$

よって，アンカー体定着長 L_a は，

$$L_{a1} \geq \frac{5 \times 473.3 \text{kN}}{3 \times 225 \text{kN/m}^2 \times \pi \times 0.12 \text{m}} - 2 ≒ 7.3 \text{m} \\ \downarrow \\ 8.0 \text{m}$$

となる。

（メモ）　**定着地盤の摩擦力**

定着体周面地盤の許容摩擦応力度は，原則として引抜き試験によって定める。ただし，定着地盤が下表に示す条件を満足する場合には，引抜き試験を省略して許容摩擦応力度を下表の値とすることができる。

引抜き試験を省略する場合の許容摩擦応力度（単位：kN/m²）

定着地盤種類		使用期間2年以上の場合	使用期間2年未満の場合
砂質土 砂礫	$N \geq 20$	$6N$ かつ 300 以下	$9N$ かつ 450 以下
粘性土	$N \geq 7$ または $q_u \geq 200$	$6N$ または $\frac{q_u}{6}$ かつ 300 以下	$9N$ または $\frac{q_u}{4}$ かつ 450 以下

記号：N：定着地盤の標準貫入試験打撃回数（N値）の平均値
q_u：一軸圧縮強さの平均値（kN/m²）

B　アンカー自由長 L_f

アンカーの自由長 L_f は，主働すべり面，かつ G.L.－5.0m 位置までのアンカー軸線の長さとする。

主働すべり面の角度 θ は，砂地盤の内部摩擦角が $\phi = 30°$ であるから，

$$\theta = 45° + \frac{\phi}{2} = 45° + \frac{30°}{2} = 60°$$

となる。よって，アンカー自由長 L_f は，

$$L_f = \frac{3.0\mathrm{m}}{\sin\theta_v} = \frac{3.0\mathrm{m}}{\sin 30°} = 6.0\mathrm{m}$$

とする。

C　アンカー全長 L_A

アンカーの全長 L_A は，アンカー自由長 L_f とアンカー体定着長 L_a の和であるから，

$$L_A = L_f + L_a$$
$$= 6.0\mathrm{m} + 8.0\mathrm{m} = 14.0\mathrm{m}$$

である。

D　アンカー引張材付着長 L_{ba}

アンカー引張材には，PC鋼より線 $\phi 12.7\mathrm{mm}$（7本より線，SWPR7B）を使用する。

標準径	$D = 12.7\mathrm{mm}$
引張荷重	$P_u = 183\mathrm{kN}/$本
降伏荷重	$P_y = 156\mathrm{kN}/$本
許容付着応力度	$\tau_{ba} = 0.125\mathrm{kN/cm^2}$（使用期間2年未満）

1）アンカー引張材の許容引張力 P_a

許容引張力 P_a は次のうち，いずれか小さいほうの値とする。

$$\begin{cases} P_{a1} = 0.70 P_u = 0.70 \times 183\mathrm{kN}/\text{本} ≒ 128\mathrm{kN}/\text{本} \\ P_{a2} = 0.80 P_y = 0.80 \times 156\mathrm{kN}/\text{本} ≒ 125\mathrm{kN}/\text{本} \end{cases}$$

よって
　$P_a = 125\,\text{kN/本}$
とする。

2) アンカー引張材の使用本数 n の計算

アンカー引張材の使用本数 n は、次式から求める。

$$n = \frac{T}{P_a}$$
$$= \frac{473.3\,\text{kN}}{125\,\text{kN/本}} \fallingdotseq 3.8\,\text{本} \rightarrow 5\,\text{本}$$

ただし、T：地盤アンカーの設計荷重（kN）
　　　　P_a：アンカー引張材の許容引張力（kN）

3) アンカー引張材付着長 L_{ba} の計算

注入材には、セメントペーストを使用する。
アンカー引張材付着長 L_{ba} は、次式から求める。

$$L_{ba} \geq \frac{2 \cdot T}{\tau_{ba} \cdot \psi} - 3$$

ただし、ψ：有効付着長（m）

有効付着長 ψ は、PC鋼より線 $\phi 12.7\,\text{mm}$ を5本使用するから、

　$\psi \fallingdotseq 12.0\,\text{cm} \rightarrow 0.12\,\text{m}$

よって、アンカー引張材付着長 L_{ba} は、

$$L_{ba} \geq \frac{2 \times 473.3\,\text{kN}}{1{,}250\,\text{kN/m}^2 \times 0.12\,\text{m}} - 3 \fallingdotseq 3.3\,\text{m}$$

となる。
アンカー体定着長は $La = 8.0\,\text{m}$ なので、アンカー引張材の付着は十分OK!!である。

（メモ） **PC鋼より線の有効付着長**

PC鋼より線 $\phi 12.7\,\text{mm}$、5本使用の有効付着長 ψ は、次のようになります。

$\psi = \pi \times 1.27\,\text{cm} \times 3$
$\fallingdotseq 12\,\text{cm}$

$3.81\,\text{cm}$

（メモ） **引張材と注入材の許容付着応力度 τ_{ba}**

引張材（PC鋼より線、異形PC鋼棒等）付着部分における注入材の許容付着応力度 τ_{ba} は下記の値とする。
○ 使用期間 2年以上の場合
　$\tau_{ba} = 0.10\,\text{kN/cm}^2$
○ 使用期間 2年未満の場合
　$\tau_{ba} = 0.125\,\text{kN/cm}^2$

山留めの計算は、コンピューターにより解析する場合が多いと思いますが、本書では、中小規模の山留めを対象に、手計算で検討できるように、わかり易く解説しています。
大いに活用して下さい!!

5-4 まとめ

項目＼山留めの種類	自立山留め工法	水平切ばり工法	地盤アンカー工法	備　考
検討項目	○山留め壁	○山留め壁 腹起し 切ばり 火打ち 切ばり支柱	○山留め壁 腹起し 地盤アンカー ｛アンカー体 　引張材	地盤の種類に応じて下記の検討を行う。 粘性土—ヒービング 砂質土—ボイリング ○山留め壁の種類 ｛親杭横矢板 　鋼矢板 　場所打ちコンクリート壁 　既製コンクリート矢板 　木製矢板
荷　重	\- colspan \-	設計用側圧は，下記の側圧分布から決定する。 ○ランキン・レザール法の主働側圧算定式 $$p=\{\gamma_t(h-h_w)+\gamma'h_w+q\}\tan^2\left(45°-\frac{\phi}{2}\right)$$ $$-2c\tan\left(45°-\frac{\phi}{2}\right)+\gamma_w \cdot h_w$$ ただし，水圧は，砂質土地盤の場合のみ考慮する。 ○側圧係数法の側圧算定式 $$p=K(\gamma_t h+q)$$ ただし，Kは側圧係数で，下記の値とする。 ｛砂地盤で地下水位の浅い場合………0.3〜0.7 　砂地盤で地下水位の深い場合………0.2〜0.4 　粘土地盤で沖積粘土………………0.5〜0.8 　粘土地盤で洪積粘土………………0.2〜0.5		γ_t，γ'，ϕ，cは各地層ごとの土質定数 γ_t：土の湿潤単位体積重量（kN/m³） γ'：土の水中単位体積重量（kN/m³） ϕ：土の内部摩擦角（度） c：土の粘着力（kN/m²） q：地表面上の上載荷重（kN/m²） γ_w：水の単位体積重量（kN/m³） h：地表面からの任意の点の深さ（m） h_w：地下水位面からの深さ（m）
各検討項目の検討内容	○山留め壁 ｛根入れ長さ 　曲げモーメント 　せん断力 　たわみ	○山留め壁 ｛根入れ長さ 　曲げモーメント 　せん断力 　たわみ ○腹起し ｛曲げモーメント 　せん断力 ○切ばり 　曲げモーメントと軸力の組合せ応力	○山留め壁 ｛根入れ長さ 　曲げモーメントと軸力の組合せ応力 　せん断力 　たわみ 　支持力 ○腹起し ｛曲げモーメント 　せん断力 ○地盤アンカー 　引張力	

項目 \ 山留めの種類	自立山留め工法	水平切ばり工法	地盤アンカー工法	備　考
		○火打ち 　圧縮力 ○切ばり支柱 　$\left\{\begin{array}{l}\text{曲げモーメントと軸}\\\text{力の組合せ応力}\\\text{根入れ長さ}\end{array}\right.$		
応力とたわみ の計算	○山留め壁 　Y.L.Changの方法に 　より算定	○山留め壁 ・第1次根切り時 　Y.L.Changの方法に 　より算定 ・第2次根切り時以降 　単純梁モデルにより 　算定 ○腹起し 　等分布荷重を受ける 　梁として算定 $\left\{\begin{array}{l}M_{\max}=\dfrac{1}{10}w\ell^2\\\qquad\text{または}\dfrac{1}{8}w\ell^2\\Q_{\max}=\dfrac{1}{2}w\ell\\\delta_{\max}=\dfrac{5w\ell^4}{384EI}\end{array}\right.$ ○切ばり，火打ち，切 　ばり支柱 　単純梁・両端支持	○山留め壁 　水平切ばり工法の場 　合と同様 ○腹起し 　単純梁として算定 ・水平方向（強軸方向） $\left\{\begin{array}{l}M_{\max}=\dfrac{1}{8}w\ell^2\\Q_{\max}=\dfrac{1}{2}w\ell^2\end{array}\right.$ ・鉛直方向（弱軸方向） $\left\{\begin{array}{l}M_{\max}=\dfrac{1}{4}w\ell\ell_b\tan\theta_v\\Q_{\max}=\dfrac{1}{2}w\ell\tan\theta_v\end{array}\right.$	w：側圧 ℓ：スパン E：ヤング係数 I：断面二次モーメント ℓ_b：ブラケット間隔 θ_v：アンカー傾角
許　容　応　力　度	○形鋼材 　$\left\{\begin{array}{l}\text{許容引張応力度}\quad f_t=19.5\,\text{kN/cm}^2\\\text{許容せん断応力度}\quad f_s=11.25\,\text{kN/cm}^2\end{array}\right.$ ○鋼矢板 |	SY295	SS400 | |---|---|---| | 許容曲げ引張応力度 許容曲げ圧縮応力度 | 22.5 kN/cm² | 19.5 kN/cm² | ○地盤アンカー ・許容付着応力度 | | 使用期間 | | |---|---|---| | | 2年以上 | 2年未満 | | PC鋼より線 多重PC鋼より線 異形PC鋼棒 | 0.10 kN/cm² | 0.125 kN/cm² | ・引張材の許容引張力 | 緊張力導入時 | $P_{a1}=0.75P_u$ $P_{a1}=0.85P_y$ | 許容引張力 P_a は，いずれか 小さいほうの値とする。| |---|---|---| | 定着完了時 | $P_{a2}=0.70P_u$ $P_{a2}=0.80P_y$ | $\left\{\begin{array}{l}P_u\text{：引張荷重}\\P_y\text{：降伏荷重}\end{array}\right.$ |			
許容たわみ量	○山留め壁 　自立山留めおよび第1次根切り時で，Y.L.Changの方法を適用する場合			許容たわみは，現場の状況に応じ て決定する。

5　山留め　265

項目＼山留めの種類	自立山留め工法	水平切ばり工法	地盤アンカー工法	備　　考
	・根切り底面位置 　　2.0cm ・杭頭部位置 　　3.0cm ○腹起し 　部材角 $\left(\dfrac{\delta_{\max}}{\ell}\right)$ で，$\dfrac{1}{300}$ 以下			
判　定　式	○曲げモーメント 　$\dfrac{\sigma_{\max}}{f_b} \leq 1.0$　　ただし， 　　　$\begin{cases} f_b：許容曲げ応力度（kN/cm^2） \\ \sigma_{\max}：最大曲げ応力度（kN/cm^2） \end{cases}$ 　　　　　$\sigma_{\max} = \dfrac{M_{\max}}{Z}$ $\begin{pmatrix} M_{\max}：最大曲げモーメント（kN \cdot cm） \\ Z：断面係数（cm^3） \end{pmatrix}$ ○せん断力 　$\dfrac{\tau_{\max}}{f_s} \leq 1.0$　　ただし， 　　　$\begin{cases} f_s：許容せん断応力度（kN/cm^2） \\ \tau_{\max}：最大せん断応力度（kN/cm^2） \end{cases}$ 　　　　　$\tau_{\max} = \dfrac{\alpha \cdot Q_{\max}}{A_s}$ $\begin{pmatrix} Q_{\max}：最大せん断力（kN） \\ A_s：せん断用有効断面積（cm^2） \\ \alpha：形状係数 \end{pmatrix}$ ○圧縮力 　$\dfrac{\sigma_c}{f_c} \leq 1.0$　　ただし， 　　　$\begin{cases} f_c：許容圧縮応力度（kN/cm^2） \\ \sigma_c：圧縮応力度（kN/cm^2） \end{cases}$ 　　　　　$\sigma_c = \dfrac{N_{\max}}{A_e}$ $\begin{pmatrix} N_{\max}：最大圧縮力（kN） \\ A_e：有効断面積（cm^2） \end{pmatrix}$ ○曲げモーメントと圧縮力の組合せ応力 　$\dfrac{\sigma_b}{f_b} + \dfrac{\sigma_c}{f_c} \leq 1$　ただし， 　　　$\begin{cases} f_b：許容曲げ応力度（kN/cm^2） \\ f_c：許容圧縮応力度（kN/cm^2） \\ \sigma_b：曲げ応力度（kN/cm^2） \\ \quad (\sigma_b = M/Z) \\ \sigma_c：圧縮応力度（kN/cm^2） \\ \quad (\sigma_c = N/A_e) \end{cases}$			
根入れ長さ	○山留め壁 $L \geq \dfrac{2}{\beta}$ かつ $L \geq 1.2H$ $\beta = \left(\dfrac{k_h \cdot B}{4EI}\right)^{\frac{1}{4}}$ ただし， $\begin{cases} L：根入れ長さ（cm） \\ H：根切り深さ（cm） \\ k_h：水平地盤反力係数 \\ \quad（kN/cm^3） \\ B：杭幅（cm） \\ I：杭の断面二次モー \\ \quad メント（cm^4） \\ E：杭のヤング係数 \\ \quad（kN/cm^2） \end{cases}$	○山留め壁 $F_s = \dfrac{M_P}{M_a} \geq 1.2$ ただし， $\begin{cases} F_s：安全率 \\ M_a：最下段の切ばり位 \\ \quad 置を支点とする背 \\ \quad 面側側圧によるモ \\ \quad ーメント \\ M_P：最下段の切ばり位 \\ \quad 置を支点とする掘 \\ \quad 削側側圧によるモ \\ \quad ーメント \end{cases}$	○山留め壁 $F_s = \dfrac{M_P}{M_a} \geq 1.2$ ただし， $\begin{cases} F_s：安全率 \\ M_a：最下段の地盤アン \\ \quad カー位置を支点と \\ \quad する背面側側圧に \\ \quad よるモーメント \\ M_P：最下段の地盤アン \\ \quad カー位置を支点と \\ \quad する掘削側側圧に \\ \quad よるモーメント \end{cases}$	

266

項目 \ 山留めの種類	自立山留め工法	水平切ばり工法	地盤アンカー工法	備　　考
		○切ばり支柱 ・押込み力P_1に対する検討 $\dfrac{P_1}{R_a} \leqq 1.0$ $R_a = \dfrac{2}{3}(R_P + R_F)$ ・引抜き力P_2に対する検討 $\dfrac{P_2}{R_F} \leqq 1.0$ ただし， P_1：押込み力（kN） P_2：引抜き力（kN） R_a：許容支持力（kN） R_P：支柱の先端支持力（kN） R_F：支柱周面の摩擦抵抗力（kN）		
根切り底面の安定	○ヒービングに対する検討（検討式の一部） $F_s = \dfrac{M_r}{M_d} \geqq 1.2$（切ばりの場合） 　　　　　$\geqq 1.5$（自立山留めの場合） ただし， M_r：すべり面に沿う地盤のせん断抵抗モーメント（kN·m/m） M_d：背面土塊などによる滑動モーメント（kN·m/m） ○ボイリングに対する検討 $F = \dfrac{2\gamma' \cdot H'}{\gamma_w \cdot h_w} \geqq 1.2$ ただし， γ'：土の水中単位体積重量（kN/m³） H'：根入れ長さ（m） γ_w：水の単位体積重量（kN/m³） h_w：水位差（m）			

[付] 計算用基本データ

型枠・支保工

コンクリート，鉄筋コンクリートの重量

コンクリートの種類		コンクリートの単位体積重量 (kN/m³)	鉄筋コンクリートの単位体積重量 (kN/m³)
普通コンクリート		23	24
軽量コンクリート	軽量1種	19	20
	軽量2種	17	18

コンクリートポンプ工法によるコンクリートの吐出量（参考）

機種	メーカー 最大吐出量 Q_{max} （m³/h）	1時間当たりの 平均吐出量 Q_m （m³/h）	1日（9時間作業で昼休み1時間含む） の実際の吐出量 （m³）
車載型ピストン式	70	28～49	224～392
	90	36～63	288～504
	110	44～77	352～616
	135	54～95	432～760
定置型ピストン式	45	12～30	96～240
	55	18～35	144～280
スクイーズ式	30	12～21	96～168
	65	26～46	208～368
	80	32～56	256～448

＊吐出量は，コンクリート配合，配管の径，長さ，高低差によってかわってくる。事前の施工計画，ポンプ車の検討が必要である。

型枠重量と積載荷重

荷重の種類	荷重（kN/m²）	備考
型枠重量	0.4	型枠の材料，形状に即した自重とすること
通常のポンプ工法	1.5	作業荷重＋衝撃荷重
特殊な打込み工法	1.5以上	実情による

水平荷重

照査水平荷重＝α×（基本鉛直荷重＋作業荷重）		α（水平荷重係数）	例
型枠が水平な場合	工場製作精度で支保工を組み立てる場合	0.025	枠組支柱
	現場合わせで支保工を組み立てる場合	0.05	パイプサポート 単管支柱，組立て支柱 支保梁
型枠が傾斜している場合	$\alpha = \sin\theta \cdot \cos\theta\,(1 - \mu/\tan\theta)$ ただし，上記の値より小さい場合は，上記の値とする。 θ：水平に対する型枠の傾斜角 μ：型枠と型枠支保工上端の接触状態による係数。 　　通常の場合0.2とし，状況に応じて低減する。		

柱・壁型枠設計用コンクリートの側圧

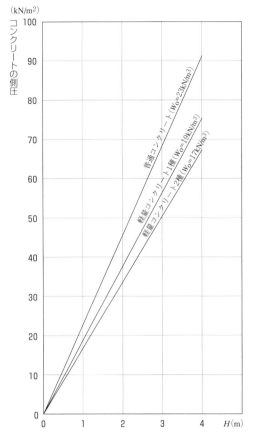

フレッシュコンクリートのヘッド H からコンクリートの側圧を求めるグラフ

端太材，支保工の性能

種　　　　　　　　類			ヤング係数 E (kN/cm²)	許容曲げ応力度 f_b (kN/cm²)	断面二次モーメント I (cm⁴)	断面係数 Z (cm³)
型枠用合板[注1]	12mm（5）（積層数）	∥	550	1.37	0.144	0.24
		⊥	200	0.78		
	15mm（5以上）	∥	510	1.37	0.281	0.375
		⊥	200	0.78		
	18mm（7以上）	∥	470	1.37	0.486	0.54
		⊥	200	0.78		
桟　木[注1]	48×24 （アカマツ）	∥	900	1.32	22.12	9.22
		⊥	250			
	60×27 （アカマツ）	∥	900	1.32	48.6	16.2
		⊥	250			
端太角[注1]	100×100 （スギ）	∥	700	1.03	833.3	166.7
		⊥	250			
	90×90 （スギ）	∥	700	1.03	546.8	121.5
		⊥	250			
単　　管	○φ48.6 ⑦2.3　STK400		$2.05×10^4$	15.7	8.99	3.70
	○φ48.6 ⑦2.4　STK500		〃	23.7	9.32	3.83
角形鋼管	□−50×50×2.3　STKR400		$2.05×10^4$	16.3	15.9	6.34
	□−60×60×2.3				28.3	9.44
アルミバタ角	⊞−50×50×2.7[注2]　A6005CS-T5		$6.86×10^3$	11.7	16.39	6.556
	⊞−60×60×2.4[注2]				26.02	8.67
	⊞−60×60×2.6[注3]　A6N01-T5		$6.86×10^3$	11.5	24.7	8.3
軽量形鋼	□−60×30×10×2.3　SSC400		$2.05×10^4$	16.3	$Ix=15.6$	$Zx=5.20$
	□−60×30×2.3				$Ix=14.2$	$Zx=4.72$
枠　　組						

Pはジャッキベースの繰出し長さや枠組の種類により異なる。

注1） ∥：繊維方向　⊥：繊維方向に直角
2） コンドーテック㈱製　□50×50×2.7は受注生産。
3） ㈱ホーシン製。

パイプサポートの許容支持力（kN）

材端条件	連けいあり	連けいなし			
		使用高さ（m）			
		2以下	2～2.5	2.5～3	3～3.4
上下端　木材	19.6	19.6	17.6	13.7	9.8
上　端　木材 下　端　仕上げ 　　　　コンクリート	19.6	19.6	18.6	16.6	14.7

注）上表中，「連けいあり」とは，パイプサポートについて，高さ2m以内ごとに水平つなぎを二方向ごとに設け，かつ水平つなぎの変位を防止することをいう。

補助サポートの許容支持力

19.6（kN）（ただし，水平つなぎを2方向に設け，かつ，水平つなぎの変位を防止するものとする。）

セパレータの機械的性質

丸セパ種類	呼　　称	有効断面積 （mm²）	引張破断強度 （kN/本）	引張許容強度 （kN/本）	破断箇所
$W5/16$	2分5厘	34.0	19.6	13.7	丸セパネジ部
$W3/8$	3分	50.3	29.4	20.6	▲
$W1/2$	4分	89.4	39.2	27.4	▲
ストロングセパ （$W3/8$）	ストロング セパ	50.3	44.1	34.3	ストロング セパネジ部

▲印は，本体頭部，コン軸，セパネジ部他
＊有効断面積は，有効径とオネジの谷の径との平均の直径で計算される。
　オネジの面積（JIS参照）

鉄，アルミニウム合金材料の定数

材　　料	ヤング係数 （kN/cm²）	せん断弾性係数 （kN/cm²）	ポアソン比	線膨張係数 （I/℃）	比　重
鉄	2.05×10^4	7.9×10^3	0.3	0.000012	7.85
アルミニウム合金	6.86×10^3	2.64×10^3	0.3	0.000024	2.7

最小かぶり厚さ

(mm)

部位・部材の種類		一般劣化環境[3] （非腐食環境）	一般劣化環境[3]（腐食環境） 計画供用期間の級		
			短　期	標準・長期[2]	超長期[2]
構造部材	柱・梁・耐力壁	30	30	40	40
	床スラブ・屋根スラブ	20	20	30	40
非構造部材	構造部材と同等の耐久性を要求する部材	20	20	30	40
	計画供用期間中に保全を行う部材[1]	20	20	30	30
直接土に接する柱・梁・壁・床および布基礎の立上り部		40			
基　　礎		60			

＊1　計画供用期間の級が超長期で，供用期間中に保全を行う部材では，保全の周期に応じて定める。
　2　計画供用期間の級が標準，長期および超長期で，耐久性上有効な仕上げが施されている場合は，一般劣化環境（腐食環境）では，最小かぶり厚さを10mm減じた値とすることができる（ただし，基礎，直接土に接する柱・梁・壁・床および布基礎の立上り部を除く）。
　3　一般的な劣化環境とは，構造体コンクリートの温度および含水状態に影響を及ぼす環境ならびに空気中の二酸化炭素が作用する環境で，非腐食環境（屋内など）と腐食環境（屋外など）のことをいう。

付 計算用基本データ　273

コンクリート仕上がりの平たんさ

コンクリートの仕上がりの平たんさは，特記による。特記のない場合は，下表を標準として所要の平たんさを定めて工事監理者の承認を受ける。

コンクリートの内外装仕上げ	平たんさ（凹凸の差）（mm）	参 考	
		柱・壁の場合	床の場合
仕上げ厚さが7mm以上の場合，または下地の影響をあまり受けない場合	1mにつき10以下	塗　壁 胴縁下地	塗　床 二重床
仕上げ厚さが7mm未満の場合，その他かなり良好な平たんさが必要な場合	3mにつき10以下	直吹付け タイル圧着	タイル直張り じゅうたん張り 直防水
コンクリートが見えがかりとなる場合，または仕上げ厚さがきわめて薄い場合，その他良好な表面状態が必要な場合	3mにつき7以下	打放しコンクリート 直塗装 布直張り	樹脂塗床 耐摩耗床 金ごて仕上げ床

フラットデッキのスラブ厚さ別許容スパン早見表

フラットデッキスラブ厚さ別許容スパン早見表／公共建築協会仕様（施工時作業荷重1,470N/m²，施工割増係数考慮）

(mm)

建物の構造 施工状況の種類		S造，RC造，SRC造 Ⅰ類（施工割増係数：a = 1.0）					RC造，SRC造 Ⅱ類（a = 1.25）		RC造，SRC造 Ⅲ類（a = 1.5）
スラブ厚 s(mm)	板厚 t	0.8 mm	1.0 mm	1.2 mm	1.4 mm	1.6 mm	1.0 mm	1.2 mm	0.8 mm
普通コンクリート $\rho = 24\,kN/m^3$	120	2,610	2,870	3,040	3,160	3,270	2,660	2,910	2,130
	125	2,580	2,850	3,010	3,130	3,250	2,630	2,870	2,100
	130	2,540	2,830	2,990	3,110	3,220	2,590	2,840	2,080
	135	2,510	2,810	2,960	3,090	3,200	2,560	2,800	2,050
	140	2,480	2,790	2,940	3,060	3,170	2,530	2,770	2,030
	145	2,450	2,770	2,920	3,040	3,150	2,500	2,740	2,000
	150	2,420	2,750	2,900	3,020	3,130	2,470	2,700	1,980
	155	2,400	2,730	2,880	3,000	3,110	2,440	2,670	1,960
	160	2,370	2,700	2,860	2,980	3,080	2,410	2,640	1,930
	165	2,340	2,670	2,840	2,960	3,060	2,390	2,620	1,910
	170	2,320	2,640	2,820	2,940	3,040	2,360	2,590	1,890
	175	2,300	2,620	2,800	2,920	3,020	2,340	2,560	1,870
	180	2,270	2,590	2,790	2,900	3,010	2,320	2,540	1,850
	185	2,250	2,560	2,770	2,880	2,990	2,290	2,510	1,840
	190	2,230	2,540	2,750	2,870	2,970	2,270	2,490	1,800
	195	2,210	2,510	2,740	2,850	2,950	2,250	2,460	1,800
	200	2,180	2,490	2,720	2,830	2,940	2,230	2,440	1,780
	250	2,000	2,290	2,500	2,690	2,790	2,040	2,240	1,640
	300	1,860	2,120	2,330	2,510	2,660	1,900	2,080	1,520
軽量コンクリート $\rho = 20\,kN/m^3$	120	2,760	2,980	3,140	3,270	3,390	2,810	3,080	2,260
	125	2,730	2,950	3,120	3,250	3,360	2,780	3,040	2,230
	130	2,700	2,930	3,100	3,220	3,340	2,750	3,010	2,200
	135	2,670	2,910	3,070	3,200	3,310	2,710	2,970	2,180
	140	2,640	2,890	3,050	3,180	3,290	2,680	2,940	2,150
	145	2,610	2,870	3,030	3,150	3,270	2,650	2,900	2,130
	150	2,580	2,850	3,010	3,130	3,250	2,620	2,870	2,100
	155	2,550	2,830	2,990	3,110	3,220	2,600	2,840	2,080
	160	2,520	2,810	2,970	3,090	3,200	2,570	2,810	2,060
	165	2,500	2,800	2,950	3,070	3,180	2,540	2,780	2,040
	170	2,470	2,780	2,940	3,060	3,160	2,520	2,760	2,020
	175	2,450	2,760	2,920	3,040	3,150	2,490	2,730	2,000
	180	2,420	2,750	2,900	3,020	3,130	2,470	2,700	1,980
	185	2,400	2,730	2,880	3,000	3,110	2,450	2,680	1,960
	190	2,380	2,710	2,870	2,980	3,090	2,420	2,650	1,940
	195	2,360	2,690	2,850	2,970	3,070	2,400	2,630	1,920
	200	2,340	2,660	2,840	2,950	3,060	2,380	2,610	1,910
	250	2,150	2,450	2,690	2,810	2,910	2,190	2,400	1,760
	300	2,000	2,290	2,500	2,690	2,790	2,040	2,240	1,640

1) 許容応力度：$f_b = 20.5\,kN/cm^2$
2) 許容たわみ：$\delta_a = \ell/180 + 0.5\,cm$（$\ell$：スパン長さ（cm））
3) 許容スパンの選択は，たわみ・曲げの値のうち，小さいほうの値を採用する。なお　部はたわみで決定する範囲を示す。

●中間支保工を設ける場合の許容スパン表

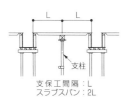

支保工間隔：L
スラブスパン：2L

中間支保工を設ける場合の許容スパン表（施工時作業荷重 1,470 N/m²）
(mm)

施工状況の種類		I類			II類		III類
施工割増係数 a		1.0			1.25		1.5
種類	スラブ厚 s (mm)	板厚 t (mm)					
		0.8	1.0	1.2	1.0	1.2	0.8
普通コンクリート $\rho = 24 \text{kN/m}^3$	120	4,370	4,900	4,900	4,900	4,900	4,270
	130	4,150	4,900	4,900	4,900	4,900	4,150
	140	3,950	4,900	4,900	4,900	4,900	3,950
	150	3,770	4,900	4,900	4,900	4,900	3,770
	160	3,600	4,900	4,900	4,830	4,900	3,600
	170	3,450	4,900	4,900	4,730	4,900	3,450
	180	3,310	4,900	4,900	4,640	4,900	3,310
	190	3,180	4,750	4,900	4,540	4,900	3,180
	200	3,060	4,570	4,900	4,460	4,880	3,060
	250	2,570	3,850	4,900	3,850	4,480	2,570
	300	2,220	3,330	4,420	3,330	4,170	2,220
軽量コンクリート $\rho = 20 \text{kN/m}^3$	120	4,900	4,900	4,900	4,900	4,900	4,520
	130	4,670	4,900	4,900	4,900	4,900	4,410
	140	4,450	4,900	4,900	4,900	4,900	4,310
	150	4,260	4,900	4,900	4,900	4,900	4,210
	160	4,080	4,900	4,900	4,900	4,900	4,080
	170	3,920	4,900	4,900	4,900	4,900	3,920
	180	3,770	4,900	4,900	4,900	4,900	3,770
	190	3,630	4,900	4,900	4,850	4,900	3,630
	200	3,500	4,900	4,900	4,770	4,900	3,500
	250	2,970	4,430	4,900	4,390	4,810	2,970
	300	2,570	3,850	4,900	3,850	4,480	2,570

1) 表中の数値は，中間支保工を設ける場合およびデッキプレートリブの許容支圧荷重によって決まる許容スラブスパン 2L を示す。
2) ▓ 部はデッキプレート型枠の使用スパン長さの規定（1.0m 〜 4.9m）により決まる。
3) RC 造または SRC 造において梁側板型枠にデッキプレートをのせかけて使用する場合，スラブスパンが 3.0m を超えるときには中間支保工を設けることを原則とする。

フラットデッキの施工割増係数

施工状況の種類	施工割増係数(a)	施工条件など
I類	1.0	荷重条件，施工条件等の適切な設定管理により，施工上の安全性が確保される場合（デッキの板厚 0.7mm 〜 1.6mm）
II類	1.25	I類以外の RC 造または SRC 造の場合で，板厚 1.0mm または 1.2mm のフラットデッキを使用する場合
III類	1.5	I類以外の RC 造または SRC 造の場合で，板厚 0.8mm のフラットデッキを使用する場合

注）II類，III類を採用する場合の施工条件としては，
・勾配スラブ等，現場での施工精度の確保が困難な場合
・コンクリート打込み時の作業荷重にばらつきがある場合
・下階の状況により，支保工の設置位置にばらつきがある場合
など，現場の状況に応じて判断すること。

フラットデッキの短期許容応力度，断面性能，許容支圧荷重

板厚 (mm)	質量[*1] (kg/m)	質量[*1] (kg/m²)	短期許容応力度 f_b (kN/cm²)	断面二次モーメント I (cm⁴/m)	断面係数 Z (cm³/m)	許容支圧荷重[*2] P_a (kN/m)
0.8	7.9	12.5		120	18.7	9.8
1.0	9.8	15.6		150	24.4	14.7
1.2	11.7	18.6	20.5	180	29.4	19.6
1.4	13.6	21.6		206	34.4	19.6
1.6	15.4	24.4		232	39.3	19.6

*1 質量は Z12 の場合。
*2 スラブスパン中間に支保工を設ける場合には，デッキプレートリブに作用する荷重が許容支圧荷重以下となるように支保工の間隔を決める。

せき板の許容スパン
（縦端太間隔）
●許容たわみ 0.3 cm

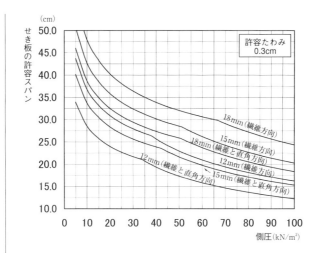

●許容たわみ 0.1 cm

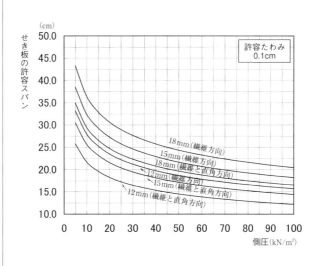

●許容たわみ 0.6 cm

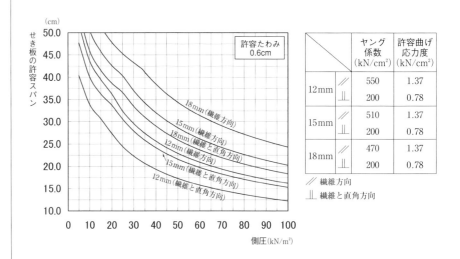

コンクリート側圧からせき板の許容スパン（縦端太間隔）を求めるグラフ

縦端太の許容スパン
（横端太間隔）
●許容たわみ 0.3cm

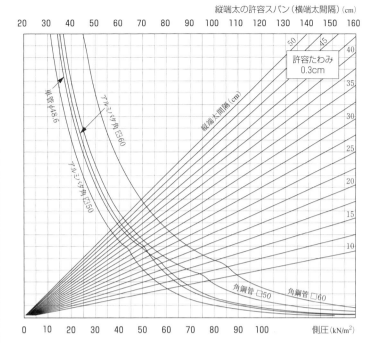

●許容たわみ 0.1cm

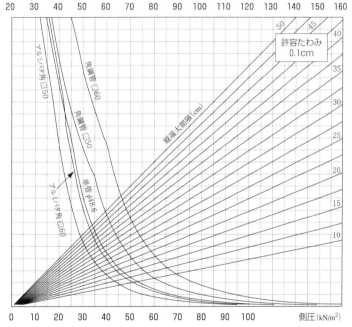

	単管φ48.6	角鋼管□50	角鋼管□60	アルミバタ角□50	アルミバタ角□60
	φ48.6⑦2.4 STK500	□−50×50×2.3 STKR400	□−60×60×2.3 STKR400	□−50×50×2.7 A6005CS-T5	□−60×60×2.6 A6N01-T5
ヤ ン グ 係 数（kN/cm²）	$2.05×10^4$	$2.05×10^4$	$2.05×10^4$	$6.86×10^3$	$6.86×10^3$
許容曲げ応力度（kN/cm²）	23.7	16.3	16.3	11.7	11.5
断 面 係 数（cm³）	3.83	6.34	9.44	6.556	8.3
断面二次モーメント（cm⁴）	9.32	15.9	28.3	16.39	24.7

注）グラフ中のアルミバタ角の諸元は，□50はコンドーテック㈱，□60は㈱ホーシンを採用（以下同じ）。

コンクリートの側圧から縦端太材の許容スパン（横端太間隔）を求めるグラフ

横端太の許容スパン
（セパレータの間隔）
● 許容たわみ 0.3cm

● 許容たわみ 0.1cm

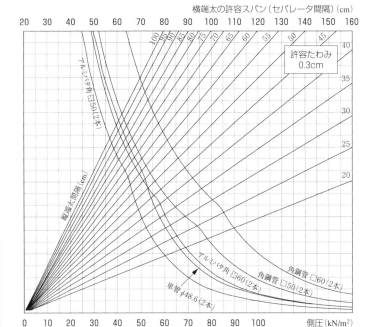

	単管φ48.6×2	角鋼管□50×2	角鋼管□60×2	アルミバタ角□50×2	アルミバタ角□60×2
	φ48.6⑦2.4 STK500	□−50×50×2.3 STKR400	□−60×60×2.3 STKR400	□−50×50×2.7 A6005CS-T5	□−60×60×2.6 A6N01-T5
ヤング係数 (kN/cm²)	$2.05×10^4$	$2.05×10^4$	$2.05×10^4$	$6.86×10^3$	$6.86×10^3$
許容曲げ応力度 (kN/cm²)	23.7	16.3	16.3	11.7	11.5
断 面 係 数 (cm³)	7.66	12.68	18.88	13.112	16.6
断面二次モーメント (cm⁴)	18.6	31.8	56.6	32.78	49.4

注）グラフ中のアルミバタ角の諸元は，□50はコンドーテック㈱，□60は㈱ホーシンを採用（以下同じ）。

コンクリートの側圧から横端太材の許容スパン（セパレータ間隔）を求めるグラフ

セパレータの許容間隔

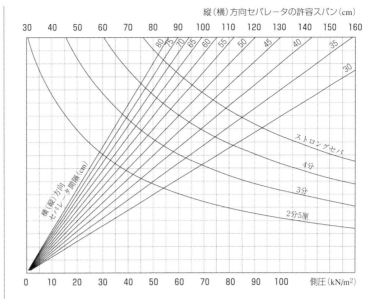

丸セパ種類	呼　　称	引張許容強度（kN/本）
W 5/16	2分5厘	13.7
W 3/8	3分	20.6
W 1/2	4分	27.4
ストロングセパ（W 3/8）	ストロングセパ	34.3

コンクリート側圧からセパレータの許容間隔を求めるグラフ

床板設計用荷重

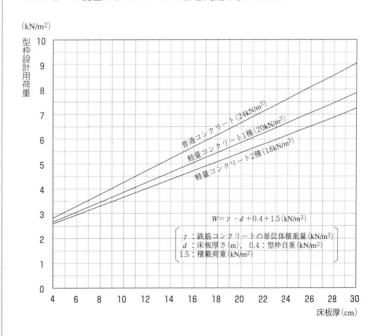

床板厚さから型枠設計用荷重を求めるグラフ

付 計算用基本データ　279

床板せき板の許容スパン
（根太間隔）
●許容たわみ 0.3cm

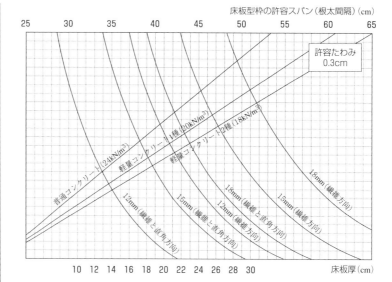

●許容たわみ 0.1cm

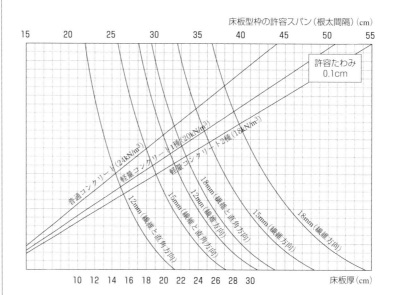

		ヤング係数 (kN/cm²)	許容曲げ応力度 (kN/cm²)	断面係数 (cm³)	断面二次モーメント (cm⁴)
12mm	//	550	1.37	0.24	0.144
	⊥	200	0.78		
15mm	//	510	1.37	0.375	0.281
	⊥	200	0.78		
18mm	//	470	1.37	0.54	0.486
	⊥	200	0.78		

// 繊維方向
⊥ 繊維と直角方向

床板厚さからせき板の許容スパン（根太間隔）を求めるグラフ

根太(床板)の許容スパン
●許容たわみ 0.3 cm

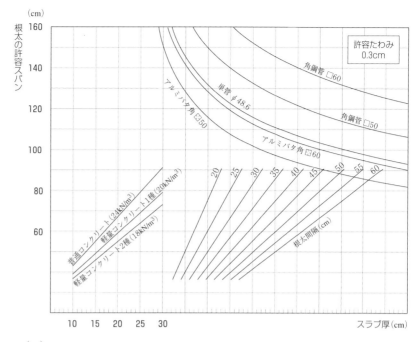

●許容たわみ 0.1 cm

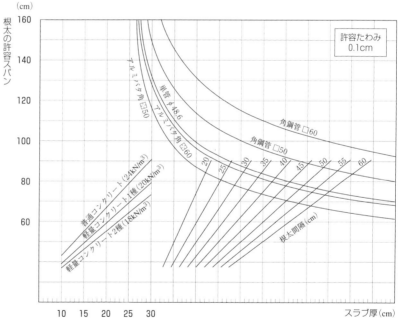

注) グラフ中のアルミバタ角の諸元は、□50はコンドーテック㈱、□60は㈱ホーシンを採用(以下同じ)。

	単管 φ48.6 φ48.6⑦2.4 STK500	角鋼管 □50 □-50×50×2.3 STKR400	角鋼管 □60 □-60×60×2.3 STKR400	アルミバタ角 □50 □-50×50×2.7 A6005CS-T5	アルミバタ角 □60 □-60×60×2.6 A6N01-T5
ヤング係数 (kN/cm^2)	$2.05×10^4$	$2.05×10^4$	$2.05×10^4$	$6.86×10^3$	$6.86×10^3$
許容曲げ応力度 (kN/cm^2)	23.7	16.3	16.3	11.7	11.5
断面係数 (cm^3)	3.83	6.34	9.44	6.556	8.3
断面二次モーメント (cm^4)	9.32	15.9	28.3	16.39	24.7

床板厚さから根太の許容スパン(大引き間隔)を求めるグラフ

大引き(床板)の許容スパン

●許容たわみ 0.3cm

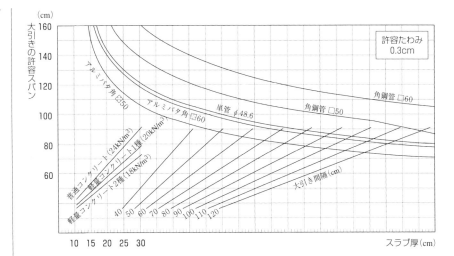

●許容たわみ 0.1cm

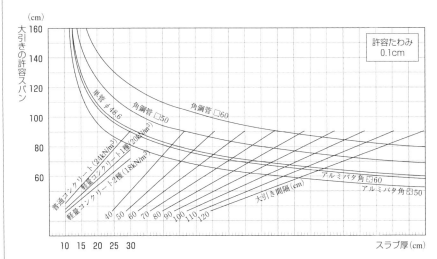

	単管φ48.6	角鋼管□50	角鋼管□60	アルミバタ角□50	アルミバタ角□60
	φ48.6⑦2.4 STK500	□-50×50×2.3 STKR400	□-60×60×2.3 STKR400	□-50×50×2.7 A6005CS-T5	□-60×60×2.6 A6N01-T5
ヤング係数(kN/cm²)	2.05×10⁴	2.05×10⁴	2.05×10⁴	6.86×10³	6.86×10³
許容曲げ応力度(kN/cm²)	23.7	16.3	16.3	11.7	11.5
断面係数(cm³)	3.83	6.34	9.44	6.556	8.3
断面二次モーメント(cm⁴)	9.32	15.9	28.3	16.39	24.7

注) グラフ中のアルミバタ角の諸元は、□50はコンドーテック㈱、□60は㈱ホーシンを採用(以下同じ)。

床板厚さから大引きの許容スパン(パイプサポート間隔)を求めるグラフ (1)

●許容たわみ 0.3cm

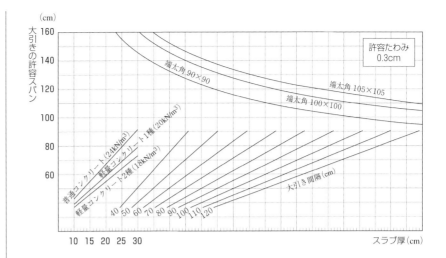

●許容たわみ 0.1cm

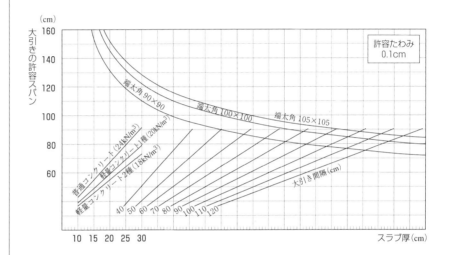

	端太角90×90 スギ	端太角100×100 スギ	端太角105×105 スギ
ヤング係数 (kN/cm²)	700	700	700
許容曲げ応力度 (kN/cm²)	1.03	1.03	1.03
断面係数 (cm³)	121.5	166.7	192.9
断面二次モーメント (cm⁴)	546.8	833.3	1,012.9

床板厚さから大引きの許容スパン(パイプサポート間隔)を求めるグラフ (2)

| 根太(梁)の許容スパン | 根太の許容スパンは，桟木を根太として使う形式（タイプⅠ）と桟木を使わない形式（タイプⅡ）で分けられる。 |

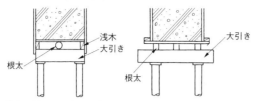

桟木を使う形式（タイプⅠ）　　桟木を使わない形式（タイプⅡ）

（注意）グラフ中の記号説明
（例）単管φ48.6-2
　　　　　　根太の種類　根太の数(n)
左図の例では，タイプⅠで $n=1$，タイプⅡで $n=3$

桟木の断面　48×24（単管，角鋼管□50）
　　　　　　60×27（角鋼管□60，アルバタ□60）

● タイプⅠ／許容たわみ
　0.3cm
　（単管，角鋼管□50）

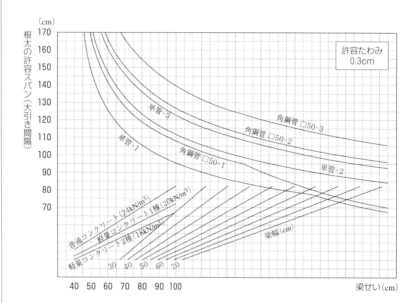

● タイプⅠ／許容たわみ
　0.1cm
　（単管，角鋼管□50）

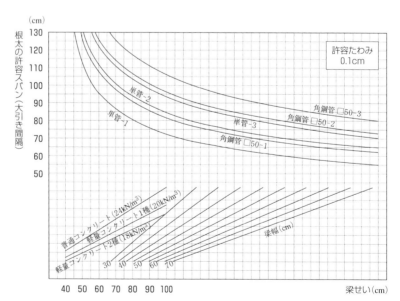

梁幅―梁せいから根太の許容スパンを求めるグラフ（1）

● タイプⅠ／許容たわみ
　0.3 cm
　（角鋼管□60，アルミバタ角⊞60）

● タイプⅠ／許容たわみ
　0.1 cm
　（角鋼管□60，アルミバタ角⊞60）

注）グラフ中のアルミバタ角の諸元は，⊞50はコンドーテック㈱，⊞60は㈱ホーシンを採用（以下同じ）。

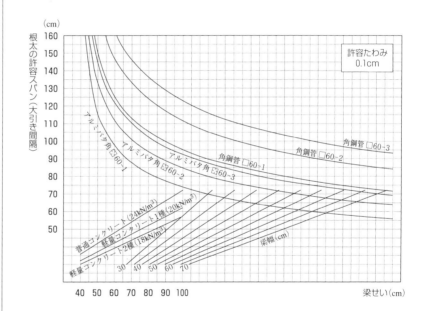

梁幅―梁せいから根太の許容スパンを求めるグラフ（2）

付 計算用基本データ　285

●タイプⅡ／許容たわみ 0.3cm
（単管，角鋼管□50）

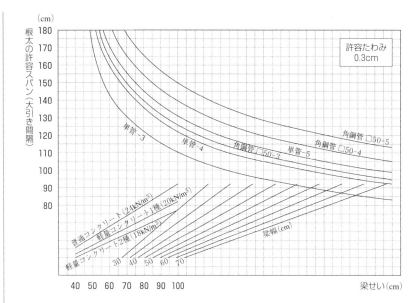

●タイプⅡ／許容たわみ 0.1cm
（単管，角鋼管□50）

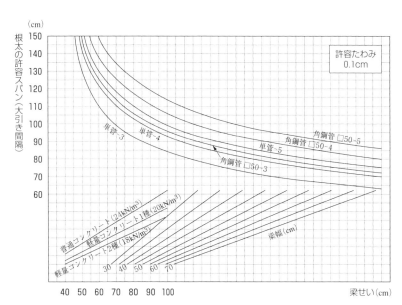

梁幅─梁せいから根太の許容スパンを求めるグラフ（3）
注）　2本使用の場合は，3本使用の場合と同じ。

●タイプⅡ／許容たわみ
　0.3 cm
　（角鋼管□60，アルミバタ角□60）

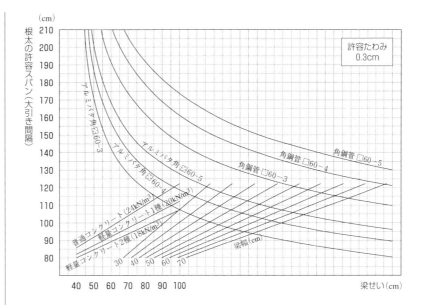

●タイプⅡ／許容たわみ
　0.1 cm
　（角鋼管□60，アルミバタ角□60）

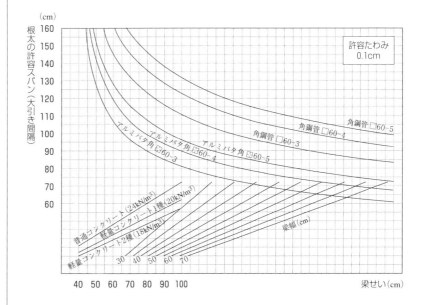

注）グラフ中のアルミバタ角の諸元は，□50はコンドーテック㈱，□60は㈱ホーシンを採用（以下同じ）。

梁幅―梁せいから根太の許容スパンを求めるグラフ（4）
注）2本使用の場合は，3本使用の場合と同じ。

足場

主要な重量を示す。変更されている場合もあるので，カタログで確認すること。また，下表以外の部材を使用する場合も，各メーカーのカタログ等で調べること。

材料の標準重量

品　　　　名	単　　　位	質量(kg)	品　　　　名	単　　　位	質量(kg)
作　業　員	1人	80	パイプサポート	長尺　1本	17
タ　イ　ル	108×60mm 140枚入り 1個	18		定尺　1本	14
				短尺　1本	10
水入り石油かん	1かん	20	合板ベニヤ	厚さ12mm 900×1,800　1枚	10.5
モルタル舟	モルタル入り　1個	200	合板足場板 (単位mm)	28×240×2,000	10.0
セ　メ　ン　ト	1袋	25		28×240×4,000	20.0
重量コンクリートブロック	厚さ19cm　1個	20	鋼製軽量足場板 (単位mm)	40×240×2,000　1枚	7.5
単　　管 〔外径48.6mm 肉厚 2.4mm〕 2.73kg/m	2.0m　1本	5.5		〃 ×3,000　1枚	11.3
	3.0m　1本	8.2		〃 ×4,000　1枚	15.5
	4.0m　1本	10.9			

枠組足場主要部材の重量

品　　名		品　　番	寸法　(mm)	単位質量 (kg)
鳥居型建枠		A-4055B	1,219×1,700	15.6
		A-3055A	914×1,700	13.7
簡易枠		A-2655A	762×1,700	12.7
		A-6117S	610×1,700	11.3
鋼製布板		SKN-6	500×1,829	15.6
		BKN-624	240×1,829	9.0
交差筋かい		A-14	1,219×1,829	4.2
連結ピン		A-20	36.4φ×225	0.6
アームロック		A-127A	507.5	0.4
		A-126	739	0.6
ジャッキベース		A-752	35φ×406	3.9
手すり柱		A-25	36.4φ×1,219	2.2
手すり		A-31	27.2φ×1,829	2.2
下さん（インチ， メーターサイズ 兼用）		SS18	1,800〜1,829	2.2
		SS12	1,200〜1,219	1.5
		SS06	600〜610	0.8
先付け先行手すりユニット	先付け手すり支柱	AS03N	900	3.6
		AS03NE（端部用）	900	5.4
	先付け手すり	FH18N	1,829	4.5
		FH12N	1,219	2.9
		FH06N	610	1.5
	アルミ合金製 つま先板	FBA18	1,829	2.9
		FBA12	1,219	2.0
		FBA06	610	1.0
	アルミ合金製 つま先板 行き止り用	FBA12E	1,219	2.0
		FBA09E	914	1.4
	つま先板固定金具	FF15、FHF01（兼用）	－	0.7
幅木		SBH18	1,829	5.4
		SBH12	1,219	3.8
		SBH06	610	2.1
		SBH09E（妻側用）	900〜914	2.2
据置型先行手すり枠		BRA18SG	1,829	13.1
		BRA12SG	1,219	11.3
		BRA06SG	610	9.6
		BRA09TG（妻側用）	914	6.6
		BRA06TG（ 〃 ）	610	5.4

ペコビームの重量

2本つなぎ

外ビーム	内ビーム	ℓ調節長(mm)	質量(kg)
L-5	P-5	1,870〜2,830	31.1
L-5	P-9	2,885〜4,260	44.7
L-7	P-5	2,360〜3,245	34.8
L-7	P-9	2,885〜4,675	48.4
L-9	P-5	3,005〜3,865	40.0
L-9	P-9	3,005〜5,315	53.6

3本つなぎ

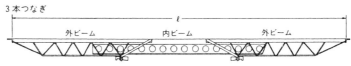

内ビーム	外ビーム		ℓ調節長(mm)	質量(kg)
P-5	L-5	L-5	3,720〜4,160	47.8
P-5	L-5	L-7	4,210〜4,575	51.5
P-5	L-5	L-9	4,850〜5,215	56.7
P-5	L-7	P-7	4,705〜4,985	55.2
P-5	L-7	P-9	5,345〜5,625	60.4
P-5	L-9	P-9	5,985〜6,270	65.6
P-9	L-5	L-5	3,720〜5,585	61.4
P-9	L-5	L-7	4,210〜6,005	65.1
P-9	L-5	L-9	4,850〜6,645	70.3
P-9	L-7	P-7	4,705〜6,415	68.8
P-9	L-7	P-9	5,345〜7,055	74.4
P-9	L-9	P-9	5,985〜7,700	79.2

付 計算用基本データ

特殊部材の重量

名　　称	製　品　名	寸　法（mm）	質　量（kg）
朝　　顔	TN式アサガオ一式	（幅）　　（張出し長さ） 1,829×2,350	120/スパン
伸縮ブラケット	NKB750N　（ℓ＝500〜750）	583〜833×414	5.7
階　段　枠	鋼製階段　K-3055S	2,514×450	28.3
妻側用手すり	CG800	800〜1,100	2.4
	AT-3	850〜1,250	2.5
階段開口部手すり	SG918	950×1,800〜1,829	14.8
階段用手すり	AT-2	1,775〜2,550	5.7
梁枠	A-148　（2スパン用）	4,877×406	28.3
	A-147　（3スパン用）	6,707×406	38.8
隅梁受け	A-1453	梁枠専用部材	2.8
梁渡し	A-153	枠幅610用	4.7
	A-150	枠幅1,219用	8.8
方杖	A-1471	2,134	6.2
壁つなぎ	KS400	250〜410	1.3
	KS700	380〜760	1.6

くさび緊結式足場材料の標準重量

（参考：セブン足場）

品　　名	製　品　名	寸　法（mm）	質　量（kg）
ジャッキベース類	固定ジャッキ	φ40×600	3.2
支柱	支柱3,600	φ48.6×3,600	13.1
	支柱2,700	φ48.6×2,700	10.0
	支柱1,800	φ48.6×1,800	7.0
	支柱900	φ48.6×900	3.8
	根がらみ支柱	φ48.6×627	3.0
	根がらみジョイント	φ48.6×295	1.4
手すり、腕木	手すり1800	φ42.7×1,800	4.6
	手すり1200	φ42.7×1,200	3.1
	手すり900	φ42.7×900	2.5
	手すり600	φ42.7×600	1.8
手すり類	上部手すり	φ42.7×3,600	9.0
	中さん手すり（軽量タイプ）	φ27.2×1,800	2.8
先行手すり	新型クロスロック1,800	φ27.2×1,800	6.1
	新型クロスロック900	φ27.2×900	4.2
ブラケット （　）はピン付	ブラケット400	φ42.7×600	2.5（3.2）
	ブラケット250	φ42.7×400	1.8（2.6）
ブレース	ステップブレース1,800	φ42.7×2,550	3.9
	ステップブレース1,200	φ42.7×1,810	3.0
踏板	4018-01型	400×1,800	12.9
	4012-01型	400×1,200	9.0
	2518-01型	250×1,800	9.5
	2512-01型	250×1,200	7.2
階段	鋼製階段	350×2,550	20.6
	アルミ階段	390×2,550	11.5
	階段手すり	φ27.2×2,550	6.5
梁枠	3スパン梁枠	5,400	30.9
	2スパン梁枠	3,600	18.5

建枠の許容荷重（1枠当たり）

ジャッキ型ベース金具の繰上長による建枠の許容支持力（kN）

建枠の種類 ジャッキベースの繰上長（mm）	標準枠		簡易枠	拡幅枠	狭幅枠
	高さ 1,800mm未満	高さ 1,800mm以上 2,000mm以下			
200未満	42.6	39.2	34.3	29.4	29.4
200以上〜250未満	40.6	37.2	32.8		
250以上〜300未満	38.7	35.7	31.3		
300以上〜350未満	37.2	34.3	29.8		

単管の許容応力度

管の種類	引張 f_t (kN/cm²)	曲げ f_b (kN/cm²)	せん断 f_s (kN/cm²)
3種（STK500）	23.7	23.7	13.5

注）許容圧縮応力度は，座屈長さにより算定する。

単管の断面諸性能

管の種類	平均半径 r (cm)	肉厚 t (cm)	断面積 A (cm²)	断面二次モーメント I (cm⁴)	断面係数 Z (cm³)	回転半径 i (cm)	単位重量 W (kg/m)
3種（STK500）	2.31	0.24	3.483	9.32	3.83	1.64	2.73

ペコビームの許容応力度

名 称	許容曲げモーメント（kN·m）	許容せん断力（kN）
ペコビーム	13.7	24.5

注）荷重は等分布荷重とする。集中荷重の場合は，30%以上低減する。

枠組および単管足場の構成部材の許容支持力

部 材 名	型 式	許容支持力（kN）
クランプ	直交型	4.9
	自在型	3.43
壁つなぎ	引張・圧縮	4.41
脚柱ジョイント	ピンロック式	4.9
	アームロック式	2.94
単管ジョイント	引張	7.35
	圧縮＊	18.6
	曲げモーメント＊	59.6kN·cm
吊りチェーン	1本吊りの場合	2.35
	ループ吊りの場合	4.21

＊ジョイントが中央に位置する場合の値

布枠・金属製足場板の許容積載荷重

部 材 名	枠幅（mm）	許容積載荷重（kg）
床付き布枠 金属製足場板	240	120
	300	150
	500	250

付 計算用基本データ 291

合板足場板1スパン当たりの許容荷重（kg）

断　面		スパン　（cm）			
板厚（cm）	板幅（cm）	90	120	150	180
2.5	30	226	169	133	110
	40	302	225	178	146
2.8	24	228	169	134	110
	30	285	212	168	138
	40	380	282	224	184
3.0	24	264	198	158	131
	30	329	247	198	164
	40	440	330	264	220

注）荷重はスパン中央に載せることができる集中荷重(kg)であり，板の自重($750kg/m^3$)を考慮している。材質・製造メーカーによって許容荷重が異なるので注意すること。

単管の許容圧縮耐力

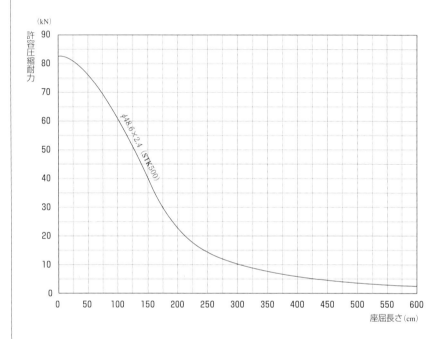

292

風荷重の算定

仮設工業会発行『風荷重に対する鋼管足場等の安全技術指針と解説』より

適用範囲は，地表面から高さ100m以下の鋼管足場等に適用する。

足場に作用する風圧力

$$P = q_z \cdot C \cdot A$$

P：足場に作用する風圧力(N)

C：足場の風力係数

q_z：地上高さZ(m)における設計用速度圧(N/m²)

A：作用面積 (m²)

$$q_z = \frac{5}{8} V_z{}^2$$

V_z：地上高さZでの設計用風速(m/s)

$$V_z = V_0 \cdot K_e \cdot S \cdot E_B$$

V_0：基準風速 (m/s)。ただし，表に示す地域を除き14m/sとする。

K_e：台風時割増係数

S：地上Zにおける瞬間風速分布係数

E_B：近接高層建築物による割増係数

基準風速 V_0

基準風速は，下表に示される地域を除き14m/sとする。

地　方	基準風速 （m/s）	地　　　　　域
北海道	16	宗谷支庁(18m/s地域を除く全域)，上川支庁(中川郡)，十勝支庁全域，空知支庁全域，石狩支庁全域，後志支庁(20m/s並びに18m/s地域を除く全域)，網走支庁(20m/s並びに18m/s地域を除く全域)
	18	宗谷支庁(稚内市，天塩郡，礼文郡，利尻郡)，留萌支庁全域，網走支庁(斜里郡)，根室支庁(20m/s地域を除く全域)，釧路支庁全域，日高支庁(20m/s地域を除く全域)，後志支庁(島牧郡)，胆振支庁全域，渡島支庁全域，桧山支庁(20m/s地域を除く全域)
	20	網走支庁(紋別郡，雄武町，興部町)，根室支庁(根室市)，日高支庁(三石郡，浦河郡，様似郡，幌泉郡)，後志支庁(寿都郡)，桧山支庁(桧山郡)
東北	16	福島県(白河市，須賀川市，岩瀬郡，西白河郡)
	18	青森県全域，岩手県全域，宮城県全域，秋田県(20m/s地域を除く全域)，山形県(酒田市，鶴岡市，飽海郡，東田川郡，西田川郡)
	20	秋田県(秋田市，本庄市，由利郡)
関東	16	茨城県(鹿島郡，行方郡，稲敷郡，竜ヶ崎市，北相馬郡，東茨城郡，新治郡，石岡市，土浦市，取手市)，栃木県(那須郡，黒磯市)，群馬県(利根郡，勢多郡，山田郡，桐生市，前橋市，高崎市，伊勢崎市，佐波郡，新田郡，太田市，邑楽郡，館林市，沼田市)，埼玉県(秩父市，飯能市，秩父郡，入間郡，児玉郡を除く全域)，千葉県(安房郡，館山市，鴨川市)，東京都(20m/s並びに18m/s地域を除く全域)，神奈川県(18m/s地域を除く全域)
	18	千葉県(銚子市，安房郡，館山市，鴨川市を除く全域)，東京都(23区内)，神奈川県(川崎市，横浜市，横須賀市，逗子市，鎌倉市，三浦市，三浦郡)
	20	千葉県(銚子市)，東京都(大島支庁，三宅支庁，八丈支庁，小笠原支庁)
北陸・中部	16	新潟県(18m/s地域を除く全域)，富山県全域，山梨県全域，岐阜県(不破郡，養老郡)，静岡県(18m/s地域を除く全域)，愛知県(18m/s地域を除く全域)，三重県(18m/s地域を除く全域)
	18	新潟県(岩船郡，村上市，北蒲原郡，新発田市，豊栄市，新潟市，新津市，五泉市，白根市，燕市，西蒲原郡，三島郡，両津市，佐渡郡)，石川県(輪島市，珠洲市，珠洲郡，鳳至郡，鹿島郡，七尾市，羽咋市，羽咋郡)，静岡県(小笠郡，榛原郡の内，御前崎町，相良町，吉田町，榛原町)，愛知県(渥美郡)，三重県(津市，久居市，松坂市，伊勢市，鳥羽市，志摩郡，一志郡，多気郡，度会郡)
近畿	16	滋賀県全域，大阪府全域，兵庫県(伊丹市，宝塚市，川西市，川辺郡，三田市，美嚢郡，加東郡，西脇市，三木市，小野市，加西市，多可郡，神崎郡，飾磨郡，揖保郡，竜野市，相生市，赤穂市，赤穂郡，津名郡，洲本市，三原郡)，和歌山県(18m/s地域を除く全域)

付 計算用基本データ　293

	18	兵庫県(尼崎市, 西宮市, 芦屋市, 神戸市, 明石市, 加古郡, 加古川市, 高砂市, 印南郡, 姫路市), 和歌山県(和歌山市, 海草郡, 有田市, 海南市)
中国	16	鳥取県全域, 山口県(阿武郡, 萩市, 大津郡, 長門市, 豊浦郡, 下関市, 厚狭郡, 小野田市, 宇部市)
	18	島根県全域
四国	16	徳島県(鳴門市, 板野郡), 香川県全域, 愛媛県(南宇和郡, 北宇和郡, 宇和島市, 東宇和郡, 西宇和郡, 八幡浜市, 喜多郡長浜町, 大洲市)
	18	徳島県(徳島市, 小松島市, 那賀郡, 阿南市, 海部郡), 高知(安芸市, 安芸郡, 播多郡, 中村市, 土佐清水市, 宿毛市)
	20	高知県(室戸市)
九州	16	福岡県(北九州市, 中間市, 京都郡苅田町, 行橋市, 遠賀郡), 長崎県(平戸市, 松浦市, 北松浦郡, 壱岐郡, 上県郡, 下県郡), 宮崎県(宮崎市, 宮崎郡, 南那珂郡, 日南市, 串間市), 鹿児島県(肝属郡, 鹿屋市, 曽於郡, 揖宿市, 指宿郡, 川辺郡, 枕崎市, 加世田市, 大島郡, 名瀬市)
	18	長崎県(南松浦郡, 福江市), 鹿児島県(薩南諸島の大島郡, 名瀬市以外)
沖縄	18	沖縄県全域

台風時割増係数 K_e

台風時においても強風時対策を行わない場合, 右表に示す地域では, 割増係数 K_eは表の値とする。その他の地域では, $K_e=$ 1.0とする。

地方名	県　　　名	割増係数
中　国	山口県	1.1
九　州	福岡県, 佐賀県, 長崎県, 熊本県, 宮崎県, 大分県	1.1
	鹿児島県	1.2
沖　縄	沖縄県	1.2

地上 Zにおける瞬間風速分布係数 S

地上からの高さ Z(m)	地 域 区 分				
	Ⅰ	Ⅱ	Ⅲ	Ⅳ	Ⅴ
	海岸・海上	草原・田園	郊外・森	一般市街地	大都市市街地
0－5	1.65	1.50	1.35	1.19	1.07
5－10	1.65	1.50	1.35	1.19	1.07
10－15	1.74	1.62	1.47	1.25	1.07
15－20	1.74	1.62	1.47	1.25	1.07
20－25	1.84	1.74	1.59	1.36	1.13
25－30	1.84	1.74	1.59	1.36	1.13
30－35	1.84	1.74	1.59	1.36	1.13
35－40	1.84	1.74	1.68	1.46	1.22
40－45	1.92	1.85	1.68	1.46	1.22
45－50	1.92	1.85	1.68	1.46	1.22
50－55	1.92	1.85	1.68	1.55	1.31
55－60	1.92	1.85	1.77	1.55	1.31
60－65	1.92	1.85	1.77	1.55	1.31
65－70	1.92	1.85	1.77	1.55	1.31
70－100	1.99	1.94	1.84	1.64	1.41

注) 地上からの高さ Z:0－5 の表示は, 0m以上－5m未満と読む。

近接高層建築物による影響

近接する高さ50m以上の高層建築物による風速の割増係数E_Bは，高層建築物からの至近距離Lに対して以下の値とする。

1) 近接して高層建築物がない場合，もしくは高層建築物から至近距離Lが，図(a)のL_1を超える場合には，$E_B = 1.0$とする。
2) 高層建築物から至近距離Lが，図(a)のL_1以下となる場合には，地上からの高さ$Z \leqq H/2$の範囲において以下の値とする。

    $E_B = 1.1$とする範囲：$L_2 < L \leqq L_1$
    $E_B = 1.2$とする範囲：$L_3 < L \leqq L_2$
    $E_B = 1.3$とする範囲：$L_4 < L \leqq L_3$

ここに，H：近接する高層建築物の高さ(m)
　　　　L_1, L_2, L_3, L_4：図(a)(b)(c)(d)により求める高層建築物からの距離(m)

(a) L_1

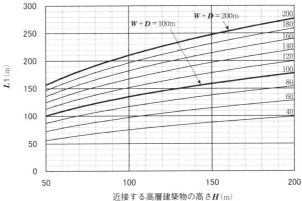

(b) L_2

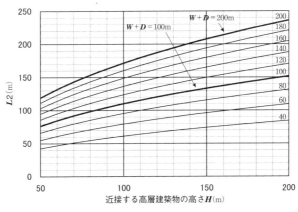

(c) L_3

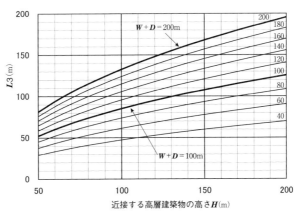

付 計算用基本データ　295

(d) L_4

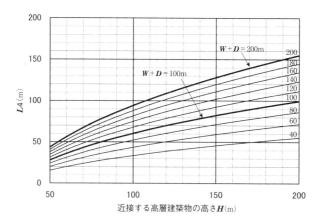

注) 図中の $W+D$ は，それぞれ近接高層建築物の幅 W と奥行 D（単位 m）の合計とする。また，図示した線上の $W+D$ 以外の値については，直線補間により距離 $L_1 \sim L_4$ を求めるものとする。

足場の風力係数 C

$$C = (0.11 + 0.09\gamma + 0.945 C_0 \cdot R) \cdot F$$

ここに，C：足場の風力係数
　　　　γ：第2構面風力低減係数で，$\gamma = 1 - \phi$ とする。なお，第1構面のみで構成される足場については，$\gamma = 0$ とする。
　　　　ϕ：シートおよびネットの充実率
　　　　C_0：シート，ネットおよび防音パネル等の基本風力係数
　　　　R：シート，ネットおよび防音パネルの縦横比（L/B，$2H/B$）による形状補正係数
　　　　F：建築物に併設された足場の設置位置による補正係数

シート，ネットおよび防音パネルの基本風力係数 C_0

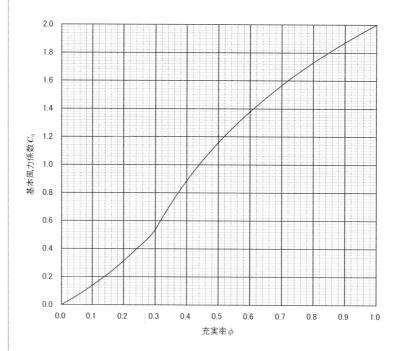

シート，ネットおよび防音パネルの縦横比による形状補正係数 R

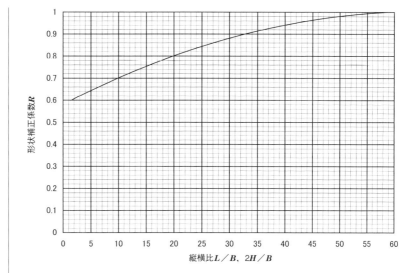

建築物に併設された足場の設置位置による補正係数 F

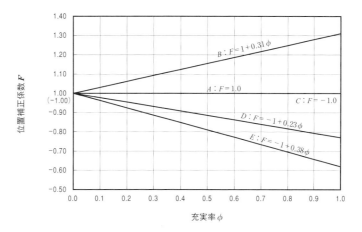

併設足場の設置位置による補正係数 F の適用

足場の種類	風力の方向[1]	シート・ネットの取付け位置	F
独立して設置された足場	正・負	全部分	A
建物外壁面に沿って設置された足場	正	上層2層部分 その他の部分	A $B(A^{[3]})$
	負	開口部付近および突出部[2] 隅角部から2スパンの部分 その他の部分	C D E

注1） 正の風力とは，シート等が建物に向かって押される場合をいう。
 2） 開口部付近とは，シート等の開口部から2スパンの距離間とする。また，突出部とは建物頂部より突出した部分をいう。
 3） 足場の一部分にシート等を取り付けた場合は，F の値として上図に示す A を適用することができる。

ネット等の充実率と基本風力係数

(仮設工業会調べ)

ネット等の種類	形式（例）	充実率 ϕ	基本風力係数 C_0
防護材なし		0	0
垂直養生ネット	網目 25 mm × 25 mm の場合の一例	0.11	0.16
	網目 15 mm × 15 mm の場合の一例	0.24	0.39
メッシュシート	ボウエンメッシュ UK-333（キョーワ），ライトネス KM500P（キョーワ），ハローネ DSK-BTM-1（大嘉産業），ターポスクリーン #1034（平岡織染），MS-3000（明治商工）等	0.90	1.87
	ボンガード BGM103（イノベックス）	0.89	1.86
	ターポスクリーン #1023（平岡織染）	0.82	1.76
	ボンガード BGM101（イノベックス）	0.78	1.70
	飛散防止メッシュシート #10000（キョーワ）	0.73	1.62
	ターポスクリーン #1003，#1004（平岡織染）等	0.70	1.56
	ボウエンメッシュ UK-777（キョーワ），ボンガード BGM102（イノベックス）	0.67	1.51
	飛散防止メッシュシート #20000U（キョーワ）	0.60	1.38
	飛散防止メッシュシート #53000（キョーワ）	0.33	0.65
防音シート		1.00	2.00
防音パネル		1.00	2.00

鋼材の許容応力度

仮設工業会発行『足場・型枠支保工設計指針』による許容応力度を示す。

1) 許容引張応力度，許容圧縮応力度および許容曲げ応力度は，当該鋼材の降伏強さの値または引張強さの値の $3/4$ の値のうち，いずれか小さい値の $2/3$ の値以下とする。

2) 許容せん断応力度は，当該鋼材の降伏強さの値または引張強さの値の $3/4$ の値のうち，いずれか小さい値の $38/100$ の値以下とする。

3) 許容支圧応力度は，許容引張応力度の $2/3$ の値以下とする。

4) 許容座屈応力度は，次の式により計算を行って得た値以下とする。

日本建築学会では

$$f_k = \frac{0.277F}{\left(\frac{\lambda}{\Lambda}\right)^2}$$

$$\lambda = \frac{\ell}{i}$$

$$\frac{\ell}{i} \leqq \Lambda \text{ の場合} \quad f_k = \frac{1 - 0.4\left(\frac{\ell}{i}/\Lambda\right)^2}{\nu}F$$

$$\frac{\ell}{i} > \Lambda \text{ の場合} \quad f_k = \frac{0.29}{\left(\frac{\ell}{i}/\Lambda\right)^2}F$$

これらの式において，ℓ，i，Λ，f_K，ν および F は，それぞれ次の値を表すものとする。

ℓ：支柱の長さ（支柱が水平方向の変位を拘束されているときは，拘束点間の長さのうち最大の長さ）（cm）

i：支柱の最小断面二次半径（cm）

Λ：限界細長比 $= \sqrt{\pi^2 E / 0.6F}$
　　ただし，π：円周率，E：当該鋼材のヤング係数（kN/cm²）

日本建築学会では

$$\nu = \frac{3}{2} + \frac{2}{3}\left(\frac{\lambda}{\Lambda}\right)^2$$

f_k：許容座屈応力度（kN/cm²）

ν：安全率 $= 1.5 + 0.57\left(\frac{\ell}{i}/\Lambda\right)^2$

F：当該鋼材の降伏強さの値または引張強さの値の $3/4$ の値のうち，いずれか小さい値（kN/cm²）

鋼材の F 値および許容応力度（kN/cm²）

種　類		F 値	引張・圧縮・曲げ	せん断	支圧
SS330	鋼材の厚さが16mm以下	20.5	13.7	7.8	20.5
	鋼材の厚さが16mmを超え40mm以下	19.5	13.0	7.4	19.5
	鋼材の厚さが40mmを超えるもの	17.5	11.7	6.7	17.5
SS400	鋼材の厚さが16mm以下	24.5	16.3	9.3	24.5
	鋼材の厚さが16mmを超え40mm以下	23.5	15.7	8.9	23.5
	鋼材の厚さが40mmを超える	21.5	14.3	8.2	21.5
STK400		23.5	15.7	8.9	23.5
STKR400		24.5	16.3	9.3	24.5
SSC400		24.5	16.3	9.3	24.5
STK490		31.5	21.0	12.0	31.5
STKR490		32.5	21.7	12.4	32.5
STK500		35.5	23.7	13.5	35.5
STK540		39.0	26.0	14.8	39.0

付 計算用基本データ　299

ボルト等の許容応力度
(kN/cm²)

ボルトの種類	許容応力度の種類			
	せん断	引張	曲げ	支圧
高力ボルト[注1]	0.2F	0.42F		
普通ボルト	0.38F	0.5F		F
ピン	0.48F		0.9F	F[注2]
アンカーボルト	0.28F			

注1) 高力ボルトを摩擦接合しないで支圧接合する場合は，普通ボルトの欄の式による。
　2) ピンが回転可能な場合は，支圧を0.5Fとする。
　3) F値は材料の降伏強さの値または，引張強さの値の3/4のうちいずれか小さいほうの値とする（kN/cm²）。
　4) 許容応力度は，ボルトの軸（外径）断面で算出するものとする。

高力ボルトのF値
(kN/cm²)

等　級	F　値
F8T	58.8
F10T	73.5
F11T	80.9

鉄筋コンクリート用棒鋼の降伏点・引張強さ

種類の記号	降伏点または0.2%耐力（N/mm²）	引張強さ（N/mm²）
SR　235	235以上	380〜520
SR　295	295以上	440〜600
SD　295　A	295以上	440〜600
SD　295　B	295〜390	440以上
SD　345	345〜440	490以上
SD　390	390〜510	560以上
SD　490	490〜625	620以上

溶接部の許容応力度
(kN/cm²)

溶接の種類	許容応力度の種類	
	せん断・隅肉溶接	引張・圧縮
工場溶接	0.38F	0.66F
現場溶接	0.35F	0.6F

注) F値は母材の降伏強さの値または，引張強さの値の3/4のうちいずれか小さいほうの値とする（kN/cm²）。ただし，強度の異なる鋼材を溶接する場合は，強度の低い材料の値をとるものとする。

木材および合板の許容応力度（kN/cm²）

種　類	引張	圧縮	曲げ	せん断	
				繊維方向	繊維と直角方向
アカマツ，クロマツ，カラマツヒバ，ヒノキ，ツガ，ベイマツまたはベイヒ	1.32	1.18	1.32	0.103	0.21
スギ，モミ，エゾマツ，トドマツ，ベイスギまたはベイツガ	1.03	0.88	1.03	0.074	0.15
カシ	1.91	1.32	1.91	0.21	0.29
クリ，ナラ，ブナまたはケヤキ	1.47	1.03	1.47	0.15	0.24
合板足場板			1.62		
ラワン合板 表面の繊維に平行方向			1.37		
ラワン合板 表面の繊維に直角方向			0.78		
丸太	使用する材料の種類により上記の4/3倍				

注) 許容応力度の値は，木材の繊維方向の値である。

木材および合板のヤング係数

材　料			ヤング係数（kN/cm²）
木材	針葉樹	アカマツ，クロマツ，ヒノキ，ツガ，ベイマツまたはベイヒ	9×10^2
		スギ，モミ，エゾマツ，ベイスギ，またはベイツガ	7×10^2
	広葉樹	カシ	9.8×10^2
		クリ，ナラ，ブナまたはケヤキ	8×10^2
	ラワン合板	表面の繊維に平行方向	5.5×10^2
		表面の繊維に直角方向	2.0×10^2

注) ラワン合板は，厚さ12mmのものである。

木材の許容座屈応力度

木材の繊維方向の許容座屈応力度の値は，次の式により計算を行って得た値以下とする。

$$\frac{\ell_k}{i} \leqq 100 の場合 \quad f_k = f_C\left(1 - 0.007\frac{\ell_k}{i}\right)$$

$$\frac{\ell_k}{i} > 100 の場合 \quad f_k = \frac{0.3f_C}{\left(\frac{\ell_k}{100\,i}\right)^2}$$

これらの式において，ℓ_k，i，f_C および f_k は，それぞれ次の値を表すものとする。

ℓ_k：支柱の長さ（支柱が水平方向の変位を拘束されているときは，拘束点間の長さのうち最大の長さ）（cm）

i：支柱の最小断面二次半径（cm）

f_C：許容圧縮応力度（kN/cm²）

f_k：許容座屈応力度（kN/cm²）

アンカーボルトの設計

日本建築学会『各種合成構造設計指針・同解説』より

※本書では，計算式および式番などを統合・整理している。

頭付きアンカーボルト，鉄筋アンカーボルト*，接着系アンカーボルト，金属系拡張アンカーボルトの設計は，以下による。詳細は『各種合成構造設計指針・同解説』参照のこと（＊180°折り曲げ定着による標準フック付きとする）。

1．引張力を受ける場合

1) コンクリート中に定着されたアンカーボルト1本当たりの許容引張力P_aは，接着系アンカーボルト以外は(1)式および(2)式で算定される値のうち，小なる値とする。接着系アンカーボルトの場合は(1)式および(3)式で算定される値のうち，小なる値とする。

ただし，短期許容引張力において，アンカーボルトの降伏を保証する設計が要求される場合には，(2)式または(3)式による短期許容引張力が，アンカーボルトの上限強度により算出した(1)式による値を上回るようにする。なお，その場合においても，短期許容引張力は規格降伏点強度により算出した(1)式による値とする。

$$P_{a1} = \phi_1 \cdot {}_s\sigma_{pa} \cdot {}_{sc}a \quad \cdots \cdots \cdots \cdots \cdots \cdots (1)$$
$$P_{a2} = \phi_2 \cdot \alpha_c \cdot {}_c\sigma_t \cdot A_c \quad \cdots \cdots \cdots \cdots \cdots (2)$$
$$P_{a3} = \phi_3 \cdot \tau_a \cdot \pi \cdot d_a \cdot \ell_{ce} \quad \cdots \cdots \cdots \cdots (3)$$

2) 頭付きアンカーボルトの許容引張力時の頭部支圧応力度は，コンクリートの支圧強度f_n以下となるようにする。

$$\frac{P_a}{A_0} \leq f_n \quad \cdots \cdots \cdots \cdots \cdots \cdots \cdots \cdots \cdots (4)$$

2．せん断力を受ける場合

1) コンクリート中に定着されたアンカーボルト1本当たりの許容せん断力q_aは，(5)式，(6)式および(7)式で算定される値のうち，いずれか小なる値とする。

$$q_{a1} = \phi_1 \cdot {}_s\sigma_{qa} \cdot {}_{sc}a \quad \cdots \cdots \cdots \cdots \cdots (5)$$
$$q_{a2} = \phi_2 \cdot \alpha_c \cdot {}_c\sigma_{qa} \cdot {}_{sc}a \quad \cdots \cdots \cdots \cdots (6)$$
$$q_{a3} = \phi_2 \cdot \alpha_c \cdot {}_c\sigma_t \cdot A_{qc} \quad \cdots \cdots \cdots \cdots (7)$$

2) 短期許容せん断力を確保するためのアンカーボルトの有効埋込み長さℓ_eは，(8)式を満たすように算定するものとする。

・頭付きアンカーボルトおよび鉄筋アンカーボルトの場合

$${}_s\sigma_{pa} \cdot {}_{sc}a \leq {}_c\sigma_t \cdot A_c \quad \cdots \cdots \cdots \cdots \cdots (8)\text{-}1$$

・接着系アンカーボルトの場合

$$\ell_e \geq \frac{{}_s\sigma_{pa} \cdot d_a}{4 \cdot \tau_a} \quad \cdots \cdots \cdots \cdots \cdots \cdots (8)\text{-}2$$

3) せん断力を受ける方向により，へりあき寸法cの影響を考慮する必要がある。

記号　p_a　：アンカーボルト1本当たりの許容引張力

p_{a1}　：アンカーボルトの降伏により決まる場合のアンカーボルト1本当たりの許容引張力

p_{a2}　：定着したコンクリート躯体のコーン状破壊により決まる場合のアンカーボルト1本当たりの許容引張力

p_{a3}　：接着系アンカーボルトの付着力により決まる場合のアンカーボルト1本当たりの許容引張力

q_a　：アンカーボルト1本当たりの許容せん断力

q_{a1}　：アンカーボルトのせん断強度により決まる場合のアンカーボルト1本当たりの許容せん断力

q_{a2}　：定着したコンクリート躯体の支圧強度により決まる場合のアンカーボルト1本当たりの許容せん断力

q_{a3}　：定着したコンクリート躯体のコーン状破壊により決まる場合の

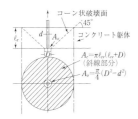

図1-1
頭付きアンカーボルトの有効水平投影面積 A_c

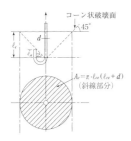

図1-2
標準フック付き鉄筋アンカーボルトの有効水平投影面積 A_c

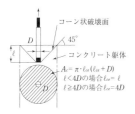

図1-3
金属系拡張アンカーボルトの有効水平投影面積 A_c

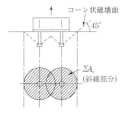

図2
アンカーボルトが複数の場合の有効水平投影面積 ΣA_c

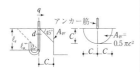

図3
側面の有効水平投影面積

アンカーボルト1本当たりの許容せん断力

α_c : 施工のばらつきを考慮した低減係数で金属系拡張アンカーボルトの場合のみ考慮し，$\alpha_c = 0.75$ とする。
（他のアンカーボルトの場合は，$\alpha_c = 1.0$）。

ϕ_n : 低減係数であり，表1の値（$n = 1, 2, 3$）を用いる。

表1 低減係数

	ϕ_1	ϕ_2	ϕ_3
長期荷重用	2/3	1/3	1/3
短期荷重用	1.0	2/3	2/3

${}_s\sigma_{pa}$: アンカーボルトの引張強度で，${}_s\sigma_{pa} = {}_s\sigma_y$ とする。ただし，アンカーボルトの降伏を保証する設計が要求される場合の上限引張力を算定するときは，${}_s\sigma_{pa} = \alpha_{yu} \cdot {}_s\sigma_y$ とする。

${}_s\sigma_y$: アンカーボルトの規格降伏点強度。金属系拡張アンカーボルトにおいては，材質が明確でない場合，SS400の規格降伏点強度を用いる。

α_{yu} : アンカーボルトの材料強度のばらつきを考慮した規格降伏点強度に対する割増係数であり，1.25以上を用いる。

${}_sc_a$: アンカーボルトの断面積で，軸部断面積とネジ部有効断面積の小なる値とする。なお，金属系拡張アンカーボルトにおいては，これに接合される鋼材の危険断面をとる。

${}_c\sigma_t$: コーン状破壊に対するコンクリートの引張（割裂）強度で，${}_c\sigma_t = 0.31\sqrt{F_c}$ とする。ただし，軽量コンクリートを用いる場合は，この値の90%とする（N/mm^2）。

${}_s\sigma_{qa}$: アンカーボルトのせん断強度で，${}_s\sigma_{qa} = 0.7 \cdot {}_s\sigma_y$ とする。

${}_c\sigma_{qa}$: コンクリートの支圧強度で，${}_c\sigma_{qa} = 0.5\sqrt{F_c \cdot E_c}$ とする。

F_c : コンクリートの設計基準強度（N/mm^2）

E_c : コンクリートのヤング係数（N/mm^2）

A_c : コーン状破壊面の有効水平投影面積で，$A_c = \pi \cdot \ell_{ce}(\ell_{ce} + D)$ とする（図1-1～図1-3参照）。
ただし，複数のアンカーボルトを近接して設ける場合の有効水平投影面積は，図2による。

A_{qc} : せん断力方向の側面におけるコーン状破壊面の有効投影面積で，$A_{qc} = 0.5\pi \cdot c^2$ とする（図3参照）。

ℓ_{ce} : アンカーボルトの強度算定用埋込み長さで，頭付きアンカーボルトおよび鉄筋アンカーボルトにおいては，$\ell_{ce} = \ell_e$ とする。また，接着系アンカーボルトにおいては $\ell_{ce} = \ell_e - 2d_a$ とする。金属系アンカーボルトにおいては，$\ell < 4D$ の場合は，$\ell_{ce} = \ell$，$\ell \geq 4D$ の場合は，$\ell_{ce} = 4D$ とする（図1，図4参照）。

ℓ_e : アンカーボルトのコンクリート内への有効埋込み長さ（mm）

ℓ : 金属系拡張アンカーボルトの埋込み長さで，母材表面から拡張部先端までの距離（mm）

ℓ_a : 鉄筋アンカーボルトフック部の余長（mm）

r : 鉄筋アンカーボルトフック部の内法半径（mm）

d : 頭付きアンカーボルトおよび鉄筋アンカーボルトにおいては，軸部の直径（mm）

d_a : 接着系アンカーボルトの径（mm）

D : 頭付きアンカーボルトにおいては，頭部の直径
金属系拡張アンカーボルトにおいては，本体の直径(mm)

A_o : 頭付きアンカーボルト頭部の支圧面積で，$A_o = \pi(D^2 - d^2)/4$ とする(図1-1参照)。

f_n : コンクリートの支圧強度で，$f_n = \sqrt{A_c/A_o} \cdot F_c$ とする。ただし，$\sqrt{A_c/A_o}$ が6を超える場合は，6とする(N/mm^2)。

τ_a : 接着系アンカーボルトにおける，へりあきおよびアンカーボルトのピッチを考慮した接着系アンカーボルトの引張力に対する付着強度で，(9)式による。

$$\tau_a = \alpha_1 \cdot \alpha_2 \cdot \alpha_3 \cdot \tau_{bavg} \cdots \cdots (9)$$

α_n : へりあきおよびアンカーボルトのピッチによる付着強度の低減係数であり，(10)式による ($n = 1, 2, 3$)。最も小さい寸法となる3面までを考慮する。

$$\alpha_n = 0.5\left(\frac{C_n}{\ell_e}\right) + 0.5 \cdots \cdots (10)$$

ただし，$(C_n/\ell_e) \geq 1.0$ の場合は，$(C_n/\ell_e) = 1.0$，$\ell_e \geq 10 d_a$ の場合は，$\ell_e = 10 d_a$ とする。

τ_{bavg} : 接着系アンカーボルトの基本平均付着強度であり，表2に示す値とする。

表2 接着系アンカーボルトの基本平均付着強度 τ_{bavg}

	カプセル方式		注入方式
	有機系	無機系	有機系
普通コンクリート	$10\sqrt{F_c/21}$	$5\sqrt{F_c/21}$	$7\sqrt{F_c/21}$
軽量コンクリート	$8\sqrt{F_c/21}$	$4\sqrt{F_c/21}$	$5.6\sqrt{F_c/21}$

C : へりあき寸法

C_n : 接着系アンカーボルトにおけるへりあき寸法またはアンカーボルトピッチ a の1/2で，$C_n = a_n/2$ ($n = 1 \sim 3$) とする。最も小さい寸法となる3面までを考慮する(図5参照)。

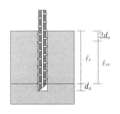

図4
接着系アンカーボルトの有効埋込み長さ ℓ_e と算定用埋込み長さ ℓ_{ce} の代表例

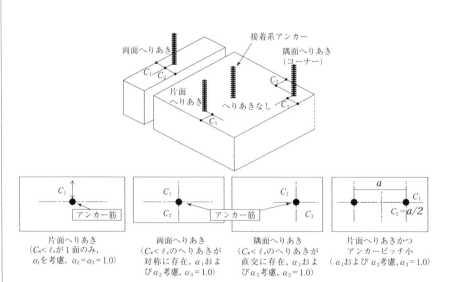

図5　接着系アンカーのへりあき面とへりあき寸法

3．埋込み長さ，へりあきまたははしあき寸法，および組合せ応力など

前2項のほか，アンカーボルトの設計に関しては，下記の各項を考慮すること。

1) 有効埋込み長さ ℓ_e は，頭付きアンカーボルトおよび鉄筋アンカーボルトにおいては，アンカーボルト径 d の4倍以上，接着系アンカーボルトでは，アンカー筋径 d_a の7倍以上とする。また，金属系拡張アンカーボルトでは，既存コンクリートへの埋込み長さは，本体定着部外径 D の構造用では5倍，非構造用では3倍以上とする。

2) コンクリート躯体のへりあきに対するアンカーボルトのへりあき寸法およびはしあき寸法は，アンカーボルトの径 d または d_a の3倍以上とする。

3) 頭付きアンカーボルトおよび金属系拡張アンカーボルトにおけるピッチ・ゲージなどは，「各種合成構造設計指針・同解説」「第1編 合成梁構造設計指針」6.5節に準ずる。

4) 引張力とせん断力を同時に受ける場合には，その組合せ効果を考慮して算定する。

$$\left(\frac{P}{P_a}\right)^2 + \left(\frac{Q}{q_a}\right)^2 \leqq 1 \quad \cdots\cdots\cdots\cdots\cdots\cdots(11)$$

P：引張力　　Q：せん断力

5) 小規模建築物等の基礎梁に頭付きアンカーボルトまたは鉄筋アンカーボルトを定着し，基礎梁のせん断力を期待する場合には，アンカーボルトの先端位置は線材置換した位置（構造心）よりも深い位置とすることを原則とする。

6) 接着系アンカーボルトにおいては，耐火性について適切に考慮して算定する。

7) 接着系アンカーボルトにおいては，耐久性について適切に考慮して算定する。

8) 金属系拡張アンカーボルトにより，既存コンクリートと一体化する増設コンクリート壁のアンカーボルト部周辺には，十分な割裂補強用鉄筋を配するものとする。

付 計算用基本データ　**305**

足場作業床からの墜落防止措置および物体の落下防止措置の例

枠組足場

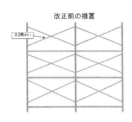

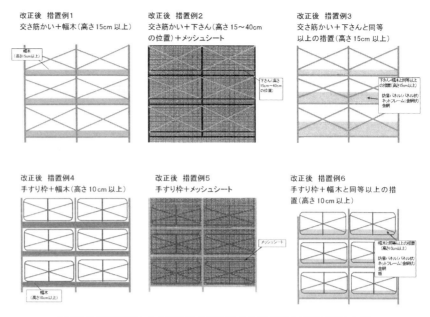

枠組足場の墜落防止および物体の落下防止の両措置を同時に講じた例

枠組足場以外の足場（単管足場等）

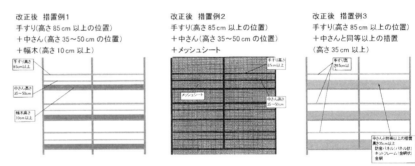

枠組足場以外の足場（単管足場等）の墜落防止および物体の落下防止の両措置を同時に講じた例

床材と建地とのすき間

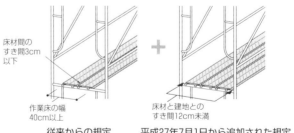

従来からの規定　　平成27年7月1日から追加された規定

乗入れ構台

重機類の作業状態による接地圧

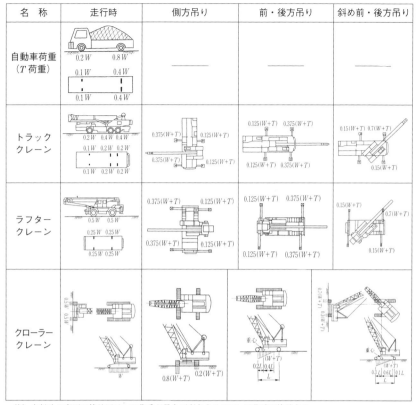

注）走行時の車両の接地圧は，T荷重が最も不利となるので，T荷重で検討する。
　　W：自重　　T：付加荷重（吊り荷重等）
　　衝撃荷重は含まれていない。

重機類の標準荷重

特殊な重機を用いる場合や下表にない場合はメーカーに問い合わせること。

名　称	仕　様	車両重量 (kN)	車両重量 (t)
ダンプトラック	最大積載量　8t	75	7.5
	10t	100	10.0
トラッククレーン	最大吊上げ荷重(t)×作業半径		
	20×3.5	250	25.0
	25×3.5	285	28.5
	35×3.5	400	40.0
クローラークレーン	40×3.7	410	41.0
	50×4.0	530	53.0
トラックミキサー	混合容量　2.8m³	55	5.5
	4.5m³	100	10.0
ラフタークレーン	25×3.5	265	26.5
	35×3.0	320	32.0
	45×3.0	380	38.0

注）上記の荷重は車両本体の重量であり，付加荷重（吊り荷重，積載荷重等）および衝撃荷重は含まれていない。

覆工板一覧表

製作会社		日本製鉄		ジェコス	
名称		メトロデッキ		ジェコスデッキ	
型式		Ⅰ型	Ⅱ型	KLD2	KLD3
材質		縞H形鋼 （SM490A）		突起付き圧延H形鋼 （SM490A）	
形状	寸法※	1m×2m×208	1m×3m×208	1m×2m×200	1m×3m×200
	平面図	1,997 / 997	2,997 / 997	1,996 / 997	2,996 / 997
	断面図	997 / 196	997 / 196	997 / 190	997 / 190
質量（kg/枚）		424	624	430	640
固定方法		落し込み式		落し込み式	
支承中心間隔（m）		1.9	2.9	1.9	2.9
許容応力度	曲げ（kN/cm²）	18.5		18.5	
	せん断（kN/cm²）	10.5		10.5	
	圧縮（kN/cm²）	18.5		18.5	
主材一本当たり諸元	主材	H-192×197×6×8		H-190×197×5.4×7.7	
	断面二次モーメント(cm⁴)	3,389		3,080	
	断面係数（cm³）	345		322	
	計算用自重（kg/m²）	212	208	216	214
荷重分担率（注）	荷重状態	200		200	
	荷重分担率	0.4			
	荷重状態	500			
	荷重分担率	0.3			
備考		注1）　荷重分担率は，各メーカーによって若干の相違があるが，本文の例題と同様に計算すればよい。ただし，本文と異なる載荷状況の場合には，メーカーに問い合わせるなどの処置をとること。 2）　載荷幅が 200mm 以上，500mm 以下の場合には，例題のように荷重分担率を 0.4 とするのが安全側の判断となるが，幅に応じて，設計者が判断して 0.25～0.4 の間の値を採用すればよい。			

＊幅と長さについては，呼称寸法を表示。

使用頻度の高い鋼材の
断面性能

部　　　材	断面積 (cm²)	単位質量 (kg/m)	断面二次モーメント (cm⁴)		断面二次半径 (cm)		断面係数 (cm³)		曲げ応力のための断面性能	
			Ix	Iy	ix	iy	Zx	Zy	i (cm)	η
H−250×250×9×14	91.43	71.8	10,700	3,650	10.8	6.32	860	292	6.91	4.93
H−300×300×10×15	118.5	93.0	20,200	6,750	13.1	7.55	1,350	450	8.28	5.52
H−350×350×12×19	171.9	135.0	39,800	13,600	15.2	8.89	2,280	776	9.71	5.11
H−400×400×13×21	218.7	172.0	66,600	22,400	17.5	10.1	3,330	1,120	11.0	5.25
[−150×75×6.5×10	23.71	18.6	861	117	6.03	2.22	115	22.4	—	—
[−200×90×8×13.5	38.65	30.3	2,490	277	8.02	2.68	249	44.2	—	—
[−250×90×9×13	44.07	34.6	4,180	294	9.74	2.58	334	44.5	—	—
[−300×90×9×13	48.57	38.1	6,440	309	11.5	2.52	429	45.7	—	—
L−50×50×6	5.644	4.43	12.6	12.6	1.5	1.5	3.55	3.55	—	—
L−65×65×6	7.527	5.91	29.4	29.4	1.98	1.98	6.26	6.26	—	—
L−75×75×6	8.727	6.85	46.1	46.1	2.30	2.30	8.47	8.47	—	—
L−90×90×10	17.0	13.3	125	125	2.71	2.71	19.5	19.5	—	—
L−100×100×10	19.0	14.9	175	175	3.04	3.04	24.4	24.4	—	—

地盤の許容支持力

地　　　盤	長期許容応力度 (kN/m²)	短期許容応力度 (kN/m²)
岩　　　　　　盤	1,000	2,000
固　結　し　た　砂	500	1,000
土　　丹　　盤	300	600
密　実　な　礫　層	300	600
密　実　な　砂　質　地　盤	200	400
砂　質　地　盤	50	100
堅　い　粘　土　質　地　盤	100	200
粘　土　質　地　盤	20	40
堅　い　ロ　ー　ム　層	100	200
ロ　ー　ム　層	50	100

注1) 建築基準法施行令第93条（平成13年度版参照）
　2) 地盤の許容応力度は，国土交通大臣が定める方法によって地盤調査を行い，その結果に基づいて定めなければならないが，上表に掲げる地盤の許容応力度については，上表の値を用いることができる。

山留め

土質記号

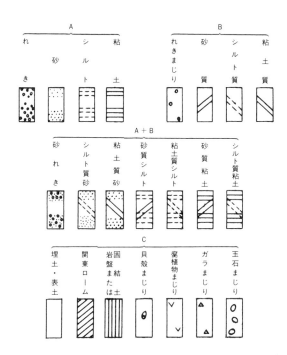

土の諸性質

種別	状態	単位体積重量 kN/m³	水中単位体積重量 kN/m³	内部摩擦角	水中内部摩擦角
砕石 砂利 すみがら		16[1]—19 16 —20[2] 9 —12[3]	10—13 10—12 4— 7	35—45 30—40 30—40	35 30 30
砂[4]	しまったもの ややゆるいもの ゆるいもの	17 —20 16 —19 15 —18	10 9 8	35—40 30—35 25—30	30—35 25—30 20—25
普通土[5]	かたいもの やややわらかいもの やわらかいもの	17 —19 16 —18 15[6]—17	10 8—10 6— 9	25—35 20—30 15—25	20—30 15—25 10—20
粘土[7]	かたいもの やややわらかいもの やわらかいもの	16 —19 15 —18 14 —17	6— 9 5— 8 4— 7	20—30 10—20 0—10	10—20 0—10 0
シルト[8]	かたいもの やわらかいもの	16 —18 14[9]—17	10 5— 7	10—20 0	5—15 0

〔注〕1. (1), (6) は石灰岩または砂岩系の単位重量の少ないもの。
   (2) の20は、切込み砂利で密実なもの。
   (3) の12は、載荷履歴があるよく締め固められたもの。
   (4) の砂は、ゆるい細砂、シルト質細砂などの不安定なもの以外をいう。
   (5) の普通土には砂質ローム、ローム、砂質粘土ロームを含む。
   (6) の15は、関東ロームその他の重量の少ないもの。
   (7) の粘土には粘土、ローム、シルト質粘土を含む。
   (8) のシルトにはシルトローム、シルトを含む。
   (9) の14は、シルトのヘドロ状のもの。
2. a. 地下水位は地形、付近の地下水および背面の排水の良、不良の状況を考え、多雨期における最高水位を仮定して水中の数値を用いる。この場合には土圧のほかに静水圧を加える。
   b. 砂、普通土、粘土などは原則としてやややわらかいもの、砂ではややゆるいものとみなす。
   c. 背面に活荷重があるときは、表中の最大重量値を取り、粘土では内部摩擦角の最小値を用いる。

N値と土性との関係

●N値と砂の相対密度，内部摩擦角との関係

N値	相対密度 $Dr = \dfrac{e_{max} - e}{e_{max} - e_{min}}$ (Terzaghi-Peckによる)		現 場 判 別 法 (東京都交通局データによる)	内部摩擦角 $\phi°$	
				ペックによる範囲	マイヤホフによる範囲
0～4	非常にゆるい	0.0～0.2	13φ鉄筋が手で容易に貫入する。ショベルで掘削できる。	28以下	30以下
4～10	ゆるい	0.2～0.4		28～30	30～35
10～30	中程度に密な	0.4～0.6	13φ鉄筋を5ポンド(約2.3kg)のハンマーで容易に打ち込める。	30～36	35～40
30～50	密な	0.6～0.8	13φ鉄筋を5ポンドのハンマーで打って30cmぐらい入る。	36～41	40～45
50以上	非常に密な	0.8～1.0	13φ鉄筋を5ポンドのハンマーで打って5～6cmしか入らない。掘削につるはしを要し，打ち込むとき金属音を発する。	41以上	45以上

注) e : 間隙比

● N値と砂の内部摩擦角 ϕ との関係

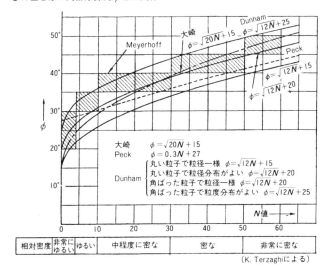

(K. Terzaghiによる)

● N値と粘土のコンシステンシー，一軸圧縮強さとの関係（Terzaghi-Peckの提案）

N値	粘土のコンシステンシー	現 場 判 別 法 (Peck-Hanson-Thornbornによる)	一軸圧縮強さ (kN/m^2)
0～2	非常に柔らかい	こぶしが容易に10数センチ入る	25以下
2～4	柔らかい	親指が容易に10数センチ入る	25～50
4～8	中くらい	努力すれば親指が10数センチ入る	50～100
8～15	堅い	親指で凹ませられるが，突っ込むことは大変である	100～200
15～30	非常に堅い	つめでしるしが付けられる	200～400
30以上	大変堅い	つめでしるしを付けるのがむずかしい	400以上

付 計算用基本データ

● N値と粘着力 C との関係

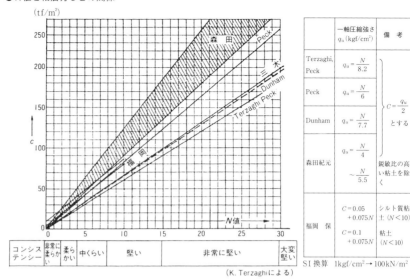

(K. Terzaghi による)

SI 換算 $1\text{kgf/cm}^2 \to 100\text{kN/m}^2$

水平地盤反力係数

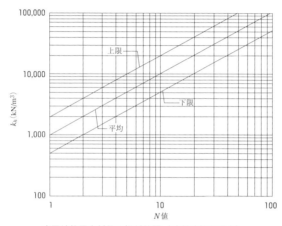

水平地盤反力係数の推奨範囲（砂質地盤の場合）

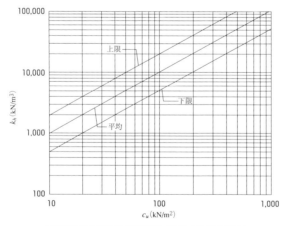

水平地盤反力係数の推奨範囲（粘性土地盤の場合）

側圧係数

地盤	条件			側圧係数	備考 N値	q_u (kN/m²)
砂質地盤	地下水位が浅い地盤で遮水性の山留め壁を用いた場合など，高い水位が保たれると判断されるような根切り	一様な透水性の地盤	緩い	0.7〜0.8	<10	
			中位の	0.6〜0.7	10〜25	
			密実な	0.5〜0.6	25<	
		難透水層を挟むなど一様でない場合	緩い	0.6〜0.7	<10	
			中位の	0.4〜0.6	10〜25	
			密実な	0.3〜0.4	25<	
	上記以外の場合の根切り		緩い	0.3〜0.5	<15	
			中位の	0.2〜0.3	15〜30	
			密実な	0.2	30<	
粘土質地盤	層厚の大きい未圧密または正規圧密程度の特に鋭敏な粘土		非常な軟弱粘土	0.7〜0.8		<50
	層厚の大きな正規圧密程度の鋭敏な粘土		軟弱粘土	0.6〜0.7		
	正規圧密程度の粘土		軟弱粘土	0.5〜0.6		
	過圧密と判断される粘土		中位の粘土	0.4〜0.6		50〜100
	安定した洪積粘土		硬質粘土	0.3〜0.5		100〜200
	堅い洪積粘土		非常な硬質粘土	0.2〜0.3		200<

内部摩擦角 ϕ から $\tan\alpha$，$\tan^2\alpha$ を求めるグラフ

$$\left(\alpha = 45° \pm \frac{\phi}{2}\right)$$

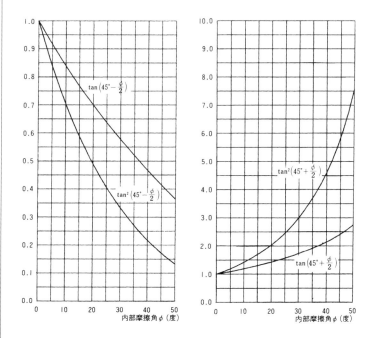

付 計算用基本データ 313

水平力を受ける杭の
応力と変形
（Y.L.Chang の方法）

●杭頭自由の場合の算定式

たわみ曲線図 曲げモーメント図	（条件） ○地上に突出している杭 ○杭頭自由
たわみ曲線の方程式	$y_1 = \dfrac{H}{6EI\beta^3}\left\{\beta^3 x^3 + 3\beta^3 h x^2 - 3\beta(1+2\beta h)x + 3(1+\beta h)\right\}$ $y_2 = \dfrac{H}{2EI\beta^3}e^{-\beta x}\left\{(1+\beta h)\cos\beta x - \beta h \sin\beta x\right\}$
荷重点での変位　δ_0 　（m）	$\delta_0 = \dfrac{H\left\{(1+\beta h)^3 + \dfrac{1}{2}\right\}}{3EI\beta^3}$
根切り底面での変位 　δ_f（m）	$\delta_f = \dfrac{H(1+\beta h)}{2EI\beta^3}$
杭頭拘束モーメント 　M_0（kN·m）	$M_0 = 0$
杭各部の曲げモーメント 　M（kN·m）	$M_1 = -H(x+h)$ $M_2 = -\dfrac{H}{\beta}e^{-\beta x}\left\{\beta h\cos\beta x + (1+\beta h)\sin\beta x\right\}$
地中部最大曲げモーメント 　M_{max}（kN·m）	$M_{max} = -Hh\dfrac{\sqrt{(1+2\beta h)^2+1}}{2\beta h}exp\left(-\tan^{-1}\dfrac{1}{1+2\beta h}\right)$
第1不動点の深さ 　ℓ（m）	$\ell = \dfrac{1}{\beta}\tan^{-1}\dfrac{(1+\beta h)}{\beta h}$
最大曲げモーメントの生じる深さ 　ℓ_m（m）	$\ell_m = \dfrac{1}{\beta}\tan^{-1}\dfrac{1}{1+2\beta h}$
たわみ角0となる深さ　L（m）	$L = \dfrac{1}{\beta}\tan^{-1}\left\{-(1+2\beta h)\right\}$
杭軸直角方向ばね定数　K_h	$K_h = \dfrac{3EI\beta^3}{\left\{(1+\beta h)^3 + \dfrac{1}{2}\right\}}$
備　　考	$\beta = \sqrt[4]{\dfrac{k_h \cdot B}{4EI}}\quad(\text{m}^{-1})$ ただし， 　k_h：水平方向地盤反力係数（kN/m³） 　B：親杭幅（m） 　I：親杭の断面二次モーメント（m⁴） 　E：親杭のヤング係数（kN/m²）

Y.L.Chang の計算図表

● 最大曲げモーメントの生じる深さ ℓ_m を求めるグラフ

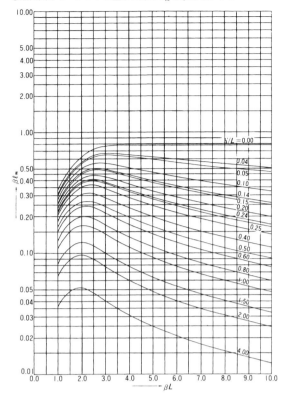

● 最大曲げモーメント M_{max} を求めるグラフ

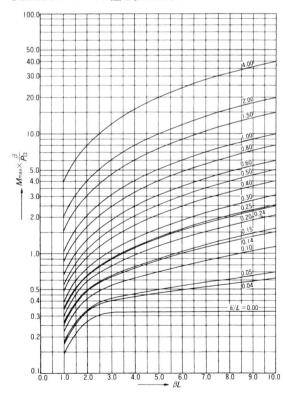

●根切り底面での変位 δ_f を求めるグラフ

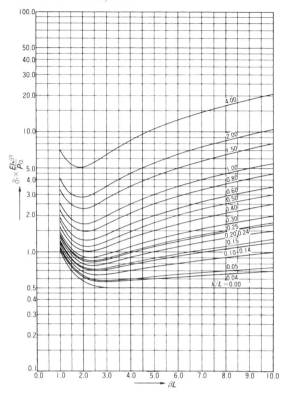

●荷重点での変位 δ_0 を求めるグラフ

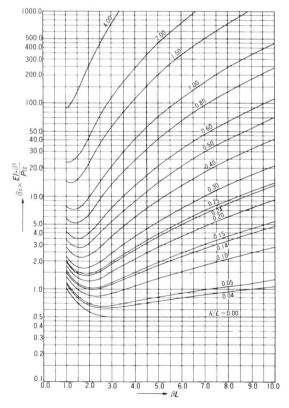

●荷重点での傾斜角 α を求めるグラフ

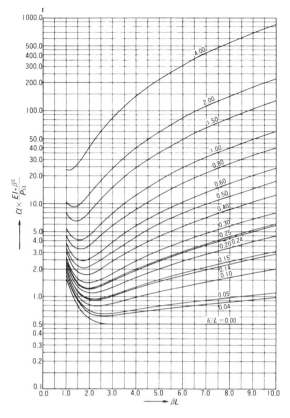

横矢板の必要厚さ t を求めるグラフ

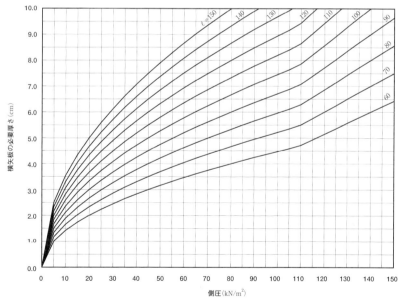

横 矢 板	ベイマツ, アカマツ, クロマツ カラマツ, ヒバ, ヒノキ, ベイヒ
許容曲げ応力度　(kN/cm²)	1.35
許容せん断応力度　(kN/cm²)	0.105

付 計算用基本データ　317

腹起し材の側圧と許容スパンの関係

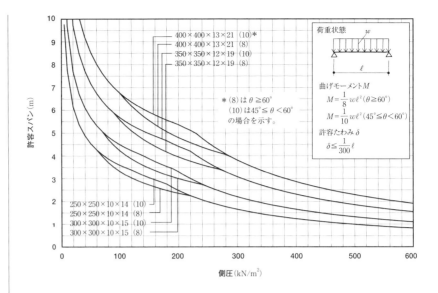

●再使用材

呼　　　　称		H-250×250×9×14	H-300×300×10×15	H-350×350×12×19	H-400×400×13×21
せん断用有効断面積 (cm²)		22.5	30.0	42.0	52.0
断面二次モーメント (cm⁴)		8,850	17,300	35,000	59,000
断面係数 (cm³)		708	1,150	2,000	2,950
曲げ応力のための断面性能	i (cm)	6.72	8.34	9.93	11.41
	$i \cdot h/A_f$	6.00	6.67	6.10	6.21
ヤング係数	kN/cm²	\multicolumn{4}{c}{2.05×10^4}

注）許容応力度は，長期許容応力度と短期許容応力度との平均値とする。

切ばり材の座屈長さと許容軸力の関係

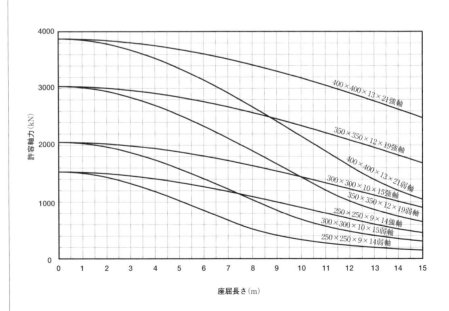

● 再使用材

呼　　称	H-250×250×9×14		H-300×300×10×15		H-350×350×12×19		H-400×400×13×21	
	強軸	弱軸	強軸	弱軸	強軸	弱軸	強軸	弱軸
断面積 (cm²)	78.10		104.80		154.90		197.70	
断面二次モーメント (cm⁴)	8,850	2,860	17,300	5,900	35,000	12,500	59,000	20,300
断面二次半径 (cm)	10.60	6.05	12.90	7.51	15.10	8.99	17.30	10.10
断面係数 (cm³)	708	229	1,150	394	2,000	716	2,950	1,010
ヤング係数 (kN/cm²)	2.05×10^4							

注）許容応力度は，長期許容応力度と短期許容応力度との平均値とする。

日本建築学会『山留め設計指針』より

● ボルトの許容応力度　　　　　　　　　　　　　（単位：N/mm²）

種　類	許容引張応力度	許容せん断応力度
中ボルト（強度区分 4.6, 4.8）	240	138
高力ボルト（F10T）	465	225

注1）中ボルトの場合，許容力はねじ部有効断面にて算出する。
　2）高力ボルトの場合，許容力は軸断面にて算出する。

鋼矢板

● 鋼矢板の許容応力度　　　　　　　　　　　　　（単位：N/mm²）

種　類	SY295	SS400
降伏点	295 以上	235 以上
曲げ引張応力度	225	195
曲げ圧縮応力度	225	195

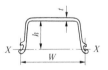

種類	寸法			質量		断面積		断面二次モーメント		断面係数	
	W mm	h mm	t mm	1枚当たり kg/m	壁幅1m当たり kg/m²	1枚当たり cm²	壁幅1m当たり cm²/m	1枚当たり cm⁴	壁幅1m当たり cm⁴/m	1枚当たり cm³	壁幅1m当たり cm³/m
Ⅱ	400	100	10.5	48.0	120	61.18	153.0	1,240	8,740	152	874
Ⅲ	400	125	13.0	60.0	150	76.42	191.0	2,220	16,800	223	1,340
Ⅳ	400	170	15.5	76.1	190	96.99	242.5	4,670	38,600	362	2,270
Ⅳ	400	185	16.1	74.0	185	94.21	235.5	5,300	41,600	400	2,250
Ⅴ	500	200	24.3	105	210	133.8	267.6	7,960	63,000	520	3,150
Ⅴ	500	225	27.6	120	240	153.0	306.0	11,400	86,000	680	3,820

付 計算用基本データ　319

H形鋼リース材の断面性能・断面特性

$H×B×t_1×t_2×r$ (mm)	孔の位置	A (cm²)	I_x (cm⁴)	I_y (cm⁴)	i_x (cm)	i_y (cm)	Z_x (cm³)	Z_y (cm³)	i	$\dfrac{i \cdot h}{Af}$
200×200×8×12×13	孔なし	63.53	4,720	1,600	8.62	5.02	472	160	5.50	4.59
	$l=100$ mm	51.53	3,660	1,300	8.43	5.02	366	130	5.63	6.25
250×250×9×14×16	孔なし	91.43	10,700	3,650	10.8	6.32	860	292	6.91	4.93
	$l=150$ mm	78.18	8,850	2,860	10.6	6.05	708	229	6.72	6.00
300×300×10×15×18	孔なし	118.50	20,200	6,750	13.1	7.55	1,350	450	8.28	5.52
	$l=150$ mm	104.80	17,300	5,900	12.9	7.51	1,150	394	8.34	6.67
350×350×12×19×20	孔なし	171.90	39,800	13,600	15.2	8.89	2,280	776	9.71	5.11
	$l=150$ mm	154.90	35,000	12,500	15.1	8.99	2,000	716	9.93	6.10
400×400×13×21×22	孔なし	218.70	66,600	22,400	17.5	10.10	3,330	1,120	11.00	5.25
	$l=150$ mm	197.70	59,000	21,200	17.3	10.40	2,950	1,060	11.41	6.21
	$l=200$ mm	197.70	59,000	20,300	17.3	10.10	2,950	1,010	11.16	6.07

ボルトの孔径は25mmとする。
上表中、i および $\dfrac{i \cdot h}{Af}$ は許容曲げ応力度算定のための数値。

地盤アンカー

● PC鋼より線の規格（JIS G 3536）

記号	SWPR7B	SWPR7B
呼び名	7本より 12.7mm	7本より 15.2mm
引張試験 0.2%永久伸びに対する荷重：Py (kN)	156以上	222以上
引張試験 引張荷重：Pu (kN)	183以上	261以上
引張試験 伸び（％）	3.5以上	3.5以上
公称断面積（mm²）	98.71	138.7
単位質量（kg/m）	0.774	1.101

● 地盤アンカー引張材一覧表

アンカー種類 PC鋼材種類	PC鋼材本数	PC鋼材断面積 (mm²)	単位質量 (kg/m)	引張荷重 (kN)	降状荷重 (kN)
ϕ12.7mm SWPR7B	1	98.71	0.774	183	156
	2	197.4	1.548	366	312
	3	296.1	2.322	549	468
	4	394.8	3.096	732	624
	5	493.6	3.870	915	780
	6	592.3	4.644	1,098	936
	7	691.0	5.418	1,281	1,092
	8	789.7	6.192	1,464	1,248
	9	888.4	6.966	1,647	1,404
	10	987.1	7.740	1,830	1,560
	11	1,085.8	8.514	2,013	1,716
	12	1,184.5	9.288	2,196	1,872

アンカー種類 PC鋼材種類	PC鋼材本数	PC鋼材断面積 (mm²)	単位質量 (kg/m)	引張荷重 (kN)	降状荷重 (kN)
ϕ15.2mm SWPR7B	1	138.70	1.101	261	222
	2	277.4	2.202	522	444
	3	416.1	3.303	783	666
	4	554.8	4.404	1,044	888
	5	693.5	5.505	1,305	1,110
	6	832.2	6.606	1,566	1,332
	7	970.9	7.707	1,827	1,554
	8	1,109.6	8.808	2,088	1,776
	9	1,248.3	9.909	2,349	1,998

共通データ

梁の応力とたわみの
算定式

●単純梁

荷　　　重 せ ん 断 力 図 曲げモーメント図	反　力　R せ ん 断 力 Q	曲げモーメント M	た　わ　み　y
$R_A=R_B=\dfrac{P}{2}$ $A\sim C : Q=+\dfrac{P}{2}$ $C\sim B : Q=-\dfrac{P}{2}$	$R_A=R_B=\dfrac{P}{2}$ $A\sim C : Q=+\dfrac{P}{2}$ $C\sim B : Q=-\dfrac{P}{2}$	$A\sim C : M=\dfrac{Px}{2}$ $C : M\max=\dfrac{P\ell}{4}$	$A\sim C :$ $y=\dfrac{P\ell^3}{48EI}\left(\dfrac{3x}{\ell}-\dfrac{4x^3}{\ell^3}\right)$ 中央 : $y\max=\dfrac{P\ell^3}{48EI}$
$R_A=\dfrac{Pb}{\ell}$ $R_B=\dfrac{Pa}{\ell}$ $A\sim C : Q=+\dfrac{Pb}{\ell}$ $C\sim B : Q=-\dfrac{Pa}{\ell}$	$R_A=\dfrac{Pb}{\ell}$ $R_B=\dfrac{Pa}{\ell}$ $A\sim C : Q=+\dfrac{Pb}{\ell}$ $C\sim B : Q=-\dfrac{Pa}{\ell}$	$A\sim C : M=\dfrac{Pbx}{\ell}$ $C\sim B :$ $\quad M=\dfrac{Pa(\ell-x)}{\ell}$ $C : M\max=\dfrac{Pab}{\ell}$	$A\sim C :$ $y=\dfrac{Pa^2b^2}{6EI\ell}\left(\dfrac{2x}{a}+\dfrac{x}{b}-\dfrac{x^3}{a^2b}\right)$ $y_c=\dfrac{Pa^2b^2}{3EI\ell}$ $a>b$のとき $x=0.5773\sqrt{\ell^2-b^2}:$ $y\max=\dfrac{Pb\sqrt{(\ell^2-b^2)^3}}{9\sqrt{3}\ EI\ell}$
$R_A=R_B=P$ $A\sim C : Q=+P$ $C\sim D : Q=0$ $D\sim B : Q=-P$	$R_A=R_B=P$ $A\sim C : Q=+P$ $C\sim D : Q=0$ $D\sim B : Q=-P$	$A\sim C : M=Px$ $C\sim D : M\max=\dfrac{P\ell}{3}$	$A\sim C :$ $y=\dfrac{P\ell^3}{18EI}\left(\dfrac{2x}{\ell}-\dfrac{3x^3}{\ell^3}\right)$ $C\sim D :$ $y=\dfrac{Pl^3}{6EI}\left(\dfrac{x}{\ell}-\dfrac{x^2}{\ell^2}-\dfrac{1}{27}\right)$ 中央 : $y\max=\dfrac{23P\ell^3}{648EI}$
全荷重 $W=w\ell$ $R_A=R_B=\dfrac{w\ell}{2}=\dfrac{W}{2}$ $Q=\dfrac{w\ell}{2}-wx$ $\quad=\dfrac{W}{2}\left(1-\dfrac{2x}{\ell}\right)$ $Q_{A,B}=\pm\dfrac{W}{2}$	全荷重 $W=w\ell$ $R_A=R_B=\dfrac{w\ell}{2}=\dfrac{W}{2}$ $Q=\dfrac{w\ell}{2}-wx$ $\quad=\dfrac{W}{2}\left(1-\dfrac{2x}{\ell}\right)$ $Q_{A,B}=\pm\dfrac{W}{2}$	$M=\dfrac{w\ell\,x}{2}-\dfrac{wx^2}{2}$ $\quad=\dfrac{Wx}{2}\left(1-\dfrac{x}{\ell}\right)$ 中央 : $M\max=\dfrac{w\ell^2}{8}=\dfrac{W\ell}{8}$	$y=\dfrac{Wl^3}{24EI}\left(\dfrac{x}{\ell}-\dfrac{2x^3}{\ell^3}+\dfrac{x^4}{\ell^4}\right)$ 中央 : $y\max=\dfrac{5W\ell^3}{384EI}$
全荷重 $W=wc$ $R_A=\dfrac{Wb}{\ell}$ $R_B=\dfrac{Wa}{\ell}$ $A\sim C' : Q=\dfrac{Wb}{\ell}$ $C'\sim C^* :$ $Q=W\left(\dfrac{b-a}{2\ell}+\dfrac{x-a}{c}\right)$ $C^*\sim B : Q=-\dfrac{Wa}{\ell}$	全荷重 $W=wc$ $R_A=\dfrac{Wb}{\ell}$ $R_B=\dfrac{Wa}{\ell}$ $A\sim C' : Q=\dfrac{Wb}{\ell}$ $C'\sim C^* :$ $Q=W\left(\dfrac{b-a}{2\ell}+\dfrac{x-a}{c}\right)$ $C^*\sim B : Q=-\dfrac{Wa}{\ell}$	$A\sim C : M=\dfrac{Wbx}{\ell}$ $C'\sim C^* :$ $M=W\left\{\dfrac{bx}{\ell}-\dfrac{(2x-2a+c)^2}{8c}\right\}$ $C^*\sim B :$ $M=\dfrac{Wa}{\ell}(\ell-x)$ $x=a-\dfrac{c}{2}+\dfrac{bc}{\ell}:$ $M\max=\dfrac{Wab}{\ell^2}\left(\ell-\dfrac{c}{2}\right)$	$y_c=\dfrac{W}{6EI}\left\{\dfrac{ab}{\ell}\left(2a\ell-2a^2\right.\right.$ $\left.\left.-\dfrac{c^2}{4}\right)+\dfrac{c^3}{64}\right\}$
全荷重 $W=\dfrac{w\ell}{2}$ $R_A=\dfrac{W}{3}$, $R_B=\dfrac{2W}{3}$ $Q=\dfrac{W}{3}\left(1-\dfrac{3x^2}{\ell^2}\right)$ $Q_A=+\dfrac{W}{3}$ $Q_B=-\dfrac{2W}{3}$	全荷重 $W=\dfrac{w\ell}{2}$ $R_A=\dfrac{W}{3}$, $R_B=\dfrac{2W}{3}$ $Q=\dfrac{W}{3}\left(1-\dfrac{3x^2}{\ell^2}\right)$ $Q_A=+\dfrac{W}{3}$ $Q_B=-\dfrac{2W}{3}$	$M=\dfrac{Wx}{3}\left(1-\dfrac{x^2}{\ell^2}\right)$ $x=\dfrac{\ell}{\sqrt{3}}=0.5773\,\ell:$ $M\max=\dfrac{2}{9\sqrt{3}}W\ell$ $\quad=0.1283W\ell$	$y=\dfrac{Wl^3}{180EI}\left(\dfrac{7x}{\ell}\right.$ $\left.-\dfrac{10x^3}{\ell^3}+\dfrac{3x^5}{\ell^5}\right)$ $x=0.5193\ell:$ $y\max=0.01304\,\dfrac{W\ell^3}{EI}$
$Q_A=-\dfrac{M}{\ell}$ $Q_B=-\dfrac{M}{\ell}$	$Q_A=-\dfrac{M}{\ell}$ $Q_B=-\dfrac{M}{\ell}$	$a>b : \dfrac{a}{\ell}M$ $a<b : \dfrac{b}{\ell}M$	$y_{max}=\dfrac{M(\ell^2-3b^2)^{3/2}}{9\sqrt{3}\,EI\ell}$ $x=\sqrt{\dfrac{(\ell^2-3b^2)}{3}}$

●片持ち梁

荷　　　　重 せ　ん　断　力　図 曲げモーメント図	反　力　R せ　ん　断　力　Q	曲げモーメント M	た　わ　み　y
P を A端に、固定を B端 Q: M: M_{max}	$R_B = P$ $Q = -P$	$M = -Px$ $B : M\max = -P\ell$	$y = \dfrac{P\ell^3}{3EI}\left(1 - \dfrac{3x}{2\ell} + \dfrac{x^3}{2\ell^3}\right)$ $A : y\max = \dfrac{P\ell^3}{3EI}$
P、a、b、ℓ Q: M: M_{max}	$R_B = P$ $A \sim C : Q = 0$ $C \sim B : Q = -P$	$A \sim C : M = 0$ $C \sim B :$ $\quad M = -P(x-a)$ $B : M\max = -Pb$	$C \sim B : y = \dfrac{Pb^3}{3EI}$ $\times \left\{1 - \dfrac{3(x-a)}{2b} + \dfrac{(x-a)^3}{2b^3}\right\}$ $y_C = \dfrac{Pb^3}{3EI}$ $y_A = \dfrac{Pb^3}{3EI}\left(1 + \dfrac{3a}{2b}\right)$
全荷重 $W = w\ell$ w Q: M: M_{max}	$R_B = W$ $Q = -wx = -\dfrac{Wx}{\ell}$ $Q_B = -w\ell = -W$	$M = -\dfrac{wx^2}{2}$ $\quad = -\dfrac{Wx^2}{2\ell}$ $B : M\max = -\dfrac{w\ell^2}{2}$ $\quad = -\dfrac{W\ell}{2}$	$y = \dfrac{W\ell^3}{8EI}\left(1 - \dfrac{4x}{3\ell} + \dfrac{x^4}{3\ell^4}\right)$ $A : y\max = \dfrac{W\ell^3}{8EI}$
全荷重 $W = \dfrac{w\ell}{2}$ w Q: M: M_{max}	$R_B = W$ $Q = -\dfrac{Wx^2}{\ell^2}$ $Q_B = -W$	$M = -\dfrac{Wx^3}{3\ell^2}$ $B : M\max = -\dfrac{W\ell}{3}$	$y = \dfrac{W\ell^3}{15EI}\left(1 - \dfrac{5x}{4\ell} + \dfrac{x^5}{4\ell^5}\right)$ $A : y\max = \dfrac{W\ell^3}{15EI}$
M_A M:	$R_B = 0$ $Q = 0$	$M = M_A$ $M_B = -M_A$	$y = -\dfrac{M_A\ell^2}{2EI}\left(1 - \dfrac{x}{\ell}\right)^2$ $A : y\max = -\dfrac{M_A\ell^2}{2EI}$

●両端固定梁

荷　　　　重 せ　ん　断　力　図 曲げモーメント図	反　力　R せ　ん　断　力　Q	曲げモーメント M	た　わ　み　y 反　　曲　　点
P、$\ell/2$、$\ell/2$、C Q: M:	$R_A = R_B = \dfrac{P}{2}$ $A \sim C : Q = +\dfrac{P}{2}$ $C \sim B : Q = -\dfrac{P}{2}$	$A \sim C : M = \dfrac{P\ell}{8}\left(-1 + \dfrac{4x}{\ell}\right)$ $C \sim B : M = \dfrac{P\ell}{8}\left(3 - \dfrac{4x}{\ell}\right)$ $M_{A.B} = -\dfrac{P\ell}{8}$ 中央: $+M\max = +\dfrac{P\ell}{8}$	$y = \dfrac{P\ell^3}{16EI}\left(\dfrac{x^2}{\ell^2} - \dfrac{4x^3}{3\ell^3}\right)$ 中央: $y\max = \dfrac{P\ell^3}{192EI}$ 反曲点: $x = \dfrac{\ell}{4},\ \dfrac{3\ell}{4}$
P、a、ℓ、b、C Q: M:	$R_A = \dfrac{Pb^2(3a+b)}{\ell^3}$ $R_B = \dfrac{Pa^2(a+3b)}{\ell^3}$ $A \sim C :$ $Q = \dfrac{Pb^2(3a+b)}{\ell^3}$ $C \sim B :$ $Q = -\dfrac{Pa^2(a+3b)}{\ell^3}$	$A \sim C :$ $M = \dfrac{Pb^2}{\ell^2}\left\{-a + \dfrac{(3a+b)x}{\ell}\right\}$ $C \sim B :$ $M = \dfrac{Pa^2}{\ell^2}\left\{a + 2b - \dfrac{(a+3b)x}{\ell}\right\}$ $M_A = -\dfrac{Pab^2}{\ell^2}$ $M_B = -\dfrac{Pa^2b}{\ell^2}$ $M_C = +\dfrac{2Pa^2b^2}{\ell^3}$	$A \sim C :$ $y = \dfrac{Pb^2x^2}{6EI\ell}\left\{\dfrac{3a}{\ell} - \dfrac{(3a+b)x}{\ell^2}\right\}$ $C \sim B :$ $y = \dfrac{Pb^2x^2}{6EI\ell}\left\{\dfrac{3a}{\ell} - \dfrac{(3a+b)x}{\ell^2}\right\} + \dfrac{P(x-a)^3}{6EI}$ $y_C = \dfrac{Pa^3b^3}{3EI\ell^3}$ $a > b$ のとき $x = \dfrac{2b\ell}{3a+b} :$ $y\max = \dfrac{2Pa^3b^2}{3EI(3a+b)^2}$ 反曲点: $x = \dfrac{a}{3a+b},\ \dfrac{a+2b}{a+3b}$
全荷重 $W = w\ell$ w Q: M:	$R_A = R_B = \dfrac{w\ell}{2} = \dfrac{W}{2}$ $Q = \dfrac{w\ell}{2} - \dfrac{wx^2}{2}$ $\quad = \dfrac{W}{2}\left(1 - \dfrac{2x}{\ell}\right)$ $Q_{A.B} = \pm\dfrac{W}{2}$	$M = \dfrac{W\ell}{12}\left(-1 + \dfrac{6x}{\ell} - \dfrac{6x^2}{\ell^2}\right)$ $M_{A.B} = -\dfrac{W\ell}{12}$ 中央: $M_C = +\dfrac{W\ell}{24}$	$y = \dfrac{W\ell^3}{24EI}\left(\dfrac{x^2}{\ell^2} - \dfrac{2x^3}{\ell^3} + \dfrac{x^4}{\ell^4}\right)$ 中央: $y_C = \dfrac{W\ell^3}{384EI}$ 反曲点: $x = \dfrac{1}{2}\ell\left(1 \pm \dfrac{1}{\sqrt{3}}\right) = 0.211\ell,\ 0.789\ell$
全荷重 $W = \dfrac{w\ell}{2}$ w Q: M:	$R_A = \dfrac{3}{10}W$ $R_B = \dfrac{7}{10}W$ $Q = \dfrac{W}{10}\left(3 - \dfrac{10x^2}{\ell^2}\right)$	$M = \dfrac{W\ell}{30}\left(-2 + \dfrac{9x}{\ell} - \dfrac{10x^3}{\ell^3}\right)$ $M_A = -\dfrac{W\ell}{15}$ $M_B = -\dfrac{W\ell}{10}$ $x = 0.548\ell : +M\max = \dfrac{W\ell}{23.3}$	$y = \dfrac{W\ell^3}{60EI}\left(\dfrac{2x^2}{\ell^2} - \dfrac{2x^3}{\ell^3} + \dfrac{x^5}{\ell^5}\right)$ $x = 0.525l : y\max = 0.00262\dfrac{W\ell^3}{EI}$ 反曲点: $x = 0.237\ell,\ 0.808\ell$

●一端ピン・一端固定梁

荷　　重 せ ん 断 力 図 曲げモーメント図	反　力　R せ ん 断 力 Q	曲げモーメント M	た わ み y 反 曲 点
点荷重 P（A–C–B, $\ell/2$, $\ell/2$） Q図, M図	$R_A = \dfrac{5}{16}P$ $R_B = \dfrac{11}{16}P$ $A\sim C: Q = +\dfrac{5}{16}P$ $C\sim B: Q = -\dfrac{11}{16}P$	$A\sim C: M = \dfrac{5P}{16}x$ $C\sim B: M = P\ell\left(\dfrac{1}{2} - \dfrac{11x}{16\ell}\right)$ $M_C = \dfrac{5P\ell}{32}$ $M_B = -\dfrac{3P\ell}{16}$	$A\sim C: y = \dfrac{P\ell^3}{32EI}\left(\dfrac{x}{l} - \dfrac{5x^3}{3\ell^3}\right)$ $C\sim B: y = \dfrac{P\ell^3}{32EI}\left(-\dfrac{2}{3} + \dfrac{5x}{\ell} - \dfrac{8x^2}{\ell^2} + \dfrac{11x^3}{3\ell^3}\right)$ $x = \dfrac{\ell}{\sqrt{5}}: y_{max} = \dfrac{P\ell^3}{48\sqrt{5}\,EI}$ 反曲点: $x = \dfrac{8}{11}\ell = 0.727\ell$
全荷重 $W = w\ell$ Q図, M図	$R_A = \dfrac{3}{8}W$ $R_B = \dfrac{5}{8}W$ $Q = W\left(\dfrac{3}{8} - \dfrac{x}{\ell}\right)$	$M = \dfrac{Wx}{8}\left(3 - \dfrac{4x}{\ell}\right)$ $M_B = -\dfrac{W\ell}{8}$ $x = \dfrac{3}{8}\ell: +M_{max} = \dfrac{9W\ell}{128}$	$y = \dfrac{W\ell^3}{48EI}\left(\dfrac{x}{\ell} - \dfrac{3x^3}{\ell^3} + \dfrac{2x^4}{\ell^4}\right)$ $x = \dfrac{1+\sqrt{33}}{16}\ell = 0.4215\ell; y_{max} = \dfrac{W\ell^3}{184.6EI}$ 反曲点: $x = \dfrac{3}{4}\ell$
全荷重 $W = \dfrac{w\ell}{2}$ Q図, M図	$R_A = \dfrac{W}{5}$ $R_B = \dfrac{4W}{5}$ $Q = W\left(\dfrac{1}{5} - \dfrac{x^2}{\ell^2}\right)$	$M = Wx\left(\dfrac{1}{5} - \dfrac{x^2}{3\ell^2}\right)$ $x = \ell: M_B = -\dfrac{2W\ell}{15}$ $x = \dfrac{\ell}{\sqrt{5}} = 0.4472\ell:$ $+M_{max} = \dfrac{2W\ell}{15\sqrt{5}}$	$y = \dfrac{W\ell^3}{60EI}\left(\dfrac{x}{\ell} - \dfrac{2x^3}{\ell^3} + \dfrac{x^5}{\ell^5}\right)$ $x = \dfrac{\ell}{\sqrt{5}} = 0.4472\ell; y_{max} = \dfrac{4W\ell^3}{375\sqrt{5}\,EI}$ 反曲点: $x = \dfrac{\sqrt{3}}{\sqrt{5}}\ell = 0.7746\ell$

注1) 左端A点：0, 右端B点：$x = \ell$

2) 正の符号　R：上向き, Q：時間回り, M：下凸方向, たわみ y：下向き

3) E：材料のヤング係数, I：断面二次モーメント

断面形の諸性能

断面形	断面積 A	図心の位置 y	断面二次モーメント I	断面係数 $Z=I/y$	断面二次半径 i
	bh	$\dfrac{h}{2}$	$\dfrac{1}{12}bh^3$	$\dfrac{1}{6}bh^2$	$\dfrac{1}{\sqrt{12}}h$ $(=0.289h)$
	$b(h_2-h_1)$	$\dfrac{h_2}{2}$	$\dfrac{1}{12}b(h_2^3-h_1^3)$	$\dfrac{1}{6}\dfrac{b(h_2^3-h_1^3)}{h_2}$	$\sqrt{\dfrac{1}{12}\cdot\dfrac{h_2^3-h_1^3}{h_2-h_1}}$
	h^2	$\dfrac{h}{2}$	$\dfrac{1}{12}h^4$	$\dfrac{1}{6}h^3$	$\dfrac{1}{\sqrt{12}}h$
	$BH-bh$	$\dfrac{H}{2}$	$\dfrac{1}{12}(BH^3-bh^3)$	$\dfrac{1}{6}\dfrac{BH^3-bh^3}{H}$	$\sqrt{\dfrac{1}{12}\cdot\dfrac{BH^3-bh^3}{BH-bh}}$
	h^2	$\dfrac{h}{\sqrt{2}}$	$\dfrac{1}{12}h^4$	$\dfrac{\sqrt{2}}{12}h^3$	$\dfrac{1}{\sqrt{12}}h$
	$h_2^2-h_1^2$	$\dfrac{h_2}{\sqrt{2}}$	$\dfrac{1}{12}(h_2^4-h_1^4)$	$\dfrac{\sqrt{2}}{12}\dfrac{h_2^4-h_1^4}{h_2}$	$\sqrt{\dfrac{1}{12}(h_2^2+h_1^2)}$
	$bs+h_1t$	$y_2=\dfrac{th^2+(b-t)s^2}{2A}$ $y_1=h-y_2$	$\dfrac{th^3+(b-t)s^3}{3}-Ay_2^2$	$Z_2=\dfrac{I}{y_2}$ $Z_1=\dfrac{I}{y_1}$	$\sqrt{\dfrac{I}{A}}$
	$BH-bh$	$\dfrac{H}{2}$	$\dfrac{1}{12}(BH^3-bh^3)$	$\dfrac{1}{6}\cdot\dfrac{BH^3-bh^3}{H}$	$\sqrt{\dfrac{1}{12}\cdot\dfrac{BH^3-bh^3}{BH-bh}}$
	$BH-bh$	$\dfrac{B}{2}$	$\dfrac{1}{12}(2SB^3+ht^3)$	$\dfrac{1}{6}\cdot\dfrac{2SB^3+ht^3}{B}$	$\sqrt{\dfrac{2SB^3+ht^3}{12(BH-bh)}}$
	$\dfrac{1}{2}bh$	$y_1=\dfrac{2}{3}h$ $y_2=\dfrac{1}{3}h$	$\dfrac{1}{36}bh^3$	$Z_1=\dfrac{1}{24}bh^2$ $Z_2=\dfrac{1}{12}bh^2$	$\dfrac{1}{\sqrt{18}}h$
	$\dfrac{3\sqrt{3}}{2}b^2$	$\dfrac{\sqrt{3}}{2}b$	$\dfrac{5\sqrt{3}}{16}b^4$	$\dfrac{5}{8}b^3$	$\sqrt{\dfrac{5}{24}}b$
	$\dfrac{3\sqrt{3}}{2}b^2$	b	$\dfrac{5\sqrt{3}}{16}b^4$	$\dfrac{5\sqrt{3}}{16}b^3$	$\sqrt{\dfrac{5}{24}}b$
	$\dfrac{(a+b)h}{2}$	$y_2=\dfrac{a+2b}{a+b}\cdot\dfrac{h}{3}$ $y_1=\dfrac{2a+b}{a+b}\cdot\dfrac{h}{3}$	$\dfrac{a^2+4ab+b^2}{36(a+b)}h^3$	$Z_2=\dfrac{a^2+4ab+b^2}{12(a+2b)}h^2$ $Z_1=\dfrac{a^2+4ab+b^2}{12(2a+b)}h^2$	$\dfrac{\sqrt{2(a^2+4ab+b^2)}}{6(a+b)}\cdot h$
	$\dfrac{\pi}{4}d^2$	$\dfrac{d}{2}$	$\dfrac{\pi}{64}d^4$	$\dfrac{\pi}{32}d^3$	$\dfrac{1}{4}d$
	$\dfrac{\pi}{4}(d_2^2-d_1^2)$	$\dfrac{d_2}{2}$	$\dfrac{\pi}{64}(d_2^4-d_1^4)$	$\dfrac{\pi}{32}\cdot\dfrac{d_2^4-d_1^4}{d_2}$	$\dfrac{1}{4}\sqrt{d_2^2+d_1^2}$
	$\dfrac{\pi}{2}r^2$	$y_2=\dfrac{(3\pi-4)r}{3\pi}$ $y_1=\dfrac{4r}{3\pi}$	$\left(\dfrac{\pi}{8}-\dfrac{8}{9\pi}\right)r^4$	$Z_2=\dfrac{I}{y_2}=0.1908r^3$ $Z_1=\dfrac{I}{y_1}=0.2587r^3$	$\sqrt{\dfrac{9\pi^2-64}{36\pi^2}}\cdot r$ $(=0.2643r)$
	$\dfrac{\pi ab}{4}$	$\dfrac{a}{2}$	$\dfrac{\pi}{64}ba^3$	$\dfrac{\pi}{32}ba^2$	$\dfrac{a}{4}$

鋼材等の許容応力度

『鋼構造許容応力度設計規準』（日本建築学会）による許容応力度を示す。

●構造用鋼材

構造用鋼材の長期応力に対する許容応力度は，鋼材の種別によって定められたF値に基づいて定める。

Fの値（N/mm²）

鋼材種別	建築構造用		一般構造用			溶接構造用			
	SN 400 SNR 400 STKN 400	SN 490 SNR 490 STKN 490	SS 400 STK 400 STKR 400 SSC 400 SWH 400	SS 490	SS 540	SM 400 SMA 400	SM 490 SM 490 Y SMA 490 STKR 490 STK 490	SM 520	SM 570
F 厚さ40mm以下	235	325	235	275	375	235	325	355	400
厚さ40mmを超え100mm以下	215	295	215	255	—	215	295	335 75mmを超えるものは325	400

1）許容引張応力度

許容引張応力度は，次式により求める。

$$f_t = \frac{F}{1.5} \qquad 記号 \quad f_t：許容引張応力度（N/mm²）$$

仮設工業会では
$$f_s = F 値の 38/100$$

2）許容せん断応力度

$$f_s = \frac{F_s}{1.5}, \quad F_s = \frac{F}{\sqrt{3}} \qquad 記号 \quad f_s：許容せん断応力度（N/mm²）$$

3）許容圧縮応力度

①全断面積について

$\lambda \leqq \Lambda$のとき

$$f_c = \frac{\left\{ 1 - 0.4 \left(\dfrac{\lambda}{\Lambda} \right)^2 \right\} F}{\nu}$$

仮設工業会では
$$f_c = \frac{0.29F}{\left(\dfrac{\lambda}{\Lambda} \right)^2}$$

$\lambda > \Lambda$のとき

$$f_c = \frac{0.277F}{\left(\dfrac{\lambda}{\Lambda} \right)^2}$$

$$\nu = 1.5 + 0.57 \left(\frac{\lambda}{\Lambda} \right)^2$$

$$\Lambda = \sqrt{\frac{\pi^2 E}{0.6F}}$$

記号　f_c：許容圧縮応力度（N/mm²）

λ：圧縮材の細長比　$\lambda = \dfrac{\ell_k}{i}$

ℓ_k：座屈長さ（cm）〔下表参照〕

i：座屈軸についての断面二次半径（cm）

E：ヤング係数（N/mm²）

ν：安全率 $\dfrac{3}{2} + \dfrac{2}{3} \left(\dfrac{\lambda}{\Lambda} \right)^2$

Λ：限界細長比

座屈長さℓ_k（ℓ：材長）

移動に対する条件	拘　　　　　束			自　　　　由	
回転に対する条件	両端自由	両端拘束	1端自由 他端拘束	両端拘束	1端自由 他端拘束
座　屈　形					
ℓ_k 理論値	ℓ	0.5ℓ	0.7ℓ	ℓ	2ℓ
推奨値	ℓ	0.65ℓ	0.8ℓ	1.2ℓ	2.1ℓ

②圧延形鋼，溶接H形断面のウェブフィレット先端部の許容圧縮応力度は，①の規定にかかわらず，次式の値とする。

$$f'_c = \frac{F}{1.3} \qquad 記号 \quad f'_c：許容圧縮応力度 （N/mm^2）$$

4) 許容曲げ応力度

①荷重面内に対称軸を有する圧延形鋼，プレートガーダー，その他の組立材で，幅厚比の制限を満足するものが，強軸まわりに曲げを受ける場合（箱形断面を除く），材の圧縮側許容曲げ応力度は，次の2式のうち大きいほうをとる。ただし，圧縮側応力度・引張側応力度とも，f_tをこえることはできない。

$$f_b = \left\{ 1 - 0.4 \frac{(\ell_b / i)^2}{C \Lambda^2} \right\} f_t \qquad f_b = \frac{89{,}000}{\left(\dfrac{\ell_b h}{A_f} \right)}$$

記号　f_b：許容曲げ応力度 （N/mm²）

　　　ℓ_b：圧縮フランジの支点間距離

　　　i：圧縮フランジと梁せいの1/6とからなるT形断面の，ウェブ軸まわりの断面二次半径

$$C = 1.75 + 1.05 \left(\frac{M_2}{M_1} \right) + 0.3 \left(\frac{M_2}{M_1} \right)^2, \quad ただし2.3以下$$

　　　：M_2，M_1はそれぞれ座屈区間端部における小さいほう，および大きいほうの強軸まわりの曲げモーメント，(M_2 / M_1)は単曲率の場合正，複曲率の場合負とする。区間中間のモーメントがM_1より大きい場合には，$C = 1$とする。

　　　h：梁のせい

　　　A_f：圧縮フランジの断面積

　　　Λ：限界細長比

②鋼管，箱形断面材および荷重面内に対称軸を有し，かつ弱軸まわりに曲げを受ける材で，幅厚比の制限に従う場合ならびに面内に曲げを受けるガセットプレートの圧縮および引張側許容曲げ応力度は，f_tとする。

③みぞ形断面材および荷重面内に対称軸を有しない材で，幅厚比の制限に従う場合，材の圧縮側許容曲げ応力度は，次式による。ただし，f_tをこえてはならない。

$$f_b = \frac{89{,}000}{\left(\dfrac{\ell_b h}{A_f} \right)}$$

④ベアリングプレートなど面外に曲げを受ける板の許容曲げ応力度は，次式の値とする。

$$f_{b1} = \frac{F}{1.3} \qquad 記号 \quad f_{b1}：許容曲げ応力度 （N/mm^2）$$

⑤曲げを受けるピンの許容曲げ応力度は，次式の値とする。

$$f_{b2} = \frac{F}{1.1} \qquad 記号 \quad f_{b2}：許容曲げ応力度 （N/mm^2）$$

ボルトおよび高力ボルトの許容応力度 （N/mm²）

材　　料			引　張	せん断
ボ　ル　ト	強度区分	4.6 4.8	160	$\dfrac{160}{\sqrt{3}}$
		5.6 5.8	200	$\dfrac{200}{\sqrt{3}}$
		6.8	280	$\dfrac{280}{\sqrt{3}}$
	その他の強度ボルト		$\dfrac{F}{1.5}$	$\dfrac{F}{1.5\sqrt{3}}$
高力ボルト	F 8 T F10T （F11T）		250 310 （330）	120 150 （160.5）

平成13年国土交通省告示
第1024号

326

高力ボルトの許容耐力

a) 長期応力に対する許容耐力

高力ボルトの種類	ボルト呼び径	ボルト軸径 (mm)	ボルト孔径 (mm)	ボルト軸断面積 (mm²)	ボルト有効断面積 (mm²)	設計ボルト張力 (kN)	許容せん断力(kN) 1面摩擦	許容せん断力(kN) 2面摩擦	許容引張力 (kN)
F10T	M12	12	14.0	113	84.3	56.9	17.0	33.9	35.0
	M16	16	18.0	201	157	106	30.2	60.3	62.3
	M20	20	22.0	314	245	165	47.1	94.2	97.3
	M22	22	24.0	380	303	205	57.0	114	118
	M24	24	26.0	452	353	238	67.9	136	140
	M27	27	30.0	572	459	310	85.9	172	177
	M30	30	33.0	707	561	379	106	212	219

b) 短期応力に対する許容耐力

高力ボルトの種類	ボルト呼び径	許容せん断力(kN) 1面摩擦	許容せん断力(kN) 2面摩擦	許容引張力 (kN)
F10T	M12	25.4	50.9	52.6
	M16	45.2	90.5	93.5
	M20	70.7	141	146
	M22	85.5	171	177
	M24	102	203	210
	M27	129	257	266
	M30	159	318	329

ボルトの許容耐力

a) 長期応力に対する許容耐力（メートル並目ネジ）

ボルト呼び径	有効断面積 (mm²)	強度区分 4.6, 4.8 許容せん断力(kN) 1面せん断	2面せん断	許容引張力 (kN)	強度区分 5.6, 5.8 許容せん断力(kN) 1面せん断	2面せん断	許容引張力 (kN)	強度区分 6.8 許容せん断力(kN) 1面せん断	2面せん断	許容引張力 (kN)
M 6	20.1	1.86	3.71	3.22	2.32	4.64	4.02	3.25	6.50	5.63
M 8	36.6	3.38	6.76	5.86	4.23	8.45	7.32	5.92	11.8	10.2
M10	58.0	5.36	10.7	9.28	6.70	13.4	11.6	9.38	18.8	16.2
M12	84.3	7.79	15.6	13.5	9.73	19.5	16.9	13.6	27.3	23.6
M16	157	14.5	29.0	25.1	18.1	36.3	31.4	25.4	50.8	44.0
M20	245	22.6	45.3	39.2	28.3	56.6	49.0	39.6	79.2	68.6
M22	303	28.0	56.0	48.5	35.0	70.0	60.6	49.0	98.0	84.8
M24	353	32.6	65.2	56.5	40.8	81.5	70.6	57.1	114	98.8
M27	459	42.4	84.8	73.4	53.0	106	91.8	74.2	148	129
M30	561	51.8	104	89.8	64.8	130	112	90.7	181	157

b) 短期応力に対する許容耐力（メートル並目ネジ）

ボルト呼び径	有効断面積 (mm²)	強度区分 4.6, 4.8 許容せん断力(kN) 1面せん断	2面せん断	許容引張力 (kN)	強度区分 5.6, 5.8 許容せん断力(kN) 1面せん断	2面せん断	許容引張力 (kN)	強度区分 6.8 許容せん断力(kN) 1面せん断	2面せん断	許容引張力 (kN)
M 6	20.1	2.79	5.57	4.82	3.48	6.96	6.03	4.87	9.75	8.44
M 8	36.6	5.07	10.1	8.78	6.34	12.7	11.0	8.88	17.8	15.4
M10	58.0	8.04	16.1	13.9	10.0	20.1	17.4	14.1	28.1	24.4
M12	84.3	11.7	23.4	20.2	14.6	29.2	25.3	20.4	40.9	35.4
M16	157	21.8	43.5	37.7	27.2	54.4	47.1	38.1	76.1	65.9
M20	245	33.9	67.9	58.8	42.4	84.9	73.5	59.4	119	103
M22	303	42.0	84.0	72.7	52.5	105	90.9	73.5	147	127
M24	353	48.9	97.8	84.7	61.1	122	106	85.6	171	148
M27	459	63.6	127	110	79.5	159	138	111	223	193
M30	561	77.7	155	135	97.2	194	168	136	272	236

付 計算用基本データ　327

溶接の許容応力度

継目の形式	長期に生ずる力に対する許容応力度 (N/mm²)				短期に生ずる力に対する許容応力度 (N/mm²)			
	圧縮	引張り	曲げ	せん断	圧縮	引張り	曲げ	せん断
突合せ	$\dfrac{F}{1.5}$			$\dfrac{F}{1.5\sqrt{3}}$	長期に生ずる力に対する圧縮, 引張り, 曲げまたはせん断の許容応力度のそれぞれの数値の1.5倍とする。			
突合せ以外のもの	$\dfrac{F}{1.5\sqrt{3}}$			$\dfrac{F}{1.5\sqrt{3}}$				

この表において, F は, 溶接される鋼材の種類および品質に応じて国土交通大臣が定める溶接部の基準強度 (N/mm²) を表すものとする。

コンクリートの許容応力度

	長期			短期		
	圧縮	引張	せん断	圧縮	引張	せん断
普通コンクリート	$\dfrac{1}{3}F_c$	—	$\dfrac{1}{30}F_c$ かつ $\left(0.49+\dfrac{1}{100}F_c\right)$ 以下	長期に対する値の2倍	—	長期に対する値の1.5倍
軽量コンクリート 1種および2種			普通コンクリートに対する値の0.9倍			

注) F_c は, コンクリートの設計基準強度 (N/mm²) を表す。

鉄筋の許容応力度
(N/mm²)

	長期		短期	
	引張および圧縮	せん断補強	引張および圧縮	せん断補強
SR 235	155	155	235	235
SR 295	155	195	295	295
SD 295 AおよびB	195	195	295	295
SD 345	215 (*195)	195	345	345
SD 390	215 (*195)	195	390	390
SD 490	215 (*195)	195	490	490
溶接金網	195	195	** 295	295

＊D29以上の太さの鉄筋に対しては, （ ）内の数値とする。
＊＊スラブ筋として引張鉄筋に用いる場合に限る。

鉄筋とコンクリートの定数

材料	ヤング係数 (N/mm²)	ポアソン比	線膨張係数 (1/℃)
鉄筋	2.05×10^5	—	1×10^{-5}
コンクリート	$3.35\times10^4\times\left(\dfrac{\gamma}{24}\right)^2\times\left(\dfrac{F_c}{60}\right)^{\frac{1}{3}}$	0.2	1×10^{-5}

注) γ：コンクリートの気乾単位容積重量 (kN/m³)
　　F_c：コンクリートの設計基準強度 (N/mm²)

鋼材の許容応力度

● $F = 235\,\text{N/mm}^2$ 鋼材の長期応力に対する許容圧縮応力度 f_c （N/mm²）
〔SN400A・B・C, SS400, SM400, STK400, STKR400, SSC400, STKN400, SWH400, $t \leq 40\,\text{mm}$〕

λ	f_c	λ	f_c	λ	f_c	λ	f_c	λ	f_c
1	156	51	134	101	85.1	151	40.9	201	23.1
2	156	52	133	102	84.1	152	40.4	202	22.8
3	156	53	132	103	83.0	153	39.9	203	22.6
4	156	54	132	104	81.9	154	39.3	204	22.4
5	156	55	131	105	80.8	155	38.8	205	22.2
6	156	56	130	106	79.8	156	38.3	206	22.0
7	156	57	129	107	78.7	157	37.8	207	21.7
8	156	58	128	108	77.6	158	37.4	208	21.5
9	155	59	127	109	76.5	159	36.9	209	21.3
10	155	60	126	110	75.5	160	36.4	210	21.1
11	155	61	125	111	74.4	161	36.0	211	20.9
12	155	62	124	112	73.3	162	35.5	212	20.7
13	155	63	124	113	72.3	163	35.1	213	20.5
14	154	64	123	114	71.2	164	34.7	214	20.3
15	154	65	122	115	70.1	165	34.3	215	20.2
16	154	66	121	116	69.1	166	33.8	216	20.0
17	154	67	120	117	68.0	167	33.4	217	19.8
18	153	68	119	118	66.9	168	33.0	218	19.6
19	153	69	118	119	65.9	169	32.7	219	19.4
20	153	70	117	120	64.8	170	32.3	220	19.2
21	152	71	116	121	63.7	171	31.9	221	19.1
22	152	72	115	122	62.7	172	31.5	222	18.9
23	151	73	114	123	61.7	173	31.2	223	18.7
24	151	74	113	124	60.7	174	30.8	224	18.6
25	151	75	112	125	59.7	175	30.5	225	18.4
26	150	76	111	126	58.8	176	30.1	226	18.2
27	150	77	110	127	57.9	177	29.8	227	18.1
28	149	78	109	128	57.0	178	29.4	228	17.9
29	149	79	108	129	56.1	179	29.1	229	17.8
30	148	80	107	130	55.2	180	28.8	230	17.6
31	148	81	106	131	54.4	181	28.5	231	17.5
32	147	82	105	132	53.6	182	28.1	232	17.3
33	146	83	104	133	52.8	183	27.8	233	17.2
34	146	84	103	134	52.0	184	27.5	234	17.0
35	145	85	102	135	51.2	185	27.2	235	16.9
36	145	86	101	136	50.5	186	26.9	236	16.7
37	144	87	100	137	49.7	187	26.7	237	16.6
38	143	88	99.0	138	49.0	188	26.4	238	16.4
39	143	89	98.0	139	48.3	189	26.1	239	16.3
40	142	90	96.9	140	47.6	190	25.8	240	16.2
41	141	91	95.9	141	46.9	191	25.6	241	16.0
42	141	92	94.8	142	46.3	192	25.3	242	15.9
43	140	93	93.7	143	45.6	193	25.0	243	15.8
44	139	94	92.7	144	45.0	194	24.8	244	15.6
45	139	95	91.5	145	44.4	195	24.5	245	15.5
46	138	96	90.5	146	43.8	196	24.3	246	15.4
47	137	97	89.4	147	43.2	197	24.0	247	15.3
48	136	98	88.4	148	42.6	198	23.8	248	15.1
49	136	99	87.3	149	42.0	199	23.5	249	15.0
50	135	100	86.2	150	41.5	200	23.3	250	14.9

● $F = 235\,\text{N/mm}^2$ 鋼材の長期応力に対する許容曲げ応力度 f_b （N/mm²）
〔SN400A・B・C, SS400, SM400, STK400, STKR400, SSC400, STKN400, SWH400, $t \leq 40\,\text{mm}$〕

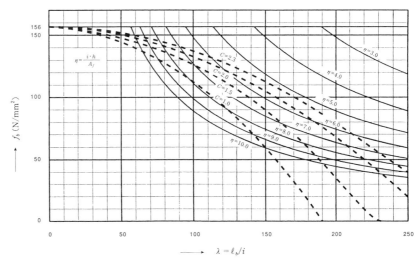

＊ F 値の異なる鋼材の許容圧縮応力度および許容曲げ応力度は計算で求める。

鋼材データ

形鋼の標準断面寸法と断面諸性能

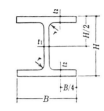

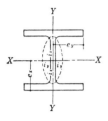

● H形鋼

呼称寸法 高さ×辺	$H \times B$	t_1	t_2	r_1	断面積 (cm²)	単位質量 (kg/m)	I_x (cm⁴)	I_y (cm⁴)	i_x (cm)	i_y (cm)	Z_x (cm³)	Z_y (cm³)	i	$\dfrac{i \cdot h}{A_f}$
100× 50	100× 50	5	7	8	11.85	9.30	187	14.8	3.98	1.12	37.5	5.91	1.31	3.76
100×100	100×100	6	8	8	21.59	16.9	378	134	4.18	2.49	75.6	26.7	2.75	3.44
125× 50	125× 60	6	8	8	16.69	13.1	409	29.1	4.95	1.32	65.5	9.71	1.57	4.10
125×125	125×125	6.5	9	8	30.00	23.6	839	293	5.29	3.13	134	46.9	3.45	3.84
150× 75	150× 75	5	7	8	17.85	14.0	666	49.5	6.11	1.66	88.8	13.2	1.96	5.60
150×100	148×100	6	9	8	26.35	20.7	1 000	150	6.17	2.39	135	30.1	2.71	4.46
150×150	150×150	7	10	8	39.65	31.1	1 620	563	6.40	3.77	216	75.1	4.15	4.15
175×100	175× 90	5	8	8	22.90	18.0	1 210	97.5	7.26	2.06	138	21.7	2.39	5.81
175×175	175×175	7.5	11	13	51.43	40.4	2 900	984	7.50	4.37	331	112	4.80	4.36
200×100	198× 99	4.5	7	8	22.69	17.8	1 540	113	8.25	2.24	156	22.9	2.60	7.43
	200×100	5.5	8	8	26.67	20.9	1 810	134	8.23	2.24	181	26.7	2.63	6.57
200×150	194×150	6	9	8	38.11	29.9	2 630	507	8.30	3.65	271	67.6	4.09	5.83
200×200	200×200	8	12	13	63.53	49.9	4 720	1 600	8.62	5.02	472	160	5.50	4.59
	200×204	12	12	13	71.53	56.2	4 980	1 700	8.35	4.88	498	167	5.53	4.52
250×125	248×124	5	8	8	31.99	25.1	3 450	255	10.4	2.82	278	41.1	3.27	8.19
	250×125	6	9	8	36.97	29.0	3 960	294	10.4	2.82	317	47.0	3.30	7.33
250×175	244×175	7	11	13	55.49	43.6	6 040	984	10.4	4.21	495	112	4.72	5.99
250×250	250×250	9	14	13	91.43	71.8	10 700	3 650	10.8	6.32	860	292	6.91	4.07
	250×255	14	14	13	103.9	81.6	11 400	3 880	10.5	6.11	912	304	6.93	4.85
300×150	298×149	5.5	8	13	40.80	32.0	6 320	442	12.4	3.29	424	59.3	3.85	9.61
	300×150	6.5	9	13	46.78	36.7	7 210	508	12.4	3.29	481	67.7	3.87	8.61
300×200	294×200	8	12	13	71.05	55.8	11 100	1 600	12.5	4.75	756	160	5.38	6.52
300×300	294×302	12	12	13	106.3	83.4	16 600	5 510	12.5	7.20	1 130	365	8.16	6.62
	300×300	10	15	13	118.5	93.0	20 200	6 750	13.1	7.55	1 350	450	8.28	5.52
	300×305	15	15	13	133.5	105	21 300	7 100	12.6	7.30	1 420	466	8.28	5.43
350×175	346×174	6	9	13	52.45	41.2	11 000	791	14.5	3.88	638	91.0	4.53	10.0
	350×175	7	11	13	62.91	49.4	13 500	984	14.6	3.96	771	112	4.60	8.35
350×250	340×250	9	14	13	99.53	78.1	21 200	3 650	14.6	6.05	1 250	292	6.79	6.60
350×350	344×348	10	16	13	144.0	113	32 800	11 200	15.1	8.84	1 910	646	9.64	5.95
	350×350	12	19	13	171.9	135	39 800	13 600	15.2	8.89	2 280	776	9.71	5.11
400×200	396×199	7	11	13	71.41	56.1	19 800	1 450	16.6	4.50	999	145	5.23	9.45
	400×200	8	13	13	83.37	65.4	23 500	1 740	16.8	4.56	1 170	174	5.29	8.13
400×300	390×300	10	16	13	133.3	105	37 900	7 200	16.9	7.35	1 940	480	8.19	6.66
400×400	388×402	15	15	22	178.5	140	49 000	16 300	16.6	9.55	2 520	809	10.80	6.94
	394×398	11	18	22	186.8	147	56 100	18 900	17.3	10.1	2 850	951	10.90	6.02
	400×400	13	21	22	218.7	172	66 600	22 400	17.5	10.1	3 330	1 120	11.00	5.25
	400×408	21	21	22	250.7	197	70 900	23 800	16.8	9.75	3 540	1 170	11.10	5.16
	414×405	18	28	22	295.4	232	92 800	31 000	17.7	10.2	4 480	1 530	11.20	4.10
	428×407	20	35	22	360.7	283	119 000	39 400	18.2	10.4	5 570	1 930	11.40	3.42
	458×417	30	50	22	528.6	415	187 000	60 500	18.8	10.7	8 170	2 900	11.80	2.58
	498×432	45	70	22	770.1	605	298 000	94 400	19.7	11.1	12 000	4 370	12.30	2.03
450×200	446×199	8	12	13	82.97	65.1	28 100	1 580	18.4	4.36	1 260	159	5.16	9.64
	450×200	9	14	13	95.43	74.9	32 900	1 870	18.6	4.43	1 460	187	5.23	8.40
450×300	440×300	11	18	13	153.9	121	54 700	8 110	18.9	7.26	2 490	540	8.16	6.65
500×200	496×199	9	14	13	99.29	77.9	40 800	1 840	20.3	4.31	1 650	185	5.14	9.16
	500×200	10	16	13	112.3	88.2	46 800	2 140	20.4	4.36	1 870	214	5.20	8.13
	506×201	11	19	13	129.3	102	55 500	2 580	20.7	4.46	2 190	257	5.28	7.00
500×300	482×300	11	15	13	141.2	111	58 300	6 760	20.3	6.92	2 420	450	7.99	8.56
	488×300	11	18	13	159.2	125	68 900	8 110	20.8	7.14	2 820	540	8.10	7.32
600×200	596×199	10	15	13	117.8	92.5	66 600	1 980	23.8	4.10	2 240	199	5.03	10.0
	600×200	11	17	13	131.7	103	75 600	2 270	24.0	4.15	2 520	227	5.09	8.98
	606×201	12	20	13	149.8	118	88 300	2 720	24.3	4.26	2 910	270	5.17	7.80
600×300	582×300	12	17	13	169.2	133	98 900	7 660	24.2	6.73	3 400	511	7.90	9.01
	588×300	12	20	13	187.2	147	114 000	9 010	24.7	6.94	3 890	601	8.01	7.85
	594×302	14	23	13	217.1	170	134 000	10 600	24.8	6.98	4 500	700	8.08	6.91
700×300	692×300	13	20	18	207.5	163	168 000	9 020	28.5	6.59	4 870	601	7.81	9.01
	700×300	13	24	18	231.5	182	197 000	10 800	29.2	6.83	5 640	721	7.95	7.73
800×300	792×300	14	22	18	239.5	188	248 000	9 920	32.2	6.44	6 270	661	7.74	9.28
	800×300	14	26	18	263.5	207	286 000	11 700	33.0	6.67	7 160	781	7.87	8.08
900×300	890×299	15	23	18	266.9	210	339 000	10 300	35.6	6.20	7 610	687	7.59	9.83
	900×300	16	28	18	305.8	240	404 000	12 600	36.4	6.43	8 990	842	7.75	8.31
	912×302	18	34	18	360.1	283	491 000	15 700	36.9	6.59	10 800	1 040	7.90	7.01

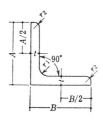

● 等辺山形鋼

標準断面寸法 (mm) $A \times B$	t	r_1	r_2	断面積 (cm²)	単位質量 (kg/m)	重心の位置 (cm) C_x	重心の位置 (cm) C_y	断面2次モーメント (cm⁴) I_x	断面2次モーメント (cm⁴) I_y	最大 I_u	最小 I_v	断面2次半径 (cm) i_x	断面2次半径 (cm) i_y	最大 i_u	最小 i_v	断面係数 (cm³) Z_x	断面係数 (cm³) Z_y
25× 25	3	4	2	1.427	1.12	0.719	0.719	0.797	0.797	1.26	0.332	0.747	0.747	0.940	0.483	0.448	0.448
30× 30	3	4	2	1.727	1.36	0.844	0.844	1.42	1.42	2.26	0.590	0.908	0.908	1.14	0.585	0.661	0.661
40× 40	3	4.5	2	2.336	1.83	1.09	1.09	3.53	3.53	5.60	1.46	1.23	1.23	1.55	0.790	1.21	1.21
40× 40	5	4.5	3	3.755	2.95	1.17	1.17	5.42	5.42	8.59	2.25	1.20	1.20	1.51	0.774	1.91	1.91
45× 45	4	6.5	3	3.492	2.74	1.24	1.24	6.50	6.50	10.3	2.70	1.36	1.36	1.72	0.880	2.00	2.00
45× 45	5	6.5	3	4.302	3.38	1.28	1.28	7.91	7.91	12.5	3.29	1.36	1.36	1.71	0.874	2.46	2.46
50× 50	4	6.5	3	3.892	3.06	1.37	1.37	9.06	9.06	14.4	3.76	1.53	1.53	1.92	0.983	2.49	2.49
50× 50	5	6.5	3	4.802	3.77	1.41	1.41	11.1	11.1	17.5	4.58	1.52	1.52	1.91	0.976	3.08	3.08
50× 50	6	6.5	4.5	5.644	4.43	1.44	1.44	12.6	12.6	20.0	5.23	1.50	1.50	1.88	0.963	3.55	3.55
60× 60	4	6.5	3	4.692	3.68	1.61	1.61	16.0	16.0	25.4	6.62	1.85	1.85	2.33	1.19	3.66	3.66
60× 60	5	6.5	3	5.802	4.55	1.66	1.66	19.6	19.6	31.2	8.09	1.84	1.84	2.32	1.18	4.52	4.52
65× 65	5	8.5	3	6.367	5.00	1.77	1.77	25.3	25.3	40.1	10.5	1.99	1.99	2.51	1.28	5.35	5.35
65× 65	6	8.5	4	7.527	5.91	1.81	1.81	29.4	29.4	46.6	12.2	1.98	1.98	2.49	1.27	6.26	6.26
65× 65	8	8.5	4	9.761	7.66	1.88	1.88	36.8	36.8	58.3	15.3	1.94	1.94	2.44	1.25	7.96	7.96
70× 70	6	8.5	4	8.127	6.38	1.93	1.93	37.1	37.1	58.9	15.3	2.14	2.14	2.69	1.37	7.33	7.33
75× 75	6	8.5	4	8.727	6.85	2.06	2.06	46.1	46.1	73.2	19.0	2.30	2.30	2.90	1.48	8.47	8.47
75× 75	9	8.5	6	12.69	9.96	2.17	2.17	64.4	64.4	102	26.7	2.25	2.25	2.84	1.45	12.1	12.1
75× 75	12	8.5	6	16.56	13.0	2.29	2.29	81.9	81.9	129	34.5	2.22	2.22	2.79	1.44	15.7	15.7
80× 80	6	8.5	4	9.327	7.32	2.18	2.18	56.4	56.4	89.6	23.2	2.46	2.46	3.10	1.58	9.70	9.70
90× 90	6	10	5	10.55	8.28	2.42	2.42	80.7	80.7	128	33.4	2.77	2.77	3.48	1.78	12.3	12.3
90× 90	7	10	5	12.22	9.59	2.46	2.46	93.0	93.0	148	38.3	2.76	2.76	3.48	1.77	14.2	14.2
90× 90	10	10	7	17.00	13.3	2.57	2.57	125	125	199	51.7	2.71	2.71	3.42	1.74	19.5	19.5
90× 90	13	10	7	21.71	17.0	2.69	2.69	156	156	248	65.3	2.68	2.68	3.38	1.73	24.8	24.8
100×100	7	10	5	13.62	10.7	2.71	2.71	129	129	205	53.2	3.08	3.08	3.88	1.98	17.7	17.7
100×100	10	10	5	19.00	14.9	2.82	2.82	175	175	278	72.0	3.04	3.04	3.83	1.95	24.4	24.4
100×100	13	10	7	24.31	19.1	2.94	2.94	220	220	348	91.1	3.00	3.00	3.78	1.94	31.1	31.1
120×120	8	12	5	18.76	14.7	3.24	3.24	258	258	410	106	3.71	3.71	4.67	2.38	29.5	29.5
130×130	9	12	6	22.74	17.9	3.53	3.53	366	366	583	150	4.01	4.01	5.06	2.57	38.7	38.7
130×130	12	12	8.5	29.76	23.4	3.64	3.64	467	467	743	192	3.96	3.96	5.00	2.54	49.9	49.9
130×130	15	12	8.5	36.75	28.8	3.76	3.76	568	568	902	234	3.93	3.93	4.95	2.53	61.5	61.5
150×150	12	14	7	34.77	27.3	4.14	4.14	740	740	1 180	304	4.61	4.61	5.82	2.96	68.1	68.1
150×150	15	14	10	42.74	33.6	4.24	4.24	888	888	1 410	365	4.56	4.56	5.75	2.92	82.6	82.6
150×150	19	14	10	53.38	41.9	4.40	4.40	1 090	1 090	1 730	451	4.52	4.52	5.69	2.91	103	103
175×175	12	15	11	40.52	31.8	4.73	4.73	1 170	1 170	1 860	480	5.38	5.38	6.78	3.44	91.8	91.8
175×175	15	15	11	50.21	39.4	4.85	4.85	1 440	1 440	2 290	589	5.35	5.35	6.75	3.42	114	114
200×200	15	17	12	57.75	45.3	5.46	5.46	2 180	2 180	3 470	891	6.14	6.14	7.75	3.93	150	150
200×200	20	17	12	76.00	59.7	5.67	5.67	2 820	2 820	4 490	1 160	6.09	6.09	7.68	3.90	197	197
200×200	25	17	12	93.75	73.6	5.86	5.86	3 420	3 420	5 420	1 410	6.04	6.04	7.61	3.88	242	242
250×250	25	24	12	119.4	93.7	7.10	7.10	6 950	6 950	11 000	2 860	7.63	7.63	9.62	4.90	388	388
250×250	35	24	18	162.6	128	7.45	7.45	9 110	9 110	14 400	3 790	7.49	7.49	9.42	4.83	519	519

● 不等辺山形鋼

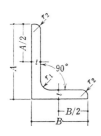

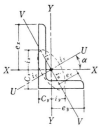

標準断面寸法 (mm) $A \times B$	t	r_1	r_2	断面積 (cm²)	単位質量 (kg/m)	重心の位置 (cm) C_x	重心の位置 (cm) C_y	断面2次モーメント (cm⁴) I_x	断面2次モーメント (cm⁴) I_y	最大 I_u	最小 I_v	断面2次半径 (cm) i_x	断面2次半径 (cm) i_y	最大 i_u	最小 i_v	$\tan \alpha$	断面係数 (cm³) Z_x	断面係数 (cm³) Z_y
90× 75	9	8.5	6	14.04	11.0	2.75	2.00	109	68.1	143	34.1	2.78	2.20	3.19	1.56	0.676	17.4	12.4
100× 75	7	10	5	11.87	9.32	3.06	1.83	118	56.9	144	30.8	3.15	2.19	3.49	1.61	0.548	17.0	10.0
100× 75	10	10	7	16.50	13.0	3.17	1.94	159	76.1	194	41.3	3.11	2.15	3.43	1.58	0.543	23.3	13.7
125× 75	7	10	5	13.62	10.7	4.10	1.64	219	60.4	243	36.4	4.01	2.11	4.23	1.64	0.362	26.1	10.3
125× 75	10	10	7	19.00	14.9	4.22	1.75	299	80.8	330	49.0	3.96	2.06	4.17	1.61	0.357	36.1	14.1
125× 75	13	10	7	24.31	19.1	4.35	1.87	376	101	415	61.9	3.93	2.04	4.13	1.60	0.352	46.1	17.9
125× 90	10	10	7	20.50	16.1	3.95	2.22	318	138	380	76.2	3.94	2.59	4.30	1.93	0.505	37.2	20.3
125× 90	13	10	7	26.26	20.6	4.07	2.34	401	173	477	96.3	3.91	2.57	4.26	1.91	0.501	47.5	25.9
150× 90	9	12	6	20.94	16.4	4.95	1.99	485	133	537	80.4	4.81	2.52	5.06	1.96	0.361	48.2	19.0
150× 90	12	12	8.5	27.36	21.5	5.07	2.10	619	167	685	102	4.76	2.47	5.00	1.93	0.357	62.3	24.3
150×100	9	12	6	21.84	17.1	4.76	2.30	502	181	579	104	4.79	2.88	5.15	2.18	0.439	49.1	23.5
150×100	12	12	8.5	28.56	22.4	4.88	2.41	642	228	738	132	4.74	2.83	5.09	2.15	0.435	63.4	30.1
150×100	15	12	8.5	35.25	27.7	5.00	2.53	782	276	897	161	4.71	2.80	5.04	2.14	0.431	78.2	37.0

付 計算用基本データ

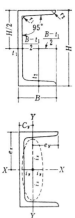
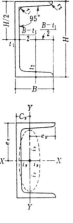

● みぞ形鋼

標準断面寸法 (mm)					断面積 (cm²)	単位質量 (kg/m)	参 考						
$H \times B$	t_1	t_2	r_1	r_2			重心の位置 (cm)		断面2次モーメント (cm⁴)		断面2次半径 (cm)		断面係数 (cm³)	
							C_x	C_y	I_x	I_y	i_x	i_y	Z_x	Z_y
75× 40	5	7	8	4	8.818	6.92	0	1.28	75.3	12.2	2.92	1.17	20.1	4.47
100× 50	5	7.5	8	4	11.92	9.36	0	1.54	188	26.0	3.97	1.48	37.6	7.52
125× 65	6	8	8	4	17.11	13.4	0	1.90	424	61.8	4.98	1.90	67.8	13.4
150× 75	6.5	10	10	5	23.71	18.6	0	2.28	861	117	6.03	2.22	115	22.4
150× 75	9	12.5	15	7.5	30.59	24.0	0	2.31	1 050	147	5.86	2.19	140	28.3
180× 75	7	10.5	11	5.5	27.20	21.4	0	2.13	1 380	131	7.12	2.19	153	24.3
200× 80	7.5	11	12	6	31.33	24.6	0	2.21	1 950	168	7.88	2.32	195	29.1
200× 90	8	13.5	14	7	38.65	30.3	0	2.74	2 490	277	8.02	2.68	249	44.2
250× 90	9	13	14	7	44.07	34.6	0	2.40	4 180	294	9.74	2.58	334	44.5
250× 90	11	14.5	17	8.5	51.17	40.2	0	2.40	4 680	329	9.56	2.54	374	49.9
300× 90	9	13	14	7	48.57	38.1	0	2.22	6 440	309	11.5	2.52	429	45.7
300× 90	10	15.5	19	9.5	55.74	43.8	0	2.34	7 410	360	11.5	2.54	494	54.1
300× 90	12	16	19	9.5	61.90	48.6	0	2.28	7 870	379	11.3	2.48	525	56.4
380×100	10.5	16	18	9	69.39	54.5	0	2.41	14 500	535	14.5	2.78	763	70.5
380×100	13	16.5	18	9	78.96	62.0	0	2.33	15 600	565	14.1	2.67	823	73.6
380×100	13	20	24	12	85.71	67.3	0	2.54	17 600	655	14.3	2.76	926	87.8

● I形鋼

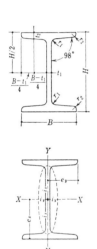

標準断面寸法 (mm)					断面積 (cm²)	単位質量 (kg/m)	参 考						
$H \times B$	t_1	t_2	r_1	r_2			断面2次モーメント (cm⁴)		断面2次半径 (cm)		断面係数 (cm³)		曲げ応力のための断面性能	
							I_x	I_y	i_x	i_y	Z_x	Z_y	i	$i \cdot h/A_f$
100× 75	5	8	7	3.5	16.43	12.9	281	47.3	4.14	1.70	56.2	12.6	2.09	3.48
125× 75	5.5	9.5	9	4.5	20.45	16.1	538	57.5	5.13	1.68	86.0	15.3	2.70	3.64
150× 75	5.5	9.5	9	4.5	21.83	17.1	819	57.5	6.12	1.62	109	15.3	2.04	4.30
150×125	8.5	14	13	6.5	46.15	36.2	1 760	385	6.18	2.89	235	61.6	3.51	3.01
180×100	6	10	10	5	30.06	23.6	1 670	138	7.45	2.14	186	27.5	2.72	4.91
200×100	7	10	10	5	33.06	26.0	2 170	138	8.11	2.05	217	27.7	2.67	5.35
200×150	9	16	15	7.5	64.16	50.4	4 460	753	8.34	3.43	446	100	4.19	3.49
250×125	7.5	12.5	12	6	48.79	38.3	5 180	337	10.3	2.63	414	53.9	3.38	5.40
250×125	10	19	21	10.5	70.73	55.5	7 310	538	10.2	2.76	585	86.0	3.44	3.63
300×150	8	13	12	6	61.58	48.3	9 480	588	12.4	3.09	632	78.4	4.03	6.20
300×150	10	18.5	19	9.5	83.47	65.5	12 700	886	12.3	3.26	849	118	4.10	4.43
300×150	11.5	22	23	11.5	97.88	76.8	14 700	1 080	12.2	3.32	978	143	4.13	3.75
350×150	9	15	13	6.5	74.58	58.5	15 200	702	14.3	3.07	870	93.5	3.99	6.22
350×150	12	24	25	12.5	111.1	87.2	22 400	1 180	14.2	3.26	1 280	158	4.10	3.98
400×150	10	18	17	8.5	91.73	72.0	24 100	864	16.2	3.07	1 200	115	3.08	5.90
400×150	12.5	25	27	13.5	122.1	95.8	31 700	1 240	16.1	3.18	1 580	165	4.05	4.33
450×175	11	20	19	9.5	116.8	91.7	39 200	1 510	18.3	3.60	1 740	173	4.66	5.99
450×175	13	26	27	13.5	146.1	115	48 800	2 020	18.3	3.72	2 170	231	4.73	4.68
600×190	13	25	25	12.5	169.4	133	98 400	2 460	24.1	3.81	3 280	259	4.99	6.31
600×190	16	35	38	19	224.5	176	130 000	3 540	24.1	3.97	4 330	373	5.10	4.60

標準長さ　6.0, 6.5, 7.0, 8.0, 9.0, 10.0, 11.0, 12.0, 13.0, 14.0, 15.0 m
i の算出の際，フランジは $B \times t_2$ の長方形断面として取扱ったものである．

鋼管・角形鋼管の標準 断面寸法と断面諸性能

●一般構造用炭素鋼管

外径	厚さ	単位質量	参考			
(mm)	(mm)	(kg/m)	断面積 (cm^2)	断面2次モーメント (cm^4)	断面係数 (cm^3)	断面2次半径 (cm)
21.7	2.0	0.972	1.238	0.607	0.560	0.700
27.2	2.0	1.24	1.583	1.26	0.930	0.890
	2.3	1.41	1.799	1.41	1.03	0.880
34.0	2.3	1.80	2.291	2.89	1.70	1.12
42.7	2.3	2.29	2.919	5.97	2.80	1.43
	2.5	2.48	3.157	6.40	3.00	1.42
48.6	2.3	2.63	3.345	8.99	3.70	1.64
	2.5	2.84	3.621	9.65	3.97	1.63
	2.8	3.16	4.029	10.6	4.36	1.62
	3.2	3.58	4.564	11.8	4.86	1.61
60.5	2.3	3.30	4.205	17.8	5.90	2.06
	3.2	4.52	5.760	23.7	7.84	2.03
	4.0	5.57	7.100	28.5	9.41	2.00
76.3	2.8	5.08	6.465	43.7	11.5	2.60
	3.2	5.77	7.349	49.2	12.9	2.59
	4.0	7.13	9.085	59.5	15.6	2.58
89.1	2.8	5.96	7.591	70.7	15.9	3.05
	3.2	6.78	8.636	79.8	17.9	3.04
101.6	3.2	7.76	9.892	120	23.6	3.48
	4.0	9.63	12.26	146	28.8	3.45
	5.0	11.9	15.17	177	34.9	3.42
114.3	3.2	8.77	11.17	172	30.2	3.93
	3.5	9.58	12.18	187	32.7	3.92
	4.5	12.2	15.52	234	41.0	3.89
139.8	3.6	12.1	15.40	357	51.1	4.82
	4.0	13.4	17.07	394	56.3	4.80
	4.5	15.0	19.13	438	62.7	4.79
	6.0	19.8	25.22	566	80.9	4.74
165.2	4.5	17.8	22.72	734	88.9	5.68
	5.0	19.8	25.16	808	97.8	5.67
	6.0	23.6	30.01	952	115	5.63
	7.1	27.7	35.26	110×10	134	5.60
190.7	4.5	20.7	26.32	114×10	120	6.59
	5.3	24.2	30.87	133×10	139	6.56
	6.0	27.3	34.82	149×10	156	6.53
	7.0	31.7	40.40	171×10	179	6.50
	8.2	36.9	47.01	196×10	206	6.46
216.3	4.5	23.5	29.94	168×10	155	7.49
	5.8	30.1	38.36	213×10	197	7.45
	6.0	31.1	39.64	219×10	203	7.44
	7.0	36.1	46.03	252×10	233	7.40
	8.0	41.1	52.35	284×10	263	7.37
	8.2	42.1	53.61	291×10	269	7.36
267.4	6.0	38.7	49.27	421×10	315	9.24
	6.6	42.4	54.08	460×10	344	9.22
	7.0	45.0	57.26	486×10	363	9.21
	8.0	51.2	65.19	549×10	411	9.18
	9.0	57.3	73.06	611×10	457	9.14
	9.3	59.2	75.41	629×10	470	9.13
318.5	6.0	46.2	58.91	719×10	452	11.1
	6.9	53.0	67.55	820×10	515	11.0
	8.0	61.3	78.04	941×10	591	11.0
	9.0	68.7	87.51	105×10^2	659	10.9
	10.3	78.3	99.73	119×10^2	744	10.9
355.6	6.4	55.1	70.21	107×10^2	602	12.3
	7.9	67.7	86.29	130×10^2	734	12.3
	9.0	76.9	98.00	147×10^2	828	12.3
	9.5	81.1	103.3	155×10^2	871	12.2
	12.0	102	129.5	191×10^2	108×10	12.2
	12.7	107	136.8	201×10^2	113×10	12.1
406.4	7.9	77.6	98.90	196×10^2	967×10	14.1
	9.0	88.2	112.4	222×10^2	109×10	14.1
	9.5	93.0	118.5	233×10^2	115×10	14.0
	12.0	117	148.7	289×10^2	142×10	14.0
	12.7	123	157.1	305×10^2	150×10	13.9
	16.0	154	196.2	374×10^2	184×10	13.8
	19.0	182	231.2	435×10^2	214×10	13.7
457.2	9.0	99.5	126.7	318×10^2	140×10	15.8
	9.5	105	133.6	335×10^2	147×10	15.8
	12.0	132	167.8	416×10^2	182×10	15.7
	12.7	139	177.3	438×10^2	192×10	15.7
	16.0	174	221.8	540×10^2	236×10	15.6
	19.0	205	261.6	629×10^2	275×10	15.5
500	9.0	109	138.8	418×10^2	167×10	17.4
	12.0	144	184.0	548×10^2	219×10	17.3
	14.0	168	213.8	632×10^2	253×10	17.2
508.0	7.9	97.4	124.1	388×10^2	153×10	17.7
	9.0	111	141.1	439×10^2	173×10	17.6
	9.5	117	148.8	462×10^2	182×10	17.6
	12.0	147	187.0	575×10^2	227×10	17.5
	12.7	155	197.6	606×10^2	239×10	17.5
	14.0	171	217.3	663×10^2	261×10	17.4
	16.0	194	247.3	749×10^2	295×10	17.4
	19.0	229	291.9	874×10^2	344×10	17.3
	22.0	264	335.9	994×10^2	391×10	17.2
558.8	9.0	122	155.5	588×10^2	210×10	19.4
	12.0	162	206.1	771×10^2	276×10	19.3
	14.0	214	272.8	101×10^3	360×10	19.2
	19.0	253	322.2	118×10^3	421×10	19.1
	22.0	291	371.0	134×10^3	479×10	19.0
600	9.0	131	167.1	730×10^2	243×10	20.9
	12.0	174	221.7	958×10^2	320×10	20.8
	14.0	202	257.7	111×10^3	369×10	20.7
	16.0	230	293.6	125×10^3	418×10	20.7
609.6	9.0	133	169.8	766×10^2	251×10	21.2
	9.5	141	179.1	806×10^2	265×10	21.2
	12.0	177	225.3	101×10^3	330×10	21.1
	12.7	187	238.2	106×10^3	348×10	21.1
	14.0	206	262.0	116×10^3	381×10	21.1
	16.0	234	298.4	132×10^3	431×10	21.0
	19.0	277	352.5	154×10^3	505×10	20.9
	22.0	319	406.1	176×10^3	576×10	20.8
700	9.0	153	195.4	117×10^3	333×10	24.4
	12.0	204	259.4	154×10^3	439×10	24.3
	14.0	237	301.7	178×10^3	507×10	24.3
	16.0	270	343.8	201×10^3	575×10	24.2
711.2	9.0	156	198.5	122×10^3	344×10	24.8
	12.0	207	263.6	161×10^3	453×10	24.7
	14.0	241	306.6	186×10^3	524×10	24.7
	16.0	274	349.4	211×10^3	594×10	24.6
	19.0	324	413.2	248×10^3	696×10	24.5
	22.0	374	476.3	283×10^3	796×10	24.4
812.8	9.0	178	227.3	184×10^3	452×10	28.4
	12.0	237	301.9	242×10^3	596×10	28.3
	14.0	276	351.3	280×10^3	690×10	28.2
	16.0	314	400.5	318×10^3	782×10	28.2
	19.0	372	473.8	373×10^3	919×10	28.1
	22.0	429	546.6	428×10^3	105×10^2	28.0
914.4	12.0	267	340.2	346×10^3	758×10	31.9
	14.0	311	396.0	401×10^3	878×10	31.8
	16.0	354	451.6	456×10^3	997×10	31.8
	19.0	420	534.5	536×10^3	117×10^2	31.7
	22.0	484	616.5	614×10^3	134×10^2	31.5
1 016.0	12.0	297	378.5	477×10^3	939×10	35.5
	14.0	346	440.7	553×10^3	109×10^2	35.4
	16.0	395	502.7	628×10^3	124×10^2	35.4
	19.0	467	595.1	740×10^3	146×10^2	35.2
	22.0	539	687.0	849×10^3	167×10^2	35.2

● 角形鋼管

辺の長さ $A \times B$ (mm)	厚さ t (mm)	単位質量 (kg/m)	断面積 (cm²)	断面2次モーメント (cm⁴) I_X, I_Y	断面係数 (cm³) Z_X, Z_Y	断面2次半径 (cm) i_X, i_Y
40×40	1.6	1.88	2.392	5.79	2.90	1.56
40×40	2.3	2.62	3.332	7.73	3.86	1.52
50×50	1.6	2.38	3.032	11.7	4.68	1.96
50×50	2.3	3.34	4.252	15.9	6.34	1.93
50×50	3.2	4.50	5.727	20.4	8.16	1.89
60×60	1.6	2.88	3.672	20.7	6.89	2.37
60×60	2.3	4.06	5.172	28.3	9.44	2.34
60×60	3.2	5.50	7.007	36.9	12.3	2.30
75×75	1.6	3.64	4.632	41.3	11.0	2.99
75×75	2.3	5.14	6.552	57.1	15.2	2.95
75×75	3.2	7.01	8.927	75.5	20.1	2.91
75×75	4.5	9.55	12.17	98.6	26.3	2.85
80×80	2.3	5.50	7.012	69.9	17.5	3.16
80×80	3.2	7.51	9.567	92.7	23.2	3.11
80×80	4.5	10.3	13.07	122	30.4	3.05
90×90	2.3	6.23	7.932	101	22.4	3.56
90×90	3.2	8.51	10.85	135	29.9	3.52
100×100	2.3	6.95	8.852	140	27.9	3.97
100×100	3.2	9.52	12.13	187	37.5	3.93
100×100	4.0	11.7	14.95	226	45.3	3.89
100×100	4.5	13.1	16.67	249	49.9	3.87
100×100	6.0	17.0	21.63	311	62.3	3.79
100×100	9.0	24.1	30.67	408	81.6	3.65
100×100	12.0	30.2	38.53	471	94.3	3.50
125×125	3.2	12.0	15.33	376	60.1	4.95
125×125	4.5	16.6	21.17	506	80.9	4.89
125×125	5.0	18.3	23.36	553	88.4	4.86
125×125	6.0	21.7	27.63	641	103	4.82
125×125	9.0	31.1	39.67	865	138	4.67
125×125	12.0	39.7	50.53	103×10	165	4.52
150×150	4.5	20.1	25.67	896	120	5.91
150×150	5.0	22.3	28.36	982	131	5.89
150×150	6.0	26.4	33.63	115×10	153	5.84
150×150	9.0	38.2	48.67	158×10	210	5.69
175×175	4.5	23.7	30.17	145×10	166	6.93
175×175	5.0	26.2	33.36	159×10	182	6.91
175×175	6.0	31.1	39.63	186×10	213	6.86
200×200	4.5	27.2	34.67	219×10	219	7.95
200×200	6.0	35.8	45.63	283×10	283	7.88
200×200	8.0	46.9	59.79	362×10	362	7.78
200×200	9.0	52.3	66.67	399×10	399	7.73
200×200	12.0	67.9	86.53	498×10	498	7.59
250×250	5.0	38.0	48.36	481×10	384	9.97
250×250	6.0	45.2	57.63	567×10	454	9.92
250×250	8.0	59.5	75.79	732×10	585	9.82
250×250	9.0	66.5	84.67	809×10	647	9.78
250×250	12.0	86.8	110.5	103×10^2	820	9.63
300×300	4.5	41.3	52.67	763×10	508	12.0
300×300	6.0	54.7	69.63	996×10	664	12.0
300×300	9.0	80.6	102.7	143×10^2	956	11.8
300×300	12.0	106	134.5	183×10^2	122×10	11.7
350×350	9.0	94.7	120.7	232×10^2	132×10	13.9
350×350	12.0	124	158.5	298×10^2	170×10	13.7

辺の長さ $A \times B$ (mm)	厚さ t (mm)	単位質量 (kg/m)	断面積 (cm²)	断面2次モーメント (cm⁴)		断面係数 (cm³)		断面2次半径 (cm)	
				I_X	I_Y	Z_X	Z_Y	i_X	i_Y
50×20	1.6	1.63	2.072	6.08	1.42	2.43	1.42	1.71	0.829
50×20	2.3	2.25	2.872	8.00	1.83	3.20	1.83	1.67	0.798
50×30	1.6	1.88	2.392	7.96	3.60	3.18	2.40	1.82	1.23
50×30	2.3	2.62	3.332	10.6	4.76	4.25	3.17	1.79	1.20
60×30	1.6	2.13	2.712	12.5	4.25	4.16	2.83	2.15	1.25
60×30	2.3	2.98	3.792	16.8	5.65	5.61	3.76	2.11	1.22
60×30	3.2	3.99	5.087	21.4	7.08	7.15	4.72	2.05	1.18
75×20	1.6	2.25	2.872	17.6	2.10	4.69	2.10	2.47	0.855
75×20	2.3	3.16	4.022	23.7	2.73	6.31	2.73	2.43	0.824
75×45	1.6	2.88	3.672	28.4	12.9	7.56	5.75	2.78	1.88
75×45	2.3	4.06	5.172	38.9	17.6	10.4	7.82	2.74	1.84
75×45	3.2	5.50	7.007	50.8	22.8	13.5	10.1	2.69	1.80
80×40	1.6	2.88	3.672	30.7	10.5	7.68	5.26	2.89	1.69
80×40	2.3	4.06	5.172	42.1	14.3	10.5	7.14	2.85	1.66
80×40	3.2	5.50	7.007	54.9	18.4	13.7	9.21	2.80	1.62
90×45	2.3	4.60	5.862	61.0	20.8	13.6	9.22	3.23	1.88
90×45	3.2	6.25	7.967	80.2	27.0	17.8	12.0	3.17	1.84
100×20	1.6	2.88	3.672	38.1	2.78	7.61	2.78	3.22	0.870
100×20	2.3	4.06	5.172	51.9	3.64	10.4	3.64	3.17	0.839
100×40	1.6	3.38	4.312	53.5	12.9	10.7	6.44	3.52	1.73
100×40	2.3	4.78	6.092	73.9	17.5	14.8	8.77	3.48	1.70
100×40	4.2	8.32	10.60	120	27.6	24.0	13.8	3.36	1.61
100×50	1.6	3.64	4.632	61.3	21.1	12.3	8.43	3.64	2.13
100×50	2.3	5.14	6.552	84.8	29.0	17.0	11.6	3.60	2.10
100×50	3.2	7.01	8.927	112	38.0	22.5	15.2	3.55	2.06
100×50	4.5	9.55	12.17	147	48.9	29.3	19.5	3.47	2.00
125×40	1.6	4.01	5.112	94.4	15.8	15.1	7.91	4.30	1.76
125×40	2.3	5.69	7.242	131	21.6	20.9	10.8	4.25	1.73
125×75	2.3	6.95	8.852	192	87.5	30.6	23.3	4.65	3.14
125×75	3.2	9.52	12.13	257	117	41.1	31.1	4.60	3.10
125×75	4.0	11.7	14.95	311	141	49.7	37.5	4.56	3.07
125×75	4.5	13.1	16.67	342	155	54.8	41.2	4.53	3.04
125×75	6.0	17.0	21.63	428	192	68.5	51.1	4.45	2.98
150×75	3.2	10.8	13.73	402	137	53.6	36.6	5.41	3.16
150×80	4.5	15.2	19.37	563	211	75.0	52.9	5.39	3.30
150×80	5.0	16.8	21.36	614	230	81.9	57.5	5.36	3.28
150×80	6.0	19.8	25.23	710	264	94.7	66.1	5.31	3.24
150×100	3.2	12.0	15.33	488	262	65.1	52.5	5.64	4.14
150×100	4.5	16.6	21.17	658	352	87.7	70.4	5.58	4.08
150×100	6.0	21.7	27.63	835	444	111	88.8	5.50	4.01
150×100	9.0	31.1	39.67	113×10	595	151	119	5.33	3.87
200×100	4.5	20.1	25.67	133×10	455	133	90.9	7.20	4.21
200×100	6.0	26.4	33.63	170×10	577	170	115	7.12	4.14
200×100	9.0	38.2	48.67	235×10	782	235	156	6.94	4.01
200×150	4.5	23.7	30.17	176×10	113×10	176	151	7.64	6.13
200×150	6.0	31.1	39.63	227×10	146×10	227	194	7.56	6.06
200×150	9.0	45.3	57.67	317×10	202×10	317	270	7.41	5.93
250×150	6.0	35.8	45.63	389×10	177×10	311	236	9.23	6.23
250×150	9.0	52.3	66.67	548×10	247×10	438	330	9.06	6.09
250×150	12.0	67.9	86.53	685×10	307×10	548	409	8.90	5.95
300×200	6.0	45.2	57.63	737×10	396×10	491	396	11.3	8.29
300×200	9.0	66.5	84.67	105×10²	563×10	702	563	11.2	8.16
300×200	12.0	86.8	110.5	134×10²	711×10	890	711	11.0	8.02
350×150	6.0	45.2	57.63	891×10	239×10	509	319	12.4	6.44
350×150	9.0	66.5	84.67	127×10²	337×10	726	449	12.3	6.31
350×150	12.0	86.8	110.5	161×10²	421×10	921	562	12.1	6.17
400×200	6.0	54.7	69.63	148×10²	509×10	739	509	14.6	8.55
400×200	9.0	80.6	102.7	213×10²	727×10	107×10	727	14.4	8.42
400×200	12.0	106	134.5	273×10²	923×10	136×10	923	14.2	8.23

丸鋼・異形棒鋼の形状・寸法

●丸鋼

径 D (mm)	断面積 (cm²)	単位質量 (kg/m)	周長 (cm)	径 D (mm)	断面積 (cm²)	単位質量 (kg/m)	周長 (cm)
6	0.2827	0.222	1.88	(45)	15.90	12.5	14.1
7	0.3848	0.302	2.20	46	16.62	13.0	14.5
8	0.5027	0.395	2.51	48	18.10	14.2	15.1
9	0.6362	0.499	2.83	50	19.64	15.4	15.7
10	0.7854	0.617	3.14	(52)	21.24	16.7	16.3
11	0.9503	0.746	3.46	55	23.76	18.7	17.3
12	1.131	0.888	3.77	56	24.63	19.3	17.6
13	1.327	1.04	4.08	60	28.27	22.2	18.8
(14)	1.539	1.21	4.40	64	32.17	25.3	20.1
16	2.011	1.58	5.03	65	33.18	26.0	20.4
(18)	2.545	2.00	5.65	(68)	36.32	28.5	21.4
19	2.835	2.23	5.97	70	38.48	30.2	22.0
20	3.142	2.47	6.28	75	44.18	34.7	23.6
22	3.801	2.98	6.91	80	50.27	39.5	25.1
24	4.524	3.55	7.54	85	56.75	44.5	26.7
25	4.909	3.85	7.85	90	63.62	49.9	28.3
(27)	5.726	4.49	8.48	95	70.88	55.6	29.8
28	6.158	4.83	8.80	100	78.54	61.7	31.4
30	7.069	5.55	9.42	110	95.03	74.6	34.6
32	8.042	6.31	10.1	120	113.1	88.8	37.7
(33)	8.553	6.71	10.4	130	132.7	104	40.8
				140	153.9	121	44.0
36	10.18	7.99	11.3	150	176.7	139	47.1
38	11.34	8.90	11.9	160	201.1	158	50.3
(39)	11.95	9.38	12.3	180	254.5	200	56.5
42	13.85	10.9	13.2	200	314.2	247	62.8

標準長さ　3.5, 4.0, 4.5, 5.0, 5.5, 6.0, 6.5, 7.0, 8.0, 9.0, 10.0 m

●異形棒鋼

呼び名	公称直径 d (mm)	公称周長 l (cm)	公称断面積 S (cm²)	単位質量 (kg/m)	ふしの平均間隔の最大値 (mm)	ふしの高さ 最小値 (mm)	ふしの高さ 最大値 (mm)	ふしのすきまの和の最大値 (mm)	ふしと軸線との角度
D 6	6.35	2.0	0.3167	0.249	4.4	0.3	0.6	5.0	
D 10	9.53	3.0	0.7133	0.560	6.7	0.4	0.8	7.5	
D 13	12.7	4.0	1.267	0.995	8.9	0.5	1.0	10.0	
D 16	15.9	5.0	1.986	1.56	11.1	0.7	1.4	12.5	
D 19	19.1	6.0	2.865	2.25	13.4	1.0	2.0	15.0	
D 22	22.2	7.0	3.871	3.04	15.5	1.1	2.2	17.5	
D 25	25.4	8.0	5.067	3.98	17.8	1.3	2.6	20.0	45度以上
D 29	28.6	9.0	6.424	5.04	20.0	1.4	2.8	22.5	
D 32	31.8	10.0	7.942	6.23	22.3	1.6	3.2	25.0	
D 35	34.9	11.0	9.566	7.51	24.4	1.7	3.4	27.5	
D 38	38.1	12.0	11.40	8.95	26.7	1.9	3.8	30.0	
D 41	41.3	13.0	13.40	10.5	28.9	2.1	4.2	32.5	
D 51	50.8	16.0	20.27	15.9	35.6	2.5	5.0	40.0	

備考　公称断面積，公称周長および単位質量の算出方法は，次による．

公称断面積 $(S) = \dfrac{0.7854 \times d^2}{100}$：有効数字4けたに丸める．

公称周長 $(l) = 0.3142 \times d$：小数点以下1けたに丸める．

単位質量 $= 0.785 \times S$：有効数字3けたに丸める．

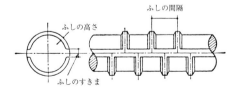

鋼板の標準寸法と単位重量

●標準厚さ (単位：mm)

1.2	1.4	1.6	1.8	2.0	2.3	2.5	(2.6)	2.8	(2.9)	3.2
3.6	4.0	4.5	5.0	5.6	6.0	6.3	7.0	8.0	9.0	10.0
11.0	12.0	12.7	13.0	14.0	15.0	16.0	(17.0)	18.0	19.0	20.0
22.0	25.0	25.4	28.0	(30.0)	32.0	36.0	38.0	40.0	45.0	50.0

●標準幅 (単位：mm)

600	630	670	710	750	800	850	900	914
950	1,000	1,060	1,100	1,120	1,180	1,200	1,219	1,250
1,300	1,320	1,400	1,500	1,524	1,600	1,700	1,800	1,829
1,900	2,000	2,100	2,134	2,438	2,500	2,600	2,800	3,000
3,048								

●標準長さ (単位：mm)

| 1,829 | 2,438 | 3,048 | 6,000 | 6,096 | 7,000 | 8,000 | 9,000 | 9,144 |
| 10,000 | 12,000 | 12,192 | | | | | | |

ワイヤーロープ

●ロープのより方による区分

普通Zより　普通Sより　ラングZより　ラングSより

種　　　別	E 種	G 種	A 種	B 種
素線の標準引張強さ（N/mm²）	1,320	1,470	1,620	1,770

構成

```
心の種類　ストランド数　×　ストランドのより方記号　1ストランド中の素線数
```

→ 繊維心（通常は表示しない）
→ ストランド心（通常は表示しない）
→ ロープ心
　　IWRC　（心ロープの構成）
　　CFRC

より方 \ グリースの種類 \ めっきの有無	普通より				ラングより			
	Zより		Sより		Zより		Sより	
	赤	黒	赤	黒	赤	黒	赤	黒
裸	O/O	C/O	O/S	C/S	O/L	C/L	O/LS	C/LS
めっき	G/O	GC/O	G/S	GC/S	G/L	GC/L	G/LS	GC/LS

注1) よ　り　方：ラングよりはLで，普通よりはOで表す。
　2) より方向：Zよりの場合は表示せず，Sよりの場合のみSで表す。
　3) めっきの有無：裸の場合は表示せず，めっきの場合のみGで表す。
　4) ロープグリースの種類：黒ロープグリースはC，赤ロープグリースはOで表す。ただし，めっきロープの場合はOを省略する。なお，スリップ防止用グリースの場合はV，漁業用はTで表す。

●ロープの表示例

①19本線6より，普通Zより，裸，赤ロープグリース，A種，ロープ径20mm，長さ500m，2丸は，

6×19　O/O　20mm　A種　500m×2

②37本線6より，普通Zより，めっき，赤ロープグリース，G種，ロープ径16mm，長さ200m，5丸は，

6×37　G/O　16mm　G種　200m×5

③フィラー形29本線6より，ロープ心入り，ラングSより，めっき，黒ロープグリース，B種，ロープ径30mm，長さ1,500m，1丸は，

IWRC 6×Fi（29）　GC/LS　30mm　B種　1,500m×1

●玉掛け用ワイヤーロープの切断荷重と重量

構成	切　断　荷　重　(kN)				6×24の標準質量 (kg/m)
より方	6×24		6×37		
	普　通				
ロープの径 種別	メッキG種	裸A種	メッキG種	裸A種	
mm					
8	29.3	31.6	31.6	34.0	0.212
9	37.1	39.9	40.0	43.0	0.269
10	45.8	49.3	49.4	53.1	0.332
12	65.9	71.0	71.1	76.5	0.478
14	89.7	96.6	96.7	104	0.651
16	117	126	126	136	0.850
18	148	160	160	172	1.080
20	183	197	197	212	1.330
22	222	239	239	257	1.61
24	264	284	284	306	1.91
26	309	333	334	359	2.24
28	359	387	387	416	2.60
30	412	444	444	478	2.99
32	469	505	505	544	3.40
36	593	639	640	688	4.30
40	732	789	790	850	5.31

東京製鋼のカタログより

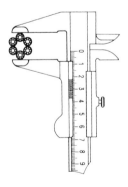

ワイヤーロープの正しいはかり方

計算用基本データ索引

利用のしかた

本索引は，計算用基本データに収録されている解説および約170の図表から，実務でよく使われる重要な400余語を選び出した。本索引を最大限に活用し，日常の業務に役立ててほしい。

また，本索引は以下のような特徴をもっている。

1）計算の内容に合わせて検索ができるよう，以下の記号を用語の後ろにつけている。

型：型枠・支保工／足：足場／乗：乗入れ構台／山：山留め／
共：共通データ／鋼：鋼材データ

2）構造計算の過程で調べたい項目がさがしやすいよう，性能，応力などの構造に関する用語を先にあげ，その後ろに「／」で区切り材料や部材等の用語を記載した。同一の見出し語が連続で並んでいるため，関連用語の相互理解に役立つ構成となっている。

例）許容応力度／単管 足
　　許容応力度／鉄筋 共

あ～お

アームロック 足 ………………288
I 形鋼 鋼 …………………………332
朝顔 足 ……………………………290
足場 足 ……………………………288
足場材の標準重量 足 …………288
足場作業床 足 …………………306
アルミニウム合金 型 …………273
アルミバタ角 型 …………………
　　……272, 277, 278, 281, 282, 285, 287
アンカーボルトの設計／せん断力 足
　　…………………………………302
アンカーボルトの設計／引張力 足 …302
異形棒鋼 鋼 ……………………336
板厚 型 …………………274, 275
一軸圧縮強さ 山 …………312, 313
一軸圧縮強さ／粘土 山 ………311
位置補正係数／併設足場 足 …297
一端固定梁 共 …………………323
一端ピン 共 ……………………323
一般構造用炭素鋼管 鋼 ………333
一般劣化環境 型 ………………273
打込み工法 型 …………………270
H 形鋼 鋼 ………………………330
H 形鋼リース材 山 ……………320
F 値／一般構造用鋼材 共 ……325
F 値／建築構造用鋼材 共 ……325
F 値／鋼材 足 …………………299
F 値／高力ボルト 足 …………300
F 値／溶接構造用鋼材 共 ……325
F 値／溶接部 足 ………………300
N 値 山 …………………312, 313
N 値／砂 山 ……………………311
N 値／粘土 山 …………………311
大引き間隔 型 …………………281
大引き（床板）型 ………………282

か～こ

階段用手すり 足 ………………290
階段開口部手すり 足 …………290
階段枠 足 ………………………290
角形鋼管 鋼 ……………………334
角鋼管 型 ………………………272,
　　277, 278, 281, 282, 284, 285, 286, 287
荷重 型 …………………………270
荷重／一端ピン・一端固定梁 共 …323
荷重／片持ち梁 共 ……………322
荷重／単純梁 共 ………………321
荷重／両端固定梁 共 …………322
風荷重 足 ………………………293
片持ち梁 共 ……………………322
型枠支柱 型 ……………………270
型枠支保工 型 …………………270
型枠重量 型 ……………………270
型枠設計用荷重 型 ……………279
型枠の傾斜角 型 ………………270
型枠用合板 型 …………………272
カプセル方式／接着系アンカーボルト 足 …………………………304
壁つなぎ 足 ……………………290
簡易枠 足 ………………………288
基準風速 足 ……………………293
基本風力係数／シート・ネット・防音パネル 足 ……………………296
基本風力係数／垂直養生ネット 足 …298
基本風力係数／防音シート 足 …298
基本風力係数／防音パネル 足 …298
基本風力係数／防護材なし 足 …298
基本風力係数／メッシュシート 足 …298
許容圧縮応力度／構造用鋼材 共 …325
許容圧縮耐力／単管 足 ………292
許容応力度 型 …………………274
許容応力度／アンカーボルト 足 …300
許容応力度／F＝235N/mm² 鋼材 共
　　…………………………………329
許容応力度／切ばり再使用材 山 …320

許容応力度／切ばり材・高力ボルト 山
　　…………………………………320
許容応力度／切ばり材・中ボルト 山
　　…………………………………320
許容応力度／現場溶接 足 ……300
許容応力度／鋼材 足 …………299
許容応力度／工場溶接 足 ……300
許容応力度／合板 足 …………300
許容応力度／鋼矢板 山 ………320
許容応力度／高力ボルト 足 …300
許容応力度／高力ボルト 共 …326
許容応力度／コンクリート 共 …328
許容応力度／単管 足 …………291
許容応力度／鉄筋 共 …………328
許容応力度／腹起こし再使用材 山 …318
許容応力度／ピン 共 …………300
許容応力度／普通ボルト 共 …300
許容応力度／ペコビーム 足 …291
許容応力度／ボルト 共 ………326
許容応力度／木材 足 …………300
許容応力度／溶接 共 …………328
許容荷重／合板足場板 足 ……292
許容間隔 型 ……………………279
許容座屈応力度／木材 足 ……301
許容支圧荷重 型 ………………275
許容軸力／切ばり材 山 ………318
許容支持力 型 …………………273
許容支持力／地盤 乗 …………309
許容支持力／枠組足場構成部材 足 …291
許容スパン／大引き 型 …282, 283
許容スパン／大引き（床板）型 …………………………282, 283
許容スパン／せき板（縦端太間隔）型
　　…………………………………276
許容スパン／縦端太（セパレータ間隔）型 ………………………278, 280
許容スパン／縦端太（横端太間隔）型
　　…………………………277, 284
許容スパン／根太 型 …………………
　　……………………281, 285, 286, 287
許容スパン／根太（梁）型 ……………

………………284, 285, 286, 287
許容スパン／根太（床板）型………281
許容スパン／腹起こし材 山………318
許容スパン表／中間支保工を設ける場合 型………275
許容スラブスパン 型………274, 275
許容積載荷重／金属製足場板 足……291
許容積載荷重／布枠 足……291
許容せん断応力度／構造用鋼材 共……325
許容せん断応力度／横矢板 山……317
許容たわみ 型………274, 276, 277, 278, 280, 281, 282, 283, 284, 285, 286, 287
許容曲げ応力度 型………272, 276, 277, 278, 280, 281, 282, 283
許容曲げ応力度／構造用鋼材 共……326
許容曲げ応力度／横矢板 山……317
切ばり材 山………318
近接高層建築物 足………293, 295
金属製足場板 足………291
杭／応力・変形 山………314
たわみ／杭 山………314
くさび緊結式足場 足………290
組立て支柱 型………270
クローラークレーン 乗………307
計画供用期間の級 型………273
傾斜角／荷重点 山………317
傾斜している場合／型枠 型………270
形状・寸法／異形棒鋼 鋼………336
形状・寸法／丸鋼 鋼………336
形状補正係数／シート・ネット・防音パネル 足………296, 297
軽量形鋼 型………272
軽量コンクリート 型………274, 275
軽量コンクリート1種 型………270, 279, 280, 281, 282, 283, 284, 285, 286, 287
軽量コンクリート2種 型………270, 279, 280, 281, 282, 283, 284, 285, 286, 287
現場合わせ 型………270
交差筋かい 足………288
工場製作精度 型………270
鋼製布板 足………288
構造部材 型………273
構造用鋼材 共………325
鋼板 鋼………337
合板足場板 足………292
高力ボルト 共………326, 327
コーン状破壊 足………302, 303
コンクリート 型………270
コンクリート 共………328
コンクリート側圧 型………276, 277, 278, 279
コンクリートポンプ工法 型………270
コンシステンシー 山………311

さ〜そ

最小かぶり厚さ 型………273
最大曲げモーメント 山………315

材端条件 型………273
先付け先行手すりユニット 足………288
作業荷重 型………270, 275
座屈長さ／切ばり材 山………318
桟木 型………272, 284
仕上がり／コンクリート 型………274
下桟 足………288
質量 型………275
地盤アンカー 山………320
支保工 型………272
支保工間隔 型………275
支保梁 型………270
車載型ピストン式 型………270
ジャッキベース 型………272
ジャッキベース 足………288
充実率／シート・ネット 足………296
充実率／垂直養生ネット 足………298
充実率／防音シート 足………298
充実率／防音パネル 足………298
充実率／防護材なし 足………298
充実率／メッシュシート 足………298
瞬間風速分布係数 足………293, 294
衝撃荷重 型………270
照査水平荷重 型………270
上層2層部分 足………297
伸縮ブラケット 足………290
水中単位体積重力／土質 山………310
水中内部摩擦角／土質 山………310
水平荷重 型………270
水平荷重係数 型………270
水平地盤反力係数／砂質地盤 山……312
水平地盤反力係数／粘性土地盤 山……312
水平つなぎ 型………273
水平な場合／型枠 型………270
据置型先行手すり枠 足………288
スクイーズ式 型………270
ストロングセパ 型………273, 279
隅梁受け 足………290
スラブ厚 型………274, 275
スラブスパン／中間に支保工を設ける場合 型………275
性能／支保工 型………272
性能／端太材 型………272
せき板 型………276, 280
積載荷重 型………270
施工割増係数 型………274, 275
切断荷重／玉掛け用ワイヤーロープ 鋼………338
接地圧／クローラークレーン 乗……307
接地圧／トラッククレーン 乗………307
接地圧／ラフタークレーン 乗………307
接着系アンカーボルト／軽量コンクリート 足………304
接着系アンカーボルト／付着強度 足………303
接着系アンカーボルト／普通コンクリート 足………304
セパレータ 型………273

セパレータ間隔 型………278
繊維と直角方向 型……272, 276, 280, 281
繊維と直角方向 足………300
繊維方向 型………272, 276, 280, 281
繊維方向 足………300
せん断弾性係数 型………273
せん断力／一端ピン・一端固定梁 共………323
せん断力／片持ち梁 共………322
せん断力／単純梁 共………321
せん断力／両端固定梁 共………322
せん断力図／一端ピン・一端固定梁 共………323
せん断力図／片持ち梁 共………322
せん断力図／単純梁 共………321
せん断力図／両端固定梁 共………322
線膨張係数 型………273
線膨張係数／コンクリート 共………328
線膨張係数／鉄筋 共………328
相対密度／砂 山………311
側圧 型………271, 276, 277, 278
側圧／壁型枠設計用コンクリート 型………271
側圧／柱型枠設計用コンクリート 型………271
側圧／腹起こし材 山………318
側圧係数／砂質地盤 山………313
側圧係数／粘土地盤 山………313
その他の部分 足………297

た〜と

縦端太間隔 型………276
縦横比／シート・ネット・防音パネル 足………296, 297
建枠 足………291
玉掛け用ワイヤーロープ 鋼………338
たわみ／一端ピン・一端固定梁 共………323
たわみ／片持ち梁 共………322
たわみ／単純梁 共………321
たわみ／両端固定梁 共………322
単位体積重量／土質 山………310
単位体積重量 型………270, 279, 280, 281, 282, 283, 284, 285, 286, 287
単管 型……272, 277, 278, 281, 282, 284, 286
単管 足………291, 292
単管足場 足………291
単管支柱 型………270
短期 型………273
短期応力に対する許容耐力／高力ボルト 足………327
短期応力に対する許容耐力／ボルト 足………327
短期許容応力度 型………275
短期許容応力度／地盤 乗………309
単純梁 共………321
ダンプトラック 乗………307
断面係数 型………

·····272, 275, 277, 278, 280, 281, 282, 283
断面形の諸性能 共 ·····324
断面諸性能/I形鋼 鋼 ·····332
断面諸性能/一般構造用炭素鋼管 鋼
·····333
断面諸性能/H形鋼 鋼 ·····330
断面諸性能/角形鋼管 鋼 ·····334
断面諸性能/単管 足 ·····291
断面諸性能/等辺山形鋼 鋼 ·····331
断面諸性能/不等辺山形鋼 鋼 ·····331
断面諸性能/みぞ形鋼 鋼 ·····332
断面性能/H形鋼リース材 山 ·····320
断面性能/鋼材 乗 ·····309
断面特性/H形鋼リース材 山 ·····320
断面二次モーメント 型
·····272, 275, 277, 278, 280, 281, 282, 283
中間支保工 型 ·····275
注入方式/接着系アンカーボルト 足
·····304
長期 型 ·····273
長期応力に対する許容耐力/高力ボルト 共 ·····327
長期応力に対する許容耐力/ボルト 共 ·····327
長期許容応力度/地盤 乗 ·····309
超長期 型 ·····273
墜落防止措置 足 ·····306
土に接する 型 ·····273
妻側用手すり 足 ·····290
低減係数/短期荷重用 足 ·····303
低減係数/長期荷重用 足 ·····303
定置型ピストン式 型 ·····270
手すり 足 ·····288
手すり柱 足 ·····288
鉄 型 ·····273
デッキプレートリブ 型 ·····275
鉄筋 共 ·····328
鉄筋コンクリート 型 ·····270
鉄筋コンクリート用棒鋼/降伏点・引張強さ 足 ·····300
等辺山形鋼 鋼 ·····331
土質記号 山 ·····310
吐出量/コンクリート 型 ·····270
トラッククレーン 乗 ·····307
トラックミキサー 乗 ·····307
鳥居型建枠 足 ·····288

な～の

内部摩擦角 山 ·····313
内部摩擦角/砂 山 ·····311
内部摩擦角/土質 山 ·····310
布基礎 型 ·····273
布枠 足 ·····291
根太 型 ·····284
根太(床板) 型 ·····281
根太間隔 型 ·····280
粘着力 山 ·····312

乗入れ構台 乗 ·····307

は～ほ

腹起こし材 山 ·····318
パイプサポート 型 ·····270, 273
パイプサポート間隔 型 ·····282, 283
端太角 型 ·····272, 283
端太材 型 ·····272
幅木 足 ·····288
梁 型 ·····284
梁せい 型 ·····284, 285, 286, 287
梁幅 型 ·····284, 285, 286, 287
梁枠 足 ·····290
梁渡し 足 ·····290
反曲点(一端ピン・一端固定梁) 共
·····323
反曲点(両端固定梁) 共 ·····322
反力(一端ピン・一端固定梁) 共 ·····323
反力(片持ち梁) 共 ·····322
反力(単純梁) 共 ·····321
反力(両端固定梁) 共 ·····322
PC鋼より線規格/地盤アンカー 山
·····320
非構造部材 型 ·····273
比重 型 ·····273
引張許容強度 型 ·····273, 279
引張材/地盤アンカー 山 ·····320
引張破断強度 型 ·····273
必要厚さ/横矢板 山 ·····317
非腐食環境 型 ·····273
標準 型 ·····273
標準厚さ/鋼板 鋼 ·····337
標準荷重/クローラークレーン 乗 ·····307
標準荷重/ダンプトラック 乗 ·····307
標準荷重/トラッククレーン 乗 ·····307
標準荷重/トラックミキサー 乗 ·····307
標準荷重/ラフタークレーン 乗 ·····307
標準断面寸法/I形鋼 鋼 ·····332
標準断面寸法/一般構造用炭素鋼管 鋼 ·····333
標準断面寸法/H形鋼 鋼 ·····330
標準断面寸法/角形鋼管 鋼 ·····334
標準断面寸法/等辺山形鋼 鋼 ·····331
標準断面寸法/不等辺山形鋼 鋼 ·····331
標準断面寸法/みぞ形鋼 鋼 ·····332
標準長さ/鋼板 鋼 ·····337
標準幅/鋼板 鋼 ·····337
標準引張強さ/素線 鋼 ·····337
風圧力 型 ·····293
風力係数/足場 足 ·····296
覆工板 乗 ·····308
許容支持力/単管足場構成部材 足 ·····291
腐食環境 型 ·····273
普通コンクリート 型 ·····270, 274, 275, 279, 280, 281, 282, 283, 284, 285, 286, 287
普通より/ワイヤーロープ 鋼 ·····337
不等辺山形鋼 鋼 ·····331

フラットデッキ 型 ·····274
フレッシュコンクリートのヘッド 型
·····271
平たんさ 型 ·····274
ペコビーム 足 ·····289
ヘッド 型 ·····271
へりあき寸法/接着系アンカーボルト 足 ·····304
へりあき面/接着系アンカーボルト 足 ·····304
変位/荷重点 山 ·····316
変位/根切り底面 山 ·····316
ポアソン比 型 ·····273
ポアソン比/コンクリート 共 ·····328
方杖 足 ·····290
補助サポート 型 ·····273
補正係数/併設足場の設置位置 足 ·····296
ボルト 共 ·····326, 327
ポンプ工法 型 ·····270

ま～も

曲げモーメント/一端ピン・一端固定梁 共 ·····323
曲げモーメント/片持ち梁 共 ·····322
曲げモーメント/単純梁 共 ·····321
曲げモーメント/両端固定梁 共 ·····322
曲げモーメント図/一端ピン・一端固定梁 共 ·····323
曲げモーメント図/片持ち梁 共 ·····322
曲げモーメント図/杭 共 ·····314
曲げモーメント図/単純梁 共 ·····321
曲げモーメント図/両端固定梁 共 ·····322
丸鋼 鋼 ·····336
丸セパ 型 ·····273, 279
みぞ形鋼 鋼 ·····332

や・ゆ・よ

山留め 山 ·····310
ヤング係数 型 ·····272, 273, 276, 277, 278, 280, 281, 282, 283
ヤング係数/合板 足 ·····300
ヤング係数/コンクリート 共 ·····328
ヤング係数/鉄筋 共 ·····328
ヤング係数/木材 足 ·····300
有効水平投影面積/頭付きアンカーボルト 足 ·····303
有効水平投影面積/アンカーボルト側面 足 ·····303
有効水平投影面積/アンカーボルト複数の場合 足 ·····303
有効水平投影面積/金属系拡張アンカーボルト 足 ·····303
有効水平投影面積/標準フック付き鉄筋アンカーボルト 足 ·····303
有効断面積 型 ·····273
床板 型 ·····280

床板厚さ 型 ················279, 281, 282, 283
床板設計用荷重 型 ··························279
床材と建地のすき間 足 ·····················306
溶接 共 ·······································328
横端太間隔 型 ································277
横矢板 山 ·····································317
より方区分 / ワイヤーロープ 鋼 ······337
落下防止措置 足 ······························306

ら〜ろ

ラフタークレーン 乗 ·······················307
ラングより / ワイヤーロープ 鋼 ······337
両端固定梁 共 ·······························322
連けいあり 型 ·······························273
連けいなし 型 ·······························273
連結ピン 足 ·································288

わ

ワイヤーロープ 鋼 ·····························337
枠組 型 ·······································272
枠組足場 足 ·····················288, 291, 306
枠組足場以外 足 ·····························306
枠組足場主要部材 足 ·······················288
割増係数 / 台風時 足 ················293, 294

引用文献

『建築工事標準仕様書・同解説 JASS 5 鉄筋コンクリート工事』日本建築学会，2022 年

・15 頁，表 3.8 最小かぶり厚さ

・349 頁，解説表 9.3 鉛直荷重の種類

『山留め設計指針』日本建築学会，2017 年

・87 頁，表 4.2.1 側圧係数

・116 頁，表 5.7 ボルトの許容応力度

・155 頁，図 6.4.4 水平地盤反力係数の推奨範囲（砂質地盤の場合）

・156 頁，図 6.4.5 水平地盤反力係数の推奨範囲（粘性土地盤の場合）

・341 頁，表 10.5.4 周辺構造物への影響検討を省略した場合の山留め壁変位量の管理基準値の目安

参考文献

『鉄筋コンクリート構造計算規準・同解説』日本建築学会，2018 年

『鋼構造許容応力度設計規準』日本建築学会，2019 年

『建築基礎構造設計指針』日本建築学会，2019 年

『型枠の設計・施工指針』日本建築学会，2011 年

『コンクリートポンプ工法施工指針・同解説』日本建築学会，2009 年

『各種合成構造設計指針・同解説』日本建築学会，2010 年

『建築工事標準仕様書・同解説 JASS 2 仮設工事』日本建築学会，2006 年

『建築工事標準仕様書・同解説 JASS 5 鉄筋コンクリート工事』日本建築学会，2022 年

『乗入れ構台設計・施工指針』日本建築学会，2014 年

『山留め設計指針』日本建築学会，2017 年

『山留め設計事例集』日本建築学会，2003 年

『建築地盤アンカー設計施工指針・同解説』日本建築学会，2018 年

『建築工事監理指針 令和 4 年版（上・下巻）』国土交通省大臣官房官庁営繕部監修，公共建築協会

『道路橋示方書・同解説』日本道路協会，2017 年

『建築学便覧Ⅱ 構造 第 2 版』日本建築学会編，丸善，1977 年

『日本建設機械要覧 2022』日本建設機械施工協会

『マグロウヒル数学公式・数表ハンドブック』Murray R. Spiegel，氏家勝巳訳，オーム社，1995 年

『改訂 風荷重に対する足場の安全技術指針〈SI 単位対応版〉』仮設工業会，2016 年

『型枠支保工・足場工事計画作成参画者資格研修テキスト』厚生労働省労働基準局安全衛生部安全課建設
　　安全対策室監修，仮設工業会，2006 年

『足場・型枠支保工設計指針』仮設工業会，2020 年

『改訂二版 くさび緊結式足場の組立て及び使用に関する技術基準』仮設工業会，2021 年

『JIS ハンドブック② 鉄鋼Ⅱ 2022』日本規格協会，2022 年

イラストによる
建築物の仮設計算〈改訂4版〉

1984年 1 月10日　第 1 版 第 1 刷発行
1997年 7 月25日　増補改訂版 第 1 刷発行
2005年11月30日　改訂 2 版 第 1 刷発行
2015年 2 月25日　改訂 3 版 第 1 刷発行
2024年12月20日　改訂 4 版 第 1 刷発行
2025年 6 月30日　改訂 4 版 第 2 刷発行

著　　者　　アーキテクノ研究会 ©

発行者　　石川泰章

発行所　　株式会社 井上書院

東京都文京区湯島 2 - 17 - 15　斉藤ビル
電話 (03)5689 - 5481　FAX (03)5689 - 5483
https://www.inoueshoin.co.jp/
振替 00110 - 2 - 100535

印刷所　　株式会社 ディグ
製本所　　誠製本株式会社
装　幀　　川畑博昭

・本書の複製権・翻訳権・上映権・譲渡権・公衆送信権（送信可能化権を含む）は株式会社井上書院が保有します。
・[JCOPY] ＜(一社)出版者著作権管理機構 委託出版物＞本書の無断複写は著作権法上での例外を除き禁じられています。複写される場合は，そのつど事前に，(一社)出版者著作権管理機構（電話 03-5244-5088, FAX 03-5244-5089, e-mail: info@jcopy.or.jp）の許諾を得てください。

ISBN 978 - 4 - 7530 - 0628 - 1　C3052　　　Printed in Japan

出版案内

建築携帯ブックシリーズ

現場管理用語辞典
現場施工応援する会［編］
B6変・568ページ／二色刷
定価 3,520円

現場管理［改訂2版］
ものつくりの原点を考える会［編］
B6変・320ページ／二色刷
定価 3,300円

工事写真
ものつくりの原点を考える会［編］
B6変・280ページ／二色刷
定価 3,245円

設計図書の見方
ものつくりの原点を考える会［編］
B6変・256ページ／二色刷
定価 3,135円

配筋［改訂2版］
現場施工応援する会［編］
B6変・112ページ／二色刷
定価 1,870円

コンクリート［改訂3版］
現場施工応援する会［編］
B6変・148ページ／カラー
定価 2,310円

安全管理［改訂2版］
現場施工応援する会［編］
B6変・136ページ／二色刷
定価 3,245円

現場管理用語辞典は コンパクトながら必要にして十分な 5,000語と図表2,300点を収録！

着工から仮設工事、躯体工事、仕上工事、設備工事、外構工事まで 管理のポイントを一冊に収録した 現場管理、工事写真！

意匠図、構造図、設備図の 図面を読みこなす力、理解する力が身につく 設計図書の見方！

建築携帯ブックシリーズは、どれも胸ポケットに収まる 現場管理者必携の 技術ハンドブック！

70th SINCE 1954
INOUESHOIN

＊上記定価は消費税10%を含んだ総額表示です。